跟毛泽东读《史记》

黄允升　张明林　编著

人民日报出版社

图书在版编目(CIP)数据

跟毛泽东读《史记》/黄允升,张明林编著.
北京:人民日报出版社,2024.8. -- ISBN 978-7-5115-7066-6
Ⅰ.A841.63;K204.2
中国国家版本馆 CIP 数据核字第 2024Y1L219 号

书　　　名	跟毛泽东读《史记》
	GEN MAOZEDONG DU《SHIJI》
作　　　者	黄允升　张明林
出 版 人	刘华新
责任编辑	朱小玲
封面设计	李国娟

出版发行：人民日报出版社
社　　　址：北京金台西路2号
邮政编码：100733
发行热线：(010)65369509　65369512　65363531　65363528
邮购热线：(010)65369530　65363527
编辑热线：(010)65369514
网　　　址：www.peopledailypress.com
经　　　销：新华书店
印　　　刷：大厂回族自治县彩虹印刷有限公司
法律顾问：北京科宇律师事务所 010-83622312

开　　　本：710mm×1000mm　1/16
字　　　数：390 千字
印　　　张：26.5
版　　　次：2024 年 10 月第 1 版
印　　　次：2024 年 10 月第 1 次印刷

书　　　号：ISBN 978-7-5115-7066-6
定　　　价：78.00 元

如有印装质量问题,请与本社调换,电话(010)65369463

前 言

　　《史记》是西汉史学家司马迁撰写的纪传体史书,是中国历史上第一部纪传体通史,记载了上至上古传说中的黄帝时代,下至汉武帝太初四年间,共3000多年的历史。太初元年(公元前104年),司马迁开始了《太史公书》(后来被称为《史记》)的创作。前后经历了14年,《史记》才得以完成。

　　《史记》全书包括十二本纪(记历代帝王政绩)、三十世家(记诸侯国和汉代诸侯、勋贵兴亡)、七十列传(记重要人物的言行事迹,主要叙人臣,其中最后一篇为自序)、十表(大事年表)、八书(记各种典章制度,即礼、乐、音律、历法、天文、封禅、水利、财用等),共一百三十篇,五十二万六千五百余字。

　　《史记》被列为"二十四史"之首,与后来的《汉书》《后汉书》《三国志》合称"前四史",对后世史学和文学的发展都产生了深远影响。其首创的纪传体编史方法为后来历代"正史"所传承。《史记》还被认为是一部优秀的文学著作,在中国文学史上有重要地位，被鲁迅誉为"史家之绝唱，无韵之离骚"，有很高的文学价值。刘向等人认为《史记》"善序事理，辩而不华，质而不俚"。

《史记》中蕴含着丰富的哲学思想、人文精神、价值理念、道德规范等，是毛泽东从青少年时期就开始阅读并终生喜爱的史书，他称赞它"严格、准确"，并且在阅读时做了许多批注。毛泽东对《史记》的作者司马迁也十分崇敬，对他"求实"的高尚史德给予很高的评价。毛泽东在日后的工作中，十分注重调查研究，坚持实事求是，并得出"没有调查，没有发言权"这一著名论断。这反映出毛泽东十分善于继承和发扬中华优秀传统文化中古人的优秀品质和优良传统。

毛泽东的许多聪明智慧都是从中国古代历史上许多典故中来的。他在讲话中，经常喜欢引用中国历史上的典故来教育党员干部。在每一个历史的关键时刻，毛泽东都喜欢从历史上的经验教训中寻找有益的启示。比如，毛泽东在1962年1月30日七千人大会上讲民主集中制时讲了一个典故。典故中，他讲到刘邦与项羽的故事，其中一个故事是刘邦与郦食其。毛泽东说，刘邦对郦食其虽然先倨而后恭，最终能够接受正确的意见，这是刘邦取胜的原因。项羽则刚愎自用，听不进不同的意见。他身旁有一个长者范增，提了许多正确的意见，他都不能接纳；结果陈平用了离间计，把范增活活气死，而项羽最后落了个自刎乌江的结果。毛泽东批评一些地方的第一书记听不进不同意见，不是民主集中制的"班长"，而是霸王。他说："不是有一出戏叫《霸王别姬》吗？这些同志如果总是不改，难免有一天要'别姬'就是了。"这是毛泽东用历史典故来生动地讲民主集中制的问题。

前 言

　　毛泽东还经常推荐一些传记给中央政治局的同志阅读，如他曾推荐《史记·汲郑列传》（郑当时篇）给周恩来看。周恩来看了，都自叹不如。实际上，毛泽东是想通过郑当时的故事告诉周恩来，既要提拔新人即新干部，也不要冷落了如邓小平那样的老干部，这就为许多老干部复出创造了条件；同时还告诉党员干部，维护党的团结便是维护党的生命。

　　毛泽东运用这些历史典故来教育干部，都是因事因时信手拈来的，并不是临时去找的。他长期阅读中国古籍，尤爱阅读二十四史，阅读《资治通鉴》达十几遍。在这个过程中，毛泽东积淀了深厚的文化素养及历史智慧。《史记》《汉书》《后汉书》《三国志》《晋书》，他都读过许多遍，晚年对《晋书》尤为关注。他还阅读了大量古典文学作品，诗、赋、词、散文、小说，他都非常熟悉，许多唐诗和宋词都背得出来，所以平常才能运用自如、出口成章。1975年5月3日的深夜，毛泽东最后一次参加中央政治局会议，结束时他还和大家讲起古代三国的故事，他让叶剑英背诵辛弃疾的那首《南乡子·登京口北固亭有怀》。实际上，毛泽东对这首词非常熟悉，词的最后一句"生子当如孙仲谋"是曹操的话，寓意事业要后继有人，社会主义事业的传承何尝不是如此。

　　《跟毛泽东读〈史记〉》的每节有四部分内容：第一部分辑录了毛泽东批注、评论《史记》的原文，第二部分是对毛泽东批注、评论内容的精析，第三部分是读《史记》原文，第四部分是《史记》原文的释义。

　　毛泽东读《史记》时，对有关历史人物的政论、政纲、政见、政策、政谋等，都爱关注，读了又读，画了又画，批了又批。他从政治的角度读《史记》，去认识人，去辨是非，去评价人物，去评价历史事件，去总结历史经验和教训，这是毛泽东读史书的一大特点，也可以说是毛泽东读史书的一个重要方法。读者不但能够在毛泽东的带领下读读这部"史家之绝唱，无韵之离骚"，而且能从毛泽东的批注、评论中获得启迪与智慧。

目 录

01 禹王做官,但也耕田

毛泽东读批《史记·夏本纪》 ················· 1
【读原文】 ································· 1
【品解析】 ································· 1
【读《史记》】 ······························· 2
【品释文】 ································· 8

02 老子不是唯物论者

毛泽东读批《史记·老子韩非列传》 ············ 18
【读原文】 ································ 18
【品解析】 ································ 19
【读《史记》】 ······························ 22
【品释文】 ································ 23

03 孔子的思想也有弊端

毛泽东读批《史记·孔子世家》 ·· 25
【读原文】 ··· 25
【品解析】 ··· 26
【读《史记》】 ·· 30
【品释文】 ··· 43

04 墨子是比孔子高明的圣人

毛泽东读批《史记·孟子荀卿列传》 ····································· 64
【读原文】 ··· 64
【品解析】 ··· 65
【读《史记》】 ·· 69
【品释文】 ··· 69

05 孟子有人民性的一面

毛泽东读批《史记·孟子荀卿列传》 ····································· 70
【读原文】 ··· 70
【品解析】 ··· 70
【读《史记》】 ·· 72
【品释文】 ··· 74

06 商鞅是"首屈一指的利国福民伟大之政治家"

毛泽东读批《史记·商君列传》 ·· 79
【读原文】 ··· 79

【品解析】 ··· 79

【读《史记》】 ··· 83

【品释文】 ··· 88

07 骚体是有民主色彩的，屈原高据上游

毛泽东读批《史记·屈原贾生列传》 ····························· 96

【读原文】 ··· 96

【品解析】 ··· 97

【读《史记》】 ··· 99

【品释文】 ··· 102

08 韩非子提倡"循名责实"，控制权力

毛泽东读批《史记·老子韩非列传》 ····························· 108

【读原文】 ··· 108

【品解析】 ··· 109

【读《史记》】 ··· 113

【品释文】 ··· 116

09 评价秦始皇，要一分为二

毛泽东读批《史记·秦始皇本纪》 ································ 120

【读原文】 ··· 120

【品解析】 ··· 121

【读《史记》】 ··· 122

【品释文】 ··· 143

10 李斯的《谏逐客书》说服力很强

毛泽东读批《史记·李斯列传》 …………………… 176
【读原文】 ………………………………………… 176
【品解析】 ………………………………………… 177
【读《史记》】 …………………………………… 178
【品释文】 ………………………………………… 189

11 登徒子不好色,且是个模范丈夫

毛泽东读批《史记·屈原贾生列传》(宋玉) …… 208
【读原文】 ………………………………………… 208
【品解析】 ………………………………………… 209
【读《史记》】 …………………………………… 210
【品释文】 ………………………………………… 211

12 苏秦羞张仪说明人没压力难进步

毛泽东读批《史记·苏秦列传》《史记·张仪列传》 …… 214
【读原文】 ………………………………………… 214
【品解析】 ………………………………………… 216
【读《史记》】 …………………………………… 217
【品释文】 ………………………………………… 239

13 陈胜、吴广掀开了农民战争的序幕

毛泽东读批《史记·陈涉世家》 …………………… 275
【读原文】 ………………………………………… 275
【品解析】 ………………………………………… 276

【读《史记》】 …… 277

【品释文】 …… 282

14 做人不可沽名学霸王

毛泽东读批《史记·项羽本纪》 …… 291

【读原文】 …… 291

【品解析】 …… 292

【读《史记》】 …… 294

【品释文】 …… 308

15 汉王是一位高明的政治家

毛泽东读批《史记·高祖本纪》 …… 329

【读原文】 …… 329

【品解析】 …… 330

【读《史记》】 …… 333

【品释文】 …… 348

16 曾受"胯下之辱"的韩信当了大元帅

毛泽东读批《史记·淮阴侯列传》 …… 372

【读原文】 …… 372

【品解析】 …… 372

【读《史记》】 …… 373

【品释文】 …… 382

17 "独领风骚两千年,胸罗文章兵百万"的贾谊

毛泽东读批《史记·屈原贾生列传》 …………………………… 399
【读原文】 ………………………………………………………… 399
【品解析】 ………………………………………………………… 400
【读《史记》】 …………………………………………………… 405
【品释文】 ………………………………………………………… 408

01 禹王做官，但也耕田

毛泽东读批《史记·夏本纪》

【读原文】

（禹）八年于外，三过其门而不入，耐久而已。

——《毛泽东早期文稿》，湖南人民出版社 2013 年版，第 61 页

历史上的禹王，他是做官的，但也耕田。

——1939 年 4 月 24 日，毛泽东在抗大生产运动初步总结大会上的讲话（见陈晋：《毛泽东的文化性格》，中国青年出版社 1991 年版，第 157 页）

【品解析】

"读万卷书，行万里路。" 1915 年，当时在湖南第一师范学校读书的毛泽东，和湖南长沙第一联合中学的学生罗章龙一起修学旅行，到过

长沙许多地方。罗章龙在《回忆新民学会》一文中说,长沙附近有个拖船埠,那里有座禹王碑,传说禹王曾在此拖过船。古史说:大禹治水,栉风沐雨,八年于外,三过家门而不入。禹王是个劳动人民,毛泽东对他怀有好感。毛泽东对大禹治水的历史记载颇有兴趣。他不仅在早期文章中赞扬大禹治水的忘我精神;在延安时期,面对国民党的封锁,更是号召边区军民学习大禹的吃苦精神。毛泽东认为禹王是身体力行的劳动者。在评说大禹时,毛泽东一方面称大禹为"工",说他是做"官"的;另一方面又指出禹也耕田,从一定的侧面也道明了原始社会向奴隶社会转化时期的历史特征。

大禹治水,摩顶放踵,身经百难,历尽艰险,终于使百川归海,水患消失。禹也因此得到人民的拥护,遂被称为天下之工。大禹治水的故事,中华儿女代代相传,家喻户晓,妇孺皆知。

中国土地广袤,江河众多,水患频繁。水患的治理情况直接影响到历代王朝的兴衰。大禹治水成功而得天下。西汉时,文帝、景帝到汉帝,都使黄河得到了很好的治理,东汉时,光武帝、汉明帝也曾注意治理黄河,遂有文景之治和汉武帝的文治武功,以及光武的中兴局面,两汉绵延四百余年。而在隋末、元末河患严重,得不到好的治理,致使民怨沸腾,这在某种程度上加剧了两朝统治的灭亡。因此,有人说,中国的文化是治水文化,中国的历史,是一部治水的历史。可以这样说:在中国,抓住水患的治理,就抓住了稳定天下形势的一个关键。

【读《史记》】

夏禹,名曰文命。禹之父曰鲧,鲧之父曰帝颛顼,颛顼之父曰昌意,昌意之父曰黄帝。禹者,黄帝之玄孙而帝颛顼之孙也。禹之曾大父昌意及父鲧皆不得在帝位,为人臣。

当帝尧之时,鸿水滔天,浩浩怀山襄陵,下民其忧。尧求能治水者,群臣四岳皆曰鲧可。尧曰:"鲧为人负命毁族,不可。"四岳曰:

01 禹王做官，但也耕田

"等之未有贤于鲧者，愿帝试之。"于是尧听四岳，用鲧治水。九年而水不息，功用不成。于是帝尧乃求人，更得舜。舜登用，摄行天子之政，巡狩。行视鲧之治水无状，乃殛鲧于羽山以死。天下皆以舜之诛为是。于是舜举鲧子禹，而使续鲧之业。

尧崩，帝舜问四岳曰："有能成美尧之事者使居官？"皆曰："伯禹为司空，可成美尧之功。"舜曰："嗟，然！"命禹："女平水土，维是勉之。"禹拜稽首，让于契、后稷、皋陶。舜曰："女其往视尔事矣。"

禹为人敏给克勤；其德不违，其仁可亲，其言可信；声为律，身为度，称以出；亹亹穆穆，为纲为纪。

禹乃遂与益、后稷奉帝命，命诸侯百姓兴人徒以傅土，行山表木，定高山大川。禹伤先人父鲧功之不成受诛，乃劳身焦思，居外十三年，过家门不敢入。薄衣食，致孝于鬼神；卑宫室，致费于沟淢。陆行乘车，水行乘船，泥行乘橇，山行乘檋。左准绳，右规矩，载四时，以开九州，通九道，陂九泽，度九山。令益予众庶稻，可种卑湿。命后稷予众庶难得之食。食少，调有余相给，以均诸侯。禹乃行相地宜所有以贡，及山川之便利。

禹行自冀州始。冀州：既载壶口，治梁及岐。既修太原，至于岳阳。覃怀致功，至于衡漳。其土白壤。赋上上错，田中中。常、卫既从，大陆既为。鸟夷皮服。夹右碣石，入于河。

济、河维沇州：九河既道，雷夏既泽，雍、沮会同，桑土既蚕，于是民得下丘居土。其土黑坟，草繇木条。田中下，赋贞，作十有三年乃同。其贡漆、丝，其篚织文。浮于济、漯，通于河。

海、岱维青州：堣夷既略，潍、淄其道。其土白坟，海滨广潟，厥田斥卤。田上下，赋中上。厥贡盐絺，海物维错，岱畎丝、枲、铅、松怪石，莱夷为牧，其篚酓丝。浮于汶，通于济。

海、岱及淮维徐州：淮、沂其治，蒙、羽其蓺。大野既都，东原厎平。其土赤埴坟，草木渐包。其田上中，赋中中。贡维土五色、羽畎夏狄、峄阳孤桐、泗滨浮磬。淮夷蠙珠暨鱼，其篚玄纤缟。浮于淮、泗，通于河。

淮、海维扬州：彭蠡既都，阳鸟所居。三江既入，震泽致定。竹箭既布。其草惟夭，其木惟乔。其土涂泥。田下下，赋下上上杂。贡金三品，瑶、琨、竹箭，齿、革、羽、旄。岛夷卉服，其篚织贝，其包橘、柚锡贡。均江海，通淮、泗。

荆及衡阳维荆州：江、汉朝宗于海。九江甚中，沱、涔已道，云土、梦为治。其土涂泥。田下中，赋上下。贡羽、旄、齿、革，金三品，杶、榦、栝、柏，砺、砥、砮、丹，维箘簬、楛。三国致贡其名，包匦菁茅，其篚玄纁玑组。九江入赐大龟。浮于江、沱、涔、汉，逾于雒，至于南河。

荆、河惟豫州：伊、雒、瀍、涧既入于河，荥播既都。道荷泽，被明都。其土壤，下土坟垆。田中上，赋杂上中。贡漆、丝、缔、纻，其篚纤絮，锡贡磬错。浮于雒，达于河。

华阳、黑水惟梁州：汶、嶓既蓺，沱、涔既道，蔡、蒙旅平，和夷厎绩。其土青骊。田下上，赋下中三错。贡璆、铁、银、镂、砮、磬，熊、罴、狐、狸、织皮。西倾因桓是来，浮于潜，逾于沔，入于渭，乱于河。

黑水、西河惟雍州：弱水既西，泾属渭汭。漆、沮既从，沣水所同。荆、岐已旅，终南、敦物至于鸟鼠。原隰厎绩，至于都野。三危既度，三苗大序。其土黄壤。田上上，赋中下。贡璆、琳、琅玕。浮于积石，至于龙门、西河，会于渭汭。织皮昆仑、析支、渠搜，西戎即序。

道九山：汧及岐至于荆山，逾于河；壶口、雷首至于太岳；砥柱、析城至于王屋；太行、常山至于碣石，入于海；西倾、朱圉、鸟鼠至于太华；熊耳、外方、桐柏至于负尾；道嶓冢，至于荆山；内方至于大别；汶山之阳至衡山，过九江，至于敷浅原。

道九川：弱水至于合黎，余波入于流沙。道黑水，至于三危，入于南海。道河积石，至于龙门，南至华阴，东至砥柱，又东至于盟津，东过雒汭，至于大伾，北过降水，至于大陆，北播为九河，同为逆河，入于海。嶓冢道漾，东流为汉，又东为苍浪之水，过三澨，入于大别，南入于江，东汇泽为彭蠡，东为北江，入于海。汶山道江，东别为沱，又东至于醴，过九江，至于东陵，东迤北会于汇，东为中江，入于海。道沇水，东为济，入于河，泆为荥，东出陶丘北，又东至于荷，又东北会于汶，又东北入于海。道淮自桐柏，东会于泗、沂，东入于海。道渭自鸟鼠同穴，东会于沣，又东北至于泾，东过漆、沮，入于河。道雒自熊耳，东北会于涧、瀍，又东会于伊，东北入于河。

于是九州攸同，四奥既居，九山刊旅，九川涤原，九泽既陂，四海会同。六府甚修，众土交正，致慎财赋，咸则三壤，成赋。中国赐土、姓："祗台德先，不距朕行。"

令天子之国以外五百里甸服：百里赋纳总，二百里纳铚，三百里纳秸服，四百里粟，五百里米。甸服外五百里侯服：百里采，二百里任国，三百里诸侯。侯服外五百里绥服：三百里揆文教，二百里奋武卫。绥服外五百里要服：三百里夷，二百里蔡。要服外五百里荒服：三百里蛮，二百里流。

东渐于海，西被于流沙，朔、南暨：声教讫于四海。于是帝锡禹玄圭，以告成功于天下。天下于是太平治。

皋陶作士以理民。帝舜朝，禹、伯夷、皋陶相与语帝前。皋陶述其谋曰："信其道德，谋明辅和。"禹曰："然，如何？"皋陶曰："於！慎其身修，思长，敦序九族，众明高翼，近可远在已。"

禹拜美言，曰："然。"皋陶曰："於！在知人，在安民。"禹曰："吁！皆若是，惟帝其难之。知人则智，能官人；能安民则惠：黎民怀之。能知能惠，何忧乎驩兜，何迁乎有苗，何畏乎巧言善色佞人？"皋陶曰："然，於！亦行有九德，亦言其有德。"乃言曰："始事事，宽而栗，柔而立，愿而共，治而敬，扰而毅，直而温，简而廉，刚而实，强而义，章其有常，吉哉。日宣三德，蚤夜翊明有家。日严振敬六德，亮采有国。翕受普施，九德咸事，俊乂在官，百吏肃谨。毋教邪淫奇谋。非其人居其官，是谓乱天事。天讨有罪，五刑五用哉。吾言底可行乎？"禹曰："女言致可绩行。"皋陶曰："余未有知，思赞道哉。"

跟毛泽东读《史记》

　　帝舜谓禹曰："女亦昌言。"禹拜曰："於，予何言！予思日孳孳。"皋陶难禹曰："何谓孳孳？"禹曰："鸿水滔天，浩浩怀山襄陵，下民皆服于水。予陆行乘车，水行乘舟，泥行乘橇，山行乘檋，行山刊木。与益予众庶稻鲜食。以决九川致四海，浚畎浍致之川。与稷予众庶难得之食。食少，调有余补不足，徙居。众民乃定，万国为治。"皋陶曰："然，此而美也。"

　　禹曰："於，帝！慎乃在位，安尔止。辅德，天下大应。清意以昭待上帝命，天其重命用休。"帝曰："吁，臣哉，臣哉！臣作朕股肱耳目。予欲左右有民，女辅之。余欲观古人之象，日月星辰，作文绣服色，女明之。予欲闻六律、五声、八音，来始滑，以出入五言，女听。予即辟，女匡拂予。女无面谀，退而谤予。敬四辅臣。诸众谗嬖臣，君德诚施皆清矣。"禹曰："然。帝即不时，布同善恶则毋功。"

　　帝曰："毋若丹朱傲，维慢游是好，毋水行舟，朋淫于家，用绝其世。予不能顺是。"禹曰："予娶涂山，辛壬癸甲；生启予不子，以故能成水土功。辅成五服，至于五千里，州十二师，外薄四海，咸建五长，各道有功。苗顽不即功，帝其念哉。"帝曰："道吾德，乃女功序之也。"

　　皋陶于是敬禹之德，令民皆则禹。不如言，刑从之。舜德大明。

　　于是夔行乐，祖考至，群后相让，鸟兽翔舞，《箫韶》九成，凤皇来仪，百兽率舞，百官信谐。帝用此作歌，曰："陟天之命，维时维几。"乃歌曰"股肱喜哉，元首起哉，百工熙哉！"皋陶拜手稽首扬言曰："念哉，率为兴事，慎乃宪，敬哉！"乃更为歌曰："元首明哉，股肱良哉，庶事康哉！"又歌曰："元首丛脞哉，股肱惰哉，万事堕哉！"帝拜曰："然，往钦哉！"于是天下皆宗禹之明度数声乐，为山川神主。

　　帝舜荐禹于天，为嗣。十七年而帝舜崩。三年丧毕，禹辞辟舜之子商均于阳城。天下诸侯皆去商均而朝禹。禹于是遂即天子位，南面朝天下，国号曰夏后，姓姒氏。

　　帝禹立而举皋陶荐之，且授政焉，而皋陶卒。封皋陶之后于英、六，或在许。而后举益，任之政。

十年，帝禹东巡狩，至于会稽而崩。以天下授益。三年之丧毕，益让帝禹之子启，而辟居箕山之阳。禹子启贤，天下属意焉。及禹崩，虽授益，益之佐禹日浅，天下未洽。故诸侯皆去益而朝启，曰"吾君帝禹之子也"。于是启遂即天子之位，是为夏后帝启。

夏后帝启，禹之子，其母涂山氏之女也。

有扈氏不服，启伐之，大战于甘。将战，作《甘誓》，乃召六卿申之。启曰："嗟！六事之人，予誓告女：有扈氏威侮五行，怠弃三正，天用剿绝其命。今予维共行天之罚。左不攻于左，右不攻于右，女不共命。御非其马之政，女不共命。用命，赏于祖；不用命，僇于社，予则帑僇女。"遂灭有扈氏。天下咸朝。

夏后帝启崩，子帝太康立。帝太康失国，昆弟五人，须于洛汭，作《五子之歌》。

太康崩，弟中康立，是为帝中康。帝中康时，羲、和湎淫，废时乱日。胤往征之，作《胤征》。

中康崩，子帝相立。帝相崩，子帝少康立。帝少康崩，子帝予立。帝予崩，子帝槐立。帝槐崩，子帝芒立。帝芒崩，子帝泄立。帝泄崩，子帝不降立。帝不降崩，弟帝扃立。帝扃崩，子帝廑立。帝廑崩，立帝不降之子孔甲，是为帝孔甲。帝孔甲立，好方鬼神，事淫乱。夏后氏德衰，诸侯畔之。天降龙二，有雌雄，孔甲不能食，未得豢龙氏。陶唐既衰，其后有刘累，学扰龙于豢龙氏，以事孔甲。孔甲赐之姓曰御龙氏，受豕韦之后。龙一雌死，以食夏后。夏后使求，惧而迁去。

孔甲崩，子帝皋立。帝皋崩，子帝发立。帝发崩，子帝履癸立，是为桀。帝桀之时，自孔甲以来而诸侯多畔夏，桀不务德而武伤百姓，百姓弗堪，乃召汤而囚之夏台，已而释之。汤修德，诸侯皆归汤，汤遂率兵以伐夏桀。桀走鸣条，遂放而死。桀谓人曰："吾悔不遂杀汤于夏台，使至此。"汤乃践天子位，代夏朝天下。汤封夏之后，至周封于杞也。

太史公曰：禹为姒姓，其后分封，用国为姓，故有夏后氏、有扈氏、有男氏、斟寻氏、彤城氏、褒氏、费氏、杞氏、缯氏、辛氏、冥

跟毛泽东读《史记》

氏、斟戈氏。孔子正夏时，学者多传《夏小正》云。自虞、夏时，贡赋备矣。或言禹会诸侯江南，计功而崩，因葬焉，命曰会稽。会稽者，会计也。

（选自《史记·夏本纪》）

【品释文】

　　夏禹的名字叫文命。禹的父亲叫鲧，鲧的父亲就是帝颛顼，帝颛顼的父亲叫昌意，昌意的父亲叫黄帝。夏禹，是黄帝的玄孙，帝颛顼的孙子。夏禹的曾祖父昌意与父亲鲧都没有称帝，都是天子的臣下。

　　帝尧统治的时期，洪水滔天，浩浩荡荡，包围了山冈，漫上了丘陵，人们为此忧愁。尧寻找能够治水的大臣，群臣、四岳都说鲧可以胜任。尧说："鲧为人不好，违抗命令，败坏同僚，不可以。"四岳说："在与鲧同辈的人当中没有比他更贤能的了，希望天子不妨试一试他。"于是尧听从四岳的意见，起用鲧去治理洪水。鲧治理了九年，洪水不退，未获成功。这时尧便去寻求继承帝位的人，于是找到了舜。舜被任用，代理执行天子的职守，巡视各地诸侯所守的疆土。在巡视过程中，舜发现鲧治理洪水没有功绩，就将鲧流放到羽山。天下人都认为舜惩罚鲧是正确的。于是舜推举鲧的儿子禹，命他继承鲧的事业。

　　尧去世后，帝舜问四岳道："有谁能够发扬光大帝尧的事业，让他官居首辅？"他们都说："伯禹为司空，他可以发扬光大帝尧的事业。"舜说："啊，对！"命令禹说："你去平定水土，要努力完成这件事情。"禹跪拜叩头，推让给契、后稷、皋陶。舜说："还是你去做这件事情吧。"

　　禹为人敏捷勤劳；从不违背道德规范，仁爱可亲，言语诚实；禹的声音合乎音律，行动举止成为法度，以他为标准制定出权衡；他勤勉恭敬，成为天下人的楷模。

　　禹于是就与益、后稷尊奉帝舜的命令，命令诸侯百官发动人员治理

01 禹王做官，但也耕田

水土，顺着山势砍削树木作为标志，确定高山大川的治理规划。禹伤感于先父鲧没有完成治水的事业而受到惩罚，就劳碌奔波，操心焦虑，在外面过了十三年，经过家门都不敢进去。禹自己穿衣吃饭一点儿也不讲究，却用丰洁的祭品孝敬鬼神；自己住的是简陋的房屋，却不惜花费大量资财以修筑沟洫。他走陆路的时候乘车，走水路的时候乘船，走泥路的时候用橇，走山路的时候用檋。禹准绳规矩不离手，不违背四时节气，来开辟九州土地，疏通九条水道，修筑九处湖泽堤障，测量九大山系。命令益把稻种分给民众，他们可以种在低湿的田地上。命令后稷将稀缺的食品分给民众。如果哪一个地方的食物不足，就从食物多的地方调剂过去，以均衡各地诸侯辖区的物品。禹巡视各地的特产以确定其贡赋，并考察运送贡品所经山川的交通便利情况。

禹治水的行程是从冀州开始的。冀州：先治理好壶口，又去治理梁山与岐山。已治理好太原，又治理到岳阳。覃怀一带的水利工程已取得很大成绩，便接着去治理横流的漳水流域。冀州的土壤为砂质盐渍之土。缴纳上上等的田赋，也间杂着第二等，田地属于第五等。恒水、卫水都已疏通，河水可流入大海，治理大陆泽的工程已开始动工。少数民族鸟夷进贡珍禽异兽的皮毛。鸟夷人进贡的路线是经由碣石山南侧，进入黄河。

济水与黄河之间的地带是兖州：黄河下游的九条河已经疏通，雷夏洼地已经成为湖泽，雍、沮二水会合后一同注入雷夏泽，能种桑的土地已经在养蚕了，于是人们得以从山丘上搬下来，住在平地上。兖州之土是一种含有黑色植物腐料的灰棕土壤，这里的草长得茂盛，树木修长。田地属于第六等，缴纳第九等田赋，兖州耕作了十三年，进贡才与其他八州相同。它的贡赋是漆、丝，以及用圆形竹器盛装的有文采的丝织品。兖州的贡物可由济水、漯水顺流入黄河。

渤海与泰山一带是青州：为青州境内的堣夷划定疆界，潍水、淄水的河道都已疏通。青州之土是肥沃的白壤，而海滨地带却是广阔的盐地，其田地为盐碱地。田地属于第三等，缴纳第四等的赋税。青州的贡

跟毛泽东读《史记》

物为盐和细葛布，以及种类杂多的海产品，泰山地区进贡丝、大麻、铅、松木、怪石，莱夷地区进贡牧产品，以及用圆形竹筐盛的柞蚕丝。运送贡物的船只先进入汶水，再通往济水。

东起大海、北至泰山、南到淮河的地带是徐州：淮水、沂水得到了治理，蒙山、羽山的土地上种植了庄稼。钜野泽已汇积成湖，东平一带地已平复。徐州的土质属肥沃的红色黏土，草木生长茂盛。这里的土地属于第二等，赋税为第五等。缴纳的贡物是五色土、羽山山谷的大雉鸟羽毛、峄山南侧的优质桐木、泗水河畔可做石磬的石头。淮河下游的夷人进贡珍珠和鱼类，以及用筐子盛装的黑色细绸和白绢。装运贡品的船只从淮水、泗水进入与济水相通的菏泽。

北起淮河、东南到大海边，这一带是扬州：鄱阳湖已经蓄足水量，北方来的候鸟可以在这一带住下来。三江已经流入大海，太湖的治理也已经完成。大竹与小竹已经遍布各地。这里的草木茂盛，树木高大。这里的土是潮湿的泥。田是第九等，赋税是第七等。进贡的物品是金、银、铜、美玉、大竹、小竹，象牙、犀牛皮、羽毛、旄牛尾。东南海中大小岛屿上的少数民族穿着用草编成的衣服，把贝锦放在筐内，把橘子和柚子包装好进贡。运送贡品的船只由长江和黄海到达淮河和泗水。

从荆山一线到衡山以南的区域是荆州：江、汉二水像诸侯朝见天子一样流向大海。九江已经得到治理，沱、涔二水已被疏通，云梦泽一带也可以耕作了。这里的土是潮湿的泥。田是第八等，赋税是第三等。贡物是羽毛、旄牛尾、象牙、犀牛皮，金、银、铜，椿树、柘木、桧木、柏树，粗磨刀石、细磨刀石、可做箭头的石头、朱砂，竹笋、美竹和楛木。荆州境内诸国进贡他们的名产，将菁茅草包好放进匣子里，将黑色、浅红色的丝织品及珍珠放在筐子里。九江一带进贡大龟。这些贡品先经过江水、沱水、涔水和汉水运送，再经由陆路进入洛水，到达南河。

荆山和黄河之间的区域是豫州：伊水、洛水、瀍水、涧水都已经疏通流入黄河，荥播蓄足水量已汇成湖泽。疏浚了菏泽湖，将溢出之水向南泄入孟诸泽。豫州的土质疏松柔软，下层是肥沃硬质黑土。田是第四等，赋税是第二等，间杂第一等。贡品是漆、丝、精细葛布、纻麻，还有装在筐子里进贡的细棉，还进贡可制磬的石头。运送贡品的船只经由洛水进入黄河。

华山以南至黑水之间是梁州：汶山、嶓冢山已经可以种植，沱水、涔水已经疏通，蔡山、蒙山已经得到平治，对和水一带夷族的整治已见成绩。梁州的土为黑色。田是第七等，赋税是第八等，还可在上下三种浮动。这里的贡品是美玉、铁、银、镂钢、砮石、磬石，以及熊、罴、狐、狸、兽毛织成的地毯。西倾山一带的贡品沿桓水运来，船只经由潜水，然后上岸走陆路，再经由沔水，进入渭水，最后横渡黄河。

黑水到西河之间是雍州：弱水已经西流，泾水流入渭水的弯曲处。漆水、沮水合为漆沮水，流入渭水，沣水同样流入渭水。荆山、岐山已经得到治理，终南山、敦物山，直至鸟鼠山也已平治。原隰的治理获得成效，至于都野泽也已得到治理。三危山已经可以居住，三苗获得了安定。雍州的土是黄色的。田是第一等，赋税是第六等。贡品是美玉、美石、如珠玉的宝石。进贡的船只从积石山附近的黄河，到达龙门、西河，在渭水与黄河的交汇处会合。昆仑、析支、渠搜一带进贡地毯，西北少数民族也都归顺了。

开通九条山脉的道路：汧山、岐山直到荆山，越过黄河；壶口山、雷首山直到太岳山；砥柱山、析城山直到王屋山；太行山、常山直到碣石山，从此进入大海；西倾山、朱圉山、鸟鼠山直到太华山；熊耳山、外方山、桐柏山直到负尾山；开通嶓冢山，直到荆山；内方山直到大别山；从汶山的南面直到衡山，跨过九江，到达庐山南麓傅阳山的高平之地。

疏导了九条河流：弱水西流到合黎山，下游流入沙漠。疏导黑水至三危山，流入南海。疏导黄河流经积石山，直至龙门，南到华山之北，东至砥柱山；又向东到达盟津，在东边经过洛水的拐弯处，到达大邳山，再向北经过降水，到达大陆泽，向北分散为九条河流，各河道下游

跟毛泽东读《史记》

入海口河段都受海水倒灌成为逆河,最后注入大海。开通嶓冢山以疏导漾水,东流而为汉水,又向东流为苍浪水,经过三澨水,流入大别山区,向南流入长江,向东汇积为彭蠡泽,再向东为北江,注入大海。开通汶山以疏导长江,向东分出一条支流为沱江,又东流至醴水,流过九江,到达东陵后东流,又逶迤北流,与彭蠡湖交汇,向东流为中江,最后注入大海。疏导沇水,向东流为济水,注入黄河,漫溢而为荥泽湖,从陶丘北面东流,又向东到达菏水,再向东北与汶水会合,又向东北流入大海。开通桐柏山以疏导淮河,向东流与泗水、沂水会合,又向东流入大海。开通鸟鼠山以疏导渭水,向东与沣水会合,又向东北流至泾水,向东流经漆、沮,注入黄河。开通熊耳山以疏导洛水,向东北流与涧水、瀍水会合,又向东流与伊水会合,向东北注入黄河。

于是九州都已治理,境内四方都可安居,九州的山都经过砍削树木做出标志,九州的河流都已得到疏通,九州的沼泽之地都已修筑堤防,天下统一了。六府治理得很好,所有的领土都可征收赋税,谨慎地征收财赋,都是根据土地肥沃贫瘠的程度征收贡赋。天子将九州的土地赐给诸侯,还赐给他们姓氏,命令道:"诸侯须把尊敬我的德行放在首位,不许违背我行事。"

规定在天子国都以外五百里的地域称为甸服:其中距离都城一百里以内的缴纳全禾,二百里以内的缴纳禾穗,三百里以内的缴纳脱去芒尖的禾穗,四百里以内的缴纳谷粒,五百里以内的缴纳米粒。甸服以外五百里的地域称为侯服:其中一百里以内的为采地,二百里以内的为男爵地,三百里以内的封给诸侯。侯服以外五百里的地域称为绥服:其中三百里以内的地域设置主持文教事务的官员,靠外的二百里地域兴办国防,奋扬武威,保卫天子。绥服以外五百里的地域称为要服:其中三百里以内的地域安置夷族,靠外的二百里安置罪犯。要服以外五百里的地域称为荒服:其中三百里以内的地域居住的是蛮族,靠外的二百里安置那些迁徙的部族。

东方到大海边,西方到达沙漠,北方及南方都到达了最遥远的地

01 禹王做官，但也耕田

方：天子的声威及教化遍及四海。于是帝舜赏赐给禹一块黑色的圭玉，向天下宣告治水取得了成功。天下从此得到了很好的治理。

任命皋陶为审理刑狱的长官以治理人民。帝舜上朝，禹、伯夷、皋陶一起在舜的面前展开讨论。皋陶阐述自己的谋略说："诚实地施行德政，这样就能使决策英明，群臣之间同心协力。"禹说："说得对，怎样去做呢？"皋陶说："啊！谨慎地修身，长远地考虑，以宽厚的态度对待族人，使众贤人做辅佐大臣，德政逐步由近及远。"

禹听了这番精辟的言论，拜谢说："对呀。"皋陶说："啊！除此之外还要理解臣下，安定民心。"禹说："啊！都像这样去做，恐怕连帝尧也会感到困难的。理解臣下就会明智，才能善用人才；能安定民心就会对人有恩惠，就会受到百姓的爱戴。能够做到明智和受人爱戴，怎么会担心驩兜，怎么会流放三苗，怎么会害怕花言巧语、谄佞不正的坏人呢？"皋陶说："说得对，啊！行事需要有九种德行，要说某人有德行，就需要一件一件列出。"于是他就列举道："说人有德，要从他的行为来看。宽仁而又严肃，柔和而又坚定自立，厚道而又恭敬，具有才干而又严肃慎重，和顺而又刚毅，正直而又温和，直率而又有操守，刚正而又充实，坚强而又合乎道义，显现他的九种德行，那就非常完美了。每天能表现九种德行的三种，早晚都恭敬地遵循道德规范，卿大夫就可以保有自己的封地。每天能庄重严肃地表现九种德行的六种，辅助天子处理政事，诸侯就可以保有他的国家。如果能将三德和六德结合起来普遍施行，使具有九德的人都可以担任官职，贤俊之才都能任职，所有官吏都恭敬谨饬。不让邪淫和搞阴谋的人得逞。如果让不称职的人占据官位，这就叫扰乱天下大事。上天要惩罚有罪的人，那就按五刑去分别实施惩罚。我的话可以施行吗？"禹说："你的话可以施行，并会获得功绩。"皋陶说："我并没有智慧，只是思考着如何有助于治国之道。"

帝舜对禹说："你也说说吧。"禹拜谢说："啊，我说什么！我只想每天努力工作罢了。"皋陶诘问禹说："怎样才算是努力工作呢？"禹答道："洪水漫天，浩浩荡荡地包围高山，漫过丘陵，黎民百姓被洪水淹

跟毛泽东读《史记》

没。我走旱路坐车，走水路坐船，走泥泞的路乘橇，走山路用檋，沿着山路砍削树木作为路标。同伯益一起给百姓稻谷和新杀的鸟兽。我疏通了九条河流，使它们流到大海，挖深疏通了田间的大水沟，使它们流进大河。与稷一起给老百姓难以得到的食物。食物少的地方，从有余粮的地方调拨一些粮食以补其不足，帮助人们搬迁到易于谋生的地方。百姓们都过上安定的生活，各个诸侯国也都得到了治理。"皋陶说："好啊，这番话说得真好啊。"

禹说："啊，帝舜！身居上位，您可要谨慎呀，忠于您的职责。用有德之人做您的辅佐，天下人就会响应。以虔敬认真的态度接受上帝的命令，上帝就会一再地嘉奖您。"帝舜说："唉，大臣们呀！大臣们呀！你们要做好我的手足耳目。我要引导帮助人们，你们要帮助我完成这一大业。我打算观察古人的图画，了解古人是怎样把日、月、星辰的图形绣在丝织品上，以制成各种颜色的服装，你们要把这些考订明确。我要听六种音律、五种声音、八类乐器的演奏、七始咏的乐律，听取各方面的意见，你们要听清楚。如果我有过失，你们就要匡正辅助我。你们不要当面讨好我，背地里诽谤我。我恭敬地对待身边的近臣。那些以进谗言而邀宠的大臣，只要我真正履行了为君之道，他们就都会被清除。"禹说："对。陛下您如果不是这样，而是不分善恶，同时进用好人与坏人，那就会劳而无功。"

帝舜说："不要像丹朱那样傲慢，只喜欢懒惰贪玩，无水也强要行船，在家中与众人淫乐，因而使他自己的世系断绝了。我们不能像他。"禹说："我在辛日娶了涂山氏的女儿，到甲日就离开家去治水，以后生了儿子启，我却不曾养育他，所以我才能完成平治水土的功业。辅助陛下划分了五种服役的地域，一直到五千里的地方，每个州动用十二个师的人力，一直开辟到四方最为荒远的地方，每五个诸侯国都立一位贤者为长，他们都能引导民众建立事功。苗民负隅顽抗，不肯服役，因此不能给予官职，陛下要加以注意。"帝舜说："你将我的道德宣布于天下，这些都是靠你的努力取得的。"

01 禹王做官，但也耕田

皋陶因此敬重禹的功德，命令民众都效法禹。不照命令行事，就用刑惩罚。舜的德业日益昌明了。

于是夔演奏乐曲，祖先的灵魂降临了，各诸侯国的国君相互礼让，鸟兽翩翩起舞，《箫韶》演奏九遍，凤凰飞来聆听，百兽跟着跳舞，百官的确能够和谐相处。帝舜因此作歌，唱道："敬奉上天的命令，只在于顺应时势，只在于谨微慎行。"又唱道："大臣们欣喜啊，君王奋起啊，百官的事业兴旺发达啊！"皋陶跪拜叩头继续说："要牢记啊，君王处处作为臣民的表率，百事就振兴起来，谨慎地对待您立下的法度，对于法度可要恭敬啊！"于是接着歌唱道："君王圣明啊，大臣贤良啊，诸事安宁啊！"又唱道："君王只关注琐碎小事啊，大臣就会懒惰啊，各项事业就会荒废啊！"帝舜拜谢说："对呀，大家认真地干吧！"于是天下的人都崇仰禹能够昌明法度历数声音乐律，尊奉他为山川神主。

帝舜向上天推荐禹，让他当天子的继承人。十七年后帝舜去世。三年守丧结束，禹为了辞让帝位给舜的儿子商均，躲避到阳城。天下诸侯都离开商均而去朝拜禹。禹于是即天子之位，坐北向南接受天下的朝拜，国号为夏后，姓姒氏。

帝禹继位后就推荐皋陶作为继承人，将要把处理国政的权力交给他，但是皋陶还没来得及即位就去世了。分封皋陶的后代在英、六等国，有的封在许国。然后举荐益，任用他管理政事。

帝禹即位后的第十年，前往东部巡察，到达会稽却去世了。把天下传授给益。三年守丧结束，益把帝位让给禹的儿子启，自己避居到箕山的南边。禹的儿子启贤良，天下人希望他当天子。等到禹去世，虽把帝位传给益，但是益辅佐禹的时间很短，天下人还未能信任他。所以诸侯都离开益而去朝拜启，说"他是我们君王帝禹的儿子"。启因此就继承了天子之位，这就是夏后帝启。

夏后帝启是禹的儿子，他的母亲是涂山氏的女儿。

有扈氏抗命不服，启前去讨伐，大战于甘。将要开战，启作了一篇誓词《甘誓》，召来六军的将领申明这一誓词。启说："喂！六军的全

跟毛泽东读《史记》

体将士，我以誓词告诫你们：有扈氏轻慢五行天象，懈怠毁弃三正大臣，上天因此要断绝它的国运。现在我奉行上天的这种惩罚。车左的兵士若不善于用箭射杀左边的敌人，车右的兵士若不善于用箭射杀右边的敌人，你们就是不奉行命令。驾车的士兵若不懂得驾驭战马的技术，你们就是不奉行命令。奉行命令，就在祖庙赏赐你们；不奉行命令，就在社坛惩罚你们，我或者把你们降为奴隶，或者杀掉你们。"就这样灭了有扈氏。天下都来朝贺。

夏后帝启去世，他的儿子太康继位。帝太康因为耽于游乐而失去国位，他的五个弟弟，在洛水北岸等待他回国，怨其不返而作《五子之歌》。帝太康去世，他的弟弟中康继位，这就是帝中康。帝中康的时候，掌管天文历法的官员羲、和沉湎于酒，扰乱了四时节令。大臣胤前往征讨，作《胤征》。

帝中康去世，儿子相继位。帝相去世，儿子少康继位。帝少康去世，儿子予继位。帝予去世，儿子槐继位。帝槐去世，儿子芒继位。帝芒去世，儿子泄继位。帝泄去世，儿子不降继位。帝不降去世，弟弟扃继位。帝扃去世，儿子廑继位。帝廑去世，立了帝不降的儿子孔甲，这就是帝孔甲。帝孔甲继位，喜好模仿鬼神，好色淫乱。夏后氏的统治衰落，诸侯都背叛了他。上天降下两条龙，雌雄各一，孔甲不会饲养，又找不到会豢养龙的豢龙氏的后代。陶唐氏已经衰落，他的后代有个叫刘累的，曾向豢龙氏学习驯龙的本领，来事奉孔甲。孔甲赐给他姓叫御龙氏，让他接受豕韦氏后代的封地。一条雌龙死了，刘累烹熟后让夏后孔甲吃。夏后孔甲派人来取这两条龙，刘累很害怕，只好逃走了。

帝孔甲去世，儿子皋继位。帝皋去世，儿子发继位。帝发去世，儿子履癸继位，这就是帝桀。帝桀时候，从孔甲以来诸侯大多背叛了夏朝，夏桀不懂得致力德政，却用武力伤害诸侯百官，百官都忍受不了他的暴政。夏桀就把汤召来，囚禁在夏台，不久又释放了他。汤能修行德业，诸侯都归附汤，汤就率兵讨伐夏桀。桀逃亡到鸣条，终于在逃亡中死去。桀对人说："我真后悔没有在夏台杀死汤，以至于今天落得这个下场。"汤于是登上天子之位，取得了夏朝的天下。汤分封土地给夏代后裔，到周朝时夏代后裔被封在杞国。

太史公说：禹姓姒，他的后代分封，就以所分封的国为姓，所以有夏后氏、有扈氏、有男氏、斟寻氏、彤城氏、褒氏、费氏、杞氏、缯氏、辛氏、冥氏、斟戈氏等不同的氏。孔子校正夏代的历法，所以学者中有很多人传授《夏小正》。从虞、夏时期开始，贡纳赋税的制度就已经很完备了。有人说禹在江南召集诸侯，考核诸侯功绩时去世，因此就安葬在那里，将该地命名为会稽。会稽，意即会计，就是会集诸侯核计其功绩的意思。

02 老子不是唯物论者

毛泽东读批《史记·老子韩非列传》

【读原文】

　　我们必须学会全面地看问题，不但要看到事物的正面，也要看到它的反面。在一定的条件下，坏的东西可以引出好的结果，好的东西也可以引出坏的结果。老子在二千多年以前就说过："祸兮福所倚，福兮祸所伏。"日本打到中国，日本人叫胜利。中国大片土地被侵占，中国人叫失败。但是在中国的失败里面包含着胜利，在日本的胜利里面包含着失败。历史难道不是这样证明了吗？

——1957年2月27日，毛泽东在最高国务会议第11次会议上的讲话，《毛泽东文集》（第7卷），人民出版社1999年版，第238页

　　任继愈讲老子是唯物论者，我是不那么赞成的。得到了天津

有个教授叫杨柳桥,他有本《老子今译》,他说老子是唯心主义者,客观唯心论者。

——陈晋:《毛泽东之魂》,吉林人民出版社1993年版,第295页

【品解析】

1917年暑假,毛泽东和他的同学萧子升在"游学"途中,于湖南省宁乡县境内拜访了一位刘翰林。刘翰林问他俩读过什么书。毛泽东告诉他,读过《十三经》《老子》和《庄子》,并说,最好的《老子》注是王弼作的,最好的《庄子》注是郭象作的。后来,他们还拜访了沩山寺,方丈和他们侃侃而谈。萧子升在《我和毛泽东的一段曲折经历》中回忆说:"最后谈及孔子和老子,我们觉得这是自己熟悉的问题,于是便表白了自己的意见。"可见毛泽东对老子是很熟悉的。

在读书笔记中,毛泽东也提到过老子。例如,在《讲堂录》中便记有:"《老子》:天下莫柔弱于水,而攻坚强者莫之能先。"在读泡尔生的《伦理学原理》时,毛泽东批注道:"老庄绝圣弃智、老死不相往来之社会,徒为理想之社会而已。"

老子的理想社会,脱离社会发展进步的实际,摒弃人类文明的创造,以一种近于世外桃源的空洞想象,表现出对现实生活的隔绝、对人类历史的隔绝。这种主张,和青年毛泽东立志要改造社会、学习西方的文明、强调人的主观意志的积极力量的主张显然相差较远。所以毛泽东认为其"徒为理想之社会",这种空洞的幻想,既是无法实现的,也是不切实际的。

新中国成立以后,毛泽东还常读《老子》一书。他在外出时,曾指名带上《老子》。毛泽东对老子的社会主张不感兴趣,他最欣赏的是其中的辩证法。

春秋末年到战国初年,社会处于巨大的变革之中,个人的富贵贫

贱，国家的安危兴亡，都像自然界的"高岸为谷，深谷为陵"一样变动不居。作为史官的老子，从"社稷无常奉，君臣无常位""飘风不终朝、骤雨不终日"的自然、历史与现实中，认识到运动变化是世界的永恒主题。

这种变化的一个重要原因，是宇宙间万事万物都存在着相互矛盾的两个对立面。因此，《老子》中提出了一系列的对立范畴，例如阴阳、有无、刚柔、强弱、大小、高下、前后、美丑、祸福、难易、荣辱、贵贱、损益、生死、智愚、巧拙、胜败、攻守、进退、曲直、轻重等等。这些对立面，既有矛盾对立的面，也有互相依存和转化的面，如"有无相生，难易相成，长短相形，高下相倾，音声相和，前后相随"等。前面引的毛泽东谈老子的福祸相互倚伏的观点，是 1957 年 2 月 27 日，毛泽东在最高国务会议第十一次（扩大）会议上作的《关于正确处理人民内部矛盾的问题》的讲话中评述的。

在这里，毛泽东教导人们要全面地看问题。所谓全面地看问题，就是对一件事情不只看它有利的一面，还要看到它不利的一面，以增强危机感，保持头脑清醒。同理，既要看它不利的一面，还要看到它有利的一面，以增强信心，鼓舞斗志。毛泽东在这里举老子的"祸兮福所倚，福兮祸所伏"的话来证明这一点。毛泽东发表这个讲话时，国内发生过一部分群众闹事事件，在国际上发生了匈牙利事件。这两件事都不是好事，但毛泽东却认为坏事可变成好事。群众闹事"可以促使我们接受教训，克服官僚主义"；匈牙利事件由于匈牙利的同志们在事件的发展过程中间处理得正确，"匈牙利现在比过去更巩固了"。

明白了矛盾着的事物的两端相互转化的道理后，接着就是如何促进这种转化了。据传毛泽东曾认为《老子》是一部兵书，这种说法是否属实姑且不论，但《老子》中充满着以退为进、以静制动、以柔克刚、以弱胜强的韬略智谋却是不争的事实。这些矛盾转化的原则，这些韬略智谋，毛泽东高度重视，并将之应用于革命之中。

毛泽东在 1936 年 12 月写的《中国革命战争的战略问题》里，在谈到战略退却时说:"关于丧失土地的问题,常有这样的情形,就是只有丧失才能不丧失,这是'将欲取之必先予之'的原则。如果我们丧失的是土地,而取得的是战胜敌人,加恢复土地,再加扩大土地,这是赚钱生意。"

这里,毛泽东就是运用了老子"将欲取之必先予之"的策略,不计较一城一池的暂时得失,着眼于最终的获取、最终的胜利。丧失是为了取得,退却是为了前进。毛泽东对老子辩证法的运用臻于化境。

当然,智谋在某种意义上讲也是阴谋,毛泽东对这一点看得比较透。1964年8月30日,毛泽东在一次谈话中明确地指明这一点。他说:"我看老子比较老实,他说'将欲取之必先予之',要打倒你,先把你抬起来,搞阴谋,写在了书上。"

这一坦白和径直的分析,值得我们思考与回味。

五六十年代,我国哲学界对老子到底是属于唯物主义还是唯心主义(唯心主义又分主观唯心主义和客观唯心主义)的问题开展了广泛的讨论,毛泽东对这场讨论也很感兴趣。他在提交给他的一份学术界讨论老子思想的综述材料上批示道:"印10份交我为盼。"

毛泽东对这场讨论中所涉及的问题有自己的看法。前面引的第二段话,是毛泽东1968年10月31日在中共中央八届十二中全会闭幕会上的一段讲话。毛泽东说:"任继愈讲老子是唯物论者,我是不那么赞成的。得到了天津有个教授叫杨柳桥,他有本《老子今译》,他说老子是唯心主义者,客观唯心论者。我就很注意这个人。后头一调查,糟糕,这个人是个什么右派嘛。"(杨柳桥所著书名为《老子译话》,任继愈所著书名为《老子今译》)

据分析,毛泽东比较赞同的观点是老子属于客观唯心主义者,这种观点现在已成哲学界关于这个问题的主流观点。

跟毛泽东读《史记》

【读《史记》】

老子者，楚苦县厉乡曲仁里人也，姓李氏，名耳，字聃，周守藏室之史也。

孔子适周，将问礼于老子。老子曰："子所言者，其人与骨皆已朽矣，独其言在耳。且君子得其时则驾，不得其时则蓬累而行。吾闻之，良贾深藏若虚，君子盛德，容貌若愚。去子之骄气与多欲，态色与淫志，是皆无益于子之身。吾所以告子，若是而已。"孔子去，谓弟子曰："鸟，吾知其能飞；鱼，吾知其能游；兽，吾知其能走。走者可以为罔，游者可以为纶，飞者可以为矰。至于龙吾不能知，其乘风云而上天。吾今日见老子，其犹龙邪！"

老子修道德，其学以自隐无名为务。居周久之，见周之衰，乃遂去。至关，关令尹喜曰："子将隐矣，强为我著书。"于是老子乃著书上下篇，言道德之意五千余言而去，莫知其所终。

或曰：老莱子亦楚人也，著书十五篇，言道家之用，与孔子同时云。

盖老子百有六十余岁，或言二百余岁，以其修道而养寿也。

自孔子死之后百二十九年，而史记周太史儋见秦献公曰："始秦与周合，合五百岁而离，离七十岁而霸王者出焉。"或曰儋即老子，或曰非也，世莫知其然否。老子，隐君子也。

老子之子名宗，宗为魏将，封于段干。宗子注，注子宫，宫玄孙假，假仕于汉孝文帝。而假之子解为胶西王卬太傅，因家于齐焉。

世之学老子者则绌儒学，儒学亦绌老子。"道不同不相为谋"，岂谓是邪？李耳无为自化，清静自正。

（节选自《史记·老子韩非列传》）

02 老子不是唯物论者

【品释文】

老子是楚国苦县厉乡曲仁里人，姓李，名耳，字聃，是周朝管理国家藏书处的小官。

孔子到周，准备向老子学习关于礼的知识。老子说："你所说的礼，制定它的那些人，已死去很久了，连骨头都腐朽了，只剩下他们的言论还在。作为一个君子时机到了就出去从政，时机不到就像蓬草一样随风飘转任其自然。我听说，善于经营的商人把自己的财货深藏起来就像什么也没有一样；道德高尚的君子，他的容貌看上去反而好像很愚笨。你应该去掉你身上的骄气与众多欲望，去掉你故意做作的姿态和欲望，这些对你自身没有好处。我能够告诉你的，就是这些罢了。"孔子回去后，对他的弟子说："鸟，我知道它会飞；鱼，我知道它会游；兽，我知道它会跑。会跑的可以用网去捉，会游的可以用线去钓，会飞的可以用箭去射。至于龙，能够乘风云而上升到天际。我今天见到了老子，他就像龙一样啊！"

老子修行的是道和德，他的学说以韬光养晦为宗旨。他在周朝住了很久，看到周王室日渐衰落，便离开了。他西行走到函谷关，守关官员尹喜说："您就要隐退了，请您尽力为我写一部书吧。"于是老子写了《道德经》上下篇，阐发了道与德的意义，共五千多字，之后就走了。从此再也没人知道他的下落。

有人说：老子就是"老莱子"，也是楚国人，曾著书十五篇，论说道家学说的体用，跟孔子是同时期的人。

老子大概活了一百六十多岁，也有人说活了两百多岁，因为他修炼道术，所以养得高寿。

孔子死后一百二十九年，史书记载周国的太史儋会见秦献公说："开始秦与周是合一的，合过五百年后分离，分离七十年后，秦国就会有霸主出现。"有人说太史儋就是老子，也有人说不是，世人不清楚哪

跟毛泽东读《史记》

种说法对。总之，老子是一个隐遁的君子。

老子的儿子名宗，他曾在魏国做将军，受封在段干。宗的儿子叫注，注的儿子叫宫，宫的玄孙叫假，假在孝文帝时出仕做官。假的儿子解曾做过胶西王刘卬的太傅，于是定居在齐国了。

世上学习老子学说的人就贬斥儒学，学习儒家学说的人也贬斥老子。所谓"道不同不相为谋"，大概就是指这种情况吧？李耳主张无为而听任自然变化，清静而自然可得正理。

03 孔子的思想也有弊端

毛泽东读批《史记·孔子世家》

【读原文】

孔夫子是封建社会的圣人，鲁迅则是现代中国的圣人。

——1937年10月19日，毛泽东在延安陕北公学鲁迅逝世一周年纪念大会上的讲话（见黄丽镛：《毛泽东读古书实录》，上海人民出版社1994年版，第106页）

剥削阶级当还能代表群众的时候，能够说出若干真理，如孔子，苏格拉底，资产阶级，这样看法才是历史的看法。

孔孟有一部分真理。

——1943年6月，毛泽东在一篇关于"人性"问题的通信上的批示（见陈晋：《毛泽东的文化性格》，中国青年出版社1991年版，第195—196页）

社会主义比起孔夫子的"经书"来，不知道要好出多少倍。

——1955年12月，毛泽东为《一个在三年内增产百分之六十七的农业生产合作社》一文写的按语（见《〈中国农村的社会主义高潮〉的按语》）

青年要犯错误，老年就不犯错误呀？孔夫子说，他七十岁干什么都合乎客观规律了，我就不相信，那是吹牛皮。

——1956年11月15日，毛泽东在中共八届二中全会上的讲话（见黄丽镛：《毛泽东读古书实录》，上海人民出版社1994年版，第228页）

我们共产党人看孔夫子，他当然是有地位的，因为我们是历史主义者。

——1958年11月，毛泽东在武昌会议上的讲话（见石玉山：《毛泽东怎样读书》，中国大百科全书出版社1991年版，第76页）

【品解析】

1936年，毛泽东在延安的窑洞里向美国记者埃德加·斯诺讲述自己的一生经历时这样说过："我八岁那年开始在本地一个小学堂里读书，一直在那里读到十三岁。清早和晚上我在地里劳动。白天我读儒家的《论语》等四书。"

事隔20多年后，1964年8月，毛泽东在北戴河与哲学工作者座谈时，还追忆道："我过去读过孔夫子的四书、五经，读了六年，背得，可是不懂。"

1913年，毛泽东在长沙读书时，作有《讲堂录》的课堂笔记和读书笔记，在这之中，有不少记有《论语》的内容。

可以讲，学生时代的毛泽东对孔子基本是采取一种学习、接受的态

03 孔子的思想也有弊端

度。只是后来在有名的新文化运动杂志《新青年》的影响下，他才走上了一条激烈的反孔之路。他在《新青年》上发表文章，批驳尊孔的言论，批判孔学思想专制的弊害，当然，这已经超过了对孔子的评判，而转到社会文化政治的层面上了。

1920年4月，毛泽东从北京前往上海，途中，到曲阜游览了孔子的陵庙和故居。虽然这时他已经进一步接触了马克思主义，很想走俄国的道路。他后来同斯诺谈到这次孔子故乡行时说："在前往南京的途中，我在曲阜停了一下，去看孔子的墓，我看到了孔子的弟子们濯足的那条小溪和孔子幼年所住的小镇。在有历史意义的孔庙附近的一棵有名的树，相传是孔子栽种的，我也看到了。我还在孔子的一个著名弟子颜回住过的河边停留了一下，并且看到了孟子的出生地。"这表明，他不是一般地参观旅游，而是带着倾慕之心的。

在中国共产党成立后，虽然马克思列宁主义成为毛泽东观察形势决定政策的指导理论，但他并没有忘记孔夫子。

1930年在《反对本本主义》一文中，毛泽东指出，"没有调查，没有发言权"。他说："迈开你的两脚，到你的工作范围的各部分各地方去走走，学个孔夫子的'每事问'，任凭什么才力小也能解决问题，因为你未出门时脑子是空的，归来时脑子已经不是空的了，已经载来了解决问题的各种必要材料，问题就是这样子解决了。""每事问"（见《论语·八佾第三》）表现孔子对周公、周礼的尊敬和谨慎的态度，同时也体现孔子重视多见多闻、虚心请教。毛泽东在《反对本本主义》中主要是取后一个意思，把"每事问"当作一种值得提倡的工作方法、工作态度与精神，以此来说明解决问题必须重视调查研究。

1942年在《反对党八股》一文中，毛泽东谈道"孔夫子提倡'再思'"。孔子说的学习态度，"知之为知之，不知为不知，是知也"，要"不耻下问"，要"学而不厌，诲人不倦"，等等。孔子的话，毛泽东在文章和讲话中是常常引用的。毛泽东的著作中，对《论语》等孔孟儒家学说有许多肯定的引证，也有必要的批判，采取的是一种马克思主义历史主义的态度。

为了响应毛泽东研究历史的号召，1939年间，陈伯达就孔子、老子和墨子的哲学思想，写出长篇论文，先后在延安的《解放》上发表，这三篇文章都送毛泽东审阅过。毛泽东在给张闻天的两封信中，就陈伯达的《孔子的哲学思想》谈了对孔子哲学思想的看法。

《论语》中有一句名言："名不正则言不顺，言不顺则事不成。"毛泽东认为："如果孔子在'名不正'上面加了一句'实不明则名不正'，而孔子又是真正承认实为根本的话，那孔子就不是观念论了，然而事实上不是如此，所以孔子的体系是观念论；但作为片面真理则是对的，一切观念论都有其片面真理，孔子也是一样。"

"中庸"是孔子哲学的重要范畴，毛泽东认为陈伯达文章中对此的解释基本上是对的，但是有不足，"文中最好引《中庸》上面'舜其大知也与，舜好问而好察迩言……执其两端用其中于民'，及'回之为人也，择乎中庸得一善则拳拳服膺而弗失之'，更加明确地解释了中庸的意义"。毛泽东认为朱熹在《四书集注·中庸》中的相关段注文基本上是对的，他在信中引了这段注文："两端谓众论不同之极致，盖凡物皆有两端，如大小厚薄之类。于善之中又执其两端而度量以取中，然后用之，则其择之审而行之至矣。然非在我之权度精切不差，何以与此？此知之所以无过不及，而道之所以行也。"

他进而又结合现实分析道："说这个事物已经不是这种状态而进到别种状态了，这就是别一种质，就是'过'或'左'倾了。说这个事物还停止在原来状态并无发展，这是老的事物，是概念停滞，是守旧顽固，是右倾，是'不及'。孔子的中庸观念没有这种发展的思想，乃是排斥异端树立已说的意思为多，然而是从量上去找出与确定质而反对'左'右倾则是无疑的。"

他称这是"孔子的一大发现，一大功绩，是哲学的重要范畴，值得很好地解释一番"。

03 孔子的思想也有弊端

在致张闻天的信中,毛泽东另外还谈到了关于孔子的道德论的问题。他说:"关于孔子的道德论,应给以唯物论的观察,加以更多的批判,以便与国民党的道德观(国民党在这方面最喜引孔子)有原则的区别。例如'知仁勇',孔子的知(理论)既是不根于客观事实的,是独断的,观念论的,则其见之仁勇(实践),也必是仁于统治者一阶级而不仁于大众的;勇于压迫人民,勇于守卫封建制度,而不勇于为人民服务的。"

毛泽东完全是以无产阶级政治家的观点来批判两千年的孔子思想,自是一家之言。他主要分析了孔子学说中的"知仁勇"的说法,认为:"知是理论,是思想,是计划,方案,政策,仁勇是拿理论、政策等见之实践时候应取的一二种态度。仁像现在说的'亲爱团结',勇像现在说的'克服困难'了(现在我们说的亲爱团结,克服困难,都是唯物论的,而孔子的知仁勇则一概是主观的),但还有别的更重要的态度如像'忠实',如果做事不忠实,那'知'只是言而不信,仁只是假仁,勇只是白勇。"他还深刻地指出:"'仁'这个东西在孔子以后几千年来,为观念论的混乱思想家所利用,闹得一塌糊涂,真是害人不浅。我觉得孔子的这类道德范畴,应给以历史的唯物论的批判,将其放在恰当的位置。"他认为陈伯达在这个问题上的批判"不大严肃"。

我们可以看到,毛泽东对孔子是采取一分为二的态度的,指出其中非真理性的同时,也肯定其中真理性的内容。这一点,从前面引的毛泽东在一篇关于"人性"问题的通信上的批语中也可以看出。

1943年6月,一位党内负责人在给一位民主人士的关于"人性"问题的长篇通信中说:"一切剥削阶级的学者关于人性、是非、善恶、好恶联系起来所构成的学说,没有一个不是说得错误百出的。"毛泽东批道:"剥削阶级当还能代表群众的时候,能够说出若干真理,如孔子,苏格拉底,资产阶级,这样看法才是历史的看法。"又说:"王阳明也有一些真理。"这位领导同志提出:"我们决不能把这种哲学,把孔孟之道,看作中国文化的优良传统,相反,这恰是中国文化的不良

跟毛泽东读《史记》

传统。"毛泽东批道："孔孟有一部分真理，全部否定是非历史的看法。"

新中国成立以后，毛泽东对孔子的批评明显多了。例如，1957年1月27日，在省区市党委书记会议上的讲话中，他把孔子的学说看作"反面的东西"了。他说："我劝在座的同志，你们如果懂得唯物主义和辩证法，那就需要补学一点它的对立面唯心主义和形而上学。康德和黑格尔的书，孔子和蒋介石的书，这些反面的东西，需要读一读。"

毛泽东对孔子及传统儒学的激烈的批判态度，可能与毛泽东试图独立地探索出一条中国式的社会主义建设道路的努力有关。像有的学者讲的："在苏共二十大揭露批判斯大林的问题以后，他滋长了对苏联模式与文化规范的厌弃情绪。与这种反规范心态相联系，他对中国以孔子为代表的规范性文化在公开场合也转而采取了以批判为主的导向。"毛泽东在推动历史的道路上独树一帜的决心，使他与一切具有保守倾向的观念形态绝不相容。

虽然，毛泽东晚年基于各种原因提出反孔批孔，但整个来看，他对孔子还是一分为二的，肯定其中的真理性的东西。我们对于毛泽东对孔子的评价，也应当完整准确地去理解。

【读《史记》】

孔子生鲁昌平乡陬邑。其先宋人也，曰孔防叔。防叔生伯夏，伯夏生叔梁纥。纥与颜氏女野合而生孔子，祷于尼丘得孔子。鲁襄公二十二年而孔子生。生而首上圩顶，故因名曰丘云。字仲尼，姓孔氏。

丘生而叔梁纥死，葬于防山。防山在鲁东，由是孔子疑其父墓处，母讳之也。孔子为儿嬉戏，常陈俎豆，设礼容。孔子母死，乃殡五父之衢，盖其慎也。陬人挽父之母诲孔子父墓，然后往合葬于防焉。

孔子要绖，季氏飨士，孔子与往。阳虎绌曰："季氏飨士，非敢飨

03 孔子的思想也有弊端

子也。"孔子由是退。

孔子年十七，鲁大夫孟釐子病且死，诫其嗣懿子曰："孔丘，圣人之后，灭于宋。其祖弗父何始有宋而嗣让厉公。及正考父佐戴、武、宣公，三命兹益恭，故鼎铭云：'一命而偻，再命而伛，三命而俯，循墙而走，亦莫敢余侮。饘于是，粥于是，以糊余口。'其恭如是。吾闻圣人之后，虽不当世，必有达者。今孔丘年少好礼，其达者欤？吾即没，若必师之。"及釐子卒，懿子与鲁人南宫敬叔往学礼焉。是岁，季武子卒，平子代立。

孔子贫且贱，及长，尝为季氏史，料量平；尝为司职吏而畜蕃息。孔子长九尺有六寸，人皆谓之"长人"而异之。

鲁南宫敬叔言鲁君曰："请与孔子适周。"鲁君与之一乘车，两马，一竖子俱，适周问礼，盖见老子云。辞去，而老子送之曰："吾闻富贵者送人以财，仁人者送人以言。吾不能富贵，窃仁人之号，送子以言，曰：'聪明深察而近于死者，好议人者也。博辩广大危其身者，发人之恶者也。为人子者毋以有己，为人臣者毋以有己。'"孔子自周反于鲁，弟子稍益进焉。

是时也，晋平公淫，六卿擅权，东伐诸侯；楚灵王兵强，陵轹中国；齐大而近于鲁。鲁小弱，附于楚则晋怒；附于晋则楚来伐；不备于齐，齐师侵鲁。

鲁昭公之二十年，而孔子盖年三十矣。齐景公与晏婴来适鲁，景公问孔子曰："昔秦穆公国小处辟，其霸何也？"对曰："秦，国虽小，其志大；处虽辟，行中正。身举五羖，爵之大夫，起累绁之中，与语三日，授之以政。以此取之，虽王可也，其霸小矣。"景公说。

孔子年三十五，而季平子与郈昭伯以斗鸡故得罪鲁昭公，昭公率师击平子，平子与孟氏、叔孙氏三家共攻昭公，昭公师败，奔于齐，齐处昭公乾侯。其后顷之，鲁乱。孔子适齐，为高昭子家臣，欲以通乎景公。与齐太师语乐，闻《韶》音，学之，三月不知肉味，齐人称之。

景公问政孔子，孔子曰："君君，臣臣，父父，子子。"景公曰：

31

跟毛泽东读《史记》

"善哉！信如君不君，臣不臣，父不父，子不子，虽有粟，吾岂得而食诸！"他日又复问政于孔子，孔子曰："政在节财。"景公说，将欲以尼谿田封孔子。晏婴进曰："夫儒者滑稽而不可轨法；倨傲自顺，不可以为下；崇丧遂哀，破产厚葬，不可以为俗；游说乞贷，不可以为国。自大贤之息，周室既衰，礼乐缺有间。今孔子盛容饰，繁登降之礼，趋详之节，累世不能殚其学，当年不能究其礼。君欲用之以移齐俗，非所以先细民也。"后，景公敬见孔子，不问其礼。异日，景公止孔子曰："奉子以季氏，吾不能，以季孟之间待之。"齐大夫欲害孔子，孔子闻之。景公曰："吾老矣，弗能用也。"孔子遂行，反乎鲁。

孔子年四十二，鲁昭公卒于乾侯，定公立。定公立五年，夏，季平子卒，桓子嗣立。季桓子穿井得土缶，中若羊，问仲尼，云得狗。仲尼曰："以丘所闻，羊也。丘闻之，木石之怪夔、罔阆，水之怪龙、罔象，土之怪坟羊。"

吴伐越，堕会稽，得骨节专车。吴使使问仲尼："骨何者最大？"仲尼曰："禹致群神于会稽山，防风氏后至，禹杀而戮之，其节专车，此为大矣。"吴客曰："谁为神？"仲尼曰："山川之神，足以纲纪天下，其守为神，社稷为公侯，皆属于王者。"客曰："防风何守？"仲尼曰："汪罔氏之君守封、禺之山，为釐姓。在虞、夏、商为汪罔，于周为长翟，今谓之大人。"客曰："人长几何？"仲尼曰："僬侥氏三尺，短之至也。长者不过十之，数之极也。"于是吴客曰："善哉圣人！"

桓子嬖臣曰仲梁怀，与阳虎有隙。阳虎欲逐怀，公山不狃止之。其秋，怀益骄，阳虎执怀。桓子怒，阳虎因囚桓子，与盟而醳之。阳虎由此益轻季氏。季氏亦僭于公室，陪臣执国政，是以鲁自大夫以下皆僭离于正道。故孔子不仕，退而修《诗》《书》《礼》《乐》，弟子弥众，至自远方，莫不受业焉。

定公八年，公山不狃不得意于季氏，因阳虎为乱，欲废三桓之适，更立其庶孽阳虎素所善者，遂执季桓子。桓子诈之，得脱。定公九年，阳虎不胜，奔于齐。是时孔子年五十。

03 孔子的思想也有弊端

公山不狃以费畔季氏，使人召孔子。孔子循道弥久，温温无所试，莫能己用，曰："盖周文武起丰镐而王，今费虽小，傥庶几乎！"欲往。子路不说，止孔子。孔子曰："夫召我者岂徒哉？如用我，其为东周乎！"然亦卒不行。其后定公以孔子为中都宰，一年，四方皆则之。由中都宰为司空，由司空为大司寇。

定公十年春，及齐平。夏，齐大夫黎鉏言于景公曰："鲁用孔丘，其势危齐。"乃使使告鲁为好会，会于夹谷。鲁定公且以乘车好往。孔子摄相事，曰："臣闻有文事者必有武备，有武事者必有文备。古者诸侯出疆，必具官以从，请具左右司马。"定公曰："诺。"具左右司马。会齐侯夹谷，为坛位，土阶三等，以会遇之礼相见，揖让而登。献酬之礼毕，齐有司趋而进曰："请奏四方之乐。"景公曰："诺。"于是旍旄羽袚矛戟剑拨鼓噪而至。孔子趋而进，历阶而登，不尽一等，举袂而言曰："吾两君为好会，夷狄之乐何为于此！请命有司！"有司却之，不去，则左右视晏子与景公。景公心怍，麾而去之。有顷，齐有司趋而进曰："请奏宫中之乐。"景公曰："诺。"优倡侏儒为戏而前。孔子趋而进，历阶而登，不尽一等，曰："匹夫而营惑诸侯者罪当诛！请命有司！"有司加法焉，手足异处。景公惧而动，知义不若，归而大恐，告其群臣曰："鲁以君子之道辅其君，而子独以夷狄之道教寡人，使得罪于鲁君，为之奈何？"有司进对曰："君子有过则谢以质，小人有过则谢以文。君若悼之，则谢以质。"于是齐侯乃归所侵鲁之郓、汶阳、龟阴之田以谢过。

定公十三年夏，孔子言于定公曰："臣无藏甲，大夫毋百雉之城。"使仲由为季氏宰，将堕三都。于是叔孙氏先堕郈。季氏将堕费，公山不狃、叔孙辄率费人袭鲁。公与三子入于季氏之宫，登武子之台。费人攻之，弗克，入及公侧。孔子命申句须、乐颀下伐之，费人北。国人追之，败诸姑蔑。二子奔齐，遂堕费。将堕成，公敛处父谓孟孙曰："堕成，齐人必至于北门。且成，孟氏之保障，无成，是无孟氏也。我将弗堕。"十月，公围成，弗克。

跟毛泽东读《史记》

定公十四年，孔子年五十六，由大司寇行摄相事，有喜色。门人曰："闻君子祸至不惧，福至不喜。"孔子曰："有是言也，不曰'乐其以贵下人'乎？"于是诛鲁大夫乱政者少正卯。与闻国政三月，粥羔豚者弗饰贾，男女行者别于涂，涂不拾遗；四方之客至乎邑者不求有司，皆予之以归。

齐人闻而惧，曰："孔子为政必霸，霸则吾地近焉，我之为先并矣，盍致地焉？"犁鉏曰："请先尝沮之；沮之而不可则致地，庸迟乎！"于是选齐国中女子好者八十人，皆衣文衣而舞《康乐》，文马三十驷，遗鲁君。陈女乐文马于鲁城南高门外。季桓子微服往观再三，将受，乃语鲁君为周道游，往观终日，怠于政事。子路曰："夫子可以行矣。"孔子曰："鲁今且郊，如致膰乎大夫，则吾犹可以止。"桓子卒受齐女乐，三日不听政；郊，又不致膰俎于大夫。孔子遂行，宿乎屯。而师己送，曰："夫子则非罪。"孔子曰："吾歌可夫？"歌曰："彼妇之口，可以出走；彼妇之谒，可以死败。盖优哉游哉，维以卒岁！"师己反，桓子曰："孔子亦何言？"师己以实告。桓子喟然叹曰："夫子罪我以群婢故也夫！"

孔子遂适卫，主于子路妻兄颜浊邹家。卫灵公问孔子："居鲁得禄几何？"对曰："奉粟六万。"卫人亦致粟六万。居顷之，或谮孔子于卫灵公。灵公使公孙余假一出一入。孔子恐获罪焉，居十月，去卫。

将适陈，过匡，颜刻为仆，以其策指之曰："昔吾入此，由彼缺也。"匡人闻之，以为鲁之阳虎。阳虎尝暴匡人，匡人于是遂止孔子。孔子状类阳虎，拘焉五日。颜渊后，子曰："吾以汝为死矣。"颜渊曰："子在，回何敢死！"匡人拘孔子益急，弟子惧。孔子曰："文王既没，文不在兹乎？天之将丧斯文也，后死者不得与于斯文也。天之未丧斯文也，匡人其如予何！"孔子使从者为宁武子臣于卫，然后得去。

去即过蒲。月余，反乎卫，主蘧伯玉家。灵公夫人有南子者，使人谓孔子曰："四方之君子不辱欲与寡君为兄弟者，必见寡小君。寡小君愿见。"孔子辞谢，不得已而见之。夫人在絺帷中。孔子入门，北面稽首。夫人自帷中再拜，环佩玉声璆然。孔子曰："吾乡为弗见，见之礼答焉。"子路不说。孔子矢之曰："予所不者，天厌之！天厌之！"居卫月余，灵公与夫人同车，宦者雍渠参乘，出，使孔子为次乘，招摇市过之。孔子曰："吾未见好德如好色者也。"于是丑之，去卫，过曹。是岁，鲁定公卒。

孔子去曹适宋，与弟子习礼大树下。宋司马桓魋欲杀孔子，拔其树。孔子去。弟子曰："可以速矣。"孔子曰："天生德于予，桓魋其如予何！"

孔子适郑，与弟子相失，孔子独立郭东门。郑人或谓子贡曰："东门有人，其颡似尧，其项类皋陶，其肩类子产，然自要以下不及禹三寸，累累若丧家之狗。"子贡以实告孔子。孔子欣然笑曰："形状，未也。而谓似丧家之狗，然哉！然哉！"

孔子遂至陈，主于司城贞子家。岁余，吴王夫差伐陈，取三邑而去。赵鞅伐朝歌。楚围蔡，蔡迁于吴。吴败越王句践会稽。

有隼集于陈廷而死，楛矢贯之，石砮，矢长尺有咫。陈湣公使使问仲尼。仲尼曰："隼来远矣，此肃慎之矢也。昔武王克商，通道九夷百蛮，使各以其方贿来贡，使无忘职业。于是肃慎贡楛矢，石砮，长尺有咫。先王欲昭其令德，以肃慎矢分大姬，配虞胡公而封诸陈。分同姓以珍玉，展亲；分异姓以远方职，使无忘服。故分陈以肃慎矢。"试求之故府，果得之。

孔子居陈三岁，会晋楚争强，更伐陈，及吴侵陈，陈常被寇。孔子曰："归与，归与！吾党之小子狂简，进取不忘其初。"于是孔子去陈。

过蒲，会公叔氏以蒲畔，蒲人止孔子。弟子有公良孺者，以私车五乘从孔子。其为人长贤，有勇力，谓曰："吾昔从夫子遇难于匡，今又遇难于此，命也已。吾与夫子再罹难，宁斗而死。"斗甚疾。蒲人惧，谓孔子曰："苟毋适卫，吾出子。"与之盟，出孔子东门。孔子遂适卫。子贡曰："盟可负邪？"孔子曰："要盟也，神不听。"

卫灵公闻孔子来，喜，郊迎。问曰："蒲可伐乎？"对曰："可。"

跟毛泽东读《史记》

灵公曰："吾大夫以为不可。今蒲，卫之所以待晋、楚也，以卫伐之，无乃不可乎？"孔子曰："其男子有死之志，妇人有保西河之志。吾所伐者不过四五人。"灵公曰："善。"然不伐蒲。

灵公老，怠于政，不用孔子。孔子喟然叹曰："苟有用我者，期月而已，三年有成。"孔子行。

佛肸为中牟宰，赵简子攻范、中行，伐中牟。佛肸畔，使人召孔子，孔子欲往。子路曰："由闻诸夫子，'其身亲为不善者，君子不入也'。今佛肸亲以中牟畔，子欲往，如之何？"孔子曰："有是言也。不曰坚乎，磨而不磷；不曰白乎，涅而不淄。我岂匏瓜也哉，焉能系而不食？"

孔子击磬。有荷蒉而过门者，曰："有心哉，击磬乎！硁硁乎，莫己知也夫而已矣！"

孔子学鼓琴师襄子，十日不进。师襄子曰："可以益矣。"孔子曰："丘已习其曲矣，未得其数也。"有间，曰："已习其数，可以益矣。"孔子曰："丘未得其志也。"有间，曰："已习其志，可以益矣。"孔子曰："丘未得其为人也。"有间，曰有所穆然深思焉，有所怡然高望而远志焉。曰："丘得其为人：黯然而黑，几然而长，眼如望羊，如王四国，非文王其谁能为此也！"师襄子辟席再拜，曰："师盖云《文王操》也。"

孔子既不得用于卫，将西见赵简子。至于河而闻窦鸣犊、舜华之死也，临河而叹曰："美哉水，洋洋乎！丘之不济此，命也夫！"子贡趋而进曰："敢问何谓也？"孔子曰："窦鸣犊、舜华，晋国之贤大夫也。赵简子未得志之时，须此两人而后从政；及其已得志，杀之乃从政。丘闻之也，刳胎杀夭则麒麟不至郊，竭泽涸渔则蛟龙不合阴阳，覆巢毁卵则凤皇不翔。何则？君子讳伤其类也。夫鸟兽之于不义也尚知辟之，而况乎丘哉！"乃还息乎陬乡，作为《陬操》以哀之。而反乎卫，入主蘧伯玉家。

他日，灵公问兵陈。孔子曰："俎豆之事则尝闻之，军旅之事未之学也。"明日，与孔子语，见蜚雁，仰视之，色不在孔子。孔子遂行，

03 孔子的思想也有弊端

复如陈。

夏,卫灵公卒,立孙辄,是为卫出公。六月,赵鞅内太子蒯聩于戚。阳虎使太子绕,八人衰绖,伪自卫迎者,哭而入,遂居焉。冬,蔡迁于州来。是岁鲁哀公三年,而孔子年六十矣。齐助卫围戚,以卫太子蒯聩在故也。

夏,鲁桓厘庙燔,南宫敬叔救火。孔子在陈,闻之,曰:"灾必于桓厘庙乎?"已而果然。

秋,季桓子病,辇而见鲁城,喟然叹曰:"昔此国几兴矣,以吾获罪于孔子,故不兴也。"顾谓其嗣康子曰:"我即死,若必相鲁;相鲁,必召仲尼。"后数日,桓子卒,康子代立。已葬,欲召仲尼。公之鱼曰:"昔吾先君用之不终,终为诸侯笑。今又用之,不能终,是再为诸侯笑。"康子曰:"则谁召而可?"曰:"必召冉求。"于是使使召冉求。冉求将行,孔子曰:"鲁人召求,非小用之,将大用之也。"是日,孔子曰:"归乎归乎!吾党之小子狂简,斐然成章,吾不知所以裁之。"子赣知孔子思归,送冉求,因诫曰"即用,以孔子为招"云。

冉求既去,明年,孔子自陈迁于蔡。蔡昭公将如吴,吴召之也。前昭公欺其臣迁州来,后将往,大夫惧复迁,公孙翩射杀昭公。楚侵蔡。秋,齐景公卒。

明年,孔子自蔡如叶。叶公问政,孔子曰:"政在来远附迩。"他日,叶公问孔子于子路,子路不对。孔子闻之,曰:"由,尔何不对曰'其为人也,学道不倦,诲人不厌,发愤忘食,乐以忘忧,不知老之将至云尔'?"

去叶,反于蔡。长沮、桀溺耦而耕,孔子以为隐者,使子路问津焉。长沮曰:"彼执舆者为谁?"子路曰:"为孔丘。"曰:"是鲁孔丘与?"曰:"然。"曰:"是知津矣。"桀溺谓子路曰:"子为谁?"曰"为仲由。"曰:"子,孔丘之徒与?"曰:"然。"桀溺曰:"悠悠者天下皆是也,而谁以易之?且与其从辟人之士,岂若从辟世之士哉!"耰而不辍。子路以告孔子,孔子怃然曰:"鸟兽不可与同群,天下有道,

跟毛泽东读《史记》

丘不与易也。"

他日，子路行，遇荷蓧丈人，曰："子见夫子乎？"丈人曰："四体不勤，五谷不分，孰为夫子！"植其杖而芸。子路以告，孔子曰："隐者也。"复往，则亡。

孔子迁于蔡三岁，吴伐陈。楚救陈，军于城父。闻孔子在陈蔡之间，楚使人聘孔子。孔子将往拜礼，陈蔡大夫谋曰："孔子贤者，所刺讥皆中诸侯之疾。今者久留陈蔡之间，诸大夫所设行皆非仲尼之意。今楚，大国也，来聘孔子。孔子用于楚，则陈蔡用事大夫危矣。"于是乃相与发徒役围孔子于野。不得行，绝粮。从者病，莫能兴，孔子讲诵弦歌不衰。子路愠，见曰："君子亦有穷乎？"孔子曰："君子固穷，小人穷斯滥矣。"

子贡色作。孔子曰："赐，尔以予为多学而识之者与？"曰："然。非与？"孔子曰："非也。予一以贯之。"

孔子知弟子有愠心，乃召子路而问曰："《诗》云'匪兕匪虎，率彼旷野'。吾道非邪？吾何为于此？"子路曰："意者吾未仁邪？人之不我信也。意者吾未知邪？人之不我行也。"孔子曰："有是乎！由，譬使仁者而必信，安有伯夷、叔齐？使知者而必行，安有王子比干？"

子路出，子贡入见。孔子曰："赐，《诗》云'匪兕匪虎，率彼旷野'。吾道非邪？吾何为于此？"子贡曰："夫子之道至大也，故天下莫能容夫子。夫子盖少贬焉？"孔子曰："赐，良农能稼而不能为穑，良工能巧而不能为顺。君子能修其道，纲而纪之，统而理之，而不能为容。今尔不修尔道而求为容，赐，而志不远矣！"

子贡出，颜回入见。孔子曰："回，《诗》云'匪兕匪虎，率彼旷野'。吾道非邪？吾何为于此？"颜回曰："夫子之道至大，故天下莫能容。虽然，夫子推而行之。不容何病，不容然后见君子！夫道之不修也，是吾丑也。夫道既已大修而不用，是有国者之丑也。不容何病？不容然后见君子！"孔子欣然而笑曰："有是哉颜氏之子！使尔多财，吾为尔宰。"

03 孔子的思想也有弊端

于是使子贡至楚,楚昭王兴师迎孔子,然后得免。

昭王将以书社地七百里封孔子,楚令尹子西曰:"王之使使诸侯有如子贡者乎?"曰:"无有。""王之辅相有如颜回者乎?"曰:"无有。""王之将率有如子路者乎?"曰:"无有。""王之官尹有如宰予者乎?"曰:"无有。""且楚之祖封于周,号为子男五十里。今孔丘述三五之法,明周召之业,王若用之,则楚安得世世堂堂方数千里乎?夫文王在丰,武王在镐,百里之君,卒王天下。今孔丘得据土壤,贤弟子为佐,非楚之福也。"昭王乃止。其秋,楚昭王卒于城父。

楚狂接舆歌而过孔子,曰:"凤兮凤兮,何德之衰!往者不可谏兮,来者犹可追也!已而已而,今之从政者殆而!"孔子下,欲与之言。趋而去,弗得与之言。

于是孔子自楚反乎卫。是岁也,孔子年六十三,而鲁哀公六年也。

其明年,吴与鲁会缯,征百牢。太宰嚭召季康子,康子使子贡往,然后得已。

孔子曰:"鲁卫之政,兄弟也。"是时,卫君辄父不得立,在外,诸侯数以为让。而孔子弟子多仕于卫,卫君欲得孔子为政。子路曰:"卫君待子而为政,子将奚先?"孔子曰:"必也正名乎!"子路曰:"有是哉,子之迂也!何其正也?"孔子曰:"野哉由也!夫名不正则言不顺,言不顺则事不成,事不成则礼乐不兴,礼乐不兴则刑罚不中,刑罚不中则民无所错手足矣。夫君子为之必可名,言之必可行。君子于其言,无所苟而已矣。"

其明年,冉有为季氏将师,与齐战于郎,克之。季康子曰:"子之于军旅,学之乎?性之乎?"冉有曰:"学之于孔子。"季康子曰:"孔子何如人哉?"对曰:"用之有名;播之百姓、质诸鬼神而无憾。求之至于此道,虽累千社,夫子不利也。"康子曰:"我欲召之,可乎?"对曰:"欲召之,则毋以小人固之,则可矣。"而卫孔文子将攻太叔,问策于仲尼。仲尼辞不知,退而命载而行,曰:"鸟能择木,木岂能择鸟乎!"文子固止。会季康子逐公华、公宾、公林,以币迎孔子,孔子

跟毛泽东读《史记》

归鲁。

孔子之去鲁凡十四岁而反乎鲁。

鲁哀公问政，对曰："政在选臣。"季康子问政，曰："举直错诸枉，则枉者直。"康子患盗，孔子曰："苟子之不欲，虽赏之不窃。"然鲁终不能用孔子，孔子亦不求仕。

孔子之时，周室微而礼乐废，《诗》《书》缺。追迹三代之礼，序《书传》，上纪唐虞之际，下至秦缪，编次其事。曰："夏礼吾能言之，杞不足征也。殷礼吾能言之，宋不足征也。足，则吾能征之矣。"观殷夏所损益，曰："后虽百世可知也，以一文一质。周监二代，郁郁乎文哉，吾从周。"故《书传》《礼记》自孔氏。

孔子语鲁大师："乐其可知也，始作翕如，纵之纯如，皦如，绎如也，以成。""吾自卫反鲁，然后乐正《雅》《颂》各得其所。"

古者《诗》三千余篇，及至孔子，去其重，取可施于礼义，上采契后稷，中述殷周之盛，至幽厉之缺，始于衽席，故曰"《关雎》之乱以为《风》始，《鹿鸣》为《小雅》始，《文王》为《大雅》始，《清庙》为《颂》始"。三百五篇孔子皆弦歌之，以求合《韶》《武》《雅》《颂》之音。礼乐自此可得而述，以备王道，成六艺。

孔子晚而喜《易》，序《彖》《系》《象》《说卦》《文言》。读《易》，韦编三绝。曰："假我数年，若是，我于《易》则彬彬矣。"

孔子以诗书礼乐教，弟子盖三千焉，身通六艺者七十有二人。如颜浊邹之徒，颇受业者甚众。

孔子以四教：文，行，忠，信。绝四：毋意，毋必，毋固，毋我。所慎：齐，战，疾。子罕言利与命与仁。不愤不启，举一隅不以三隅反，则弗复也。

其于乡党，恂恂似不能言者。其于宗庙朝廷，辩辩言，唯谨尔。朝，与上大夫言，訚訚如也；与下大夫言，侃侃如也。

入公门，鞠躬如也；趋进，翼如也。君召使傧，色勃如也。君命召，不俟驾行矣。

03 孔子的思想也有弊端

鱼馁，肉败，割不正，不食。席不正，不坐。食于有丧者之侧，未尝饱也。

是日哭，则不歌。见齐衰、瞽者，虽童子必变。

"三人行，必得我师。""德之不修，学之不讲，闻义不能徙，不善不能改，是吾忧也。"使人歌，善，则使复之，然后和之。

子不语：怪、力、乱、神。

子贡曰："夫子之文章，可得闻也；夫子言天道与性命，弗可得闻也已。"颜渊喟然叹曰："仰之弥高，钻之弥坚，瞻之在前，忽焉在后。夫子循循然善诱人，博我以文，约我以礼，欲罢不能。既竭我才，如有所立，卓尔。虽欲从之，蔑由也已。"达巷党人曰："大哉孔子，博学而无所成名。"子闻之曰："我何执？执御乎？执射乎？我执御矣。"牢曰："子云：'不试故艺。'"

鲁哀公十四年春，狩大野。叔孙氏车子鉏商获兽，以为不祥。仲尼视之，曰："麟也。"取之。曰："河不出图，雒不出书，吾已矣夫！"颜渊死，孔子曰："天丧予！"及西狩见麟，曰："吾道穷矣！"喟然叹曰："莫知我夫！"子贡曰："何为莫知子？"子曰："不怨天，不尤人，下学而上达，知我者其天乎！"

"不降其志，不辱其身，伯夷、叔齐乎！"谓："柳下惠、少连降志辱身矣。"谓："虞仲、夷逸隐居放言，行中清，废中权。""我则异于是，无可无不可。"

子曰："弗乎弗乎，君子病没世而名不称焉。吾道不行矣，吾何以自见于后世哉？"乃因史记作《春秋》，上至隐公，下讫哀公十四年，十二公。据鲁，亲周，故殷，运之三代。约其文辞而指博。故吴、楚之君自称王，而《春秋》贬之曰"子"；践土之会实召周天子，而《春秋》讳之曰"天王狩于河阳"：推此类以绳当世。贬损之义，后有王者举而开之。《春秋》之义行，则天下乱臣贼子惧焉。

孔子在位听讼，文辞有可与人共者，弗独有也。至于为《春秋》，笔则笔，削则削，子夏之徒不能赞一辞。弟子受《春秋》，孔子曰：

跟毛泽东读《史记》

"后世知丘者以《春秋》，而罪丘者亦以《春秋》。"

明岁，子路死于卫。孔子病，子贡请见。孔子方负杖逍遥于门，曰："赐，汝来何其晚也？"孔子因叹，歌曰："太山坏乎！梁柱摧乎！哲人萎乎！"因以涕下。谓子贡曰："天下无道久矣，莫能宗予。夏人殡于东阶，周人于西阶，殷人两柱间。昨暮予梦坐奠两柱之间，予始，殷人也。"后七日卒。

孔子年七十三，以鲁哀公十六年四月己丑卒。

哀公诔之曰："旻天不吊，不慭遗一老，俾屏余一人以在位，茕茕余在疚。呜呼哀哉！尼父，毋自律！"子贡曰："君其不没于鲁乎！夫子之言曰：'礼失则昏，名失则愆。失志为昏，失所为愆。'生不能用，死而诔之，非礼也。称'余一人'非名也"。

孔子葬鲁城北泗上，弟子皆服三年。三年心丧毕，相诀而去，则哭，各复尽哀；或复留。唯子赣庐于冢上，凡六年，然后去。弟子及鲁人往从冢而家者百有余室，因命曰孔里。鲁世世相传以岁时奉祠孔子冢，而诸儒亦讲礼乡饮大射于孔子冢。孔子冢大一顷。故所居堂、弟子内，后世因庙，藏孔子衣冠琴车书，至于汉二百余年不绝。高皇帝过鲁，以太牢祠焉。诸侯卿相至，常先谒，然后从政。

孔子生鲤，字伯鱼。伯鱼年五十，先孔子死。

伯鱼生伋，字子思，年六十二。尝困于宋。子思作《中庸》。

子思生白，字子上，年四十七。子上生求，字子家，年四十五。子家生箕，字子京，年四十六。子京生穿，字子高，年五十一。子高生子慎，年五十七，尝为魏相。

子慎生鲋，年五十七，为陈王涉博士，死于陈下。

鲋弟子襄，年五十七。尝为孝惠皇帝博士，迁为长沙太守。长九尺六寸。

子襄生忠，年五十七。忠生武，武生延年及安国。安国为今皇帝博士，至临淮太守，蚤卒。安国生卬，卬生驩。

太史公曰：《诗》有之："高山仰止，景行行止。"虽不能至，然心

03 孔子的思想也有弊端

乡往之。余读孔氏书，想见其为人。适鲁，观仲尼庙堂车服礼器，诸生以时习礼其家，余祇回留之不能去云。天下君王至于贤人众矣，当时则荣，没则已焉；孔子布衣，传十余世，学者宗之。自天子王侯，中国言六艺者折中于夫子，可谓至圣矣！

（选自《史记·孔子世家》）

【品释文】

孔子出生于鲁国昌平乡的陬邑。他的祖先是宋国人，他的曾祖父叫孔防叔。孔防叔生了儿子伯夏，伯夏生了儿子叔梁纥。叔梁纥与颜氏女子私通生了孔子，据说他们是在尼丘山祷告后生的孔子。孔子出生于鲁襄公二十二年。他生来头顶就中间凹四面高，因此取名叫丘。字仲尼，姓孔。

孔丘出生不久叔梁纥就死了，埋在防山。防山在鲁国东部，但是孔子始终不知道父亲埋在什么地方，因为他的母亲故意不告诉他。孔子小时候做游戏，就爱把玩具当作祭器摆设起来，模仿大人祭祀的礼仪。孔子的母亲死后，孔子就把她的灵柩停放在五父之衢，没有正式埋葬，大概是还没有找到父亲的墓地而谨慎等待的缘故吧。陬邑人挽父的母亲告诉孔子他父亲坟墓的地点，孔子才把母亲的灵柩送到防山与父亲合葬在一起。

孔子还在为母亲服丧期间，大贵族季孙氏大宴士人，孔子也和别人一起去了。季孙氏的管家阳虎挡住孔子说："季孙氏家宴请的是士人，没有请您。"于是孔子退了回来。

孔子十七岁时，鲁国大夫孟釐子病重，临死前告诉他的儿子孟懿子说："孔丘是圣人的后代，他的先祖在宋国受害所以后代才来到鲁国。他的九世祖弗父何本来应该做宋国国君而让给了宋厉公。弗父何的曾孙正考父先后辅佐过宋戴公、武公、宣公，曾受三命为宋卿，他却是地位越高为人越谦逊。因此他家的鼎上刻有铭文说：'第一次听到任命我鞠躬而受，第二次听到任命我弯腰而受，第三次听到任命我弓身而受。顺

跟毛泽东读《史记》

着墙根走，别说这么无用，到头来也没有人敢给我气受。我每天一碗稀饭一碗粥，就靠着这个糊口。'他就是这样谦恭。我听说凡是圣人的后代，即便不能为政治国，也一定会才德显达。现在孔丘从小就喜好礼仪，难道他不是才德显达的人吗？我就要死了，你一定要去拜他为师。"孟釐子死后，孟懿子和鲁国人南宫敬叔便前往孔子处学礼。这一年，季武子死了，季平子代立为卿。

孔子小时候既贫穷地位又低，等到长大后，先是给季孙氏当管理仓库的小官，料理钱粮的出入准确公平；又做过管理牲畜的小官，牲畜繁殖得很好。孔子身高九尺六寸，人们都叫他"大个子"，对他另眼看待。

南宫敬叔对鲁君说："请让我和孔子一同到周国去。"鲁君于是给了他们一乘车，两匹马，和一个仆人。他们一同到周国学习礼仪，据说还见到了老子。等到他们离开时，老子为他们送行说："我听说富贵的人临别送人钱财，仁人临别则是送上几句话。我不是富贵的人，叨居了仁人的称号，那就送您几句话吧，说：'耳目好使且又爱追根究底的人之所以容易自寻死路，是因为爱议论别人。学识渊博能言善辩的人容易给自身带来危险，是因为他们好揭露别人的丑恶。做儿子的在父母面前不要显示自己的存在，做臣子的在国君面前也不要显示自己的存在。'"孔子从周国回到鲁国后，学生渐渐多起来了。

这时候，晋国平公放纵胡为不理政事，六卿专权，不时出兵进攻东方的诸侯国；南方的楚国楚灵王强势，出兵侵凌中原各国；东方的齐国强大而且又临近鲁国。鲁国既小且弱，如果依附楚国则晋国就会发怒；如果依附晋国则楚国就会来打；如果侍候齐国稍欠周到，齐国就要来侵略。

鲁昭公二十年，孔子大约三十岁了。这一年齐景公和晏婴到鲁国来。齐景公问孔子说："过去秦穆公时秦国国土又小，地理位置又偏僻，他为什么能够称霸呢？"孔子回答说："秦国的国土虽小，可是国君志向远大；地理位置虽然偏僻，但国君行为中正无私。他亲自把五羖

03 孔子的思想也有弊端

大夫百里奚从一个披枷戴锁的奴隶提拔起来，封他为大夫，与他谈了三天话，就把国家大政交给了他。就从这点说，秦穆公即使称王也完全可以，称霸还委屈了他呢。"景公听了很高兴。

孔子三十五岁那年，季平子和郈昭伯因为斗鸡的事情冒犯了鲁昭公，鲁昭公率军攻打季平子，而季平子和孟孙氏、叔孙氏三家联合起来反击鲁昭公，鲁昭公被打败，逃到齐国，齐国让鲁昭公住在乾侯。此后不久，鲁国大乱。孔子离开鲁国到齐国，给高昭子当家臣，想通过高昭子见到齐景公。孔子曾和齐国的太师谈论音乐，当他听到《韶》乐时，就开始学习，入迷到一连三个月都吃不出肉味，齐国人都赞赏他。

齐景公曾向孔子询问如何治理国家，孔子说："做国君的要像国君，做大臣的要像大臣，做父亲的要像父亲，做儿子的要像儿子。"齐景公说："讲得好呀！要是国君不像国君，大臣不像大臣，父亲不像父亲，儿子不像儿子，那么即使有粮食，我能够吃得上吗！"改日，齐景公又向孔子询问为政，孔子说："为政在于节约财物。"景公很高兴，将要把尼溪的田地封赐给孔子。晏婴进言说："这些儒者能言善辩，不能用法度来规范；高傲自大自以为是，不能任用他们来教育百姓；崇尚丧礼尽情致哀，破费财产厚葬死人，不可将这形成习俗；四处游说乞求借贷，不可以此治理国家。自从圣君贤相相继去世，周朝王室衰落以后，礼乐残缺有很长时间了。如今孔子盛装打扮，烦琐地规定尊卑上下的礼仪、举手投足的节度，连续几代不能穷尽其中的学问，从幼到老不能学完他的礼乐。国君打算用这一套来改造齐国的习俗，恐怕不是引导小民的好办法。"此后齐景公虽然恭敬地接见孔子，但不再问有关礼的事。有一天，齐景公挽留孔子说："按照季氏上卿的规格来待你，我不能做到。"于是就用介于鲁国季氏和孟氏之间的规格来接待孔子。齐国大夫企图谋害孔子，孔子听说此事。齐景公说："我老了，不能用你了。"孔子就上路离开齐国，返回鲁国。

孔子四十二岁那年，鲁昭公死在齐国的乾侯，鲁定公在国内即位。鲁定公五年夏天，季平子死了，季桓子继位为卿。季桓子挖井时挖出了

45

跟毛泽东读《史记》

个瓦罐，瓦罐里有个像羊一样的东西，他们到孔子那里说"挖到了一只狗"。孔子说："以我所知，应该是只羊。我听说，树木石头中的怪物叫夔、罔阆，水中的怪物叫龙、罔象，土里的怪物叫坟羊。"

吴国讨伐越国，在毁掉会稽城的时候，得到有一辆车那么长的一截骨头。吴国派人来问孔子："什么人的骨头最大？"孔子说："当初夏禹召集天下各地的神到会稽山，防风氏迟到了，夏禹就杀了他并把他的尸体示众，他的一截骨头就有一辆车子那么长，这应该算是最大的。"吴使又问："谁是神呢？"孔子说："山川的神灵能够主宰天下，而主管祭祀山川的诸侯就叫神，如果只是祭祀社稷的那就叫公侯，他们都归属于天子。"吴使又问："防风氏主管祭祀什么呢？"孔子说："汪罔氏的君主主管祭祀的是封山和禺山，他们姓釐。在虞舜、夏朝、商朝时称为汪罔氏，在周朝初年叫长翟，到了今天又称大人。"吴使问："他们有多高呢？"孔子说："僬侥氏高三尺，这是最矮的人。最高的人也不能超过十倍，顶多也就是三丈高了。"于是吴使说："好啊，果然是圣人！"

季桓子有个宠臣叫仲梁怀，与季桓子的总管阳虎有矛盾。阳虎想赶走仲梁怀，被季桓子的另一个家臣公山不狃劝阻了。到了这年秋天，仲梁怀更加骄横，阳虎拘押了他。季桓子大怒，阳虎于是把季桓子也拘禁了，强迫他订立了盟约后才放了他。阳虎因此就更加轻视季桓子。而季桓子也僭越礼法凌驾于鲁国国君之上，作为一个陪臣却掌握着鲁国的大权，所以鲁国自大夫以下，各层官吏都僭越礼法不守正道。因此孔子不再做官，回到家中整理《诗》《书》《礼》《乐》，学生越来越多，有的来自很远的地方，接受他的教育。

鲁定公八年，公山不狃在季桓子那里不得志，于是就勾结阳虎一同作乱，想废除"三桓"即季孙、叔孙、孟孙三家法定的嫡系继承人，而另立平日被阳虎所喜欢的庶子，于是就拘捕了季桓子。季桓子设计骗过他们，才得以脱身。到了定公九年，阳虎被季桓子打败，逃到了齐国。这一年，孔子五十岁。

这时公山不狃占据费邑反对季桓子，派人来请孔子。孔子遵行先王

03 孔子的思想也有弊端

之道已经很久，心得很多却始终没有机会施展，没有人用他，此时就说："当初周文王、武王就是凭借着丰、镐这样的小城邑发展起来，最后拥有了天下，如今费邑虽小，也许也能大有作为吧！"很想去。子路很不满意，阻止孔子。孔子说："那些人来请我，难道仅仅是装样子吗？如果他们重用我，我一定能在那里重建一个东方的周国！"但最后还是没有去。后来鲁定公任用孔子做了中都宰，一年之间就大见成效，周围城邑都仿效他。孔子也由中都宰被提升为鲁国朝廷的司空，又由司空晋升为大司寇。

鲁定公十年春，鲁国同齐国和解。这年夏天，齐国的大夫黎钼对齐景公说："鲁国重用孔丘，势必危及齐国。"于是派人去邀请鲁定公来齐国想友好会见，地点就在夹谷。鲁定公准备坐日常用的一般车驾不做戒备就前往。孔子这时为代理宰相，陪伴同行，说："我听说办文事也得有武力作后盾，办武事也得有文备。自古以来凡是诸侯离开国家，必须带齐必要的文武官员，请您带上左右司马一起去。"鲁定公说："好。"于是带着左右司马一起出发了。鲁定公与齐景公在夹谷相会，夹谷筑好了土坛，坛上布列了两国国君的位次，台边有三级土台阶。鲁定公与齐景公按着诸侯间简略的会遇之礼见面，彼此揖让着登上土坛。互相敬过了酒，齐国有关官员小步疾行上前请示说："请允许演奏四方的乐舞。"齐景公说："好。"于是一群武士举着旗帜、弓弩、矛戟、宝剑等各种武器，喧嚷着拥到了台下。孔子立刻小步急速走到台前，又一步一级地登台，还有一级台阶没有上完，就一挥袖子说道："我们两国君主友好会见，夷狄的乐舞在这里干什么！请有关官员赶快处理！"齐国的有关官员示意武士退下，可是他们不退。于是孔子就左右扫视着晏子和齐景公。齐景公心中惭愧，于是就挥手让那些人退了出去。过了一会儿，齐国的主管人员又小步疾行上前请示说："请允许演奏宫中的乐舞。"齐景公说："好。"于是一群歌舞艺人和侏儒表演着节目拥上前来。孔子又立刻小步急速走到台前，一步一级地登台，还有一级台阶没有上完，就说："匹夫小人胆敢惑乱诸侯视听的论罪当杀，请有关官员

跟毛泽东读《史记》

迅速执法！"于是齐国的有关官员只好依法处理，把他们全斩了。齐景公大为震恐，知道自己的道义敌不住孔子，回去后非常害怕，他对群臣说："鲁国的孔子是用君子之礼来辅佐他们的国君，而你们却用夷狄的方式叫我如此行事，让我得罪了鲁君，现在该怎么办？"齐国的有关官员上前应对说："君子有了过错就用实际行动来表示悔改，小人有了过错就用粉饰来谢罪。您如果心里真的愧悔，那就用具体行动来表示道歉吧。"于是齐景公立即下令把从前侵占的鲁国的郓、汶阳、龟阴等地还给了鲁国以表示认错。

鲁定公十三年夏，孔子对定公说："家臣不得私藏武器，大夫的城墙不能长于三百丈。"他派子路到季孙氏家做总管，准备把季孙、叔孙、孟孙三家封邑的城墙毁掉。这时叔孙氏先把郈邑的城墙拆掉了。季孙氏也准备拆掉费邑的城墙，公山不狃和叔孙辄便带领着费邑人去袭击鲁国的都城。鲁定公同季孙、叔孙、孟孙三人一同躲到了季孙氏家中，登上季武子的高台。费邑人包围了高台攻打，虽然没有攻下来，但有人已经快到鲁定公的身边了。孔子命令申句须和乐颀下去与他们交战，费人被打败了。都城里的人们追击费人，在姑蔑打败了他们。公山不狃和叔孙辄逃到了齐国，于是费邑的城墙终于被毁掉了。接着又要拆除成邑的城墙，公敛处父对孟孙氏说："如果毁掉成邑的城墙，那么齐国人就可以毫无阻拦地逼近鲁国国都的北门了。而且成邑是孟孙氏的保障，没有成邑也就没有孟孙氏，我绝不会毁掉成邑。"十二月，鲁定公发兵围攻成邑，结果没有攻下。

鲁定公十四年，孔子五十六岁，从大司寇被任命为代理宰相，流露出很高兴的神色。他的学生们对他说："听说君子在大祸临头时面无惧色，在福禄降临时也面无喜色。"孔子说："是有这种说法。不是还有一种说法'君子有了高位能以礼贤下士为乐'吗？"于是孔子掌权后诛杀了扰乱鲁国政局的大夫少正卯。孔子参与鲁国政权仅仅三个月，鲁国那些贩卖羊羔猪崽的人不再漫天要价，男女在路上行走时也自觉地分开来各走一边，丢在路上的东西也都没有人拾取；从各处来到鲁国的客

03 孔子的思想也有弊端

人，用不着到主管官员那里去求告，鲁国的百姓都能够使其各得所需而归。

齐国听说了很害怕，说："孔子治理国政鲁国就一定会称霸，鲁国一旦称霸，我们齐国离得最近，势必要首先被他们吞并。我们何不先割给他一些土地呢？"大夫犁鉏说："我们先试着败坏他们；如果败坏不成再割地给他们，也不算迟吧！"于是他就在齐国挑选了八十个美丽的女子，穿上华丽的衣服，教会她们跳《康乐》舞；又挑了毛色斑纹特别漂亮的骏马一百二十四，一齐送给鲁君。到鲁国后他们把这些舞女和骏马先安置在鲁都城南的高门外。季桓子穿着便衣溜到那里去看了好几次，打算接受下来，就跟鲁君说一起外出去巡行视察，可他们实际是整天在那里观看，再无心政事了。子路对孔子说："先生可以离开这个国家了。"孔子说："鲁国很快就应到郊外去祭天，如果祭祀后还能把祭肉分送给大夫们，那我们就还可以留下来。"季桓子终于接受了齐国送来的女乐，并一连三日不过问国家大事；等到郊外祭天的仪式结束后，又不把祭肉分送给大夫们。于是孔子就离开了鲁国，当晚他们寄宿在鲁城南面的屯邑。鲁国的乐师已给他送行，说："您可没有任何过错呀。"孔子说："我可以给你唱首歌吗？"于是唱道："妇人搬弄口舌，可以害得你离国奔走；妇人诬蔑告状，可以叫你人死国亡。悠闲啊悠闲啊，我只能这样聊度岁月！"师已回去后，季桓子问他："孔子临走时说了什么？"师已如实相告。季桓子叹了一口气说："他是因为那群女乐怪罪我啊！"

于是孔子到了卫国，他住在子路的妻兄颜浊邹的家里。卫灵公问孔子："您在鲁国享受多少俸禄？"孔子回答说："六万斗谷子。"于是卫灵公也给孔子六万斗谷子的待遇。没过多久，有人在卫灵公面前说孔子的坏话。于是卫灵公就指使公孙余假频繁出入孔子的住所。孔子害怕卫灵公强加罪名，于是只住了十个月，就离开了卫国。

孔子准备到陈国去，路过卫国的匡邑，当时颜刻给他赶车，用马鞭指着城墙说："过去我曾进过匡邑，就是从那个缺口进去的。"匡人听

跟毛泽东读《史记》

说了，误认为他们是鲁国的阳虎。阳虎曾经劫掠过匡邑人，于是匡人就把孔子围困起来。而孔子的相貌也像阳虎，于是匡人把他们一连围困了五天。颜渊随后赶到，孔子说："我以为你已经死了。"颜渊说："您还活着，我怎么敢随便赴死呢！"匡人围困孔子越来越急，弟子们都很害怕。孔子说："文王死了之后，周代的礼乐不就在我们这里吗？老天爷要是真想让周代的礼乐断绝，那就不会让我再学。老天爷要是不想让周代的礼乐断绝，匡人又能把我怎么样！"后来孔子让他的一个学生去给卫国的甯武子做家臣，大家才得以离开。

孔子离开匡邑到了蒲邑。在蒲邑住了一个月，又回到了卫国，住在蘧伯玉家。此时卫灵公的夫人叫作南子，她派人对孔子说："各国的君子凡是屈尊来到卫国想晋见我们国君的，也一定要来见我们夫人。现在我们夫人想见您。"孔子开始推辞不去拜见，后来不得已只好去了。南子坐在细葛布做的帷帐后面。孔子进门，向着北面行稽首大礼。南子在帷帐后还礼，她身上的各种佩玉叮当作响。孔子回来对弟子们说："我开始准备不去见她，后来实在没法子才去和她见了个礼。"子路还是很不高兴。孔子发誓说："如果我说的不是真话，那就让老天爷抛弃我，让老天爷抛弃我！"过了一个多月，卫灵公外出，他和南子同坐一辆车，让宦官雍渠同车侍候，而让孔子坐在后面第二辆车子上，从大街上招摇而过。孔子说："我还真没见过有谁能爱好道德像爱好美色一样。"为此感到羞耻，于是离开卫国去了曹国。这一年，鲁定公去世了。

后来孔子又离开曹国去了宋国，和弟子们在一棵大树下演习礼仪。宋国的司马桓魋想杀孔子，赶到后，孔子已经离开，他就派人把那棵大树拔掉了。弟子们催促说："我们还是走快点吧。"孔子说："老天爷已经把道德、责任赋予了我，桓魋又能把我怎么样呢？"

孔子到达郑国时，和弟子们走散了，他孤零零地站在外城的东门。有个郑国人对子贡说："东门外有个人，他的前额有点像尧，他的脖子有点像皋陶，他的肩膀有点像子产，但是从腰以下比大禹短三寸，垂头丧气的活像一只丧家狗。"子贡找到孔子后如实把那人的话告诉了孔

03 孔子的思想也有弊端

子。孔子反而开心地笑着说:"他所美言的相貌,我可真是不敢当。但说我像只丧家狗,真是对极了!真是对极了!"

孔子到了陈国,住在司城贞子家。过了一年多,吴王夫差伐陈,夺去了陈国的三个邑。晋国的赵鞅领兵攻打卫国的朝歌。楚国派兵围攻蔡都,蔡国迁到了吴国境内。吴国在会稽打败了越王句践。

有一只鹰落在陈国的宫廷上死了,一支搭木做的箭贯穿了它的身体,箭头是石头做的,箭长一尺八寸。陈湣公派人来向孔子请教。孔子说:"这只鹰是从很远的地方来的啊,这是肃慎部族的箭。当初周武王灭掉商朝后,曾跟各方的蛮夷部族都沟通了关系,让他们把各自的特产当作礼品向王朝进贡,使他们不要忘记对天子应尽的义务。当时肃慎人进贡的就是一种楛木杆、石箭头的箭,长一尺八寸。周武王想彰显美德,就把这种箭给了他的女儿大姬作陪嫁,把她嫁给了舜的后代胡公,把胡公封在了陈国。当时周王室把珍宝美玉分赐给同姓诸侯们,是为了表示关系亲密;把远方来的贡品分赐给异姓诸侯,是为了让他们不忘臣服于周朝。所以当时把肃慎箭分给了陈国。"陈湣公派人到府库里试着查看,果然找到了这种箭。

孔子在陈国住了三年,后来赶上晋国和楚国争胜,轮流攻打陈国,后来吴国也来侵犯,陈国经常被劫掠。孔子说:"回家吧!回家吧!我们自己故乡的那些子弟虽然志大才疏,但他们积极进取都能不忘初志。"于是孔子离开了陈国。

孔子路过卫国的蒲邑时,正赶上公叔氏在蒲邑发动叛乱,蒲邑人扣留了孔子。孔子的弟子中有个叫公良孺的,他带着他私家的五乘车跟随孔子。公良孺身材高大有才干,勇力过人,对孔子说:"我过去跟着先生在匡邑遇到过危难,今天又在这里遇到危难,这就是命啊。我与其跟着先生再一次陷入困境,宁愿跟他们搏斗而死。"说罢就奋力战斗。蒲邑人害怕了,对孔子说:"如果答应我们不去卫国,我们就放你们走。"孔子就和他们盟誓,蒲邑人放孔子出了东门。孔子紧接着就去了卫国。子贡说:"盟誓难道可以背弃吗?"孔子说:"在武力威胁下订立的盟

跟毛泽东读《史记》

誓，神是不理睬的。"

卫灵公听说孔子来了，非常高兴，到郊外迎接他。他问孔子说："蒲邑可以征伐吗？"孔子说："可以。"卫灵公说："可是我的大夫们都说不行。如今蒲邑是卫国防御晋、楚的屏障，如果我们讨伐它，恐怕不行吧？"孔子说："那里的男人们宁可被杀而不从公叔氏为乱，那里的女人们都发誓不离西河故土。我们去讨伐的叛乱者顶多不过四五个人。"卫灵公说："说得对。"但他并没有出兵伐蒲。

这时卫灵公年老，懒于过问政治，不能重用孔子。孔子感慨地说："如果有人能起用我，一年就能初见效果，三年就会大有所成。"孔子只好又离开了。

晋国的佛肸是中牟邑宰，赵简子在打败了同僚范氏、中行氏后，进而东下进攻中牟。佛肸率邑人叛晋，并派人请孔子去中牟，孔子想去。子路说："从前我听您说过，'凡是亲手干坏事的人，君子就不到他那里去'。现在佛肸在中牟叛晋，而您却想去，这是为什么？"孔子说："的确是有这样的话。但我不是还说过吗？真正坚硬的东西是磨也磨不坏的，真正洁白的东西是染也染不黑的。我怎么能是个匏瓜呢，怎么能只是让它挂在那里不吃呢？"

有一天孔子正在屋里敲磬。有个背着大草筐的人在门口经过，听到磬音说："是有心事啊，所以才击磬吧！听这硁硁的磬声，没有人了解自己就算了吧！"

孔子跟着师襄学弹琴，一个曲子一连练了十天还不向下学。师襄说："可以学些新的了。"孔子说："我只是学会了乐曲的弹奏方法，还没有掌握弹奏的技巧。"又过了几天，师襄说："技巧已经掌握，可以学点新的了。"孔子说："我还没有体会到乐曲表现的思想感情。"又过了几天，师襄说："已经体会了乐曲的思想感情，可以学点新的了。"孔子说："我还没有弄清乐曲所表现的人物形象。"又过了些天，孔子有了一种严肃深刻的理解，产生了一种心情舒畅登高望远志向远大的感觉。他说："我已经体会到乐曲所歌颂的那个人了：他黑黑的脸膛，高

03 孔子的思想也有弊端

高的个子，眼睛炯炯有神地望着远方，如同统有四方诸侯的帝王，这个人如果不是周文王还能是谁呢？"师襄离开座位向孔子拜了两拜说："我老师说这个曲子就叫《文王操》。"

孔子在卫国得不到重用，准备西行到晋国去见赵简子。刚走到黄河边就听到窦鸣犊和舜华被赵简子杀害的消息，于是孔子面对黄河感慨道："多么美的黄河呀，浩浩荡荡！我一辈子不能渡水西行，真是命里注定的吧！"子贡听到就过来问道："您这话是什么意思呢？"孔子说："窦鸣犊和舜华，都是晋国的贤大夫。赵简子没有得势时，是靠这两个人的帮助才把持了晋国的大权；等到他得了势，却杀了这两个人。我听说，有人剖腹取胎，麒麟就不会去那里的郊野；有人抽干了水捕鱼，蛟龙就不给那里下雨；有人捅翻鸟巢毁掉鸟蛋，凤凰就不会飞翔在那里的天空。为什么呢？就因为厌恶看到自己的同类受害。鸟兽对于不仁义的事情还知道躲避，更何况我孔丘呢！"于是他退回陬乡，谱写了一曲《陬操》来哀悼窦鸣犊和舜华。而后又回到卫国，住在蘧伯玉家。

有一天，卫灵公向孔子询问行兵打仗的事情。孔子说："祭祀方面的事情，我曾经学过；行兵打仗的事情，我没有学过。"第二天，卫灵公在和孔子谈话的时候，看到天上大雁飞过，仰头注视，神色心思根本不在孔子身上。于是孔子便离开卫国，又来到了陈国。

这年夏天，卫灵公去世，他的孙子辄继了位，这就是卫出公。六月，晋国赵鞅把卫灵公的太子蒯聩送进了卫国的戚邑。阳虎让蒯聩采用以麻布裹发髻的丧服，让跟随他的八个人也都穿上孝服，假装是从卫国都城前来迎接蒯聩的人，哭着进了戚邑，就在那里住了下来。这年冬天，蔡国把都城由新蔡迁到了州来。这一年是鲁哀公三年，孔子整六十岁。齐国出兵帮助卫国包围了戚邑，因为卫国的流亡太子蒯聩躲在这里。

同年夏天，鲁国桓公、釐公的庙起火，南宫敬叔负责救火。这时孔子正在陈国，他听到鲁国失火的消息就说："火灾一定发生在桓公和釐公的庙。"事后证明果然如此。

跟毛泽东读《史记》

这年秋天，鲁国季桓子病重，他坐辇车巡视鲁都的城墙，感慨地说："过去这个国家几乎要兴旺起来了，因为我得罪孔子使他离开了这里，所以鲁国就没能振兴。"他回头看着继承人季康子说："我将要死了，你一定会接替我做鲁国的国相；你做了国相之后，一定要召回孔子。"几天后，季桓子去世了，季康子接着当了鲁国的国相。他安葬完了季桓子，就想要召回孔子。公之鱼拦阻说："当初我们的老国相任用孔子而没能善始善终，最终被诸侯们耻笑。今天我们又要任用他，如果不能善始善终，那就要再次被诸侯们耻笑了。"季康子说："那我们可以召谁回来呢？"公之鱼说："一定要召他的弟子冉求回来。"于是季康子就派了人去召冉求。冉求准备动身，孔子对他说："鲁国人召你回去，一定不会小用你，他们一定会大用你的。"这一天，孔子说："回去吧，回去吧！我家乡的那些学生志大才疏，他们下笔成章文采斐然，我都不知道该怎么教导他们才好。"子贡明白这是孔子想要回鲁国去，就去为冉求送行，趁机告诫他说："你一旦被任用，就要接先生回去。"

冉求离开孔子回鲁国的第二年，孔子从陈国迁居蔡国。蔡昭公正准备去吴国，因为吴王召他去。前些年蔡昭公曾欺骗他的大臣把国都迁到了州来，这次他又要去吴国，大臣们害怕他亲近吴国再把国都往东迁，于是公孙翩就射死了蔡昭公。不久，楚国发兵侵蔡。同一年秋天，齐景公去世了。

又过了一年，孔子由蔡国来到楚国的叶邑。叶公向孔子咨询治理国家的方法，孔子说："治理国家的关键在于能让远方的人都来归附，让近处的人都能拥护。"另一天，叶公向子路打听孔子是个什么样的人，子路没有回答。孔子听说了，就对子路说："仲由，你为什么不回答他'他是这样的人，他学习道德不知疲倦，教育别人从不厌烦，发愤读书时可以忘记吃饭，常常自得其乐而忘记了忧愁，从不觉得自己就要老了'。"

他们离开叶邑，又回到了蔡国。途中遇到长沮、桀溺两人在田间并

03 孔子的思想也有弊端

肩耕作，孔子认为他们是隐士，就让子路去向他们询问渡口在哪里。长沮说："那车上拉着缰绳的是谁？"子路说："是孔丘。"长沮说："是鲁国的那个孔丘吗？"子路说："正是。"长沮说："那他应该知道渡口在哪儿。"桀溺对子路说："你是谁？"子路说："我是仲由。"桀溺说："你是孔丘的弟子吗？"子路说："正是。"桀溺说："动荡不安的局面天下都是一样的，谁能改变得了？你与其跟着躲避坏人的人，还不如跟着躲避整个社会的人呢！"一边说着一边不停地撒种子盖土。子路把他们的话告诉了孔子，孔子伤心地说："我们不能同飞禽走兽一样生活，如果天下都合乎了正道，那我也就不会想去改变它了。"

又有一天，子路走在路上，遇见一个背着除草农具的老人。子路问："您见到我们先生了吗？"老人说："有四肢不劳动，连五谷也分不清，那算是什么先生？"说罢就把拐杖立在一旁锄起草来。子路把经过告诉了孔子，孔子说："是位隐士啊。"子路再去找他，老人早已不见了。

孔子到蔡国的第三年，吴国讨伐陈国。楚国援救陈国，驻兵于城父。楚王听说孔子在陈、蔡两国之间，就派人带着财物去请孔子。孔子准备前去拜见，陈、蔡两国的大夫们一起商量："孔子是个贤人，他的批评都能切中那个国家的要害。如今他住在我们陈、蔡两国之间很久了，我们的章程行事都不合乎孔子的思想。楚国是个大国，如今来请孔子了。如果孔子在楚国被重用，那我们陈、蔡两国的大夫们可就危险了。"于是他们就共同发兵把孔子一行包围在陈、蔡之间的一片荒郊野地里。孔子一行想走走不了，带的干粮也都吃完了。孔子的随行弟子都饿得躺倒在地上，站不起来了；而孔子却讲诗书、读文章、弹琴唱歌，精神不减。子路心里生气，见孔子说："君子难道也会走投无路吗？"孔子说："君子到了困窘的时候能够坚守节操，而小人到了困窘的时候就会胡作非为了。"

子贡也露出不高兴的神色。孔子说："赐啊，你认为我是博学而强记的人吗？"子贡说："是的。难道您不是这样吗？"孔子说："不是的。

跟毛泽东读《史记》

我是能用一个基本的思想把所学贯穿起来。"

孔子知道学生们都有怨气,就把子路叫来问道:"《诗》里说,'既不是犀牛,又不是老虎,可是却整天沿着原野奔跑'。是我的道义不对吗?我为什么会落到这步田地呢?"子路说:"莫非是我们还没有达到仁人的标准吗?所以人们对我们还不够信任。莫非是我们的聪明智慧还欠缺吗?所以我们的仁道才不能畅行于世。"孔子说:"有你说的这种道理吗?仲由,假如够仁人的标准就能让别人相信,那怎么还会有伯夷、叔齐呢?假如聪明智慧无所欠缺的人就一定能使仁道通行无阻,那怎么还会有王子比干呢?"

子路出去后,子贡进来了。孔子说:"赐啊,《诗》里说'既不是犀牛,又不是老虎,可是却整天沿着原野奔跑'。是我的道义不对吗?我为什么会落到这步田地呢?"子贡说:"先生您的道义太崇高伟大了,因此天下才无法容纳您。先生为什么不把标准降低点呢?"孔子说:"赐啊,最好的农民能保证把地种好,但不能保证一定能获得丰收;最好的能工巧匠能保证把东西做得精巧绝伦,但不能保证符合买主的心意;君子能够尽力使自己的道义趋于完善,使它纲目严整,一以贯之有条有理,但不能保证一定能让世人接受。现在你不是修养自己的道义而只求取得世人的接纳,你的志向可不够远大!"

子贡出去后,颜回进来了。孔子说:"回啊,《诗》里说'既不是犀牛,又不是老虎,可是却整天沿着原野奔跑'。是我的道义不对吗?我为什么会落到这步田地呢?"颜回说:"先生的道义太崇高伟大了,因此天下才无法容纳。尽管这样,先生您坚持不懈地推行它,不被容纳又有什么损害呢,不被容纳才更显示出君子的伟大!道义学说不完美,是自己的耻辱。如果道义学说已经完美无缺而只是不能被世人容纳,那就是当权者们的耻辱了。不被容纳有什么损害?不被容纳才显示出君子的伟大!"孔子称心地笑着说:"真有你的,颜家小子!假如你很有钱,我愿意去做你的管家。"

后来孔子派子贡去楚国报告情况,楚昭王派兵来迎接孔子,孔子师

03 孔子的思想也有弊端

徒才摆脱了困境。

楚昭王打算把带有居民户籍的七百里地盘给孔子作封邑，楚国的令尹子西说："大王您派去出使诸侯的使者的才干有比得上子贡的吗？"昭王说："没有。"子西说："您的辅相的德行有比得上颜回的吗？"昭王说："没有。"子西说："您的将帅的勇猛有比得上子路的吗？"昭王说："没有。"子西说："您主管具体事务的官吏有比得上宰予的吗？"昭王说："没有。"子西说："楚国祖先当初在周朝受封，爵位是子男一级，封地是五十里。现在孔丘祖述三王五帝的法度，彰明周公、召公的传统，您要是任用他，那我们楚国还能够世世代代地享有这广大的几千里的地盘吗？当初周文王在丰邑，周武王在镐京，都是凭着百里的地盘最后称王天下。今天孔丘如果能拥有七百里的地盘，再有能干的弟子辅佐他，那绝不是楚国的福气。"昭王于是打消了封孔子的念头。同年秋天，楚昭王在城父去世。

楚国一个叫接舆的狂人唱着歌从孔子的车旁走过，他唱道："凤凰呀凤凰！为什么道德会这样衰落呀！过去的事是无法挽回的了，未来的事情还可以补救啊！算啦算啦，今天的执政者们已经无可救药啦！"孔子下车，想跟他交谈。可是他却赶紧走开了，孔子没能和他说上话。

不久孔子就从楚国回到了卫国。这一年孔子六十三岁，是鲁哀公六年。

第二年，吴王与鲁哀公在缯邑会盟，吴国要求鲁国备办猪、牛、羊各一百头的大礼。吴国的太宰伯嚭叫季康子去面谈，季康子派子贡去交涉，事情才得以取消。

孔子说："鲁国和卫国的政治，如同兄弟一样差不多。"这时候，卫出公辄的父亲蒯聩不能继位，正流亡在外，各诸侯国常拿这件事情谴责卫国。而孔子的弟子们当时大多正在卫国做事，因此卫出公也很想请孔子来治理国家。子路说："卫君准备请您去治理国家，您最先准备做的是什么呢？"孔子说："那一定是端正名分！"子路说："有这样干的吗，您可真够迂腐的！有什么好正的？"孔子说："仲由，你也太粗鲁

跟毛泽东读《史记》

了！名分不正言语就不顺，言语不顺事情就办不成，事情办不成就没法制礼作乐，没法制礼作乐，刑罚的运用也就不得当，刑罚的运用不得当，黎民百姓就不知道该怎么做了。君子做事一定要符合名分，他说的话一定能够实行。君子对于自己的言论，是绝对不能马虎的。"

第二年，冉有为季孙氏率领军队在鲁国的郎亭与齐军作战，打败了齐军。季康子说："您的军事才能，是学来的呢？还是天生的？"冉有说："是跟孔子学的。"季康子说："孔子是什么样的人？"冉有说："做什么事都要名正言顺；可以讲给百姓们听，可以展示给鬼神们而不会有任何欠缺。像我所做的这些事，您即使拿两万五千家的封地去吸引他，他也不会为了这点利益来做。"季康子说："我想召请他回鲁国，可以吗？"冉有说："您如果想请他回来，那就绝对不能把他当成小人物对待。这样也许还可以。"当时卫国的孔文子正准备攻击卫国的另一个贵族太叔，孔文子向孔子讨教。孔子推辞说自己不知道，退出后立即命人收拾行装要离开卫国，他说："只能够由鸟来选择树木，难道还能叫树木来选择鸟吗！"孔文子坚持请他留下来。这时正好季康子派了公华、公宾、公林几个人，带着礼物来卫国迎接孔子，于是孔子便返回了鲁国。

孔子从离开鲁国去各国游历，到这次回来，前后共经历了十四个年头。

鲁哀公向孔子询问如何治理国家，孔子回答说："治理国家关键在于选好大臣。"季康子也向孔子询问如何治理国家，孔子说："提拔正派的人，罢免邪佞的人，这样，其他邪佞的人也就会逐渐变正直了。"季康子为盗贼忧心，孔子说："如果你不贪财，那么即使你再鼓励人家也不会去偷。"但鲁国最后也还是没有任用孔子，而孔子也没有要求做官。

在孔子生活的年代，周王室已经衰微，礼崩乐坏，《诗》《书》也都残缺了。于是孔子一方面考察夏、商、周三代的礼乐制度，一方面整理编次《尚书》，他把上起唐尧、虞舜，下至秦缪公的所有篇章，都按

03 孔子的思想也有弊端

顺序编排了起来。他说:"夏代的礼仪我是能讲的,但现在杞国所存的文献资料不足以证明我的理论。殷代的礼仪我也是能讲的,但现代宋国所存的文献资料也不足以证明我的理论。如果有足够的文献依据,那我就可以证明我的理论了。"孔子研究了殷、夏两代各种典章制度的修改与变通的情况,说:"往后再过一百代的典章制度是什么样,现在我也能够推知,其实就是一文一质,交互使用。而周朝的典章制度借鉴了夏、殷两代的经验,它最隆盛丰富,我赞同周朝。"所以后人诵读的《书传》和《礼记》都是经孔子整理编定的。

孔子对鲁国的乐官说:"音乐的演奏规则是可以掌握的,开始时要盛大,接着乐曲展开,要和谐悦耳,要层次鲜明,要悠扬回荡,一直到结束。"孔子还说:"我从卫国返回鲁国后,就开始审定乐曲,使《雅》乐和《颂》乐都各自有了相应的位置和作用。"

古代流传下来的诗有三千多篇,到孔子时,他删掉了那些重复的,选出了那些可以用来对人们进行礼仪教育的,最早的是歌颂殷契、后稷的诗篇,其次是称述殷、周两代繁荣兴盛的诗篇,接着还有批评周厉王、周幽王道德衰败的诗篇,而编排的顺序又首先是从夫妻之间的关系开始的,所以说"《关雎》是《国风》的开篇,《鹿鸣》是《小雅》的开篇,《文王》是《大雅》的开篇,《清庙》是《颂》的开篇"。孔子给选出来的这三百零五篇古诗都一一地配上了乐谱,让它们和《韶》《武》《雅》《颂》的音调相一致。礼乐才得以恢复旧观而被称述,王道完备,孔子也完成了"六礼"的编修。

孔子晚年特别喜欢《易》,他为《易》写了《彖辞》《系辞》《象辞》《说卦》《文言》。他反复翻读《易》,以至于穿竹简的皮条都被弄断了很多次。他说:"要是能够再多给我几年时间,我对于《易》也就能领会得更透彻、更深入了。"

孔子教育弟子的主要内容是诗、书、礼、乐,接受过孔子教育的弟子大概有三千人,其中精通"六艺"的有七十二个。像颜浊邹那样,稍稍受过孔子教诲而不算正式弟子的人就更多了。

跟毛泽东读《史记》

孔子从文、行、忠、信四方面教育弟子。他要求弟子杜绝四种弊端：不要凭空揣测，不要先入为主武断是非，不要固执己见，不要刚愎自用。他要求弟子要慎重对待齐、战、疾三种情况。孔子很少谈论利益、天命和仁德。他主张弟子自己没有苦苦思考，就不要过早给他启发，对于那些不知举一反三的弟子，就不再重复评解了。

孔子在乡里，温和恭顺就像不会说话一样。他在国家的宗庙里和朝廷上，发言流利清晰，态度非常谨慎。他上朝跟上大夫说话，态度不卑不亢；与下大夫说话，则和颜悦色又轻松愉快。

孔子进入宫廷大门时，总是低头弯腰十分谨慎的样子；快步前进时，也总是恭恭敬敬的。当听到国君叫他去接待宾客，他的神色就会庄重肃穆。国君召唤他，他等不得套好车马就赶紧徒步快速前行。

腐烂的鱼，变味的肉，牲体部位没按规矩切割，他就不吃。席位摆得不正，他就不坐。在穿着丧服的人旁边吃饭，他从来不会吃饱。

这一天哭过，他就不会在这一天里唱歌了。他见到穿孝服的人以及双目失明的人，即使是个小孩也一定变得严肃怜悯。

他说过："只要三个人一起走路，其中必定有人可以做我的老师。"他还说："品德修养不到家，学问不能讲习，听闻正义之事不能照着做，见到不好的不能借鉴改正，这些是我最担心的。"孔子让人唱歌，如果唱得好，就让他再唱一遍，然后与他相和一起唱。

孔子从不谈论怪异、暴力、叛乱、鬼神。

子贡说："我听先生讲过对很多问题的看法，但关于天道性命方面的问题，我没有听他说过。"颜渊无限敬佩地说："我们先生的学问与人格，仰着头看是越看越高，研究起来是越钻研越钻研不透，看上去觉得就在眼前，恍惚间又觉得像在身后。先生循序渐进善于诱导我们，用文化文学极大程度地开阔、提升我们的眼界与境界，用礼仪来约束规范我们，使我们即使想停止学习都不能。我们已经用尽了全部才力，似乎可以有所建树，而那个目标是如此卓越高大。即使我们能够向前靠近它，却没有办法达到它。"达巷有人评论孔子说："孔子可真是伟大啊！

03 孔子的思想也有弊端

他的知识非常渊博，但他不凭借任何一项才能成就名声。"孔子听说后说："我做哪一行呢？是驾车呢？还是射箭呢？我还是驾车吧。"他的弟子子牢说："先生说过：'我是因为不被任用，才学了这些技艺。'"

鲁哀公十四年春天，哀公在大野泽打猎。叔孙氏的车士鉏商捕获了一只奇怪的野兽，人们都认为是不祥之兆。孔子看后说："这是一只麒麟啊。"就把它要了回来。孔子早说过："黄河没再出现八卦图，洛水也没再出现龟兽的文书，看来我大概没什么希望了！"颜渊死时，孔子伤感地说："老天可真要了我的命了！"等到他见到这只麒麟，就绝望地说："这回我的确再无路可走了！"他伤感地叹息说："没人了解我呀！"子贡说："怎么说没人了解您呢？"孔子说："我上不怨天，下不尤人，我从最基础的东西学起而达到高深的境界，了解我的大概只有上天吧！"

孔子说过："能够不降低自己的意志，不玷污自己人格的，大概只有伯夷、叔齐吧！"他又说："柳下惠和少连，那就降低了自己的意志，玷污自己的人格了。"又说："虞仲和夷逸能够避世隐居，率性直言，操行可算廉洁，自我废弃合乎权宜之计。""而我则与上述两种人都不同，表面上没有什么行或者不行的。"

孔子说："不行呀，不行呀，君子最担忧的是死后名声不能流传于后世。我的主张不能推行，我还能靠什么留名后世呢？"于是他就依据鲁国的史书作了《春秋》，这部书上起鲁隐公元年，下至鲁哀公十四年，一共记载了鲁国十二代君主间的天下大事。这部书以鲁国历史为依据，以赞美周朝为宗旨，以殷朝的旧闻为借鉴，贯通夏商周三代的历史变化。它的文辞简洁，而旨意广博。吴国、楚国的国君自称"王"，而孔子在《春秋》里却把他们贬称为"子"；践土会盟，事实上是晋文公召唤周天子去的，而孔子在《春秋》里却为周天子避讳，说是"同天子巡狩到河阳"：孔子就是运用这样的写法，使《春秋》成为一种批评、褒贬当时政治的准绳，等待日后有圣王出现能把《春秋》的宗旨发扬光大。《春秋》的思想如果能够得到推行，那么普天下的乱臣贼子

跟毛泽东读《史记》

就要害怕了。

孔子任司寇断案，书写判词时凡是应该与人商量的地方，自己并不专断。等到写《春秋》时，他认为该写的就一定要写，认为该删的就一定要删，即使像子夏等这些擅长写文章的学生也不能随便给他改动一个字。弟子们都要学《春秋》，他说："后代理解我的人将是根据这部《春秋》，批评我的人也将是根据这部《春秋》。"

第二年，子路死在卫国。孔子当时也正病着，子贡来看他。孔子正拄着拐杖在门口散心，他一见子贡就说："赐啊，你来得怎么这么晚啊？"随即长叹一声，唱道："泰山崩塌了！梁柱折断了！哲人萎谢了！"随着歌声他流下泪来。他又对子贡说："天下无道已经很久了，没有一个人看重我的主张。人死之后，夏人的灵柩停在东面的台阶上，周人的灵柩停在西面的台阶上，殷人的灵柩是停在两根柱子的中间。昨天晚上我梦见自己坐在正堂两根柱子的中间进食，我本就是殷人后代啊。"七天以后孔子去世了。

孔子终年七十三岁，死于鲁哀公十六年四月己丑。

鲁哀公为他撰写诔文说："上天不行善，不给我留下这个老人，把我丢在国君的位子上，孤单的我忧愁痛苦。哎呀太让人伤心啦！仲尼老人，再也没有人用礼法来约束我了！"子贡听到后说："国君可能不能在鲁国寿终正寝！先生曾经讲过：'礼仪上有缺失，头脑就要昏乱；名分上有缺失，行动就要出现过错。丧失意志就叫昏乱，做事不合名分就叫过错。'人活着不能任用，死后又作诔悼念，这不合礼；自称'余一人'，这也不合乎名分。"

孔子死后葬于鲁国都城北面的泗水边，弟子们都为他守了三年孝。三年孝守完，就要互相道别离开了，大家又在墓上吊唁哭祭，都哭得非常悲哀；有的弟子又留下来继续守墓。尤其是子贡，他在孔子墓旁搭了一个草棚，在那里住了六年才离去。孔子的弟子和其他鲁国人自愿搬到孔子墓旁去住的有一百多家，于是人们就把这里称作孔里。这个地区的人们世代相传每逢过年过节总要到孔子墓前去祭扫，儒生们也常到孔子

03 孔子的思想也有弊端

的故居来举行乡饮、大射一类的礼仪。孔子的故居占地一顷。孔子的故居以及他的弟子们住过的房子，后代改做了庙，里面收藏着孔子的衣帽、琴书、车仗；到汉朝建国，孔子已经死去两百多年了，人们的祭祀一直不绝。高皇帝经过鲁国的时候，也用了太牢的祭品去祭祀孔子。受封到这个地区来上任的诸侯卿相们，总是要先拜谒孔子的祠庙，而后再履行政务。

孔子生了孔鲤，字伯鱼。伯鱼终年五十岁，死在孔子的前面。

伯鱼生了孔伋，字子思，终年六十二岁。曾经在宋国受过困。子思著有《中庸》。

孔伋生子孔白，字子上，终年四十七岁。孔白生了孔求，字子家，终年四十五岁。孔求生了孔箕，字子京，终年四十六岁。孔箕生了孔穿，字子高，终年五十一岁。孔穿生了子慎，终年五十七岁，曾做过魏国的国相。

子慎生了孔鲋，终年五十七岁，曾做过陈涉的博士，死在陈郡。

孔鲋的弟弟叫子襄，终年五十七岁。曾做过孝惠帝的博士，后调任长沙太守。他身高九尺六寸。

子襄生了孔忠，终年五十七岁。孔忠生了孔武，孔武生了孔延年及孔安国。孔安国是当今皇帝的博士，后来官职做到临淮太守，去世较早。孔安国生了孔卬，孔卬生了孔骥。

太史公说：《诗经》里说过："高山啊，让人仰望；大路啊，让人遵循。"尽管我达不到那样的境界，但是心里却向往着。每当我读孔子的书时，可以想见他的为人。我曾经到过鲁国，参观过孔子的庙堂、车子、衣帽、礼器等，那里的儒生定时到孔子的故居去演习礼仪，我也不由得为之流连徘徊久久不愿离去。自古以来有很多出色的君主、贤人，但他们大多是生前非常显赫，死后也就什么都没有了。而孔子活着的时候是一个平民，死去已经十几代了，学者们却至今把他奉为宗师。现在上起天子王侯，所有在中国讲"六艺"的人都把孔子的言论作为衡量一切的标准，真可以算得上是至高无上的圣人了！

04 墨子是比孔子高明的圣人

毛泽东读批《史记·孟子荀卿列传》

【读原文】

墨子是一个劳动者,他不做官,但他是一个比孔子高明的圣人。孔子不耕地,墨子自己动手做桌子、椅子。

——1939年4月,毛泽东在延安抗大生产运动初步总结大会上的讲话,《毛泽东评点二十四史》,中国档案出版社1998年版。《目录》第4页序号15标题"墨子列传"下引毛泽东批注原话。按"墨子列传",编书者误标,司马迁《史记》无《墨子列传》,只在《史记·孟子荀卿列传》中附言墨子24字

马克思主义千条万条,中心的一条就是不劳动者不得食。"不劳动者不得食",等于是墨子信条"赖其力者生,不赖其力者不生"的现代表述,而推崇大禹也是推崇墨家思想的表现,因

为大禹正是墨家理想中的圣人。

——1939 年 4 月，毛泽东在延安抗大生产运动初步总结大会的讲话（见《中共早期领导人对墨家思想的继承和弘扬》，《党史博览》2018 年第 1 期）

【品解析】

墨翟是活动于公元前 5 世纪的中国文化伟人，中国古代杰出的哲学家、思想家、理论家、科学家、军事家与社会活动家，对中国与世界的思想文化史有不可磨灭的深远影响。墨子，墨家，墨学与《墨经》，与中国和世界现实文化融通接轨，有深刻独到的价值、意义、功能与作用，值得认真研究。

墨家是先秦诸子百家争鸣的"显学"，即最显赫著名的学派。《韩非子·显学》说："世之显学，儒墨也，儒之所至，孔丘也，墨之所至，墨翟也。"战国末期，韩非子总结先秦诸子百家争鸣辩论的总体状况，指出世上最显赫著名的学派是儒家与墨家，儒家最著名的代表是孔丘，墨家最著名的代表是墨翟。

公元前 439 年，楚惠王在位 50 年，墨子到楚国游说，把自己的著作献给楚惠王。楚惠王借口年老，派大臣穆贺接待墨子。楚国封君鲁阳文君，一向与墨子交往，二人观点虽不同，但早已是好朋友，话说得来，常有对谈，《墨子》记载，有 12 次提到鲁阳文君。

鲁阳文君这次特意提醒楚惠王说："墨子，北方贤圣人。"即墨子是北方（齐鲁）的贤人圣人，不可怠慢。跌鼻与鲁阳文君不约而同地说"墨子是圣人"，绝不是胡说八道，信口开河，而是当时公众都这么称呼，这反映当时社会对墨子的肯定。

《庄子·天下》记载，墨子称赞夏禹说：从前夏禹，治理洪水，疏导江河，沟通九州，大川三百，支流三千，小河无数。夏禹持筐，操铲劳动，汇合河川，辛苦劳累，汗毛磨光，风雨无阻，安定天下。禹是大圣人，劳苦为天下。墨子教后世墨者，身穿粗布衣，足蹬木麻鞋，日夜不休，以自苦为原则，说不这样，非禹之道，不能做墨者。

1939年2月，毛泽东给陈伯达写了一封很有专业学术水准的信。当时，陈伯达刚刚写出《墨子哲学思想》一文，向毛泽东请教。毛泽东以极大兴趣读完这篇3.6万字长文后，在信中对陈伯达研究墨子称赞有加："《墨子哲学思想》看了，这是你的一大功劳，在中国找出赫拉克利特来了。"他还觉得陈伯达的文章标题平常，不足以体现对墨子的高度评价，建议"似改为'古代辩证唯物论大家——墨子的哲学思想'或'墨子的唯物哲学'较好"。这足以表明毛泽东对墨子的态度。

1939年4月，毛泽东在抗大生产运动初步总结大会上讲话时指出：历史上的禹王，他是做官的，但也耕田。墨子是一个劳动者，他不做官，但他是一个比孔子高明的圣人。孔子不耕地，墨子自己动手做桌子、椅子。历史上几千年来做官的不耕田，读书人也不耕田，假使全国党政军学，办党的，做官的，大家干起来，那还不是一个新的中国吗？他还进一步说："马克思主义千条万条，中心的一条就是不劳动者不得食。""不劳动者不得食"等于是墨家的信条"赖其力者生，不赖其力者不生"的现代表述，而推崇大禹也是推崇墨家思想的表现，因为大禹正是墨家理想中的圣人。毛泽东在延安时期大力倡导墨子之道，是因为墨家许多观点、做派与马克思主义原理不谋而合，有助于马克思主义中国化。

其实，毛泽东对墨家思想的推崇并非延安时期才有，他在早年就已经不自觉地受到墨家思想的影响。他幼年起就爱看中国古代小说，比如《水浒传》。直到1936年，他仍饶有兴趣地告诉斯诺："我经常在学校里读这些书，老师走过来的时候就用一本正经书把它们盖住。大多数同学也都是这样做的。许多故事，我们几乎都可以背得出来，而且反复讨论过许多次。关于这些故事，我们比村里的老人知道得还要多些。他们也喜欢这些故事，而且经常和我们互相讲述。我认为这些书对我影响大概很大，因为这些书是在容易接受的年龄里读的。"

04 墨子是比孔子高明的圣人

历史学家范文澜曾说:"后世农民反抗,提出'替天行道,劫富济贫'一类的口号,成立宗教色彩的组织,很有当初墨家思想的痕迹。"因此,在反映浓厚墨家思想的《水浒传》等小说影响下,毛泽东早年就已经不自觉地接受了墨家思想的熏陶。少年毛泽东除喜欢阅读有关农民造反的小说,还特别同情农民,甚至很同情因为饥荒而造反的农民,而且将哥老会中一个被官府处决的农民领袖彭铁匠视为英雄,这表明他站在农民阶级的立场上。这一点与讲究维护大多数人利益的墨家思想也是一致的。从生活习性也可以窥见个人思想倾向之一斑。毛泽东在新中国成立后仍始终保持农民的生活习惯,非常艰苦朴素,这也是墨家精神的体现。

毛泽东在湖南第一师范学校求学期间所接受的知识和观点对他后来的政治思想影响很大。青年毛泽东的人格理想,"除儒家及其心性之学外,还有两个明显的思想渊源。一个是墨家,一个是明末清初的经世之学"(陈晋语)。毛泽东出身农民,来自底层,"如果说他对大本大源和圣贤仁人的追求,是明显接受了颇有士大夫气的传统儒家英雄主义人格理想的影响,那么,当他进一步摸索立志、修身做圣贤的具体途径的时候,重劳动、讲勤苦、求实效的下层社会的观念、习俗,自自然然地成为他的人生信念,影响他的人格理想,从而带有浓厚的墨家色彩"。对此,陈晋称之为"引儒入墨"或者"以墨填儒"。

谭嗣同作为近代著名湘籍维新志士,对青年毛泽东影响巨大,而谭嗣同也非常崇拜墨子。其自述有谓:"吾自少至壮,遍遭纲伦之厄,涵泳其苦,殆非生人所能任受,濒死累矣,而卒不死。由是益轻其生命,以为块然躯壳,除利人之外,复何足惜!深念高望,私怀墨子摩顶放踵之志矣。"谭嗣同自愿为变法流血牺牲,真正践行了墨家"摩顶放踵利天下为之"的宗旨。

青年毛泽东主张圣贤救世说,并且将墨子看成救世的圣贤。他在《伦理学原理》一书中批注道:"一切之生活动作所以成全个人,一切之道德所以成全个人,表同情于他人,为他人谋幸福,非以为人,乃以为己。吾有此种爱仁心，即须完成之，如不完成即是于具足生活有缺，即是未达正鹄。释迦、墨翟皆所以达其个人之正鹄也。"在他的《讲堂录》中也有与墨家尚力主张类似的笔记："人情多耽安佚而惮劳苦，懒惰为万恶之渊薮。人而懒惰，农则废其田畴，工则废其规矩，商贾则废其所鬻，士则废其所学。业既废矣，无以为生，而杀身亡家乃随之。国而懒惰，始则不进，继则退行，继则衰弱，终则灭亡。可畏哉！故曰懒惰万恶之渊薮也。"

毛泽东这些思想与五四时期知识界出现的"尊劳主义""劳作神圣"等思潮非常一致，而"劳作神圣"等思潮的出现，就中国传统文化而言，则是学界推崇墨学的结果和表现。新文化运动的先锋们为了反对当时被视为封建统治精神支柱的儒家思想，从中国传统文化中找到了激烈反对儒学、曾经与儒学相抗衡的墨学作为批判儒学的武器，并且以西学视角重新诠释墨学，极力加以推崇。梁启超、胡适就是这方面的先驱和代表。

作为青年毛泽东偶像的梁启超、胡适对墨学极为推崇。梁自称是"极为崇拜墨子的人"，"论到人格，墨子真算千古的大实行家，不惟在中国无人能比，求诸全世界也是少见"。他醉心墨学，因《墨子》中有"任，士损己而益所为也"，"任，为身之所恶，以成人之所急"，故自号"任公"。胡适也说："在我十几岁的时候，我就已经深受老子和墨子的影响。"毛泽东在北大期间曾经听过胡适演讲墨子哲学。青年毛泽东以梁、胡为偶像，就不可能不受到他们推崇墨学的影响。

在湖南一师期间，毛泽东不论寒暑都坚持冷水浴，还与萧子升故意不带分文，进行一次斯巴达式的行走和农村调查，另外一次类似的农村调查则是与蔡和森同行。这种"以自苦为极"的实践精神，正是墨家一贯提倡的。"显然，青年毛泽东对墨家的阶级出身、生活作风、行为方式，有着深深的共鸣。"毛泽东积极参与现实政治，他和蔡和森所发起成立的新民学会，从其对学会成员的各种规定看，更像是带有墨家性质的学团。

04 墨子是比孔子高明的圣人

毛泽东、蔡和森二人自同在一师求学时即引为知己,同气相求,"对于友辈和森最称道者为毛主席",而毛泽东对蔡和森也非常敬佩:"那时,毛主席很佩服和森,其思想受和森影响甚大。"1918年至1919年前后,"和森只云他本人信仰共产主义及信赖俄人,但尚未云毛主席也信共产及俄人,只云毛主席也崇拜墨子"。当然,毛泽东后来也成为一位伟大的马克思主义者。不过这并不妨碍他推崇墨子,直到延安时期他仍然认为墨子是比孔子高明的圣人。

【读《史记》】

盖墨翟,宋之大夫,善守御,为节用。或曰并孔子时,或曰在其后。

(节选自《史记·孟子荀卿列传》)

【品释文】

墨翟是宋国的大夫,善于守城御敌,在思想上主张节俭用度。有人说他与孔子同时,也有人说他在孔子之后。

05 孟子有人民性的一面

毛泽东读批《史记·孟子荀卿列传》

【读原文】

孔孟有一部分真理。

——1943年6月,毛泽东在一篇关于"人性"问题的通信上的批示(见陈晋:《毛泽东的文化性格》,中国青年出版社1991年版,第196页)

【品解析】

有"亚圣"之称的孟子,继承和发展了西周以来,特别是孔子的思想。其中关于"民贵君轻""性善""仁政"等方面的论述,对我国历代王朝的施政纲领有很大影响。孟子所倡导的"浩然正气""威武不屈"的修养功夫,不仅陶铸了很多的"志士""仁人",而且影响了整个中华民族的精神面貌。

05 孟子有人民性的一面

毛泽东自幼就接受包括《四书》在内的传统文化教育，而《四书》中的《孟子》是地位仅次于《论语》、篇幅最长的一本书，也是在毛泽东心目中留下深刻印象的一本书。《孟子》中的志气、道义都深深地吸引了毛泽东。1965年7月，毛泽东女儿李讷从北京大学历史系毕业。毛泽东送自己喜爱的四句话给女儿作为座右铭，第一句就是"天将降大任于是人也，必先苦其心志，劳其筋骨，饿其体肤，空乏其身，行拂乱其所为，所以动心忍性，曾益其所不能"。

对于孟子，和对待孔子一样，毛泽东在批判的基础上，也肯定了他的思想中进步、合理的一面。1958年8月，毛泽东在审阅一篇题为《教育必须与生产劳动相结合》的文章时，在加写的一段话中还特别提到"孟子的民贵君轻"，说其有"人民性的一面"。

《孟子·尽心上》中讲："流水之为物也，不盈科不行；君子之志于道也，不成章不达。"在孟子眼里君子是"志于道"的人，即追求道义的人。不经过日积月累取得一定的成就，就不能通达事理，就像流水不填满地面上的坎坎洼洼就不会前进一样。毛泽东很喜欢孟子的这段话，从长沙求学时起就重视"志于道"，重视知识和德才的积累。他在《讲堂录》中写道："孟子曰：流水之为物也，不盈科不行；君子之志于道也，不成章不达。浅薄者流，亦知省哉。"

"引而不发，跃如也"，是《孟子》中的话，意思是说善于射箭的人，引满了弓，却不射出去，只摆着跃跃欲动的姿势。1926年，毛泽东在《湖南农民运动考察报告》中曾将其借用来阐明中国共产党的农民政策。他说，在领导农民运动过程中，共产党的宣传政策应当是"引而不发，跃如也"。菩萨要农民自己去丢，烈女祠、节孝坊要农民自己去摧毁；共产党应当善于领导农民提高政治觉悟，依靠农民自觉自愿去破除迷信和其他不正确的风俗习惯，而不能包办代替。1944年，毛泽东在整风运动期间又借用孟子所说"心之官则思"一语，告诫人们要善于思考，要养成多动脑筋、勤于分析思索的好习惯。

毛泽东欣赏孟子所讲的尧舜之道，尤其欣赏"人皆可以为尧舜"

跟毛泽东读《史记》

的平等观。他强调的"军民一致,军政一致,官兵一致,全军一致",是以平等为基础的。他所希望的众志成城的凝聚力、战斗力,正是"平等"生出的效力。1958年7月1日,毛泽东在《七律二首·送瘟神》中写道:"春风杨柳万千条,六亿神州尽舜尧。"自那之后,春节写对联、贴对联,年年都有老百姓写"春风杨柳万千条,六亿神州尽舜尧"这副对联,贴这副对联。"六亿神州尽舜尧",是毛泽东对全中国人民齐心协力、意气风发走正道的赞颂。

【读《史记》】

　　太史公曰:余读孟子书,至梁惠王问"何以利吾国",未尝不废书而叹也。曰:嗟乎,利诚乱之始也!夫子罕言利者,常防其原也。故曰"放于利而行,多怨"。自天子至于庶人,好利之弊何以异哉!

　　孟轲,邹人也。受业子思之门人。道既通,游事齐宣王,宣王不能用。适梁,梁惠王不果所言,则见以为迂远而阔于事情。当是之时,秦用商君,富国强兵;楚、魏用吴起,战胜弱敌;齐威王,宣王用孙子、田忌之徒,而诸侯东面朝齐。天下方务于合从连衡,以攻伐为贤,而孟轲乃述唐、虞、三代之德,是以所如者不合。退而与万章之徒序《诗》《书》述仲尼之意,作《孟子》七篇。其后有驺子之属。

　　齐有三驺子。其前驺忌,以鼓琴干威王,因及国政,封为成侯而受相印,先孟子。

　　其次驺衍,后孟子。驺衍睹有国者益淫侈不能尚德,若《大雅》整之于身、施及黎庶矣,乃深观阴阳消息而作怪迂之变,《终始》《大圣》之篇十余万言。其语闳大不经,必先验小物,推而大之,至于无垠。先序今以上至黄帝,学者所共术,大并世盛衰,因载其禨祥度制,推而远之,至天地未生,窈冥不可考而原也。先列中国名山大川通谷禽兽水土所殖、物类所珍,因而推之,及海外人之所不能睹。称引天地剖判以来,五德转移,治各有宜,而符应若兹。以为儒者所谓中国者,于

05 孟子有人民性的一面

天下乃八十一分居其一分耳。中国名曰赤县神州。赤县神州内自有九州，禹之序九州是也，不得为州数。中国外如赤县神州者九，乃所谓九州也。于是有裨海环之，人民禽兽莫能相通者，如一区中者，乃为一州。如此者九，乃有大瀛海环其外，天地之际焉。其术皆此类也。然要其归，必止乎仁义节俭、君臣上下，六亲之施，始也滥耳。王公大人初见其术，惧然顾化，其后不能行之。

是以驺子重于齐。适梁，惠王郊迎，执宾主之礼。适赵，平原君侧行撇席。如燕，昭王拥彗先驱，请列弟子之座而受业，筑碣石宫，身亲往师之。作《主运》。其游诸侯见尊礼如此，岂与仲尼菜色陈、蔡，孟轲困于齐、梁同乎哉！故武王以仁义伐纣而王，伯夷饿不食周粟；卫灵公问陈，而孔子不答；梁惠王谋欲攻赵，孟轲称大王去邠。此岂有意阿世俗苟合而已哉！持方枘欲内圜凿，其能入乎？或曰，伊尹负鼎而勉汤以王，百里奚饭牛车下而缪公用霸，作先合，然后引之大道。驺衍其言虽不轨，傥亦有牛鼎之意乎？

自驺衍与齐之稷下先生，如淳于髡、慎到、环渊、接子、田骈、驺奭之徒，各著书言治乱之事，以干世主，岂可胜道哉！

淳于髡，齐人也。博闻强记，学无所主。其谏说，慕晏婴之为人也，然而承意观色为务。客有见髡于梁惠王，惠王屏左右，独坐而再见之，终无言也。惠王怪之，以让客曰："子之称淳于先生，管、晏不及，及见寡人，寡人未有得也。岂寡人不足为言邪？何故哉？"客以谓髡。髡曰："固也。吾前见王，王志在驱逐；后复见王，王志在音声：吾是以默然。"客具以报王，王大骇，曰："嗟乎，淳于先生诚圣人也！前淳于先生之来，人有献善马者，寡人未及视，会先生至。后先生之来，人有献讴者，未及试，亦会先生来。寡人虽屏人，然私心在彼，有之。"后淳于髡见，壹语连三日三夜无倦。惠王欲以卿相位待之，髡因谢去。于是送以安车驾驷，束帛加璧，黄金百镒。终身不仕。

慎到，赵人。田骈、接子，齐人。环渊，楚人。皆学黄老道德之术，因发明序其指意。故慎到著十二论，环渊著上下篇，而田骈、接子

跟毛泽东读《史记》

皆有所论焉。

驺奭者，齐诸驺子，亦颇采驺衍之术以纪文。

于是齐王嘉之，自如淳于髡以下，皆命曰列大夫，为开第康庄之衢，高门大屋，尊宠之。览天下诸侯宾客，言齐能致天下贤士也。

荀卿，赵人。年五十始来游学于齐。驺衍之术迂大而闳辩；奭也文具难施；淳于髡久与处，时有得善言。故齐人颂曰："谈天衍，雕龙奭，炙毂过髡。"田骈之属皆已死。齐襄王时，而荀卿最为老师。齐尚修列大夫之缺，而荀卿三为祭酒焉。齐人或谗荀卿，荀卿乃适楚，而春申君以为兰陵令。春申君死而荀卿废，因家兰陵。李斯尝为弟子，已而相秦。荀卿嫉浊世之政，亡国乱君相属，不遂大道而营于巫祝，信机祥，鄙儒小拘，如庄周等又滑稽乱俗，于是推儒、墨、道德之行事兴坏，序列著数万言而卒。因葬兰陵。

而赵亦有公孙龙为坚白同异之辩，剧子之言；魏有李悝，尽地力之教；楚有尸子、长卢；阿之吁子焉。自如孟子至于吁子，世多有其书，故不论其传云。

（节选自《史记·孟子荀卿列传》）

【品释文】

太史公说：我读《孟子》时，每当读到梁惠王问孟子"怎样才能有利于我的国家"，总不免中途放下书本而心生感叹。我想：唉，利真是祸乱的根源！孔子之所以很少谈利，大概就是想从根本上堵塞祸乱产生的根源吧。《论语》中说："假如只考虑是否对自己有利才去做事，那就肯定会招得许多人怨恨他。"可事实上，上自天子下到黎民百姓，好利的弊病都存在，有什么不同的！

孟轲是鲁国邹县人。他曾跟着子思的弟子求过学。当他学通了儒家之道后，就去游说侍奉齐宣王，齐宣王没有采纳他的主张。他到了梁国，梁惠王不但不听信他的主张，反而认为这些主张不切实情，远离实

05 孟子有人民性的一面

际。当时，秦国任用商鞅实行变法，使国家富裕、军队强大；楚国和魏国也先后任用过吴起，打败了敌人，削弱了对手；齐威王和齐宣王任用了孙膑、田忌等人，也打得各国诸侯都向东来朝见齐王。当时整个天下都正热衷于大搞合纵或连横，认为谁会打仗谁就最有本领，而孟轲却在那里大谈唐尧、虞舜以及夏、商、周三代的德政，因此他走到哪个国家，都与哪个国家的治国方略不相符合。他回国以后和他的学生万章等人一道研究《诗经》《尚书》，阐发孔子的思想，写出了《孟子》一书共七篇。孟子以后出现了驺子等人。

齐国一共有三个驺子。最早的叫驺忌，他借助会弹琴的特长求见齐威王，趁机参与国家政事，被封为成侯，做了国相，他的生活时代早于孟子。

其次的叫驺衍，他的生活时代在孟子之后。他看到当时的统治者都越来越荒淫奢侈，不再崇尚德治，不再像《诗经·大雅·思齐》所说的那样先自己做好榜样，而后推广到黎民百姓，所以他就深入观察阴阳的消长变化，提出了一种非常怪诞的学说，撰写了《终始》《大圣》等文章共有十多万字。他的理论都是宏大而不着边际的，必定会从验证一些小的事物开始，然后把它推而广之，一直推到无边无际。他的文章一般都先从当代说起，向上追溯到黄帝时期，利用学者们共同讲述过的史实，以及历朝历代兴衰演变的内容，由此记述一些有关吉凶祸福的判断，一直推演到极其久远，推演到开天辟地以前，给人们讲说了许多渺茫的根本无法考察的东西。他先记载中国境内的名山、大川、飞禽、走兽，包括水中地上所生长的、动物中最珍贵的，无所不有，就此推而广之，讲到了谁也没有看见过的海外世界。他说从开天辟地以来，各朝各代都是按着金木水火土五种德性的推移变化而发展下来的，不同的时代只有按着与它相应的那种德性来治理国家才能治好，而天上和人间又有一种预示征兆、互相感应的关系。他认为儒生们通常所说的中国，只不过是整个天下的八十一分之一。中国叫赤县神州。赤县神州之内本身又有九个州，这就是《尚书·禹贡》记载的被大禹划分的那九个州，但

跟毛泽东读《史记》

其实这不是驺衍所说的那种。他说在中国之外像赤县神州这样的州，一共有九个，这才叫九州。每个州的四围都有小海环绕着，各个州的居民、禽兽都不能互相往来，像一个独立地区似的，这才仅是一个州。这样的州总共九个，有大海环绕在九州之外，那里就是天地的尽头，天地互相连接的地方了。驺衍的学术大约都是这类内容。但若归纳他的要义，总是会回到仁爱、正义、节约、勤俭与君臣上下以及六亲之间的和睦，只不过是开头讲得过于不着边际而已。许多王公贵族刚一听到他的学说，往往感到惊奇，想要学习，可是等到后来却发现实行不了。

因此驺衍在齐国受到重视。他到梁国，梁惠王亲自到郊外去欢迎，把他当作贵宾接待。他又去赵国，平原君侧着身子给他引路，亲自给他掸座席，他到了燕国，燕昭王拿着扫帚清扫道路为他作先导，还请求做他的学生要跟他学习，特意建造了一座碣石宫，亲自到那里去跟他学习。在那里，驺衍写出了他的《主运》篇。驺衍周游各国时受到这样的尊宠，这和孔子当初被围困在陈、蔡之间饿得面如菜色，以及孟子在齐国、梁国所受的冷遇，又怎能同日而语呢？所以周武王尽管靠着仁义打败了殷纣称王，但伯夷还是宁肯饿死也不愿吃周朝的粮食；卫灵公向孔子询问了一下如何打仗布阵，孔子竟避而不答；梁惠王与孟子商量准备攻打赵国，而孟子却故意给梁惠王讲述了当年太王为躲避夷狄而自动离邠南迁。这些人难道是有意阿谀逢迎、希求苟合罢了吗？拿着一个方榫往圆槽里插，怎么会插得进去呢？有人说：伊尹曾背着锅去求见汤，结果辅佐汤统一了天下；百里奚也曾以在车下喂牛的办法接近了秦穆公，后来帮着秦穆公成就了霸业，都是先设法求得认可，而后再慢慢地引导国君走上正道。驺衍学说的这种不合常理，是不是就有伊尹负鼎、百里饭牛的那种意思呢？

自从驺衍和齐国稷下先生，如淳于髡、慎到、环渊、接子、田骈、驺奭这些人，各自著书立说探讨治乱兴亡的问题，以此求得国君的赏识，这样的人越来越多，难道能说得完吗？

淳于髡是齐国人。他见识多记性好，做学问不专注于一家。从他劝

05 孟子有人民性的一面

说君王的言谈中看，似乎是仰慕晏婴的为人，然而他实际上专以投国君之所好、察言观色为要务。有人把他引见给了梁惠王，梁惠王支开身边的人，单独坐着两次接见了他，结果他始终一言未发。梁惠王很奇怪，就责备当初引见的那个人说："您称赞淳于髡先生，说连管仲、晏婴都比不上他，可是淳于髡见了我，我却一无所获。难道是我不配和他说话吗？他为什么见了我一言不发呢？"这个人回去把梁惠王的话转告给了淳于髡。淳于髡说："我的确没说话。那是因为我第一次见到你们大王时，他正想着骑马奔跑；后来我再次见到他时，他正想着美妙的旋律：所以我只好不说话了。"这个人回去把淳于髡的话全部报告给了梁惠王，梁惠王听后大吃一惊，说："啊呀！淳于先生可真是个圣人啊！头一次他来见我之前，有人送给我一匹好马，我还没有来得及去看，正好这时淳于先生来了。第二次淳于先生来之前，有人献我一名歌女，我还没有来得及去试听，也刚好这时淳于先生来了。那时我虽打发开了身边的人，但我心里却在想着那些别的事情，确实有淳于先生说的那些情况。"后来淳于髡又见到了梁惠王，这次和梁惠王一口气谈了三天三夜都不觉得疲倦。梁惠王想让淳于髡在梁国充任卿相，淳于髡却推辞离开了。于是梁惠王便给他安排了一辆很舒适的四匹马拉的车子，送给他十匹缯帛外加璧玉的礼品，还有黄金两千多两。淳于髡一辈子没有出来做官。

慎到是赵国人。田骈、接子是齐国人。环渊是楚国人。他们都学的是黄帝老子的道德之学，对黄老学说的意旨进行阐述发挥。所以慎到著有《慎子》十二论，环渊著有《环子》上下篇，其他如田骈、接子等也都在这方面有著述。

驺奭是齐国驺姓中的一个，较多采用了驺衍的理论来著述文章。

当时齐宣王赞赏这些人，从淳于髡以下，都任命为列大夫，齐宣王还专门为他们开辟了一条宽阔豪华的大街，高门大屋夹街林立，尊重、宠信这些人。收揽天下各诸侯国的宾客，说明齐国能招纳天下贤人。

荀卿是赵国人。五十岁的时候才到齐国讲学。驺衍的学说迂阔宏大

跟毛泽东读《史记》

而又富于诡辩；驺奭的理论写得完备却难以实行；淳于髡则是与人长久接触之后，有时能让人听到几句精彩的话。所以齐国人说他们是："谈天说地的是驺衍，修饰文章像雕镂花纹的是驺奭，智慧无穷如润车膏的是淳于髡。"当时田骈等人都已经死了。在齐襄王时期，荀卿在齐国是年龄最大的学者。齐国仍然还在补充列大夫的空缺，荀卿已先后三次在齐国做过祭酒。后来齐国有人向齐襄王说荀卿的坏话，荀卿就往楚国去了，春申君任命荀卿为兰陵县令。春申君死后，荀卿被免职，但他从此也就在兰陵安家了。李斯曾经做过他的学生，后来当上了秦朝的丞相。荀卿痛恨当时黑暗腐败的政治，厌恶那些接连不断出现的使国家灭亡的昏君，他们不行圣人之道，而钻营巫祝迷信活动，相信吉凶征兆，浅陋的书生拘泥于小节，如庄周之流更是以滑稽幽默为手段来败坏风俗，于是他就总结评论了儒、墨、道三家理论与实践的成败得失，编著了几万字的著作以后就去世了。死后就葬在兰陵。

当时赵国有个公孙龙开展了"坚白相离""白马非马"的辩论，此外还有剧子的著述；魏国有个李悝，他提出了鼓励耕作以尽地力的主张；楚国有尸子、长卢；齐国的东阿有个吁子。从孟子到吁子，社会上广泛流传他们的著作，所以不论述这些论著的内容了。

06 商鞅是"首屈一指的利国福民伟大之政治家"

毛泽东读批《史记·商君列传》

【读原文】

商鞅之法，良法也。今试一披吾国四千余年之纪载，而求其利国福民伟大之政治家，商鞅不首屈一指乎？

——毛泽东《商鞅徙木立信论》（见《毛泽东早期文稿》，湖南人民出版社2013年版，第1页）

【品解析】

商鞅是战国时期政治家、思想家，著名法家代表人物。卫国国君的后裔，公孙氏，故称为卫鞅，又称公孙鞅，后封于商，后人称之商鞅。应秦孝公求贤令入秦，说服秦孝公变法图强。孝公死后，被贵族诬害，车裂而死。经过商鞅变法，秦国大治，逐渐成为战国中最强大的国家，为秦始皇时"奋六世之余烈"、一统天下迈出了坚实的第一步。

投奔秦国。商鞅"少好刑名之学",专研以法治国,受李悝、吴起等人的影响很大。后为魏国宰相公叔座家臣,公叔座病重时对魏惠王说:"公孙鞅年少有奇才,可任用为相。"又对惠王说:"王既不用公孙鞅,必杀之,勿令出境。"公叔座死后,魏惠王对公叔座嘱托不以为意,也就没有照做了。公孙鞅听说秦孝公下令国中求贤者,欲收复秦之失地,便携同李悝的《法经》到秦国去。通过秦孝公宠臣景监,商鞅三见秦孝公,提出了帝道、王道、霸道三种君主之策。只有霸道得到秦孝公的赞许,并成为秦国强盛的根基。

酝酿变法。公元前359年,正当商鞅辅佐秦孝公酝酿变法时,旧贵族代表甘龙、杜挚起来反对变法。他们认为利不百不变法,功不十不易器。"法古无过,循礼无邪。"商鞅针锋相对地指出:"前世不同教,何古之法?帝王不相复,何礼之循?""治世不一道,便国不法古,故汤、武不循礼而王,夏、殷不易礼而亡。反古者不可非,而循礼者不足多。"从而主张"当时而立法,因事而制礼"。这是以历史进化的思想驳斥了旧贵族所谓"法古""循礼"的复古主张,为实行变法做了舆论准备。

实行变法。周显王十三年(前356年)和十九年(前350年)先后两次实行变法,变法内容为"废井田、开阡陌,实行郡县制,奖励耕织和战斗,实行连坐之法"。这时太子犯法,商鞅说:"法之不行,自上犯之。"刑其太傅公子虔与老师公孙贾。秦孝公十六年(前346年),太傅公子虔复犯法,商鞅施以割鼻之刑。变法日久,秦民大悦。秦国道不拾遗,山无盗贼。前340年,率秦赵军败魏国公子昂将军,魏割河西之地与秦,将人民迁居至大梁,此时魏惠王大忿:"寡人恨不用公叔座之言也。"卫鞅因功封于商十五邑。

被处车裂。商君之法太过刻薄寡恩,设连坐之法,制定严厉的法律,增加肉刑、大辟,有凿顶、抽肋、镬烹之刑。尤其是军功爵制度,造成秦国贵族多怨。秦国公族赵良劝说商君积怨太深,宜"归十五都,灌园于鄙""不贪商、于之富，不宠秦国之教"，商鞅不听。前338年，秦孝公崩，惠文王即位，公子虔告商鞅谋反，商鞅逃亡至边关，欲宿客舍，结果因未出示证件，店家害怕"连坐"不敢留宿，自是"作法自毙"；欲逃往魏国，魏人因商鞅曾背信攻破魏帅，也不愿收留。后来商鞅回到商邑，发邑兵北出击郑国，秦国发兵讨之，杀鞅于郑国黾池。商鞅死后被秦惠王处"车裂之刑"于彤，灭商君之族。

慧眼所见。商鞅为了推行新法，徙木取信于民，是历史上一桩很著名的故事。宋代改革家王安石曾经为此写赋《商鞅》说："自古驱民在信诚，一言为重百金轻。今人未可非商鞅，商鞅能令政必行。"情节相似者，还有《韩非子》中吴起徙辕、赤菽立信的故事。

毛泽东评价"商鞅之法"是"良法"，肯定了商鞅是"利国福民伟大之政治家"，见于他在1912年写的一篇文章《商鞅徙木立信论》。原文写道：

> 吾读史至商鞅徙木立信一事，而叹吾国国民之愚也，而叹执政者之煞费苦心也，而叹数千年来民智之不开、国几蹈于沦亡之惨也。谓予不信，请罄其说。
>
> 法令者，代谋幸福之具也。法令而善，其幸福吾民也必多，吾民方恐其不布此法令，或布而恐其不生效力，必竭全力以保障之，维持之，务使达到完善之目的而止。政府国民互相倚系，安有不信之理？法令而不善，则不惟无幸福之可言，且有危害之足惧，吾民又必竭全力以阻止此法令。虽欲吾信，又安有信之之理？乃若商鞅之与秦民适成此比例之反对，抑又何哉？
>
> 商鞅之法，良法也。今试一披吾国四千余年之纪载，而求其利国福民伟大之政治家，商鞅不首屈一指乎？鞅当孝公之世，中原鼎沸，战事正殷，举国疲劳，不堪言状。于是而欲战胜诸国，统一中原，不綦难哉？于是而变法之令出，其法惩奸

究以保人民之权利，务耕织以增进国民之富力，尚军功以树国威，孥贪怠以绝消耗。此诚我国从来未有之大政策，民何惮而不信？乃必徙木以立信者，吾于是知执政者之具费苦心也，吾于是知吾国国民之愚也，吾于是知数千年来民智黑暗，国几蹈于沦亡之惨境有由来也。

虽然，非常之原，黎民惧焉。民是此民矣，法是彼法矣，吾又何怪焉？吾特恐此徙木立信一事，若令彼东西各文明国民闻之，当必捧腹而笑，嗷舌而讥矣。乌乎！吾欲无言。

这篇文章是毛泽东在湖南读书时写的。原文无写作时间，作文纸折缝间印有"湖南全省高等中学校"几个字，作者在题目下写有"普通一班毛泽东"7个字。毛泽东于1912年退出长沙新军后，考入湖南全省高等中学校，同年秋就退学自修，此文应写于1912年6月。这是毛泽东留下手稿的第一篇文字，那年19岁。

毛泽东从两个方面发表评论，一方面是对商鞅，一方面是对民众。他肯定商鞅是中国四千余年历史中"首屈一指"的"利国福民伟大之政治家"，称他的新法为"我国从来未有之大政策"，商鞅变法是为"战胜诸国，统一中原"奠定基础的"良法"。在他看来，这样的变法应该得到民众的理解、信任与支持，"必竭全力以保障之，维持之，务使达到完善之目的而止"。然而事实并非如此，商鞅只能通过悬赏徙木来取信于民，才可推行新法。于是毛泽东为此而慨叹："吾于是知吾国国民之愚也，吾于是知数千年来民智黑暗，国几蹈于沦亡之惨境有由来也。"他还由此得出结论：中国几遭灭亡惨境，根本就在"数千年来民智之不开"。这反映了青年毛泽东当时的唯心史观，也显示出了辛亥革命后知识界、思想界的一项共识：改造国民性。鲁迅就是极力倡导改造国民性的，他描写下层劳动人民的悲惨命运，如"祥林嫂""华老栓""孔乙己"等人，就是"哀其不幸，怒其不争"的。毛泽东当年这样慨叹"吾国国民之愚"，可能是受了梁启超的影响。他曾经用心阅读过梁启超在《新民丛报》上发表的《新民说》一文。此文认为要有新民,才能有新政。文章中说:"国民之文明程度低者,虽得明主贤相以代治之,及其人亡则其政息焉。""若以今日之民德、民智、民力,吾知虽有贤君相,而亦无以善其后也。""苟有新民,何患无新制度,无新政府,无新国家。""欲维新我国,当维新我民。"梁启超这篇文章的思想观念在当时影响深远,青年毛泽东受其影响是很自然的事。虽然是从梁启超的思想出发,毛泽东对历史和现实的思考是深刻的,有见识的。提高国民素质,厉行革除弊政实施新法,永远为历代统治者的重要任务。

当年批阅毛泽东这篇作文的老师,对论文非常赞赏,打了100分,并拿给同学"传观"。这篇571字的短文,眉批和总评只有150字。这些短评写道:"实切社会立论,目光如炬,落墨大方,恰似报笔,而义法亦骎骎入古"。"精理名言,故未曾有"。"逆折而入,笔力挺拔"。"历观生作,练成一色文字,自是伟大之器,再加功候,吾不知其所至"。"力能扛鼎"。"积理宏富"。文末总评道:"有法律知识,具哲理思想,借题发挥,纯以唱叹之笔出之,是为压题法。至推论商君之法为从来未有之大政策,言之凿凿,绝无浮烟涨墨绕其笔端,是有功于社会文字。"评语落款为"涤盦(ān)六月廿八号"。应当说这位"涤盦先生"是有眼力的人,他预见毛泽东"自是伟人之器,再加功候,吾不知其所至",这一预测后来果真应验。

【读《史记》】

商君者,卫之诸庶孽公子也,名鞅,姓公孙氏,其祖本姬姓也。鞅少好刑名之学,事魏相公叔座为中庶子。公叔座知其贤,未及进。会座病,魏惠王亲往问病,曰:"公叔病有如不可讳,将奈社稷何?"公叔曰:"座之中庶子公孙鞅,年虽少,有奇才,愿王举国而听之。"王嘿然。王且去,座屏人言曰:"王即不听用鞅,必杀之,无令出境。"王许诺而去。公叔座召鞅谢曰:"今者王问可以为相者,我言若,王色不许我。我方先君后臣，因谓王即弗用鞅，当杀之。王许我。汝可疾去矣，且见禽。"鞅曰："彼王不能用君之言任臣，又安能用君之言杀臣乎？"卒不去。惠王既去，而谓左右曰："公叔病甚，悲乎！欲令寡人以国听公孙鞅也，岂不悖哉！"

公叔既死，公孙鞅闻秦孝公下令国中求贤者，将修缪公之业，东复侵地，乃遂西入秦，因孝公宠臣景监以求见孝公。孝公既见卫鞅，语事良久，孝公时时睡，弗听。罢而孝公怒景监曰："子之客妄人耳，安足用邪！"景监以让卫鞅。卫鞅曰："吾说公以帝道，其志不开悟矣。后五日，复求见鞅。"鞅复见孝公，益愈，然而未中旨。罢而孝公复让景监，景监亦让鞅。鞅曰："吾说公以王道而未入也。请复见鞅。"鞅复见孝公，孝公善之而未用也。罢而去，孝公谓景监曰："汝客善，可与语矣。"鞅曰："吾说公以霸道，其意欲用之矣。诚复见我，我知之矣。"卫鞅复见孝公。公与语，不自知膝之前于席也。语数日不厌。景监曰："子何以中吾君？吾君之欢甚也。"鞅曰："吾说君以帝王之道比三代，而君曰：'久远，吾不能待。且贤君者，各及其身显名天下，安能邑邑待数十百年以成帝王乎？'故吾以强国之术说君，君大说之耳。然亦难以比德于殷周矣。"

孝公既用卫鞅，欲变法，恐天下议己。卫鞅曰："疑行无名，疑事无功。且夫有高人之行者，固见非于世；有独知之虑者，必见敖于民。愚者暗于成事，知者见于未萌。民不可与虑始而可与乐成。论至德者不和于俗，成大功者不谋于众。是以圣人苟可以强国，不法其故；苟可以利民，不循其礼。"孝公曰："善。"甘龙曰："不然。圣人不易民而教，知者不变法而治。因民而教，不劳而成功；缘法而治者，吏习而民安之。"卫鞅曰："龙之所言，世俗之言也。常人安于故俗，学者溺于所闻。以此两者居官守法可也，非所与论于法之外也。三代不同礼而王，五伯不同法而霸。智者作法，愚者制焉；贤者更礼，不肖者拘焉。"杜挚曰："利不百，不变法；功不十，不易器。法古无过，循礼无邪。"卫鞅曰："治世不一道，便国不法古。故汤、武不循古而王，夏、殷不

06 商鞅是"首屈一指的利国福民伟大之政治家"

易礼而亡。反古者不可非,而循礼者不足多。"孝公曰:"善。"以卫鞅为左庶长,卒定变法之令。

令民为什伍,而相牧司连坐。不告奸者腰斩,告奸者与斩敌首同赏,匿奸者与降敌同罚。民有二男以上不分异者,倍其赋。有军功者,各以率受上爵;为私斗者,各以轻重被刑大小。僇力本业,耕织致粟帛多者复其身。事末利及怠而贫者,举以为收孥。宗室非有军功论,不得为属籍。明尊卑爵秩等级,各以差次名田宅,臣妾衣服以家次;有功者显荣,无功者虽富无所芬华。

令既具,未布,恐民之不信己,乃立三丈之木于国都市南门,募民有能徙置北门者予十金。民怪之,莫敢徙。复曰"能徙者予五十金"。有一人徙之,辄予五十金,以明不欺。卒下令。

令行于民期年,秦民之国都言初令之不便者以千数。于是太子犯法。卫鞅曰:"法之不行,自上犯之。"将法太子。太子,君嗣也,不可施刑,刑其傅公子虔,黥其师公孙贾。明日,秦人皆趋令。行之十年,秦民大说,道不拾遗,山无盗贼,家给人足。民勇于公战,怯于私斗,乡邑大治。秦民初言令不便者有来言令便者,卫鞅曰"此皆乱化之民也",尽迁之于边城。其后民莫敢议令。

于是以鞅为大良造。将兵围魏安邑,降之。居三年,作为筑冀阙宫庭于咸阳,秦自雍徙都之。而令民父子兄弟同室内息者为禁。而集小乡邑聚为县,置令、丞,凡三十一县。为田开阡陌封疆,而赋税平。平斗桶权衡丈尺。行之四年,公子虔复犯约,劓之。居五年,秦人富强,天子致胙于孝公,诸侯毕贺。

其明年,齐败魏兵于马陵,虏其太子申,杀将军庞涓。其明年,卫鞅说孝公曰:"秦之与魏,譬若人之有腹心疾,非魏并秦,秦即并魏。何者?魏居领厄之西,都安邑,与秦界河而独擅山东之利。利则西侵秦,病则东收地。今以君之贤圣,国赖以盛。而魏往年大破于齐,诸侯畔之,可因此时伐魏。魏不支秦,必东徙。东徙,秦据河山之固,东乡以制诸侯,此帝王之业也。"孝公以为然,使卫鞅将而伐魏。魏使公子

85

跟毛泽东读《史记》

印将而击之。军既相距，卫鞅遗魏将公子卬书曰："吾始与公子欢，今俱为两国将，不忍相攻，可与公子面相见，盟，乐饮而罢兵，以安秦魏。"魏公子卬以为然。会盟已，饮，而卫鞅伏甲士而袭虏魏公子卬，因攻其军，尽破之以归秦。魏惠王兵数破于齐、秦，国内空，日以削，恐，乃使使割河西之地献于秦以和。而魏遂去安邑，徙都大梁。梁惠王曰："寡人恨不用公叔座之言也。"卫鞅既破魏还，秦封之於、商十五邑，号为商君。

商君相秦十年，宗室贵戚多怨望者。赵良见商君。商君曰："鞅之得见也，从孟兰皋，今鞅请得交，可乎？"赵良曰："仆弗敢愿也。孔丘有言曰：'推贤而戴者进，聚不肖而王者退。'仆不肖，故不敢受命。仆闻之曰：'非其位而居之曰贪位，非其名而有之曰贪名。'仆听君之义，则恐仆贪位贪名也。故不敢闻命。"商君曰："子不说吾治秦与？"赵良曰："反听之谓聪，内视之谓明，自胜之谓强。虞舜有言曰：'自卑也尚矣。'君不若道虞舜之道，无为问仆矣。"

商君曰："始秦戎翟之教，父子无别，同室而居。今我更制其教，而为其男女之别，大筑冀阙，营如鲁、卫矣。子观我治秦也，孰与五羖大夫贤？"赵良曰："千羊之皮，不如一狐之掖；千人之诺诺，不如一士之谔谔。武王谔谔以昌，殷纣墨墨以亡。君若不非武王乎，则仆请终日正言而无诛，可乎？"商君曰："语有之矣，貌言华也，至言实也，苦言药也，甘言疾也。夫子果肯终日正言，鞅之药也。鞅将事子，子又何辞焉！"

赵良曰："夫五羖大夫，荆之鄙人也。闻秦缪公之贤而愿望见，行而无资，自粥于秦客，被褐食牛。期年，缪公知之，举之牛口之下，而加之百姓之上，秦国莫敢望焉。相秦六七年，而东伐郑，三置晋国之君，一救荆国之祸。发教封内，而巴人致贡；施德诸侯，而八戎来服。由余闻之，款关请见。五羖大夫之相秦也，劳不坐乘，暑不张盖，行于国中，不从车乘，不操干戈，功名藏于府库，德行施于后世。五羖大夫死，秦国男女流涕，童子不歌谣，舂者不相杵。此五羖大夫之德也。今

06 商鞅是"首屈一指的利国福民伟大之政治家"

君之见秦王也，因嬖人景监以为主，非所以为名也。相秦不以百姓为事，而大筑冀阙，非所以为功也。刑黥太子之师傅，残伤民以骏刑，是积怨畜祸也。教之化民也深于命，民之效上也捷于令。今君又左建外易，非所以为教也。君又南面而称寡人，日绳秦之贵公子。《诗》曰：'相鼠有体，人而无礼；人而无礼，何不遄死。'以《诗》观之，非所以为寿也。

"公子虔杜门不出已八年矣，君又杀祝懽而黥公孙贾《诗》曰：'得人者兴，失人者崩。'此数事者，非所以得人也，君之出也，后车十数，从车载甲，多力而骈胁者为骖乘，持矛而操阘戟者旁车而趋。此一物不具，君固不出。《书》曰：'恃德者昌，恃力者亡。'君之危若朝露，尚将欲延年益寿乎？

"则何不归十五都，灌园于鄙，劝秦王显岩穴之士，养老存孤，敬父兄，序有功，尊有德，可以少安。君尚将贪商於之富，宠秦国之教，畜百姓之怨，秦王一旦捐宾客而不立朝，秦国之所以收君者，岂其微哉？亡可翘足而待。"商君弗从。

后五月，而秦孝公卒，太子立。公子虔之徒告商君欲反，发吏捕商君。商君亡至关下，欲舍客舍。客人不知其是商君也，曰："商君之法，舍人无验者坐之。"商君喟然叹曰："嗟乎，为法之敝一至此哉！"去之魏。魏人怨其欺公子卬而破魏师，弗受。商君欲之他国。魏人曰："商君，秦之贼。秦强而贼入魏，弗归，不可。"遂内秦。商君既复入秦，走商邑，与其徒属发邑兵北出击郑。秦发兵攻商君，杀之于郑黾池。秦惠王车裂商君以徇，曰："莫如商鞅反者！"遂灭商君之家。

太史公曰：商君，其天资刻薄人也。迹其欲干孝公以帝王术，挟持浮说，非其质矣。且所因由嬖臣，及得用，刑公子虔，欺魏将卬，不师赵良之言，亦足发明商君之少恩矣余。尝读商君《开塞》《耕战》书，与其人行事相类。卒受恶名于秦，有以也夫！

（选自《史记·商君列传》）

跟毛泽东读《史记》

【品释文】

商君，是卫国国君姬妾所生的公子，名鞅，姓公孙，他的祖先姓姬。公孙鞅年轻时喜欢刑名之学，事奉魏国国相公叔座做了中庶子。公叔座知道他有才能，但还没来得及向魏王推荐。公叔座这时突然得了重病，魏惠王亲自来探问病情，问公叔座说："您生病，万一不好，国家的事情该怎么办呢？"公叔座说："我的中庶子公孙鞅，虽然年轻，但有奇才，希望大王把国家大事交付给他。"魏惠王听后默不作声。等到魏惠王要走的时候，公叔座摒退周围的人，对魏惠王说："大王如果不想听我的推荐任用公孙鞅，那就一定要把他杀掉，不能让他走出国境。"魏惠王答应后离开了。公叔座派人把公孙鞅唤来说："今天大王问我可以做魏国国相的人选，我推举了你，但我看大王的意思是不认可我的意见。我刚才是先对国君尽忠而后才为臣下考虑，所以我又告诉大王如果不用公孙鞅，就应当杀掉他。大王已经答应我了。你得马上离开魏国，不然就要被他们抓住杀掉了。"公孙鞅说："既然大王不能听您的意见任用我，又怎么能听您的意见杀掉我呢？"于是他并没有离开魏国。魏惠王离开公叔座家之后，就对左右的人们说："公叔座病得太重了，真可怜啊！想让我把国家大事交付给公孙鞅，这不是太荒唐了吗！"

公叔座死后，公孙鞅听说秦孝公在国内下了招贤纳士的命令，准备重建秦缪公的事业，向东方收复失地，于是他就西行来到了秦国，通过孝公的宠臣景监求见秦孝公。秦孝公接见了公孙鞅，公孙鞅与孝公谈了好久，孝公时时打瞌睡，根本听不进去。公孙鞅走后，孝公生气地斥责景监说："你引荐的客人是个说大话不切实际的人，怎么能用呢？"景监拿孝公的话责备公孙鞅。公孙鞅说："我是用五帝的治国办法来开导他，看来他不能领悟。希望你在五天之后，再引荐我。"公孙鞅再次见到孝公后，情况稍好了一点儿，但还是不能使孝公满意。他走后孝公又

06 商鞅是"首屈一指的利国福民伟大之政治家"

斥责景监，景监又去责备公孙鞅。公孙鞅说："我用三王的治国办法来开导他，他还是听不进去。请你再引荐我。"于是公孙鞅第三次见到了孝公，孝公对他的言论已经有所肯定但还没有充分听取。公孙鞅走后，孝公对景监说："你这位客人挺好，可以和他谈谈了。"公孙鞅说："我用五霸治理国家的办法来开导他，他是想采用了。如果你能再次引荐我，我知道该和他说什么了。"公孙鞅于是第四次见到了孝公。孝公和他谈话，他的膝盖向前往公孙鞅的座位凑，一直移到了座席前自己都不知道。一连几天都没有听够。景监问公孙鞅："你用什么打动了我们国君？我们国君高兴极了。"公孙鞅说："我先是用五帝、三王的治国之道开导他，希望他可以把秦国治理得能和夏、商、周三代相比，可是你们的国君说：'用这种办法要很长时间才能见效，我等不了。况且作为贤君，应该在他在位时就扬名于天下，我怎么能憋憋屈屈地等上几十年以至上百年再成就帝王之业呢？'所以我后来向他讲述富国强兵的办法，国君对此非常喜欢。但是这样秦国就不可能达到殷朝、周朝那样的道德水平了。"

孝公任用公孙鞅后，想在秦国实行变法，但害怕天下人议论自己。公孙鞅说："修养德行如果犹豫不定就不能成名，做事情如果犹豫不定就不能成功。有出类拔萃的操行的人，肯定要遭到一般人的非议；有特别独到的见解的人，必然要受到一般人的诋毁。愚昧的人在别人把事情办成后还迷惑不解，而聪明的人则在问题发生前就早已预见到了。至于老百姓，不能在开始做事时和他们商量，只能在办成以后和他们共享成果。讲究最高道德的人和一般世俗的人是合不来的，成就大事业的人是不去和普通人商量办法的。所以圣人如果是能使国家富强，就不必去效法古代的典章；如果能使百姓获利，就不必遵循旧时的礼教。"孝公说："好。"甘龙说："不对。圣人在教导人时不会改变人们旧有的风俗习惯，智者在治理国家的时候从不改变国家原有的法度。按照人们已有的习俗来教导，不用费力就能获得成功；遵照原有的制度来治理国家，官吏们熟悉程序而百姓们也不会受到惊扰。"公孙鞅说：

跟毛泽东读《史记》

"甘龙说的，是些世俗的话。常人总是安于已有的习俗，书呆子总是迷信书本的条文。按照甘龙所说的那两条居官守法是可以的，但不可以和他讨论常法以外的事情。夏、商、周三代奉行的礼教不同但都能称王，五霸执行的法度不同但都能成为霸主。智者制定法度，而愚人只知道遵行；有才干的人改立礼教，而无能的人则只是拘泥守旧。"杜挚说："没有百倍的好处，不能改变旧法；没有十倍的功效，不能更换旧的器物。按古代的章程做绝不会错，按旧的礼法走绝不会偏邪。"公孙鞅说："治理天下不只有一个办法，只要对国家方便就不必仿效古人。所以商汤和周武王都没有遵循古法而成就了王业，夏桀和殷纣倒是没有改变旧礼而亡了国。可见改变古法的人不必否定，而遵循旧礼的人并不值得赞扬。"孝公说："好。"于是任命公孙鞅为左庶长，终于确定了变法的条令。

新法把百姓十家编为一"什"，五家编为一"伍"，互相监督，一家有人犯法，其他各家都要受到牵连。不告发犯法的人要被腰斩，而出首告发的与斩获一个敌人首级的奖赏相同，包庇窝藏犯法的人与投降敌人的人处罚相同。一家有两个以上的成年男子而不分家的，要加倍缴纳赋税。立有军功的，可以按规定加官晋爵；为私仇而打架斗殴的，各自根据情节轻重给以惩罚。新法鼓励人们尽力发展农业，那些收获粮食和织出布匹多的，可以免除劳役。对由于经商或因为懒惰而变穷的，全部把他们集中起来做奴隶。国君的宗族凡是没有军功可以论叙的，不能够列入享受特权的亲属名册。要明确爵位的尊卑等级，让人们按照等级高低来占有不同数量的田宅，私家奴仆的穿戴用度都要随着主人的地位而定：有军功的人才能显贵荣耀，没有军功的人即使富有钱财也没有社会地位。

新法已经制定完毕，还没有公布，公孙鞅担心百姓们不相信，于是就在国都市场的南门竖起一根三丈长的杆子，招募能把它扛到市场北门的百姓，扛过去就会赏给他十镒金子。百姓们觉得很奇怪，没人敢去扛走它。于是公孙鞅又说："能把它扛到北门的，赏给他五十镒

06 商鞅是"首屈一指的利国福民伟大之政治家"

金子。"这时有个人把杆子扛到了北门,公孙鞅立即赏给他五十镒金子,以表明不会欺骗百姓。接着就颁布了新法。

新法推行的第一年,秦国有上千人到都城来反映新法不好。这时孝公的太子犯了法。公孙鞅说:"法令之所以推行不力,关键是上面的人带头犯法。"于是他准备依法处置太子。但太子是国家的继承人,不能对他施刑,于是就处罚了太子的太傅公子虔,对太子的太师公孙贾施以黥刑。第二天,秦国人就都依新法办事了。新法实行了十年,秦国的百姓非常高兴,东西掉在路上没人捡,山里没有盗贼,家家户户都很富裕。人们都勇于为国出战,而不敢为私仇斗殴,乡村城镇得到了很好的治理。有些当初说新法不好的人现在又来说新法好,公孙鞅说"这些都是扰乱国家秩序的刁民",于是把他们都迁到了边境上。从此百姓们谁也不敢再议论新法了。

于是孝公封公孙鞅为大良造。派他领兵包围了魏国的安邑,使它投降了秦国。又过了三年,在咸阳建造了城阙宫殿,把国都从雍迁到了咸阳。接着秦国立法禁止父子兄弟同住一间屋子。把一些乡、邑、聚归并为县,各县设置县令、县丞,全国共设三十一个县。又拆除了原有的田埂地界而让人们重新认领土地,公平地向国家缴纳赋税。又立法统一了度量衡。这些新政实行了四年,公子虔又犯了法,被割掉了鼻子。到第五年,秦国就非常富强了,周天子派人给孝公送来了祭肉,表示承认他是霸主,各国诸侯也都前来向秦国朝拜称贺。

第二年,齐国在马陵大败魏军,俘虏了魏太子申,杀死了将军庞涓。一年后,公孙鞅对孝公说:"秦、魏两国的关系,就像一个人的心腹里有病一样,不是魏国灭了秦,就是秦国灭了魏。为什么呢?魏国处在险要的中条山以西,建都安邑,与秦国只隔着一道黄河,却单独占有了整个崤山以东的便利。如果条件有利就向西侵略秦国;条件不利就向东扩张地盘。如今由于您的贤明,秦国强盛起来了。去年魏国被齐国打得大败,各国诸侯都背叛了它,我们可以趁此时机进攻魏国。魏国抵挡不住秦国,肯定会向东迁徙。魏国迁往东方,秦国就可以独自控制黄

跟毛泽东读《史记》

河、崤山的险要形势，东向控制各国诸侯，这是称帝称王的事业。"孝公觉得有理，就派公孙鞅率兵伐魏。魏国派公子卬领兵迎击。两军对垒之后，公孙鞅派人送给公子卬一封信说："之前我在魏国时和公子您交好，今天我们为敌对的两国领兵，我不忍心攻打您，我想和公子见个面，当面订盟，欢宴之后撤兵，让秦、魏两国都得到安宁。"魏将公子卬认为可以。会盟结束，正在欢饮的时候，公孙鞅让预先埋伏的武士突然逮捕了公子卬，接着猛攻魏军，彻底击溃魏军后回到秦国。魏惠王见自己的军队连连被齐国、秦国击败，国内空虚，国势越来越弱，心里害怕，于是只好派人把黄河以西的土地割让给了秦国来求和。而后魏惠王离开安邑，向东迁都到大梁去了。魏惠王说："我真后悔没有听公叔座的话。"公孙鞅破魏返回后，秦孝公把於、商一带的十五个城邑封给了他，号称商君。

商君在秦国为相十年，很多秦国的宗室贵戚怨恨他。赵良去见商君。商君说："过去我有幸见过您，那是通过孟兰皋的介绍，现在我希望与您结交，可以吗？"赵良说："我不敢奢望。孔丘曾经说过：'一个人如果推贤荐士，那么能够治国爱民的人就会来投奔他；一个人如果招聚无德无才的人，那么讲求王道的人就会离去。'我无德无才，所以不敢接受您的命令。我听说：'不是自己的位置却占据不去叫贪位，不是自己的名誉却享有不辞叫贪名。'如果我听从了您的要求，恐怕就成了'贪位''贪名'了。所以我不能答应您。"商君说："您不喜欢我治理秦国么？"赵良说："能够听取反面的意见叫聪，能够自我反省叫明，能够约束自己叫强。虞舜曾说过：'能够自我谦卑的人是最值得尊重的。'您不如按照虞舜讲的去做，不必再问我了。"

商君说："起初秦国的风俗和戎翟一样，父子无别，同居在一间屋子里。如今我制定了教令，来区分男女的风化。又建造了高大的宫殿，把秦国治理得与中原地区鲁国和卫国的文明程度差不多了。您看我治理秦国，与五羖大夫百里奚比谁更好？"赵良说："一千张羊皮，顶不上一块狐腋；一千个人的随声附和，顶不上一个人的直言谏争。周武王由

06 商鞅是"首屈一指的利国福民伟大之政治家"

于有直言敢谏的大臣而国家昌盛，商纣王由于无人敢说话而国家灭亡。您不是不反对周武王那种做法吗？那么我请求整天在您面前实话实说而没有被杀的危险，您能做得到吗？"商君说："有这样的话，表面好听的话像花朵，切合实际的话才是果实，不好听的话是治病的良药，甜言蜜语是害人的恶疾。您如果能整天在我面前实话实说，那将是我的良药了。我将恭敬地侍奉您，您又推辞什么呢！"

赵良说："五羖大夫百里奚，原来是楚国的一个村野之人。他听说秦缪公贤明就想去见他，但没有路费，于是就把自己卖给了一个秦国客人，穿着粗布短衣去喂牛。一年之后，秦缪公知道了，于是就把他从一个喂牛人提拔起来，让他位于治理百姓的最高职位，秦国没有人敢怨愤非毁他。百里奚任秦国国相六七年，秦国东出伐郑，三次为晋国立了国君，还曾一度挽救了楚国的灾难。他在秦国国内实行教化，就使得西南的巴国向秦纳贡；他对各国诸侯施以仁德，使得西方的各戎狄之国都来归服。流落到戎国的贤人由余听说了，也来到秦国求见。百里奚在秦国做国相，走路再累也不坐车子，夏天再热也不打伞，他走在京城里，没有车马仪仗跟着，没有手执武器的人员警卫，可是记载其姓氏功勋的竹帛永远保存在国家府库中，他的功德操行被后世所传颂。在百里奚去世时，秦国的男男女女全都为他痛哭流涕，连孩子们也不唱儿歌，舂米的人也不喊号子。这就是百里奚的德行。可是您见秦孝公，是通过孝公宠臣景监的推荐，这不是珍惜名誉的人的正确做法。您做了国相不为百姓着想，而去大造宫殿，这不是为国建功的人的正确做法。您对太子的师、傅用刑，用严刑峻法残酷虐待百姓，这是给自己积蓄仇恨、埋下祸根。以身作则的教化比单纯的下命令更有效，百姓对君上的效法比听从命令更快捷。如今您的作为都是违背常理的，不是施行教化的正确方法。您又受封於、商南面为君，自称'寡人'，经常用法令来制裁秦国贵族子弟。《诗》里曾说：'看那老鼠还有肢体，做人怎能不讲礼仪？做人既然不讲礼仪，为什么还不快点儿去死？'从《诗》的意思来看，您的作为是不能让您长寿的。

跟毛泽东读《史记》

"公子虔从被割鼻之后已经八年关上门不出来了,而您还杀了祝懽,对公孙贾施以黥刑。《诗》上说:'受人拥护的能兴盛,失去人心的会灭亡。'您做的这几件事,不是让您能得到拥护的。您一出门,后面总是跟着十几辆车,车上装载着兵器铠甲,勇猛的大力士做参乘保驾,手持武器的士兵夹护着您的车子奔跑。这些保护措施少了一样,您就坚决不出门。《书》上说:'依靠仁德的就能昌盛,倚仗武力的只能灭亡。'您处境危险就像早晨的露珠,还想要延年益寿吗?

"您何不把受封的十五城还给国家,自己到偏僻的地方灌溉园地务农,劝说秦王广泛地招用隐居山林的贤士,尊养老者,抚恤孤儿,敬爱父兄,褒奖功臣,尊崇德高望重的人,这样您或许可以稍获安稳。您如果还要继续贪恋商於之地的富饶,继续以在秦国发号施令为荣耀,进一步增加百姓对您的仇恨,那么等到秦王一旦驾崩,秦国想要用来逮捕您的罪名,难道还会少吗?您的灭亡简直是抬脚就到了。"但是商君不听。

五个月之后,秦孝公去世,太子即位。公子虔等人诬告商君想要造反,秦惠文王派兵捉拿商君。商君逃到了秦国边境的函谷关,想住客店,客店主人不知道他就是商君,说:"商君的法令规定,留宿没有证件的客人,店主要判罪。"商君伤感地叹息说:"唉!变法的弊病竟然到了这个地步啊!"于是他离开秦国逃到了魏国。魏国人恨他欺骗公子卬打败了魏国军队,不肯收留他。商君想再到别的国家去。魏国人说:"商君是秦国的罪犯。秦国强大,它的罪犯逃到了魏国,不把他送回秦国是不行的。"于是魏国人把商君送回了秦国。商君回到秦国后,马上奔到封地商邑,与他的部属一起征集了领地上的士兵,向北攻打郑邑。秦国出动大军攻打商君,在郑邑附近的黾池把他杀死了。秦惠文王把商君车裂示众,说:"谁也不要像商鞅这样反叛国家!"接着把商君的满门都杀了。

太史公说:商君,真是个天性刻薄的人啊。考察他当初用五帝、三王治理国家的办法来劝说秦孝公,只是表面说说,并非他的真实意图。

06 商鞅是"首屈一指的利国福民伟大之政治家"

而且他又是通过秦孝公的一个宠臣引荐的，等到受了重用，就处罚公子虔，欺骗魏将公子卬，后来又不听赵良的劝告，这些全都可以表明商君的刻薄少恩。我曾经读过商君的《开塞》《耕战》等文章，文章的风格和他的行事大致类似。最后在秦国蒙受恶名而被杀，这是有原因的啊！

07 骚体是有民主色彩的，屈原高据上游

毛泽东读批《史记·屈原贾生列传》

【读原文】

骚体是有民主色彩的，属于浪漫主义流派，对腐败的统治者投以批判的匕首。屈原高据上游。

——毛泽东1959年8月16日《关于枚乘〈七发〉》[见陈晋：《毛泽东读书笔记精讲》（第3卷），广西人民出版社2017年版，第23页]

屈原如果继续做官，他的文章就没有了。正是因为开除"官籍"、"下放劳动"，才有可能接近社会生活，才有可能产生像《离骚》这样好的文学作品。

——1959年12月至1960年2月，毛泽东读苏联《政治经济学教科书》的谈话［见中共中央文献研究室：《毛泽东年谱》（第4卷），中央文献出版社2013年版，第283页］

> 屈子当年赋楚骚，手中握有杀人刀。
> 艾萧太盛椒兰少，一跃冲向万里涛。
>
> ——毛泽东1961年秋作《屈原》（七绝）（见吴正裕、李捷、陈晋：《毛泽东诗词全编鉴赏》，中央文献出版社2003年版，第566页）

【品解析】

毛泽东从青年时代起就十分崇敬屈原，喜爱屈原的作品。早在湖南一师读书时，他在自己的笔记《讲堂录》中，用工整的笔迹抄录了《离骚》《九歌》全诗，在《离骚》正文的天头上写有各节提要。这本《讲堂录》共有47页，抄文占去了前11页，留下了毛泽东学习屈原作品所下苦功的珍贵史料。

另据罗章龙回忆，当时他和毛泽东初次见面交谈的三个多小时中，毛泽东"对《离骚》颇感兴趣，曾主张对《离骚》赋予新评价"。为了纪念这次有意义的会面，罗章龙还写诗记事，其中特别提到"策喜长沙傅，骚怀楚屈平"。这里，贾谊的《治安策》和屈原的《离骚》都是他们所喜爱的作品，也是他们谈话的主要内容。

中华人民共和国成立后，毛泽东每次外出携带的书籍中都有《楚辞》。1957年，他请人把各种版本的《楚辞》，以及有关《楚辞》和屈原相关的著作，搜集有50余种。在那段时间里，他比较集中地阅读了这些书。1958年1月12日，他在一封信中写道："今晚我又读了一遍《离骚》，有所领会，心中喜悦。"寥寥两笔，一代伟人从《离骚》中得到的思想启迪和艺术上的享受，跃然入目。

毛泽东热爱《离骚》《楚辞》还有若干旁证。1958年1月11日至22日，党中央在南宁明园召开有部分中共中央领导人和部分中央部委、地方领导人参加的会议。18日凌晨1点多钟，突然发现国民党飞机向南宁方向飞来，全城立即进入空防状态。警卫人员请求毛泽东进防空洞，以保安全。他却安然处之，让人点燃蜡烛，聚精会神地读起《楚辞》。另一年夏天，习惯于夜间工作的毛泽东，中午时分仍然辗转难眠，经过服务人员的按摩，他终于合上了眼睛，抓在手中的书安静地放在胸脯上，那是一本《楚辞》。

接着，1959年、1961年，毛泽东又两次要读《楚辞》，还特别指出要人民文学出版社影印的宋版《楚辞集注》和明陈第撰写的《屈宋古音义》这两本书。收藏在故居里的这本《屈宋古音义》中，毛泽东用红蓝两色铅笔，对《离骚》中的一些段落又圈又画，句末都有点断。上述都属后人的回忆，点点滴滴，不能囊括全貌，即便如此，也可看到毛泽东读《离骚》不是一遍、两遍，而是超出了"三复四温"，从青年读到老年，常读常新，时有领悟。

毛泽东高度评价屈原的《离骚》及其流派。1958年，张治中陪同毛泽东外出视察工作，毛泽东向他推荐《楚辞》，说："这是好书，我介绍你有空看看。"1959年庐山会议期间，他说："骚体是有民主色彩的，属于浪漫主义流派，对腐败的统治者投以批判的匕首。屈原高据上游。宋玉、景差、贾谊、枚乘略逊一筹，然亦有可喜之处。"1964年，在北戴河同哲学工作者的谈话中，他又说："《天问》了不起，几千年以前，提出各种问题，关于宇宙，关于自然，关于历史。"可见毛泽东对屈原作品的肯定是多方面的。

毛泽东同情屈原的生活遭遇，他在20世纪50年代末60年代初读苏联《政治经济学教科书》的谈话中说："屈原如果继续做官，他的文章就没有了。正是因为开除'官籍'、'下放劳动'，才有可能接近社会生活，才有可能产生像《离骚》这样好的文学作品。"司马迁的那句"……屈原放逐，乃赋离骚……"是他经常引用、教育人们在逆境中自强不息的精神武器。

1954年10月26日，毛泽东在会见印度总理尼赫鲁时，引用屈原《九歌·少司命》中的"悲莫悲兮生别离，乐莫乐兮新相识"的诗句，用以表达对客人的心情。他还向尼赫鲁介绍说："屈原是中国一位伟大的诗人，他在一千多年前写了许多爱国的诗篇，政府对他不满，把他放逐了。最后屈原没有出路，就投河而死。后来中国人民就把他死的这一天作为节日。人们吃粽子，并把它投入河里喂鱼，使鱼吃饱了不伤害屈原。"

毛泽东作为一位诗人，他和屈原情相投、心相通；毛泽东作为一位无产阶级革命家，他对屈原政治上的坎坷和作为，寄予无限同情。

最能反映毛泽东对屈原的综合性评价的，大概要算是他晚年写的以《屈原》为题的一首七绝了：

> 屈子当年赋楚骚，
> 手中握有杀人刀。
> 艾萧太盛椒兰少，
> 一跃冲向万里涛。

诗的第二句是对屈原作品的战斗性的描述，第三句喻其人格的高洁并感叹其遭谗受讥的处境，最后一句无疑是对屈原生命结局中光亮一闪的赞美和高扬。

【读《史记》】

屈原者，名平，楚之同姓也。为楚怀王左徒。博闻强志，明于治乱，娴于辞令。入则与王图议国事，以出号令；出则接遇宾客，应对诸侯。王甚任之。

上官大夫与之同列，争宠而心害其能。怀王使屈原造为宪令。屈平属草稿未定，上官大夫见而欲夺之，屈平不与，因谗之曰："王使屈平为令，众莫不知，每一令出，平伐其功，曰以为'非我莫能为'也。"王怒而疏屈平。

屈平疾王听之不聪也，谗谄之蔽明也，邪曲之害公也，方正之不容也，故忧愁幽思而作《离骚》。离骚者，犹离忧也。夫天者，人之始也；父母者，人之本也。人穷则反本，故劳苦倦极，未尝不呼天也；疾痛惨怛，未尝不呼父母也。屈平正道直行，竭忠尽智以事其君，谗人间之，可谓穷矣。信而见疑，忠而被谤，能无怨乎？屈平之作《离骚》，盖自怨生也。《国风》好色而不淫，《小雅》怨诽而不乱。若《离骚》者，可谓兼之矣。上称帝喾，下道齐桓，中述汤武，以刺世事。明道德之广崇，治乱之条贯，靡不毕见。其文约，其辞微，其志洁，其行廉，其称文小而其指极大，举类迩而见义远。其志洁，故其称物芳；其行廉，故死而不容。自疏濯淖污泥之中，蝉蜕于浊秽，以浮游尘埃之外，不获世之滋垢，皭然泥而不滓者也。推此志也，虽与日月争光可也。

屈平既绌，其后秦欲伐齐，齐与楚从亲，惠王患之，乃令张仪详去秦，厚币委质事楚，曰："秦甚憎齐，齐与楚从亲，楚诚能绝齐，秦愿献商、於之地六百里。"楚怀王贪而信张仪，遂绝齐，使使如秦受地。张仪诈之曰："仪与王约六里，不闻六百里。"楚使怒去，归告怀王。怀王怒，大兴师伐秦。秦发兵击之，大破楚师于丹、淅，斩首八万，虏楚将屈匄，遂取楚之汉中地。怀王乃悉发国中兵以深入击秦，战于蓝田。魏闻之，袭楚至邓。楚兵惧，自秦归。而齐竟怒不救楚，楚大困。

明年，秦割汉中地与楚以和。楚王曰："不愿得地，愿得张仪而甘心焉。"张仪闻，乃曰："以一仪而当汉中地，臣请往如楚。"如楚，又因厚币用事者臣靳尚，而设诡辩于怀王之宠姬郑袖。怀王竟听郑袖，复释去张仪。是时屈平既疏，不复在位，使于齐，顾反，谏怀王曰："何不杀张仪？"怀王悔，追张仪不及。

其后诸侯共击楚，大破之，杀其将唐昧。

时秦昭王与楚婚，欲与怀王会。怀王欲行，屈平曰："秦虎狼之国，不可信，不如毋行。"怀王稚子子兰劝王行："奈何绝秦欢！"怀王卒行。入武关，秦伏兵绝其后，因留怀王，以求割地。怀王怒，不听。亡走赵，赵不内。复之秦，竟死于秦而归葬。

长子顷襄王立，以其弟子兰为令尹。楚人既咎子兰以劝怀王入秦而不反也。

屈平既嫉之，虽放流，眷顾楚国，系心怀王，不忘欲反，冀幸君之一悟，俗之一改也。其存君兴国而欲反覆之，一篇之中三致志焉。然终无可奈何，故不可以反，卒以此见怀王之终不悟也。人君无愚智贤不肖，莫不欲求忠以自为，举贤以自佐，然亡国破家相随属，而圣君治国累世而不见者，其所谓忠者不忠，而所谓贤者不贤也。怀王以不知忠臣之分，故内惑于郑袖，外欺于张仪，疏屈平而信上官大夫、令尹子兰，兵挫地削，亡其六郡，身客死于秦，为天下笑。此不知人之祸也。《易》曰："井泄不食，为我心恻，可以汲。王明，并受其福。"王之不明，岂足福哉！

令尹子兰闻之大怒，卒使上官大夫短屈原于顷襄王，顷襄王怒而迁之。

屈原至于江滨，被发行吟泽畔。颜色憔悴，形容枯槁。渔父见而问之曰："子非三闾大夫欤？何故而至此？"屈原曰："举世混浊而我独清，众人皆醉而我独醒，是以见放。"渔父曰："夫圣人者，不凝滞于物而能与世推移。举世混浊，何不随其流而扬其波？众人皆醉，何不铺其糟而啜其醨？何故怀瑾握瑜而自令见放为？"屈原曰："吾闻之，新沐者必弹冠，新浴者必振衣，人又谁能以身之察察，受物之汶汶者乎！宁赴常流而葬乎江鱼腹中耳，又安能以皓皓之白而蒙世俗之温蠖乎！"乃作《怀沙》之赋。其辞曰：

陶陶孟夏兮，草木莽莽。伤怀永哀兮，汩徂南土。眴兮窈窈，孔静幽墨。冤结纡轸兮，离愍之长鞠。抚情效志兮，俛诎以自抑。

刓方以为圜兮，常度未替；易初本由兮，君子所鄙。章画职墨兮，前度未改；内直质重兮，大人所盛。巧匠不斫兮，孰察其揆正？玄文幽处兮，矇谓之不章；离娄微睇兮，瞽以为无明。变白而为黑兮，倒上以为下。凤皇在笯兮，鸡雉翔舞。同糅玉石兮，一概而相量。夫党人之鄙妒兮，羌不知吾所臧。

任重载盛兮，陷滞而不济；怀瑾握瑜兮，穷不得余所示。邑犬

跟毛泽东读《史记》

群吠兮，吠所怪也；诽骏疑桀兮，固庸态也。文质疏内兮，众不知吾之异采；材朴委积兮，莫知余之所有。重仁袭义兮，谨厚以为丰。重华不可牾兮，孰知余之从容！古固有不并兮，岂知其故也？汤、禹久远兮，邈不可慕也。惩违改忿兮，抑心而自强；离湣而不迁兮，愿志之有象。进路北次兮，日昧昧其将暮。含忧虞哀兮，限之以大故。

乱曰：浩浩沅、湘兮，分流汩兮。修路幽拂兮，道远忽兮。曾吟恒悲兮，永叹慨兮。世既莫吾知兮，人心不可谓兮。怀情抱质兮，独无匹兮。伯乐既殁兮，骥将焉程兮？人生禀命兮，各有所错兮。定心广志，余何畏惧兮？曾伤爰哀，永叹喟兮。世溷不吾知，心不可谓兮。知死不可让兮，愿勿爱兮。明以告君子兮，吾将以为类兮。

于是怀石遂自投汨罗以死。

屈原既死之后，楚有宋玉、唐勒、景差之徒者，皆好辞而以赋见称；然皆祖屈原之从容辞令，终莫敢直谏。其后楚日以削，数十年竟为秦所灭。

（节选自《史记·屈原贾生列传》）

【品释文】

屈原名平，与楚王同为芈姓。他在楚怀王时官居左徒。他学识渊博，记忆超群，深明国家治乱兴衰的道理，擅长内外应对言辞。入朝就和楚怀王谋划国家大事，拟定发布政令；出朝就接待使节，周旋于各诸侯之间。楚怀王非常信任他。

上官大夫与屈原的官爵相同，和屈原争宠而忌妒他的才能。怀王让屈原起草法令。在屈原写出草稿尚未最后确定的时候，上官大夫见了想要归为己有，屈原不给，于是上官大夫便在怀王面前进谗言说："大王命屈原起草法令，大家没有不知道的，但每一道法令颁布后，屈原总是自夸功劳,说'除了我谁也起草不了'。"于是楚怀王一怒之下疏远了屈原。

屈原恨怀王偏听偏信,恨谗佞小人蒙蔽真相,恨奸邪之徒妨害公正,而正直的人不为世所容,于是他在忧愁苦闷中创作了《离骚》。离骚,就是指被疏离的痛苦。人类是上天创造的,每个人都是父母生养的。人在困窘时就会追本溯源,所以当人们劳累辛苦疲倦不堪时,没有不呼喊上天的;在疾病疼痛悲惨痛苦时,没有不呼喊父母的。屈原行为正直,竭尽忠诚和智慧去事奉他的国君,却遭到谗佞小人的离间,可以说是困窘到极点了。守信却被猜疑,忠心耿耿却受诽谤,能没有怨愤吗?屈原创作《离骚》,大概就是因为想要抒发内心怨愤吧。《诗经》中的《国风》虽写了男女之爱但不过分,《小雅》中虽有怨愤之言但没有作乱之心。像《离骚》,可以说是兼有《国风》和《小雅》的优点了。在《离骚》中,屈原向上称颂帝喾,向下讲到齐桓公,中间讲述商汤、周武王,用来讽刺现实。其中阐明的治国大道与德化教育,国家治乱兴衰的条理,一切应有尽有。屈原的文字简洁,用语含蓄,志趣高洁,行为廉正,文章虽然简约但其中含义极为广大,所举的事例虽浅近但寄托的思想却非常深远。由于屈原志趣高洁,因此他的文章中就好说香草;由于他行为廉正,所以他到死也不求容于世。身处污泥浊水之中而保持洁净,像蝉脱掉外壳一样洁身高蹈,超然于尘埃之外,不沾染世俗的污垢,清白洁净出淤泥而不染。推究屈原的气节,即使说它能与日月争光也是可以的。

屈原被斥逐后,秦国想攻打齐国,可齐国当时和楚国为联盟,秦惠文王为此担心,于是便让张仪假意因事离开了秦国,献上厚礼投靠楚国。张仪对楚怀王说:"秦国非常憎恨齐国,齐国和楚国联盟,如果楚国能和齐国绝交,秦国情愿割让商、於一带六百里的地盘。"楚怀王贪图地盘而相信了张仪,就和齐国绝交,派使者到秦国去接受割让的土地。张仪耍赖说:"我当初和楚王约定的是六里,没说过六百里。"楚国的使臣愤怒地离开了秦国,回到楚国报告给怀王。怀王大怒,大举兴

跟毛泽东读《史记》

师讨伐秦国。秦国发兵迎战，在丹水和浙水之间大败楚军，斩首八万人，俘获了楚国的大将屈匄，顺势占有了楚国的整个汉中地区。怀王又征发全国的兵力深入攻击秦国，与秦军在蓝田会战。魏国听说这种情况，便趁机出兵袭击楚国，一直打到了邓县。楚军害怕了，只好从秦国撤回。而齐国因为恼怒楚怀王的绝交，所以自始至终不出兵救楚，楚国处境非常困窘。

第二年，秦国表示愿意交出汉中地区与楚国讲和。楚怀王说："我不要汉中的地盘，只想得到张仪杀掉解恨。"张仪听说后，便说："用我一个张仪就能换得汉中的土地，我请求到楚国去。"张仪到了楚国，又用厚礼贿赂了当权的大臣靳尚，设计用假话骗怀王的宠姬郑袖去劝说怀王。楚怀王最终听信郑袖，又把张仪放走了。这时屈原已经被疏远，不在朝廷中任职，而是奉命出使齐国，他回来后，向楚王进谏说："为什么不杀了张仪？"怀王也后悔了，再派人去追张仪已经追不上了。

此后几个诸侯国又联合起来攻打楚国，大败楚军，杀死了大将唐昧。

后来秦昭王同楚国结成了姻亲，想请楚怀王去秦国和他相会。怀王想去，屈原说："秦国是像虎狼一样凶残的国家，不可轻信，不如不去。"怀王的小儿子子兰则劝怀王去秦国，说："怎么能断绝与秦国的友好关系呢！"怀王最终还是去了。他一进入武关，秦国的伏兵就截断了后路，把他扣留了，要求楚怀王割地才放他回去。怀王大怒，不答应。后来怀王寻机逃往赵国，赵国不敢接纳。被迫又回到秦国，最后便死在那里，遗体被运回楚国安葬。

怀王的长子顷襄王即位，任用他的弟弟子兰为令尹。楚国人却对子兰不满，因为是他劝怀王到秦国去，以致怀王没能活着回来。

屈原痛恨子兰等人专权误国，他虽然被流放在外，但仍关注着楚国，挂念着怀王，念念不忘返回朝廷，希望怀王有朝一日能够觉悟，国家风俗能够得到改变。他牵念国君希望振兴楚国而想回到楚王身边，在作品中反复表达着这种心情。然而最终一切成空，始终没有被召回，这

07 骚体是有民主色彩的，屈原高据上游

一切都表明楚怀王根本没有觉悟。君主们无论是愚蠢还是聪明，是有能力还是没出息，没有不想寻求忠臣来帮助自己成就一番事业，起用有才干的人来辅佐自己，然而却一个接一个地亡国破家，而圣明君主与太平盛世却很多代也见不到一个，其原因就在于所谓的"忠臣"实际上并不忠，所谓的"贤人"实际上并不贤。楚怀王因为忠臣与奸臣的分别，所以在内受郑袖的迷惑，在外受张仪的欺骗，疏远屈原而宠信上官大夫与令尹子兰，以至于军事上被挫败，领土被侵占，丢了六个郡，自己也客死秦国，被天下人所耻笑。这都是不能分辨忠奸而导致的灾祸。《周易》里说："井已经掏净可仍无人饮用，真让我伤心，井里的水已经可以提上来喝了。如果君王英明，全国都能获得福佑。"如果君王不贤明，人们还有什么幸福可言呢！

令尹子兰听说屈原对他不满，大为恼怒，便让上官大夫在顷襄王面前说屈原的坏话，顷襄王一怒之下把屈原流放到了更远的地方。

屈原流落到湘水边上，披散着头发在江边一边走一边吟唱。他脸色憔悴，形体干枯。一个渔翁见到他这个样子就问道："您不是三闾大夫吗？为什么到了这种地步？"屈原说："整个世道都混浊而我独自清白，众人都迷醉而我独自清醒，因此我就被放逐了。"渔翁说："所谓圣人，就是不要固执而应该能够随世事变化而变化。整个世道都是混浊的，您何不随波逐流、推波助澜呢？众人都醉生梦死，您何不也吃糟喝酒一起迷醉呢？为什么要守着节操美德而让自己被放逐呢？"屈原说："我听说，刚洗了头的人一定要掸掉帽子上的灰尘，刚洗了澡的人一定要抖抖衣服上的尘土，谁愿意让自己干净的身子，去沾染外物的污浊呢！我宁愿投身江流葬身鱼腹，又怎么能让自己晶莹洁白的品格蒙受世俗的污垢呢！"于是写了《怀沙》赋。文章写道：

　　和暖的孟夏啊，草木繁茂。心怀无尽的哀伤啊，急急地奔向南方。转目四望辽远而昏暗，一片沉寂如死一般。我的心中郁结着委屈与痛苦啊，长久地深陷忧伤与困顿。遵循自己的情感和心志啊，我努力克制自己强忍冤屈。

105

跟毛泽东读《史记》

虽能把方形削成圆形啊，但规矩是不会变易的；改变本来的理想啊，是君子所鄙视的。坚持正道牢记准则啊，以前的理想是从未放弃的；内心正直品德端方啊，是君子所赞美的。巧匠不动手砍削，谁知道他能估量得那样准确？黑色的纹饰放在暗处，盲人说那没有文采；离娄眯起眼睛，盲人认为他看不清。把白的变成黑的，把上颠倒成下。把凤凰关进笼子，让家鸡与野鸡翱翔舞蹈。把美玉与石头掺在一起，都用升斗来量。结党营私的小人是那么鄙劣，怎么能知道我的美善？

才能可胜重任啊，但埋没沉滞不能成就志愿；拥有美玉一样的品德和才能啊，但身陷困顿我无法向人展示。乡村里的狗一起叫起来，叫的是它们认为奇怪的事情；诋毁怀疑人中的俊杰，是庸人的姿态中所常见的。文质彬彬，内心通达，众人不了解我独具异禀；才德像堆积如山的木材，却没人了解我具有的才能。用仁义来包裹自己，用恭谨厚道来丰富自己。帝舜重华是再也遇不到了，又有谁能知道我的体道从容呢！古代固然有明君贤臣不同时而生，可谁知其中的缘故呢？商汤、夏禹已很久远了，悠远渺茫不能思慕了！停止怨恨改变愤怒，努力勉励自己自强；陷入忧伤而志节不改，希望能给后人树立榜样。我一直北行而错过了宿头，日色暗淡时将入暮。舍弃忧愁舒解哀思，就这样一直到物故。

尾声：浩浩荡荡的沅水、湘水，汹涌奔腾水流湍急。漫长的道路草木掩蔽，路途辽远昏暗无际。无尽的咏唱恒久的悲哀，永远抒发着感慨。世上已经没人了解我，我对世人也就无话可说。坚守自己的节操，没有志同道合的人。伯乐已经死去了，谁又能识别千里马呢？人天生具有命数，各自有所安排。稳定情绪放宽气量，我还怕什么呢？哀伤不已，永远叹息啊。世间混乱无心了解我，我的心思没法说。知道死是不可避免的，就不要吝惜一死了。明确地告诉君子们，我愿为后人做个榜样。

写完之后，便抱着石头投入汨罗江中自杀了。

07 骚体是有民主色彩的，屈原高据上游

屈原死后，楚国又有宋玉、唐勒、景差等一些人，也都以好作辞赋出名；但他们都只是效法屈原的言辞委婉美妙，始终不敢像屈原那样直言进谏。从此楚国一天天衰弱，几十年后终究还是被秦国灭掉了。

08 韩非子提倡"循名责实",控制权力

毛泽东读批《史记·老子韩非列传》

【读原文】

你说的《韩非子》我年轻时就看过几遍,其中的《说难》、《孤愤》、《五蠹》都能背得下来。这个韩非和李斯都是荀况的学生,也都是中国历史上有名的大法家。后来,李斯作了秦始皇的宰相,怕韩非夺权,就在公元前233年把他杀了。所以韩非感叹说:"上古竞于道德,中世逐于智谋,当今争于气力。"他讲的这个"气力",其实就是"权力"。韩非为什么被李斯杀了,就是因为李斯的权力比他大。"力多则人朝,力寡则朝于人,故明君务力。"高明的皇帝一定要控制权力,秦始皇听了韩非的劝告,搞了个中央集权制……就是要掌握住国家领导权。

——《毛泽东晚年与毛远新谈论的历史人物》(见青野、方雷:《邓小平在1976》,春风文艺出版社1993年版,第45—46页;转引自盛巽昌、欧薇

薇、盛仰红《毛泽东这样学习历史：这样评点历史》，人民出版社2005年版）

> 韩非师从于荀子，战国时期法家的代表人物，他提出的法治、术治、势治三者合一的封建君王统治术，对后世影响很大。
>
> ——毛泽东读《史记·老子韩非列传》批语（见唐汉、振肖：《龙之魂：毛泽东历史笔记解析》，红旗出版社1998年版，第57页；转引自盛巽昌、欧薇薇、盛仰红《毛泽东这样学习历史：这样评点历史》，人民出版社2005年版）

【品解析】

晚年毛泽东曾和他的侄儿毛远新有过一次关于读书学习的谈话。

当毛远新谈到已看完了"二十四史"和《资治通鉴》，并正在看李斯的《论统一书》和《韩非子》时，毛泽东说：这些书你都应该看，只看一遍不行，至少要看五遍。你说的《韩非子》我年轻时就看过几遍，其中的《说难》《孤愤》《五蠹》都能背得下来。

毛泽东在读《史记·老子韩非列传》时批注道：韩非师从于荀子，战国时期法家的代表人物，他提出的法治、术治、势治三者合一的封建君王统治术，对后世影响很大。

《韩非子》到底是怎样的一部书，吸引着年轻时的毛泽东就看过几遍？

正如毛泽东所说，韩非子和李斯都是荀子的学生。春秋末期到战国，思想界百家蜂起，韩非子之前如管仲、商鞅、申不害、吴起、慎到等人的政治主张和执政方针最接近法家，但他们都没有建立起一整套的以法立国治国的系统理论，因此只能算是法理学者。韩非子从荀子霸道思想以及礼治理论出发，吸收前代法理学者的思想与实践的精华，建立起了完整系统的法家理论。

韩非子学说的主要内容包括如下几点。

其一,进步的历史观。韩非子在《五蠹》中说:大禹时期取火已比较容易,如果谁钻木取火,一定会被人耻笑;在商汤时代已经建筑一定规模的城市,如果谁再用挖沟来守卫自己的家园,则一定被人耻笑。"是以圣人不期修古,不法常可,论世之事,因为之备。"对于"取法先王"的理论进行坚决的驳斥。

其二,提出明确的法治主张。韩非认为以法治国是最可靠的。儒家的人治思想太脆弱,导致"人存政举,人亡政息",没有制度保障。韩非认为人治远不如法治,在《用人》篇中说:"释法术而任心治,尧不能正一国。去规矩而妄意度,奚仲不能成一轮。……使中主守法术,拙匠执规矩尺寸,则万不失矣。"道理说得简明透彻。

其三,君主要执掌大权,要有绝对权威并严格赏罚制度。《韩非子·二柄》中说:"明主之所导制其臣者,二柄而已矣。二柄者,刑德也。何谓刑德?曰:杀戮之谓刑,庆赏之谓德。为人臣者畏诛罚而利庆赏,故人主自用其刑德,则群臣畏其威而归其利矣。"

这样,根据历史的发展而改变政治制度,不必尊法先王,而是建立完整的法治制度,君主紧紧掌握权势,掌握"二柄",即赏罚大权,那么天下就可以稳稳掌握在手中了。因此,韩非的法家思想被概括为"法""术""势"的有机结合,是系统完整的治国理论。

《韩非子》中有两个非常著名的典故,一个是"自相矛盾",一个是"讳疾忌医",毛泽东在谈话和文章中都活用过。

在《为皖南事变发表的命令和谈话》中,毛泽东说:至于重庆军委会发言人所说的那一篇,只好拿"自相矛盾"四个字批评它。既在重庆军委会的通令中说新四军"叛变",又在发言人的谈话中说新四军的目的在于开到京、沪、杭三角地区创立根据地。就照他这样说吧,难道开到京、沪、杭三角地区算是"叛变"吗?愚蠢的重庆发言人没有想一想,究竟到那里去叛变谁呢?那里不是日本占领的地方吗?你们为什么不让它到那里去，要在皖南就消灭它呢？啊，是了，替日本帝国主义尽忠的人原来应该如此。

"自相矛盾"这个典故，出自《韩非子·难势》。

典故的大意是，有个卖矛又卖盾的人，称赞他盾的坚固："任何锋利的东西都不能攻破它。"一会儿又称赞他的矛说："我矛的锋利，对任何坚固的东西没有不能攻破的。"有人应声问道："用你的矛攻你的盾，结果怎么样？"那个卖矛和盾的人不能回答了。

这是一篇很有意义的寓言故事。韩非子在这里仅用寥寥几笔，就勾画出一个可笑的人物，他那说话、做事前后抵触，被人问得哑口无言的形象，给人的印象极其深刻。我们现在所用的"矛盾"一词，还有在嘲笑那些说话、做事前后不一致时使用的"自相矛盾"一语，都来源于这个故事。

毛泽东使用这个典故，一下子就把国民党反动派发言人那种拙劣的反共反人民的叫嚣嘴脸戳穿了，从而，把他们卖国求荣、"替日本帝国主义尽忠"的民族败类的丑恶面貌，充分暴露在全国人民面前。

在《整顿党的作风》一文中，毛泽东写道：任何犯错误的人，只要他不讳疾忌医，不固执错误，以至于达到不可救药的地步，而是老老实实，真正愿意医治，愿意改正，我们就要欢迎他，把他的毛病治好，使他变为一个好同志。

"讳疾忌医"这个典故，出自《韩非子·喻老》。

典故的大意是，扁鹊谒见蔡桓侯，站了好一会儿，扁鹊对桓侯说："您有病在皮肤，不赶快医治恐怕会加重。"桓侯说："我没有病。"扁鹊退了出去，桓侯说："医生总喜欢治没有病的人来当作功绩。"待了十天，扁鹊又来朝见，说："您的病在肌肉和皮肤，不赶快医治会更加严重。"桓侯没有应答。扁鹊退了出去，桓侯又不高兴。待了十天，扁鹊再来朝见，说："您的病在肠胃，不赶快医治会更加严重的。"桓侯又没有应答。扁鹊退了出去，桓侯又不高兴。待了十天，扁鹊又来朝见，望见桓侯转身就走。桓侯特地派人去问他走的原因。扁鹊说："病在皮肤，汤熨的力量就能达到；病在筋肉和皮肤之间，石针的力量可以达到；病在肠胃，火剂汤的力量可以达到；病在骨髓，即使是掌人生死的神也不能把它怎么样！现在桓侯的病已经深入骨髓，我因此不再自请为他治病啊！"五天以后，桓侯的病发作，派人去寻扁鹊，扁鹊已经逃到秦国去了。桓侯也就一命呜呼了。

这个故事，生动地表明扁鹊用望气色、听声音的方法，诊断出蔡桓侯有病，三次劝他赶快治疗。可是，愚蠢的蔡桓侯却一再不肯承认自己有病，不接受治疗；由于不听扁鹊的劝告，终于因为病情加重到不可救药的地步而死去。此后，人们就把这叫作"讳疾忌医"，用它来比喻掩饰错误、缺点，又不肯接受别人的劝告和批评，不愿改正的行为。

毛泽东在文章中引用"讳疾忌医"这个为中国人民所习用的典故，对它赋予了新的意义，一方面告诫犯错误的同志，要以正确的态度对待自己的错误；另一方面要求大家采取欢迎和帮助的态度，对待犯了错误而愿意改正的同志。

毛泽东在文章中，还运用过"名副其实"和"循名责实"等出自《韩非子》的成语典故。

《韩非子·功名》中有言：名实相持而成，形影相应而立，故臣主同欲而异使。"名副其实"一语从"名实相持而成"演化而来，指名称或声名和它的实际相符合。毛泽东在《新民主主义论》一文中引用了这个成语："国体——各革命阶级联合专政。政体——民主集中制。这就是新民主主义的政治，这就是新民主主义的共和国，这就是抗日统一战线的共和国，这就是三大政策的新三民主义的共和国，这就是名副其实的中华民国。"

毛泽东引用此语说明，"中华民国"只有有了各革命阶级联合专政的国体和民主集中制的政体，才是声名和实际相符的"中华民国"。

"循名责实"一语出自《韩非子·定法》，其中有言：术者，因任而授官，循名而责实，操生杀之柄，课群臣之能者也；此人主之所执也。大意是：以"术"治国，应当基于一个人能力之大小，授以官职，依照其职权地位向其索取、检查与其职称相称的实际效果，而选拔考察能执掌生死权柄的人。这些都是作为君王应当负起责任的事。

"循名责实"，指按照名称去追求实际内容，使"名"与"实"相符合。毛泽东在《新民主主义论》一文中引用了此语："我们现在虽有中华民国之名，尚无中华民国之实，循名责实，这就是今天的工作。"

毛泽东引用此语，说明中华民国应是各革命阶级联合专政的新民主主义共和国，但在国民党的专制统治下，却只有中华民国之名，没有中华民国之实。我们应该因名去求实，努力实现一个名副其实的新民主主义的共和国。

【读《史记》】

韩非者，韩之诸公子也。喜刑名法术之学，而其归本于黄老。非为人口吃，不能道说，而善著书。与李斯俱事荀卿，斯自以为不如非。非见韩之削弱，数以书谏韩王，韩王不能用。于是韩非疾治国不务修明其法制，执势以御其臣下，富国强兵而以求人任贤，反举浮淫之蠹而加之于功实之上。以为儒者用文乱法，而侠者以武犯禁。宽则宠名誉之人，急则用介胄之士。今者所养非所用，所用非所养。悲廉直不容于邪枉之臣，观往者得失之变，故作《孤愤》《五蠹》《内外储》《说林》《说难》十余万言。

然韩非知"说"之难，为《说难》书甚具，终死于秦，不能自脱。《说难》曰：

凡说之难，非吾知之有以说之难也；又非吾辩之难能明吾意之难也；又非吾敢横失能尽之难也。凡说之难，在知所说之心，可以吾说当之。

所说出于为名高者也，而说之以厚利，则见下节而遇卑贱，必弃远矣。所说出于厚利者也，而说之以名高，则见无心而远事情，必不收矣。所说实为厚利而显为名高者也，而说之以名高，则阳收其身而实疏之；若说之以厚利，则阴用其言而显弃其身。此之不可不知也。

夫事以密成，语以泄败。未必其身泄之也，而语及其所匿之事，如是者身危。贵人有过端，而说者明言善议以推其恶者，则身危。周泽未渥也而语极知，说行而有功则德亡，说不行而有败则见疑，如是者身危。夫贵人得计而欲自以为功，说者与知焉，则身危。彼显有所出事，乃自以为也故，说者与知焉，则身危。强之以其所必不为，止之以其所不能已者，身危。故曰：与之论大人，则以为间己；与之论细人，则以为粥权。论其所爱，则以为借资；论其所憎，则以为尝己。径省其辞，则不知而屈之；泛滥博文，则多而久之。顺事陈意，则曰怯懦而不尽；虑事广肆，则曰草野而倨侮。此说之难，不可不知也。

凡说之务，在知饰所说之所敬，而灭其所丑。彼自知其计，则毋以其失穷之；自勇其断，则毋以其敌怒之；自多其力，则毋以其难概之。规异事与同计，誉异人与同行者，则以饰之无伤也。有与同失者，则明饰其无失也。大忠无所拂忤，辞言无所击排，乃后申其辩知焉。此所以亲近不疑，知尽之难也。得旷日弥久，而周泽既渥，深计而不疑，交争而不罪，乃明计利害以致其功，直指是非以饰其身，以此相持，此说之成也。

伊尹为庖，百里奚为虏，皆所由干其上也。故此二子者，皆圣人也，犹不能无役身而涉世如此其污也，则非能仕之所设也。

宋有富人，天雨墙坏。其子曰"不筑且有盗"，其邻人之父亦云。幕而果大亡其财，其家甚知其子而疑邻人之父。昔者郑武公欲伐胡，乃以其子妻之。因问群臣曰："吾欲用兵，谁可伐者？"关其思曰："胡可伐。"乃戮关其思，曰："胡，兄弟之国也，子言伐之，何也？"胡君闻之，以郑为亲己而不备郑。郑人袭胡，取之。此二说者，其知皆当矣，然而甚者为戮，薄者见疑。非知之难也，处知则难矣。

昔者弥子瑕见爱于卫君。卫国之法，窃驾君车者罪至刖。既而弥子之母病，人闻，往夜告之，弥子矫驾君车而出。君闻之而贤之曰："孝哉，为母之故而犯刖罪！"与君游果园，弥子食桃而甘，不尽而奉君。君曰："爱我哉，忘其口而念我！"及弥子色衰而爱弛，得罪于君。君曰："是尝矫驾吾车，又尝食我以其余桃。"故弥子之行未变于初也，前见贤而后获罪者，爱憎之至变也。故有爱于主，则知当而加亲；见憎于主，则罪当而加疏。故谏说之士不可不察爱憎之主而后说之矣。

夫龙之为虫也，可扰狎而骑也。然其喉下有逆鳞径尺，人有婴之，则必杀人。人主亦有逆鳞，说之者能无婴人主之逆鳞，则几矣。

人或传其书至秦。秦王见《孤愤》《五蠹》之书，曰："嗟乎，寡人得见此人与之游，死不恨矣！"李斯曰："此韩非之所著书也。"秦因急攻韩。韩王始不用非，及急，乃遣非使秦。秦王悦之，未信用。李斯、姚贾害之，毁之曰："韩非，韩之诸公子也。今王欲并诸侯，非终为韩不为秦，此人之情也。今王不用，久留而归之，此自遗患也，不如以过法诛之。"秦王以为然，下吏治非。李斯使人遗非药，使自杀。韩非欲自陈，不得见。秦王后悔之，使人赦之，非已死矣。

申子、韩子皆著书，传于后世，学者多有。余独悲韩子为《说难》而不能自脱耳。

太史公曰：老子所贵道，虚无，因应变化于无为，故著书辞称微妙难识。庄子散道德，放论，要亦归之自然。申子卑卑，施之于名实。韩子引绳墨，切事情，明是非，其极惨礉少恩。皆原于道德之意，而老子深远矣。

（节选自《史记·老子韩非列传》）

跟毛泽东读《史记》

【品释文】

　　韩非是韩国的公子。他爱好刑名法术的学问，但其根本宗旨却与黄老学说相同。韩非口吃，说话不利落，但善于写文章。他和李斯都是荀卿的学生，李斯自己觉得比不上韩非。韩非看到韩国日益衰弱，多次上书向韩王进谏，韩王不采纳他的意见。于是韩非痛恨国君治国不能力求严明法制，不能掌握强权驾驭臣下，不能富国强兵任用贤能，反而举用那些夸夸其谈的家伙，把他们抬举到有军功肯实干的人才之上。他认为儒生用自己所学非议当今的法令制度，游侠仗恃武功违犯政府的禁令。他还不满国家太平时专门宠用一些徒有虚名的人，等到国家危急的关头却又来依靠披甲戴盔的武士。结果是平时所养的人不是国家所需要的人，而国家所需要的人平时又不储备。韩非还痛心廉直的忠臣不为奸臣所容而遭排挤陷害。他考察了历史上的得失演变，写了《孤愤》《五蠹》《内外储》《说林》《说难》等文章，共十多万字。

　　但是韩非知道向帝王进说辞很难，在《说难》里写得很充分，他自己最终还是死在秦国，没能逃脱。

　　《说难》写道：

　　　　游说的艰难，不是难在以我具有的知识去说服君主，也不是难在我的口才难以明确表达自己的意思，也不是难在我不敢毫无顾忌地透彻地表达自己的意见。大凡游说的难处，在于了解被游说者的心思，以便使自己的游说符合他的心意。

　　　　如果游说对象希望获得很高的名望，而你用优厚的利益游说他，就会被认为是格调低下而鄙视你，一定会疏远抛弃你。如果游说对象希望获得优厚的利益，而你用获得高名游说他，就会被认为是没有头脑而不务实，一定不会录用你。如果游说对象内心追求厚利而表面上却装作爱好高名，你用获得高名游说他，他就会表面任用你实际上却疏远你；你若用优厚的利益游说他，他会暗地里采纳你的主张而表面上却抛弃你。这些是游说者不能不明白的。

　　事情由于保密才成功，由于言语的泄露而失败。不一定是游说者泄露的，而是言语间无意触及了对方的秘密，这样游说者就会有生命危险。显贵人物犯了错，游说者直言不讳、好心好意地给他分析这错误的危害，就会有生命危险。恩宠还不深厚，而你却对游说对象说尽了知心话，要是被采纳并且成功了，你的功德很快就会被遗忘；要是没被采纳而导致失败，你就会被怀疑，就会有生命危险。显贵之人策划了一件事而且成功了，他想将其作为自己的功劳，而你曾参与并知晓内情，那你就会有生命危险。那显贵之人冠冕堂皇地策划某件事，而实际却是为了达到自己的某种目的，而你又知道底细，那你就有生命危险。勉强对方做他所不想做到的事，劝止对方做他所不能停手的事，都会有生命危险。所以说：你同君主议论他的大臣，会被认为是离间君臣关系；议论荐举地位低的人，会被怀疑是卖弄权势冒犯君主权威。议论君主宠爱的人，会被认为是想利用此人做靠山；议论君主憎恶的人，会被认为是想试探君主对自己的看法。你如果说话简单直接，会认为是才智不足而有屈大才；如果滔滔不绝、旁征博引，又会被认为过于啰唆而浪费时间。就事论事，会被认为是怯懦而不敢完全阐明自己观点；畅所欲言，又被说成粗野而傲慢，目无君主。这些游说的难处，游说者不能不知道啊。

　　游说中的重要问题，在于知道如何美化游说对象最自负的地方，而掩盖其最自惭形秽的弱点。如果他认为自己计谋高明，就不要指出他的失败而使他受窘；如果他认为自己果断勇敢，就不要用他因考虑不周造成的过错去激怒他；如果他夸耀自己的能力强，就不要用他感到困难的问题去阻止他。虽然谋划的是别的事却与游说对象有相同的计策，虽然赞美的是别人却与游说对象有相同的行为，这时你要注意自己说话的方式方法不要伤害他。别人如果有与游说对象同样的过失，你要明确表示他没有过失。忠心耿耿，不拂

跟毛泽东读《史记》

逆游说对象的心意，言辞谨慎，不要锋芒毕露，然后择机发挥自己的辩才和智慧。这就是游说者得以亲近而不被怀疑，可以充分说出自己言论主张的做法。如果能与游说对象长期共事，深得恩宠，替对方深谋远虑而不被怀疑，互相争论也不获罪，可以公开地论说利害来使对方获得成功，直接地指出对错而使对方改正进步，彼此的关系能够这样维持，游说就成功了。

伊尹做过厨师，百里奚做过奴仆，他们都曾利用自己的身份使君主接受了自己的主张。所以说这两个人都是古代的圣人，还不能不亲自从事卑贱的事以求进用，那么有才能的人也不会以卑躬屈节为耻。

宋国有个富人，天下大雨冲毁了他家的墙壁。他的儿子说"如不赶快修好就会失盗"，他邻居的父亲也这样说。当天晚上果然被偷走了许多钱财，他家的人都大大称赞自己的儿子聪明而怀疑邻居的父亲。从前郑武公想讨伐胡国，便把女儿嫁给胡君为妻。然后他问群臣："我想对外用兵，可以攻打哪个国家？"关其思回答说："可以攻打胡国。"郑武公于是杀掉了关其思，说："胡国是兄弟之国，你说可以攻打，是何居心？"胡国国君听说这事，认为郑国亲近自己，不再防备郑国。郑国则乘机袭击胡国，把它吞并了。邻人之父与关其思的话都是很有见识的，但他们的遭遇却是重的被杀，轻的被疑。可见认知事物并不难，而如何处置运用这种认知就难了。

从前弥子瑕很受卫君的宠爱。卫国的法律，私自驾用君主的车子要受断足的刑罚。有一次弥子瑕的母亲病了，有人听说，连夜去告诉他，弥子瑕立即假借卫君的命令驾着卫君的车子回家了。卫君知道后称赞他说："真是一个孝子啊，为了母亲甘愿犯断足之罪！"弥子瑕和卫君游果园，弥子瑕吃了一个桃子觉得又香又甜，没吃完就把剩下的让给卫君吃。卫君说："弥子瑕真是爱我啊，不顾自己爱吃却想着我！"等到后来弥子瑕容貌衰老，卫君对他的宠爱也衰减了，他得罪了卫君。卫君说："他曾假借我的命令私自驾用我的车子，又曾给我吃他吃剩的桃子。"所以说弥子瑕的行为和以前相比并无改变，而当初被称赞后来却成了罪过，是卫君对他的爱憎发生了变化。所以当一个人被君主宠爱的时候，他的智谋合乎君主的心意，君主就会愈加亲近他；当他被君主厌恶时，他的过失与君主的厌恶心理相应，君主就会对他愈加疏远。因此游说谏诤的人不可不认真审察君主的爱憎，然后再进行游说。

龙作为一种虫，可以亲近它甚至骑着它。但它的喉下有尺把长倒生的鳞，人一旦触犯，就必定丧命。君主也同样生有逆鳞，游说者如能不触犯君主的逆鳞，就差不多成功了。

后来有人把他的著作传到了秦国。秦王读了《孤愤》《五蠹》等文章，说道："哎呀，我要是能见到这个人，跟他交往，那就死而无憾了！"李斯说："这些是韩非的著作。"秦王为了得到韩非，加紧进攻韩国。韩王原来不任用韩非，现在事态危急，只好派韩非出使秦国。秦王很喜欢韩非，但还没有立即任用。李斯、姚贾嫉妒韩非的才能，污蔑韩非说："韩非是韩王的公子。如今大王要吞并东方诸侯，韩非终究会向着韩国而不会为秦国效力，这是人之常情啊。现在大王不任用他，留他这么久再放他回去，这是给自己留下祸患，不如找个罪名杀掉他。"秦王认为他说得对，就把韩非交给司法官员治罪。而李斯则派人给韩非送去毒药，逼他自杀。韩非想见秦王当面陈述，但是见不到。后来，秦王悔悟，派人去赦免韩非，而韩非已经死了。

申不害、韩非都有著作流传于世，学者们大多有他们的书。我特别感慨韩非能写出《说难》但自己却无法逃脱游说带来的灾难。

太史公说：老子尊崇道，他讲究虚无，主张以无为来对待事物之间的倚伏变化，所以他的著作语义微妙，难以读懂。庄周推演老子的道德学说，语言汪洋恣肆，但他理论的核心也是归于老子的追求自然。申不害不唱高调，主要是讲究循名责实。韩非把法律条文作为行为准绳，紧扣社会现实问题，明察是非，发展到极端就成了惨急苛酷。庄子、申不害和韩非的理论都源于老子的"道德"学说，可见老子学说的影响有多么深远啊。

09　评价秦始皇，要一分为二

毛泽东读批《史记·秦始皇本纪》

【读原文】

　　范文澜同志最近写的一篇文章，《历史研究必须厚今薄古》，我看了很高兴。这篇文章引用了很多事实证明厚今薄古是史学的传统。敢于站起来说话了，这才像个样子。文章引用了司马迁、司马光……可惜没有引秦始皇，秦始皇主张"以古非今者族"，秦始皇是个厚今薄古的专家。当然，我也不赞成秦始皇。

　　——1958 年 5 月，毛泽东在中共八大二次会议上的讲话（见王子今：《毛泽东与中国史学》，中共中央党校出版社 1993 年版，第 316—317 页）

　　秦始皇是中国封建社会第一个有名的皇帝，我也是秦始皇，林彪骂我是秦始皇。中国历来分两派，一派讲秦始皇好，一派讲秦始皇坏。我赞成秦始皇，不赞成孔夫子。因为秦始皇是第一个统一中国、统一文字，修筑宽广的道路，不搞国中有国，而用集权制，由中央政府派人去各地方，几年一换，不用世袭制度。

——1974年9月23日，毛泽东接见埃及副总统沙菲的谈话（甄不贾：《毛泽东读书笔记》，见《希望》1992年新总第1期）

秦始皇作为一个历史人物评论，要一分为二。秦始皇在历史发展过程中的进步作用要肯定，但他在统一六国后，丧失了进取的方面，志得意满，耽于佚乐，求神仙，修宫室，残酷地压迫人民，到处游走，消磨岁月，无聊得很。

——1975年，毛泽东与芦荻的谈话（见杨建业：《在毛主席身边读书——访北京大学中文系讲师芦荻》，《光明日报》1978年12月29日）

【品解析】

当海内一统，人们从七国纷繁的战乱中逃出生命的时候，衷心感谢秦始皇；当徭役繁多苛严，苛捐杂税如牛毛，人们随时可能沦为刑徒，书籍毁于烟火，儒生被活埋的时候，人们对这个残暴的皇帝又恨之入骨。赞誉者欣赏他统一中国的伟大，毁弃者大骂他的残暴，几千年来，秦始皇这个千古一帝，遭到多少毁弃，受到多少赞誉。毛泽东对秦始皇的态度是：不要大骂秦始皇。

秦始皇统一中国的历史功绩，毛泽东给予充分肯定。但秦始皇统一中国后，开始追求享乐，其生活奢靡无度。他不惜民力，修造旷世无比的阿房宫。为了能够长生不老，他四处巡游，求取神仙和长生不老之药。为了追求来世的幸福，他耗费了巨大的人力物力修造骊墓。为了满足其奢靡的生活需要，他对百姓横征暴敛。毛泽东对秦始皇的这些方面也有过一分为二的批判。批林批孔运动中，有人大捧秦始皇，不准人们

跟毛泽东读《史记》

对秦始皇作历史的分析。1975年夏，毛泽东对他身边的工作人员芦荻谈到了秦始皇。

毛泽东对秦始皇的肯定，是以肯定法家在中国历史上的进步作用为出发点的。中华人民共和国成立后，毛泽东对法家思想多有肯定，尤其是法家思想中的厚今薄古思想，更是得到毛泽东的称赞。法家的实践者秦始皇，被称为厚今薄古的专家。对于党外有些人对镇压反革命不理解，骂秦始皇为独裁者，毛泽东说："你骂我们是秦始皇，是独裁者，我们一贯承认，可惜的是，你们说得还不够，往往要我们加以补充。"还说："我们超过了秦始皇一百倍。"

毛泽东对秦始皇的评价，着眼于法家的观点，又加入了个人的感情成分，因此也出现一些偏颇，其中对秦始皇焚书坑儒和秦始皇暴政的评价，偏颇之处最为明显。对此，我们应当有一个较客观的认识。

【读《史记》】

秦始皇帝者，秦庄襄王子也。庄襄王为秦质子于赵，见吕不韦姬，悦而取之，生始皇。以秦昭王四十八年正月生于邯郸，及生，名为政，姓赵氏。年十三岁，庄襄王死，政代立为秦王。当是之时，秦地已并巴、蜀、汉中，越宛有郢，置南郡矣；北收上郡以东，有河东、太原、上党郡；东至荥阳，灭二周，置三川郡。吕不韦为相，封十万户，号曰文信侯。招致宾客游士，欲以并天下。李斯为舍人。蒙骜、王龁、麃公等为将军。王年少，初即位，委国事大臣。

晋阳反，元年，将军蒙骜击定之。二年，麃公将卒攻卷，斩首三万。三年，蒙骜攻韩，取十三城。王龁死。十月，将军蒙骜攻魏氏畼、有诡。岁大饥。四年，拔畼、有诡。三月，军罢。秦质子归自赵，赵太子出归国。七月庚寅，蝗虫从东方来，蔽天。天下疫。百姓内粟千石，拜爵一级。五年，将军骜攻魏，定酸枣、燕、虚、长平、雍丘、山阳城，皆拔之，取二十城。初置东郡。冬雷。六年，韩、魏、赵、卫、楚共击秦,取寿陵。秦出兵,五国兵罢。拔卫,置东郡,其君角率其支属徙居野王,阻其山以保魏之河内。七年,彗星先出东方,见北方,五月见西方。

将军骜死。以攻龙、孤、庆都,还兵攻汲。彗星复见西方十六日。夏太后死。八年,王弟长安君成蟜将军击赵,反,死屯留,军吏皆斩死,迁其民于临洮。将军壁死,卒屯留、蒲鹖反,戮其尸。河鱼大上,轻车重马东就食。嫪毐封为长信侯。予之山阳地、令毐居之。宫室车马衣服苑囿驰猎恣毐,事无小大皆决于毐。又以河西太原郡更为毐国。

九年,彗星见,或竟天。攻魏垣、蒲阳。四月,上宿雍。己酉,王冠,带剑。长信侯毐作乱而觉,矫王御玺及太后玺以发县卒及卫卒、官骑、戎翟君公、舍人,将欲攻蕲年宫为乱。王知之,令相国、昌平君、昌文君发卒攻毐。战咸阳,斩首数百,皆拜爵,及宦者皆在战中,亦拜爵一级。毐等败走。即令国中:有生得毐,赐钱百万;杀之,五十万。尽得毐等。卫尉竭、内史肆、佐弋竭、中大夫令齐等二十人皆枭首。车裂以徇,灭其宗。及其舍人,轻者为鬼薪。及夺爵迁蜀四千余家,家房陵。四月寒冻,有死者。杨端和攻衍氏。彗星见西方,又见北方,从斗以南八十日。

十年,相国吕不韦坐嫪毐免。桓齮为将军。齐、赵来置酒。齐人茅焦说秦王曰:"秦方以天下为事,而大王有迁母太后之名,恐诸侯闻之,由此倍秦也。"秦王乃迎太后于雍而入咸阳,复居甘泉宫。

大索,逐客。李斯上书说,乃止逐客令。李斯因说秦王,请先取韩以恐他国,于是使斯下韩。韩王患之,与韩非谋弱秦。大梁人尉缭来,说秦王曰:"以秦之强,诸侯譬如郡县之君。臣但恐诸侯合从,翕而出不意,此乃智伯、夫差、湣王之所以亡也。愿大王毋爱财物,赂其豪臣,以乱其谋,不过亡三十万金,则诸侯可尽。"秦王从其计,见尉缭亢礼,衣服食饮与缭同。缭曰:"秦王为人,蜂准,长目,挚鸟膺,豺声,少恩而虎狼心,居约易出人下,得志亦轻食人。我布衣,然见我常身自下我。诚使秦王得志于天下,天下皆为虏矣。不可与久游。"乃亡

跟毛泽东读《史记》

去。秦王觉，固止，以为秦国尉，卒用其计策。而李斯用事。

十一年，王翦、桓齮、杨端和攻邺，取九城。王翦攻阏与、橑杨，皆并为一军。翦将十八日，军归斗食以下，什推二人从军。取邺、安阳，桓齮将。十二年，文信侯不韦死，窃葬。其舍人临者，晋人也逐出之；秦人六百石以上夺爵，迁；五百石以下迁，勿夺爵。"自今以来，操国事不道如嫪毐、不韦者籍其门，视此。"秋，复嫪毐舍人迁蜀者。当是之时，天下大旱六月，至八月乃雨。

十三年，桓齮攻赵平阳，杀赵将扈辄，斩首十万。王之河南。正月，彗星见东方。十月，桓齮攻赵。十四年，攻赵军于平阳，取宜安，破之，杀其将军。桓齮定平阳、武城。韩非使秦，秦用李斯谋，留非，非死云阳。韩王请为臣。

十五年，大兴兵，一军至邺，一军至太原，取狼孟。地动。十六年九月，发卒受地韩南阳假守腾。初令男子书年。魏献地于秦。秦置丽邑。十七年，内史腾攻韩，得韩王安，尽纳其地，以其地为郡，命曰颍川。地动。华阳太后卒。民大饥。

十八年，大兴兵攻赵，王翦将上地，下井陉，端和将河内，羌瘣伐赵，端和围邯郸城。十九年，王翦、羌瘣尽定取赵地东阳，得赵王。引兵欲攻燕，屯中山。秦王之邯郸，诸尝与王生赵时母家有仇怨，皆坑之。秦王还，从太原、上郡归。始皇帝母太后崩。赵公子嘉率其宗数百人之代，自立为代王，东与燕合兵，军上谷。大饥。

二十年，燕太子丹患秦兵至国，恐，使荆轲刺秦王。秦王觉之，体解轲以徇，而使王翦、辛胜攻燕。燕、代发兵击秦军，秦军破燕易水之西。二十一年，王贲攻荆。乃益发卒诣王翦军，遂破燕太子军，取燕蓟城，得太子丹之首。燕王东收辽东而王之。王翦谢病老归。新郑反。昌平君徙于郢。大雨雪，深二尺五寸。二十二年，王贲攻魏，引河沟灌大梁，大梁城坏，其王请降，尽取其地。

二十三年，秦王复召王翦，强起之，使将击荆。取陈以南至平舆，虏荆王。秦王游，至郢陈。荆将项燕立昌平君为荆王，反秦于淮南。二十四年，王翦、蒙武攻荆，破荆军，昌平君死，项燕遂自杀。

二十五年，大兴兵，使王贲将，攻燕辽东，得燕王喜。还攻代，虏代王嘉。王翦遂定荆江南地；降越君，置会稽郡。五月，天下大酺。

二十六年，齐王建与其相后胜发兵守其西界，不通秦。秦使将军王贲从燕南攻齐，得齐王建。

秦初并天下，令丞相、御史曰："异日韩王纳地效玺，请为藩臣，已而倍约，与赵、魏合从畔秦，故兴兵诛之，虏其王。寡人以为善，庶几息兵革。赵王使其相李牧来约盟，故归其质子。已而倍盟，反我太原，故兴兵诛之，得其王。赵公子嘉乃自立为代王，故举兵击灭之。魏王始约服入秦，已而与韩、赵谋袭秦，秦兵吏诛，遂破之。荆王献青阳以西，已而畔约，击我南郡，故发兵诛，得其王，遂定其荆地。燕王昏乱，其太子丹乃阴令荆轲为贼，兵吏诛，灭其国。齐王用后胜计，绝秦使，欲为乱，兵吏诛，虏其王，平齐地。寡人以眇眇之身，兴兵诛暴乱，赖宗庙之灵，六王咸伏其辜，天下大定。今名号不更，无以称成功，传后世。其议帝号。"丞相绾、御史大夫劫、廷尉斯等皆曰："昔者五帝地方千里，其外侯服夷服，诸侯或朝或否，天子不能制。今陛下兴义兵，诛残贼，平定天下，海内为郡县，法令由一统，自上古以来未尝有，五帝所不及。臣等谨与博士议曰：'古有天皇，有地皇，有泰皇，泰皇最贵。'臣等昧死上尊号，王为'泰皇'。命为'制'，令为'诏'天子自称曰'朕'。"王曰"去'泰'，著'皇'，采上古'帝'位号，号曰'皇帝'。他如议。"制曰"可。"追尊庄襄王为太上皇。制曰："朕闻太古有号毋谥，中古有号，死而以行为谥。如此，则子议父，臣议君也，甚无谓，朕弗取焉。自今以来，除谥法。朕为始皇帝，后世以计数，二世三世至于万世，传之无穷。"

始皇推终始五德之传，以为周得火德，秦代周德，从所不胜。方今水德之始，改年始，朝贺皆自十月朔。衣服旄旌节旗皆上黑。数以六为纪，符、法冠皆六寸，而舆六尺，六尺为步，乘六马。更名河曰德水，以为水德之始。刚毅戾深，事皆决于法，刻削毋仁恩和义，然后合五德之数。于是急法，久者不赦。

丞相绾等言："诸侯初破，燕、齐、荆地远，不为置王，毋以填之。请立诸子，唯上幸许。"始皇下其议于群臣，群臣皆以为便。廷尉李斯议曰："周文武所封子弟同姓甚众，然后属疏远，相攻击如仇雠，诸侯更相诛伐，周天子弗能禁止。今海内赖陛下神灵一统，皆为郡县，诸子功臣以公赋税重赏赐之，甚足易制。天下无异意，则安宁之术也。置诸侯不便。"始皇曰："天下共苦战斗不休，以有侯王。赖宗庙，天下初定，又复立国，是树兵也，而求其宁息，岂不难哉！廷尉议是。"

分天下以为三十六郡，郡置守、尉、监。更名民曰"黔首"。大酺。收天下兵，聚之咸阳，销以为钟鐻，金人十二，重各千石，置廷宫中。一法度衡石丈尺。车同轨。书同文字。地东至海暨朝鲜，西至临洮、羌中，南至北向户，北据河为塞，并阴山至辽东。徙天下豪富于咸阳十二万户。诸庙及章台、上林皆在渭南。秦每破诸侯，写放其宫室，作之咸阳北阪上，南临渭，自雍门以东至泾、渭，殿屋复道周阁相属。所得诸侯美人钟鼓，以充入之。

二十七年，始皇巡陇西、北地，出鸡头山，过回中。焉作信宫渭南，已更命信宫为极庙，象天极。自极庙道通郦山。作甘泉前殿，筑甬道，自咸阳属之。是岁，赐爵一级。治驰道。

二十八年，始皇东行郡县，上邹峄山。立石，与鲁诸儒生议刻石颂秦德，议封禅望祭山川之事。乃遂上泰山，立石，封，祠祀。下，风雨暴至，休于树下，因封其树为五大夫。禅梁父。刻所立石，其辞曰：

皇帝临位，作制明法，臣下修饬。二十有六年，初并天下，罔不宾服。亲巡远方黎民，登兹泰山，周览东极。从臣思迹，本原事业，祇诵功德。治道运行，诸产得宜，皆有法式。大义休明，垂于后世，顺承勿革。皇帝躬圣，既平天下，不懈于治。夙兴夜寐，建设长利，专隆教诲，训经宣达，远近毕理，咸承圣志。贵贱分明，男女礼顺，慎遵职事。昭隔内外，靡不清净，施于后嗣。化及无穷，遵奉遗诏，永承重戒。

09 评价秦始皇，要一分为二

于是乃并勃海以东，过黄、腄，穷成山，登之罘，立石颂秦德焉而去。

南登琅邪，大乐之，留三月。乃徙黔首三万户琅邪台下，复十二岁。作琅邪台，立石刻，颂秦德，明得意。曰：

维二十六年，皇帝作始。端平法度，万物之纪。以明人事，合同父子。圣智仁义，显白道理。东抚东土，以省卒士。事已大毕，乃临于海。皇帝之功，勤劳本事。上农除末，黔首是富。普天之下，抟心揖志。器械一量。同书文字。日月所照，舟舆所载。皆终其命，莫不得意。应时动事，是维皇帝。匡饬异俗，陵水经地。忧恤黔首，朝夕不懈。除疑定法，咸知所辟。方伯分职，诸治经易。举错必当，莫不如画。皇帝之明，临察四方。尊卑贵贱，不逾次行。奸邪不容，皆务贞良。细大尽力，莫敢怠荒。远迩辟隐，专务肃庄。端直敦忠，事业有常。皇帝之德，存定四极。诛乱除害，兴利致福。节事以时，诸产繁殖。黔首安宁，不用兵革。六亲相保，终无寇贼。欢欣奉教，尽知法式。六合之内，皇帝之土。西涉流沙，南尽北户。东有东海，北过大夏。人迹所至，无不臣者。功盖五帝，泽及牛马。莫不受德，各安其宇。

维秦王兼有天下，立名为皇帝，乃抚东土，至于琅邪。列侯武城侯王离、列侯通武侯王贲、伦侯建成侯赵亥、伦侯昌武侯成、伦侯武信侯冯毋择、丞相隗状、丞相王绾、卿李斯、卿王戊、五大夫赵婴、五大夫杨樛从，与议于海上。曰："古之帝者，地不过千里，诸侯各守其封域，或朝或否，相侵暴乱，残伐不止，犹刻金石，以自为纪。古之五帝、三王，知教不同，法度不明，假威鬼神，以欺远方，实不称名，故不久长。其身未殁，诸侯倍叛，法令不行。今皇帝并一海内，以为郡县，天下和平。昭明宗庙，体道行德，尊号大成。群臣相与诵皇帝功德，刻于金石，以为表经。"

既已，齐人徐市等上书，言海中有三神山，名曰蓬莱、方丈、瀛洲，仙人居之。请得斋戒，与童男女求之。于是遣徐市发童男女数千

跟毛泽东读《史记》

人，入海求仙人。

始皇还，过彭城，斋戒祷祠，欲出周鼎泗水。使千人没水求之，弗得。乃西南渡淮水，之衡山、南郡。浮江，至湘山祠。逢大风，几不得渡。上问博士曰："湘君何神？"博士对曰："闻之，尧女，舜之妻，而葬此。"于是始皇大怒，使刑徒三千人皆伐湘山树，赭其山。上自南郡由武关归。

二十九年，始皇东游。至阳武博狼沙中，为盗所惊。求弗得，乃令天下大索十日。

登之罘，刻石。其辞曰：

维二十九年，时在中春，阳和方起。皇帝东游，巡登之罘，临照于海。从臣嘉观，原念休烈，追诵本始。大圣作治，建定法度，显箸纲纪。外教诸侯，光施文惠，明以义理。六国回辟，贪戾无厌，虐杀不已。皇帝哀众，遂发讨师，奋扬武德。义诛信行，威燀旁达，莫不宾服。烹灭强暴，振救黔首，周定四极。普施明法，经纬天下，永为仪则。大矣哉！宇县之中，承顺圣意。群臣诵功，请刻于石，表垂于常式。

其东观曰：

维二十九年，皇帝春游，览省远方。逮于海隅，遂登之罘，昭临朝阳。观望广丽，从臣咸念，原道至明。圣法初兴，清理疆内，外诛暴强。武威旁畅，振动四极，禽灭六王。阐并天下，灾害绝息，永偃戎兵。皇帝明德，经理宇内，视听不怠。作立大义，昭设备器，咸有章旗。职臣遵分，各知所行，事无嫌疑。黔首改化，远迩同度，临古绝尤。常职既定，后嗣循业，长承圣治。群臣嘉德，祗诵圣烈，请刻之罘。

旋，遂之琅邪，道上党入。

三十年，无事。三十一年十二月，更名腊曰"嘉平"。赐黔首里六石米，二羊。始皇为微行咸阳，与武士四人俱，夜出，逢盗兰池，见窘，武士击杀盗，关中大索二十日。米石千六百。

三十二年，始皇之碣石，使燕人卢生求羡门、高誓。刻碣石门。坏城郭，决通堤防。其辞曰：

　　　　遂兴师旅，诛戮无道，为逆灭息。武殄暴逆，文复无罪，庶心咸服。惠论功劳，赏及牛马，恩肥土域。皇帝奋威，德并诸侯，初一泰平。堕坏城郭，决通川防，夷去险阻。地势既定，黎庶无繇，天下咸抚。男乐其畴，女修其业，事各有序。惠被诸产，久并来田，莫不安所。群臣诵烈，请刻此石，垂著仪矩。

　　因使韩终、侯公、石生求仙人不死之药。始皇巡北边，从上郡入。燕人卢生使入海还，以鬼神事，因奏录图书，曰"亡秦者胡也"。始皇乃使将军蒙恬发兵三十万人北击胡，略取河南地。

　　三十三年，发诸尝逋亡人、赘婿、贾人略取陆梁地，为桂林、象郡、南海，以适遣戍。西北斥逐匈奴。自榆中并河以东，属之阴山，以为三十四县，城河上为塞。又使蒙恬渡河取高阙、阳山、北假中，筑亭障以逐戎人。徙谪，实之初县。禁不得祠。明星出西方。三十四年，適治狱吏不直者，筑长城，及南越地。

　　始皇置酒咸阳宫，博士七十人前为寿。仆射周青臣进颂曰："他时秦地不过千里，赖陛下神灵明圣，平定海内，放逐蛮夷，日月所照，莫不宾服。以诸侯为郡县，人人自安乐，无战争之患，传之万世。自上古不及陛下威德。"始皇悦。博士齐人淳于越进曰："臣闻殷周之王千余岁，封子弟功臣，自为枝辅。今陛下有海内，而子弟为匹夫，卒有田常、六卿之臣，无辅拂，何以相救哉？事不师古而能长久者，非所闻也。今青臣又面谀以重陛下之过，非忠臣。"

　　始皇下其议。丞相李斯曰："五帝不相复，三代不相袭，各以治，非其相反，时变异也。今陛下创大业，建万世之功，固非愚儒所知。且越言乃三代之事，何足法也？异时诸侯并争，厚招游学。今天下已定，法令出一，百姓当家则力农工，士则学习法令辟禁。今诸生不师今而学古，以非当世，惑乱黔首。丞相臣斯昧死言：古者天下散乱，莫之能一，是以诸侯并作，语皆道古以害今，饰虚言以乱实，人善其所私学，

跟毛泽东读《史记》

以非上之所建立。今皇帝并有天下，别黑白而定一尊。私学而相与非法教，人闻令下，则各以其学议之，入则心非，出则巷议，夸主以为名，异取以为高，率群下以造谤。如此弗禁，则主势降乎上，党与成乎下。禁之便。臣请史官非秦记皆烧之。非博士官所职，天下敢有藏《诗》《书》、百家语者，悉诣守、尉杂烧之。有敢偶语《诗》《书》者弃市，以古非今者族。吏见知不举者与同罪。令下三十日不烧，黥为城旦。所不去者，医药卜筮种树之书。若欲有学法令，以吏为师。"制曰："可。"

三十五年，除道，道九原抵云阳，堑山堙谷，直通之。于是始皇以为咸阳人多，先王之宫廷小，吾闻周文王都丰，武王都镐，丰、镐之间，帝王之都也。乃营作朝宫渭南上林苑中。先作前殿阿房，东西五百步，南北五十丈，上可以坐万人，下可以建五丈旗。周驰为阁道，自殿下直抵南山。表南山之颠以为阙。为复道，自阿房渡渭，属之咸阳，以象天极阁道绝汉抵营室也。阿房宫未成；成，欲更择令名名之。作宫阿房，故天下谓之阿房宫。隐宫徒刑者七十余万人，乃分作阿房宫，或作丽山。发北山石，乃写蜀、荆地材皆至。关中计宫三百，关外四百余。于是立石东海上朐界中，以为秦东门。因徙三万家丽邑，五万家云阳，皆复不事十岁。

卢生说始皇曰："臣等求芝奇药仙者常弗遇，类物有害之者。方中，人主时为微行以辟恶鬼，恶鬼辟，真人至。人主所居而人臣知之，则害于神。真人者，入水不濡，入火不爇，陵云气，与天地久长。今上治天下，未能恬惔。愿上所居宫毋令人知，然后不死之药殆可得也。"于是始皇曰："吾慕真人，自谓'真人'，不称'朕'。"乃令咸阳之旁二百里内宫观二百七十复道甬道相连，帷帐钟鼓美人充之，各案署不移徙。行所幸，有言其处者，罪死。始皇帝幸梁山宫，从山上见丞相车骑众，弗善也。中人或告丞相，丞相后损车骑。始皇怒曰："此中人泄吾语。"案问莫服。当是时，诏捕诸时在旁者，皆杀之。自是后莫知行之所在。听事，群臣受决事，悉于咸阳宫。

侯生、卢生相与谋曰："始皇为人，天性刚戾自用，起诸侯，并天下，意得欲从，以为自古莫及己。专任狱吏，狱吏得亲幸。博士虽七十人，特备员弗用。丞相诸大臣皆受成事，倚辨于上。上乐以刑杀为威，天下畏罪持禄，莫敢尽忠。上不闻过而日骄，下慑伏谩欺以取容。秦法，不得兼方，不验，辄死。然候星气者至三百人，皆良士，畏忌讳谀，不敢端言其过。天下之事无小大皆决于上，上至以衡石量书，日夜有呈，不中呈不得休息。贪于权势至如此，未可为求仙药。"于是乃亡去。始皇闻亡，乃大怒曰："吾前收天下书不中用者尽去之，悉召文学方术士甚众，欲以兴太平，方士欲练以求奇药。今闻韩众去不报，徐市等费以巨万计，终不得药，徒奸利相告日闻。卢生等吾尊赐之甚厚，今乃诽谤我，以重吾不德也。诸生在咸阳者，吾使人廉问，或为妖言以乱黔首。"于是使御史悉案问诸生，诸生传相告引，乃自除犯禁者四百六十余人，皆坑之咸阳，使天下知之，以惩后。益发谪徙边。始皇长子扶苏谏曰："天下初定，远方黔首未集，诸生皆诵法孔子，今上皆重法绳之，臣恐天下不安。唯上察之。"始皇怒，使扶苏北监蒙恬于上郡。

三十六年，荧惑守心。有坠星下东郡，至地为石，黔首或刻其石曰"始皇帝死而地分"。始皇闻之，遣御史逐问，莫服，尽取石旁居人诛之，因燔销其石。始皇不乐，使博士为《仙真人诗》，及行所游天下，传令乐人歌弦之。秋，使者从关东夜过华阴平舒道，有人持璧遮使者曰："为吾遗滈池君。"因言曰："明年祖龙死。"使者问其故，因忽不见，置其璧去。使者奉璧具以闻。始皇默然良久，曰："山鬼固不过知一岁事也。"退言曰："祖龙者，人之先也。"使御府视璧，乃二十八年行渡江所沉璧也。于是始皇卜之，卦得游徙吉。迁北河、榆中三万家，拜爵一级。

三十七年十月癸丑，始皇出游。左丞相斯从，右丞相去疾守。少子胡亥爱慕请从，上许之。十一月，行至云梦，望祀虞舜于九疑山。浮江下，观籍柯，渡海渚。过丹阳，至钱唐。临浙江，水波恶，乃西百二十里从狭中渡。上会稽，祭大禹，望于南海，而立石刻颂秦德。其文曰：

跟毛泽东读《史记》

　　皇帝休烈，平一宇内，德惠修长。三十有七年，亲巡天下，周览远方。遂登会稽，宣省习俗，黔首斋庄。群臣诵功，本原事迹，追首高明。秦圣临国，始定刑名，显陈旧章。初平法式，审别职任，以立恒常。六王专倍，贪戾傲猛，率众自强。暴虐恣行，负力而骄，数动甲兵。阴通间使，以事合从，行为辟方。内饰诈谋，外来侵边，遂起祸殃。义威诛之，殄熄暴悖，乱贼灭亡。圣德广密，六合之中，被泽无疆。皇帝并宇，兼听万事，远近毕清。运理群物，考验事实，各载其名。贵贱并通，善否陈前，靡有隐情。饰省宣义，有子而嫁，倍死不贞。防隔内外，禁止淫泆，男女洁诚。夫为寄豭，杀之无罪，男秉义程。妻为逃嫁，子不得母，咸化廉清。大治濯俗，天下承风，蒙被休经。皆遵度轨，和安敦勉，莫不顺令。黔首修洁，人乐同则，嘉保太平。后敬奉法，常治无极，舆舟不倾。从臣诵烈，请刻此石，光垂休铭。

　　还过吴，从江乘渡。并海上，北至琅邪。方士徐市等入海求神药，数岁不得，费多，恐谴，乃诈曰："蓬莱药可得，然常为大鲛鱼所苦，故不得至，愿请善射与俱，见则以连弩射之。"始皇梦与海神战，如人状。问占梦，博士曰："水神不可见，以大鱼蛟龙为候。今上祷祠备谨，而有此恶神，当除去，而善神可致。"乃令入海者赍捕巨鱼具，而自以连弩候大鱼出，射之。自琅邪北至荣成山，弗见。至之罘，见巨鱼，射杀一鱼。遂并海西。

　　至平原津而病。始皇恶言死，群臣莫敢言死事。上病益甚，乃为玺书赐公子扶苏曰："与丧会咸阳而葬。"书已封，在中车府令赵高行符玺事所，未授使者。七月丙寅，始皇崩于沙丘平台。丞相斯为上崩在外，恐诸公子及天下有变，乃秘之，不发丧。棺载辒凉车中，故幸宦者参乘，所至上食。百官奏事如故，宦者辄从辒凉车中可其奏事。独子胡亥、赵高及所幸宦者五六人知上死。赵高故尝教胡亥书及狱律令法事，胡亥私幸之。高乃与公子胡亥、丞相斯阴谋破去始皇所封书赐公子扶苏者，而更诈为丞相斯受始皇遗诏沙丘，立子胡亥为太子。更为书赐公子扶苏、蒙恬，数以罪，其赐死。语具在《李斯传》中。行，遂从井陉抵九原。会暑，上辒车臭，乃诏从官令车载一石鲍鱼，以乱其臭。行从直道至咸阳，发丧。太子胡亥袭位，为二世皇帝。

九月，葬始皇郦山。始皇初即位，穿治郦山，及并天下，天下徒送诣七十余万人，穿三泉，下铜而致椁，宫观百官奇器珍怪徙臧满之。令匠作机弩矢，有所穿近者，辄射之。

以水银为百川江河大海，机相灌输，上具天文，下具地理。以人鱼膏为烛，度不灭者久之。二世曰："先帝后宫非有子者，出焉不宜。"皆令从死，死者甚众。葬既已下，或言工匠为机，臧皆知之，臧重即泄。大事毕，已臧，闭中羡，下外羡门，尽闭工匠臧者，无复出者。树草木以象山。

二世皇帝元年，年二十一。赵高为郎中令，任用事。二世下诏，增始皇寝庙牺牲及山川百祀之礼。令群臣议尊始皇庙。群臣皆顿首言曰："古者天子七庙，诸侯五，大夫三，虽万世世不轶毁。今始皇为极庙，四海之内皆献贡职，增牺牲，礼咸备，毋以加。先王庙或在西雍，或在咸阳。天子仪当独奉酌祠始皇庙。自襄公已下轶毁。所置凡七庙。群臣以礼进祠，以尊始皇庙为帝者祖庙。皇帝复自称'朕'。"

二世与赵高谋曰："朕年少，初即位，黔首未集附。先帝巡行郡县，以示强，威服海内。今晏然不巡行，即见弱，毋以臣畜天下。"春，二世东行郡县，李斯从。到碣石，并海，南至会稽，而尽刻始皇所立刻石，石旁著大臣从者名，以章先帝成功盛德焉：

  皇帝曰："金石刻尽始皇帝所为也。今袭号而金石刻辞不称始皇帝，其于久远也如后嗣为之者，不称成功盛德。"丞相臣斯、臣去疾、御史大夫臣德昧死言："臣请具刻诏书刻石，因明白矣。臣昧死请。"制曰："可。"

遂至辽东而还。

于是二世乃遵用赵高，申法令。乃阴与赵高谋曰："大臣不服，官吏尚强，及诸公子必与我争，为之奈何？"高曰："臣固愿言而未敢也。

跟毛泽东读《史记》

先帝之大臣,皆天下累世名贵人也,积功劳世以相传久矣。今高素小贱,陛下幸称举,令在上位,管中事。大臣鞅鞅,特以貌从臣,其心实不服。今上出,不因此时案郡县守尉有罪者诛之,上以振威天下,下以除去上生平所不可者。今时不师文而决于武力,愿陛下遂从时毋疑,即群臣不及谋。明主收举余民,贱者贵之,贫者富之,远者近之,则上下集而国安矣。"二世曰:"善。"乃行诛大臣及诸公子,以罪过连逮少近官三郎,无得立者,而六公子戮死于杜。公子将闾昆弟三人囚于内宫,议其罪独后。二世使使令将闾曰:"公子不臣,罪当死,吏致法焉。"将闾曰:"阙廷之礼,吾未尝敢不从宾赞也;廊庙之位,吾未尝敢失节也;受命应对,吾未尝敢失辞也。何谓不臣?愿闻罪而死。"使者曰:"臣不得与谋,奉书从事。"将闾乃仰天大呼天者三,曰:"天乎!吾无罪!"昆弟三人皆流涕拔剑自杀。宗室振恐。群臣谏者以为诽谤,大吏持禄取容,黔首振恐。

四月,二世还至咸阳,曰:"先帝为咸阳朝廷小,故营阿房宫。为室堂未就,会上崩,罢其作者,复土郦山。郦山事大毕,今释阿房宫弗就,则是章先帝举事过也。"复作阿房宫。外抚四夷,如始皇计。尽征其材士五万人为屯卫咸阳,令教射,狗马禽兽当食者多,度不足,下调郡县转输菽粟刍藁,皆令自赍粮食;咸阳三百里内不得食其谷。用法益刻深。

七月,戍卒陈胜等反故荆地,为"张楚"。胜自立为楚王,居陈,遣诸将徇地。山东郡县少年苦秦吏,皆杀其守尉令丞反,以应陈涉,相立为侯王,合从西乡,名为伐秦,不可胜数也。谒者使东方来,以反者闻二世。二世怒,下吏。后使者至,上问,对曰:"群盗,郡守尉方逐捕,今尽得,不足忧。"上悦。武臣自立为赵王,魏咎为魏王,田儋为齐王。沛公起沛。项梁举兵会稽郡。

二年冬,陈涉所遣周章等将西至戏,兵数十万。二世大惊,与群臣谋曰:"奈何?"少府章邯曰:"盗已至,众强,今发近县不及矣。郦山徒多,请赦之,授兵以击之。"二世乃大赦天下,使章邯将,击破周章军而走,遂杀章曹阳。二世益遣长史司马欣、董翳佐章邯击盗,杀陈胜城父,破项梁定陶,灭魏咎临济。楚地盗名将已死,章邯乃北渡河,击赵王歇等于钜鹿。

赵高说二世曰:"先帝临制天下久,故群臣不敢为非,进邪说。今陛下富于春秋,初即位,奈何与公卿廷决事?事即有误,示群臣短也。天子称朕,固不闻声。"于是二世常居禁中,与高决诸事。其后公卿希得朝见,盗贼益多,而关中卒发东击盗者毋已。右丞相去疾、左丞相斯、将军冯劫进谏曰:"关东群盗并起,秦发兵诛击,所杀亡甚众,然犹不止。盗多,皆以戍漕转作事苦,赋税大也。请且止阿房宫作者,减省四边戍转。"二世曰:"吾闻之韩子曰:'尧、舜采椽不刮,茅茨不翦,饭土塯,啜土形,虽监门之养,不觳于此。禹凿龙门,通大夏,决河亭水,放之海,身自持筑臿,胫毋毛,臣虏之劳不烈于此矣。'凡所为贵有天下者,得肆意极欲,主重明法,下不敢为非,以制御海内矣。夫虞、夏之主,贵为天子,亲处穷苦之实,以徇百姓,尚何于法?朕尊万乘,毋其实,吾欲造千乘之驾,万乘之属,充吾号名。且先帝起诸侯,兼天下,天下已定,外攘四夷以安边竟,作宫室以章得意,而君观先帝功业有绪。今朕即位二年之间,群盗并起,君不能禁,又欲罢先帝之所为,是上毋以报先帝,次不为朕尽忠力,何以在位?"下去疾、斯、劫吏,案责他罪。去疾、劫曰:"将相不辱。"自杀。斯卒囚,就五刑。

三年,章邯等将其卒围钜鹿,楚上将军项羽将楚卒往救钜鹿。冬,赵高为丞相,竟案李斯杀之。夏,章邯等战数却,二世使人让邯,邯恐,使长史欣请事。赵高弗见,又弗信。欣恐,亡去,高使人捕追不及。欣见邯曰:"赵高用事于中,将军有功亦诛,无功亦诛。"项羽急击秦军,虏王离,邯等遂以兵降诸侯。八月己亥,赵高欲为乱,恐群臣不听,乃先设验,持鹿献于二世,曰:"马也。"二世笑曰:"丞相误邪?谓鹿为马。"问左右,左右或默,或言马以阿顺赵高。或言鹿,高因阴中诸言鹿者以法。后群臣皆畏高。

跟毛泽东读《史记》

　　高前数言"关东盗毋能为也",及项羽虏秦将王离等钜鹿下而前,章邯等军数却,上书请益助,燕、赵、齐、楚、韩、魏皆立为王,自关以东,大氐尽畔秦吏应诸侯,诸侯咸率其众西乡。沛公将数万人已屠武关,使人私于高,高恐二世怒,诛及其身,乃谢病不朝见。二世梦白虎啮其左骖马,杀之,心不乐,怪问占梦。卜曰:"泾水为祟。"二世乃斋于望夷宫,欲祠泾,沉四白马。使使责让高以盗贼事。高惧,乃阴与其婿咸阳令阎乐、其弟赵成谋曰:"上不听谏,今事急,欲归祸于吾宗。吾欲易置上,更立公子婴。子婴仁俭,百姓皆载其言。"使郎中令为内应,诈为有大贼,令乐召吏发卒追,劫乐母置高舍。遣乐将吏卒千余人至望夷宫殿门,缚卫令仆射,曰:"贼入此,何不止?"卫令曰:"周庐设卒甚谨,安得贼敢入宫?"乐遂斩卫令,直将吏入,行射,郎宦者大惊,或走或格,格者辄死,死者数十人。郎中令与乐俱入,射上幄坐帏。二世怒,召左右,左右皆惶扰不斗。旁有宦者一人,侍不敢去。二世入内,谓曰:"公何不蚤告我?乃至于此!"宦者曰:"臣不敢言,故得全。使臣蚤言,皆已诛,安得至今?"阎乐前即二世数曰:"足下骄恣,诛杀无道,天下共畔足下,足下其自为计。"二世曰:"丞相可得见否?"乐曰:"不可。"二世曰:"吾愿得一郡为王。"弗许。又曰:"愿为万户侯。"弗许。曰:"愿与妻子为黔首,比诸公子。"阎乐曰:"臣受命于丞相,为天下诛足下,足下虽多言,臣不敢报。"麾其兵进。二世自杀。

　　阎乐归报赵高,赵高乃悉召诸大臣公子,告以诛二世之状。曰:"秦故王国,始皇君天下,故称帝。今六国复自立,秦地益小,乃以空名为帝,不可。宜为王如故,便。"立二世之兄子公子婴为秦王。以黔首葬二世杜南宜春苑中。令子婴斋,当庙见,受王玺。斋五日,子婴与其子二人谋曰:"丞相高杀二世望夷宫,恐群臣诛之,乃详以义立我。我闻赵高乃与楚约,灭秦宗室而王关中。今使我斋见庙,此欲因庙中杀我。我称病不行,丞相必自来,来则杀之。"高使人请子婴数辈,子婴不行,高果自往,曰:"宗庙重事,王奈何不行?"子婴遂刺杀高于斋宫，三族高家以徇咸阳。

子婴为秦王四十六日，楚将沛公破秦军入武关，遂至霸上，使人约降子婴。子婴即系颈以组，白马素车，奉天子玺符，降轵道旁。沛公遂入咸阳，封宫室府库，还军霸上。居月余，诸侯兵至，项籍为从长，杀子婴及秦诸公子宗族。遂屠咸阳，烧其宫室，虏其子女，收其珍宝货财，诸侯共分之。灭秦之后，各分其地为三，名曰雍王、塞王、翟王，号曰三秦。项羽为西楚霸王，主命分天下王诸侯，秦竟灭矣。后五年，天下定于汉。

太史公曰：秦之先伯翳，尝有勋于唐虞之际，受土赐姓。及殷夏之间微散。至周之衰，秦兴，邑于西垂。自缪公以来，稍蚕食诸侯，竟成始皇。始皇自以为功过五帝，地广三王，而羞与之俦。善哉乎贾生推言之也！曰：

秦并兼诸侯山东三十余郡，缮津关，据险塞，修甲兵而守之。然陈涉以戍卒散乱之众数百，奋臂大呼，不用弓戟之兵，锄耰白梃，望屋而食，横行天下。秦人阻险不守，关梁不阖，长戟不刺，强弩不射。楚师深入，战于鸿门，曾无藩篱之艰。于是山东大扰，诸侯并起，豪俊相立。秦使章邯将而东征，章邯因以三军之众要市于外，以谋其上。群臣之不信，可见于此矣。子婴立，遂不寤。藉使子婴有庸主之材，仅得中佐，山东虽乱，秦之地可全而有，宗庙之祀未当绝也。

秦地被山带河以为固，四塞之国也。自缪公以来，至于秦王，二十余君，常为诸侯雄。岂世世贤哉？其势居然也。且天下尝同心并力而攻秦矣。当此之世，贤智并列，良将行其师，贤相通其谋，然困于阻险而不能进，秦乃延入战而为之开关，百万之徒逃北而遂坏。岂勇力智慧不足哉？形不利，势不便也。秦小邑并大城，守险塞而军，高垒毋战，闭关据厄，荷戟而守之。诸侯起于匹夫，以利合，非有素王之行也。其交未亲，其下未附，名为亡秦，其实利之也。彼见秦阻之难犯也，必退师。安土息民，以待其敝，收弱扶罢，以令大国之君，不患不得意于海内。贵为天子，富有天下，而身为禽者，其救败非也。

秦王足己不问，遂过而不变。二世受之，因而不改，暴虐以重祸。子婴孤立无亲，危弱无辅。三主惑而终身不悟，亡，不亦宜乎？当此时也，世非无深虑知化之士也，然所以不敢尽忠拂过者，秦俗多忌讳之禁，忠言未卒于口而身为戮没矣。故使天下之士，倾耳而听，重足而立，拑口而不言。是以三主失道，忠臣不敢谏，智士不敢谋，天下已乱，奸不上闻，岂不哀哉！先王知雍蔽之伤国也，故置公卿大夫士，以饰法设刑，而天下治。其强也，禁暴诛乱而天下服。其弱也，五伯征而诸侯从。其削也，内守外附而社稷存。故秦之盛也，繁法严刑而天下振；及其衰也，百姓怨望而海内畔矣。故周五序得其道，而千余岁不绝。秦本末并失，故不长久。由此观之，安危之统相去远矣。野谚曰"前事之不忘，后事之师也"。是以君子为国，观之上古，验之当世，参以人事，察盛衰之理，审权势之宜，去就有序，变化有时，故旷日长久而社稷安矣。

秦孝公据殽函之固，拥雍州之地，君臣固守而窥周室，有席卷天下，包举宇内，囊括四海之意，并吞八荒之心。当是时，商君佐之，内立法度，务耕织，修守战之备，外连衡而斗诸侯，于是秦人拱手而取西河之外。

孝公既没，惠王、武王、昭王蒙故业，因遗册，南兼汉中，西举巴、蜀，东割膏腴之地，收要害之郡。诸侯恐惧，会盟而谋弱秦，不爱珍器重宝肥美之地，以致天下之士，合从缔交，相与为一。当是时，齐有孟尝，赵有平原，楚有春申，魏有信陵。此四君者，皆明知而忠信，宽厚而爱人，尊贤重士，约从离衡，并韩、魏、燕、楚、齐、赵、宋、卫、中山之众。于是六国之士有甯越、徐尚、苏秦、杜赫之属为之谋，齐明、周最、陈轸、昭滑、楼缓、翟景、苏厉、乐毅之徒通其意，吴起、孙膑、带佗、兒良、王廖、田忌、廉颇、赵奢之朋制其兵。常以十倍之地，百万之众，叩关而

09 评价秦始皇，要一分为二

攻秦。秦人开关延敌，九国之师逡巡遁逃而不敢进。秦无亡矢遗镞之费，而天下诸侯已困矣。于是从散约解，争割地而奉秦。秦有余力而制其弊，追亡逐北，伏尸百万，流血漂橹。因利乘便，宰割天下，分裂河山，强国请服，弱国入朝。延及孝文王、庄襄王，享国日浅，国家无事。

及至秦王，续六世之余烈，振长策而御宇内，吞二周而亡诸侯，履至尊而制六合，执棰拊以鞭笞天下，威振四海。南取百越之地，以为桂林、象郡，百越之君俯首系颈，委命下吏。乃使蒙恬北筑长城而守藩篱，却匈奴七百余里，胡人不敢南下而牧马，士不敢弯弓而报怨。于是废先王之道，焚百家之言，以愚黔首。堕名城，杀豪俊，收天下之兵聚之咸阳，销锋铸镞，以为金人十二，以弱黔首之民。然后斩华为城，因河为津，据亿丈之城，临不测之溪以为固。良将劲弩守要害之处，信臣精卒陈利兵而谁何，天下以定。秦王之心，自以为关中之固，金城千里，子孙帝王万世之业也。

秦王既没，余威振于殊俗。陈涉，瓮牖绳枢之子，甿隶之人，而迁徙之徒，才能不及中人，非有仲尼、墨翟之贤，陶朱、猗顿之富，蹑足行伍之间，而倔起阡陌之中，率罢散之卒，将数百之众，而转攻秦。斩木为兵，揭竿为旗，天下云集响应，赢粮而景从，山东豪俊遂并起而亡秦族矣。

且夫天下非小弱也，雍州之地，崤函之固自若也。陈涉之位，非尊于齐、楚、燕、赵、韩、魏、宋、卫、中山之君；锄櫌棘矜，非铦于句戟长铩也；谪戍之众，非抗于九国之师；深谋远虑，行军用兵之道，非及乡时之士也。然而成败异变，功业相反也。试使山东之国与陈涉度长絜大，比权量力，则不可同年而语矣。然秦以区区之地，千乘之权，招八州而朝同列，百有余年矣。然后以六合为家，崤函为宫，一夫作难而七庙堕，身死人手，为天下笑者，何也？仁义不施而攻守之势异也。

秦并海内，兼诸侯，南面称帝，以养四海，天下之士斐然乡风,若是者何也?曰:近古之无王者久矣。周室卑微,五霸既殁,令不行于天下,是以诸侯力政,强侵弱,众暴寡,兵革不休,士民罢敝。今秦南面而王天下,是上有天子也。既元元之民冀得安其性命,莫不虚心而仰上,当此之时,守威定功,安危之本在于此矣。

秦王怀贪鄙之心,行自奋之智,不信功臣,不亲士民,废王道,立私权,禁文书而酷刑法,先诈力而后仁义,以暴虐为天下始。夫并兼者高诈力,安定者贵顺权,此言取与守不同术也。秦离战国而王天下,其道不易,其政不改,是其所以取之守之者无异也。孤独而有之,故其亡可立而待。借使秦王计上世之事,并殷周之迹,以制御其政,后虽有淫骄之主而未有倾危之患也。故三王之建天下,名号显美,功业长久。

今秦二世立,天下莫不引领而观其政。夫寒者利裋褐而饥者甘糟糠,天下之嗷嗷,新主之资也。此言劳民之易为仁也。乡使二世有庸主之行,而任忠贤,臣主一心而忧海内之患,缟素而正先帝之过,裂地分民以封功臣之后,建国立君以礼天下;虚囹圄而免刑戮,除去收帑污秽之罪,使各反其乡里;发仓廪,散财币,以振孤独穷困之士;轻赋少事,以佐百姓之急;约法省刑以持其后,使天下之人皆得自新,更节修行,各慎其身,塞万民之望,而以威德与天下,天下集矣。即四海之内,皆欢然各自安乐其处,唯恐有变,虽有狡猾之民,无离上之心,则不轨之臣无以饰其智,而暴乱之奸止矣。

二世不行此术,而重之以无道,坏宗庙与民,更始作阿房宫。繁刑严诛,吏治刻深,赏罚不当,赋敛无度,天下多事,吏弗能纪,百姓困穷而主弗收恤。然后奸伪并起,而上下相遁,蒙罪者众,刑戮相望于道,而天下苦之。自君卿以下至于众庶,人怀自危之心,亲处穷苦之实,咸不安其位,故易动也。是以陈涉不用汤、武之贤,不藉公侯之尊,奋臂于大泽而天下响应者,其民危也。故先王见始终之变,知存亡之机,是以牧民之道,务在安之而已。天下虽有逆行之臣，必无响应之助矣。故曰"安民可与行义，而危民易与为非"，此之谓也。贵为天子，富有天下，身不免于戮杀者，正倾非也。是二世之过也。

襄公立，享国十二年。初为西畤。葬西垂。生文公。

文公立，居西垂宫。五十年死，葬西垂。生静公。

静公不享国而死。生宪公。

宪公享国十二年。居西新邑。死，葬衙。生武公、德公、出子。

出子享国六年。居西陵。庶长弗忌、威累、参父三人，率贼贼出子鄙衍。葬衙。武公立。

武公享国二十年。居平阳封宫。葬宣阳聚东南。三庶长伏其罪。德公立。

德公享国二年。居雍大郑宫。生宣公、成公、缪公。葬阳。初伏，以御蛊。

宣公享国十二年。居阳宫。葬阳。初志闰月。

成公享国四年。居雍之宫。葬阳。齐伐山戎、孤竹。

缪公享国三十九年。天子致霸。葬雍。缪公学著人。生康公。

康公享国十二年。居雍高寝。葬䴔社。生共公。

共公享国五年。居雍高寝。葬康公南。生桓公。

桓公享国二十七年。居雍太寝，葬义里丘北。生景公。

景公享国四十年。居雍高寝。葬丘里南。生毕公。

毕公享国三十六年。葬车里北。生夷公。

夷公不享国。死，葬左宫。生惠公。

惠公享国十年。葬车里。生悼公。

悼公享国十五年。葬僖公西。城雍。生剌龚公。

剌龚公享国三十四年。葬入里，生躁公、怀公。其十年，彗星见。

躁公享国十四年。居受寝。葬悼公南。其元年，彗星见。

怀公从晋来。享国四年。葬栎圉氏。生灵公。诸臣围怀公，怀公自杀。

跟毛泽东读《史记》

　　肃灵公，昭子子也。居泾阳。享国十年。葬悼公西。生简公。
　　简公从晋来。享国十五年。葬僖公西。生惠公。其七年，百姓初带剑。
　　惠公享国十三年。葬陵圉。生出公。
　　出公享国二年。出公自杀，葬雍。
　　献公享国二十三年。葬嚣圉。生孝公。
　　孝公享国二十四年。葬弟圉。生惠文王。其十三年，始都咸阳。
　　惠文王享国二十七年。葬公陵。生悼武王。
　　悼武王享国四年。葬永陵。
　　昭襄王享国五十六年。葬茝阳。生孝文王。
　　孝文王享国一年。葬寿陵。生庄襄王。
　　庄襄王享国三年。葬茝阳。生始皇帝。吕不韦相。
　　献公立七年，初行为市。十年，为户籍相伍。
　　孝公立十六年。时桃李冬华。
　　惠文王生十九年而立。立二年，初行钱。有新生婴儿曰"秦且王"。
　　悼武王生十九年而立。立三年，渭水赤三日。
　　昭襄王生十九年而立。立四年，初为田开阡陌。
　　孝文王生五十三年而立。
　　庄襄王生三十二年而立。立二年，取太原地。庄襄王元年，大赦，修先王功臣，施德厚骨肉，布惠于民。东周与诸侯谋秦，秦使相国不韦诛之，尽入其国。秦不绝其祀，以阳人地赐周君，奉其祭祀。
　　始皇享国三十七年。葬郦邑。生二世皇帝。始皇生十三年而立。
　　二世皇帝享国三年。葬宜春。赵高为丞相安武侯。二世生二十年而立。
　　右秦襄公至二世，六百一十岁。
　　孝明皇帝十七年十月十五日乙丑，曰：
　　　　周历已移，仁不代母。秦直其位，吕政残虐。然以诸侯十三，并兼天下，极情纵欲，养育宗亲。三十七年，兵无所不加，制作政

09 评价秦始皇，要一分为二

令，施于后王。盖得圣人之威，河神授图，据狼、狐，蹈参、伐，佐政驱除，距之称始皇。

始皇既殁，胡亥极愚，郦山未毕，复作阿房，以遂前策。云"凡所为贵有天下者，肆意极欲，大臣至欲罢先君所为"。诛斯、去疾，任用赵高。痛哉言乎！人头畜鸣。不威不伐恶，不笃不虚亡。距之不得留，残虐以促期，虽居形便之国，犹不得存。

子婴度次得嗣，冠玉冠，佩华绂，车黄屋，从百司，谒七庙。小人乘非位，莫不恍忽失守，偷安日日，独能长念却虑，父子作权，近取于户牖之间，竟诛猾臣，为君讨贼。高死之后，宾婚未得尽相劳，餐未及下咽，酒未及濡唇，楚兵已屠关中，真人翔霸上，素车婴组，奉其符玺，以归帝者。郑伯茅旌鸾刀，严王退舍。河决不可复雍，鱼烂不可复全。

贾谊、司马迁曰："向使婴有庸主之才，仅得中佐，山东虽乱，秦之地可全而有，宗庙之祀未当绝也。"秦之积衰，天下土崩瓦解，虽有周旦之材，无所复陈其巧，而以责一日之孤，误哉！俗传秦始皇起罪恶，胡亥极，得其理矣。复责小子，云秦地可全，所谓不通时变者也。纪季以酅，《春秋》不名。吾读《秦纪》，至于子婴车裂赵高，未尝不健其决，怜其志。婴死生之义备矣。

（选自《史记·秦始皇本纪》）

【品释文】

秦始皇帝是秦庄襄王的儿子。庄襄王在赵国为秦当质子的时候，见到吕不韦的姬妾，很喜欢，便娶了她，生下始皇帝。因为始皇帝于秦昭王四十八年正月生在邯郸，所以出生后便取名为政，姓赵氏。他十三岁时，庄襄王去世，继立为秦王。这时，秦国已经向南吞并了巴、蜀、汉中，越过宛城占据郢都，并在那里设置了南郡；往北夺取了上郡以东，置有河东、太原、上党三郡；向东到达荥阳，灭掉二周，设置了三川

跟毛泽东读《史记》

郡。吕不韦为相国,封有食邑十万户,号称文信侯。他招揽宾客游士,意欲吞并天下。李斯时为吕不韦舍人。蒙骜、王齮、麃公等为将军。秦王年少,又刚即位,所以国事都交付大臣处理。

晋阳叛乱,秦王政元年,将军蒙骜出兵平定了晋阳叛乱。秦王政二年,麃公率兵攻打卷邑,斩首三万。秦王政三年,蒙骜攻打韩国,夺取十三座城池。将军王齮去世。十月,蒙骜又攻打魏国的畼邑和有诡。这年秦国发生饥荒。秦王政四年,蒙骜攻下畼邑和有诡。三月,蒙骜撤兵。秦国的质子从赵国返回,赵国的太子也离开秦国返回赵国。七月庚寅,蝗虫从东方来,遮天蔽日。天下瘟疫大作。百姓缴纳粮食一千石,升爵一级。秦王政五年,将军蒙骜攻打魏国,酸枣、燕邑、虚邑、长平、雍丘、山阳等城都被攻克,共夺取二十个城邑。初步设置了东郡。冬天出现打雷现象。秦王政六年,韩、魏、赵、卫、楚五国联合攻打秦国,夺取了寿陵。秦国出兵反击,五国联军瓦解。秦军攻克卫国都城濮阳,作为东郡,卫君角率领其支属迁居野王,凭借山势之险来固守魏国的河内之地。秦王政七年,彗星先出现在东方,后出现在北方,五月出现在西方。

将军蒙骜去世。那是因为他在攻打龙邑、孤邑、庆都等城后,又回兵攻打汲邑,劳累所致。彗星又出现在西方,长达十六日。夏太后去世。秦王政八年,秦王的弟弟长安君成蟜率兵攻打赵国,却举兵谋反,死在屯留,他的军吏都被处死,屯留的民众被迁至临洮。前来讨伐成蟜的将军壁在战斗中死去,屯留的士卒蒲鹝又起来造反,把将军壁陈尸示众。这年,黄河泛滥,河中的鱼大批涌上河岸,秦地百姓都乘车骑马到东方去找食物。此时嫪毐受封为长信侯。赐给他山阳县做食邑,让他仍住在京城。宫室、车马、衣服、苑囿、驰猎,一概随其所为,事无大小任其决定。又把河西太原郡改为毐国。

秦王政九年,彗星出现,有时横贯长空。秦军攻打魏国的垣邑和蒲阳。四月,秦王宿于雍县。己酉,秦王行加冠之礼,佩带宝剑。长信侯嫪毐阴谋造反的事被发觉,他盗用秦王御玺及太后印玺,调动雍县的士卒、秦王的卫兵、国家的骑兵、戎翟的首领以及自己的家臣，企图攻打蕲年宫，发动政变。秦王知道后，令相国吕不韦、昌平君、昌文君发兵攻打嫪毐。战于咸阳，斩首数百，凡有战功的都获得爵赏，宦官中参与平叛者也都晋爵一级。嫪毐等战败逃走。秦王下令国中：生擒嫪毐者，赏钱一百万；杀死嫪毐者，赏钱五十万。嫪毐及其党羽全被擒获。卫尉竭、内史肆、佐弋竭、中大夫令齐等二十人都被斩首。将嫪毐车裂后陈尸示众，并灭掉了他的整个家族。嫪毐的舍人，罪轻的罚做劳役三年的鬼薪。受牵连而被剥夺爵位、流放到蜀地去的有四千多户，都被安置在房陵县。此月天气奇寒，竟然有人被冻死。派杨端和攻打魏国的衍氏县。彗星先出现在西方，又出现在北方，在北斗星的南边持续了八十天之久。

秦王政十年，相国吕不韦因受嫪毐牵连被罢官。桓齮被任为将军。齐王、赵王来朝，秦王设酒款待。齐人茅焦劝说秦王道："秦国正以兼并天下为大事，而大王却有流放母后的恶名，恐怕诸侯知道后，会因此背叛秦国。"于是秦王便将太后从雍县接回咸阳，仍然让她住在甘泉宫中。

同时大肆搜捕，驱逐从诸侯国来仕的所有宾客。李斯上书劝阻，秦王才收回成命。李斯乘机游说秦王，劝他首先攻取韩国，以使其他国家感到震恐，于是秦王便派李斯去威逼韩国投降。韩王很是忧虑，便与韩非研究商议削弱秦国的办法。这时大梁人尉缭来到秦国，游说秦王道："拿秦国的强大相比，诸侯们就像是郡县一级的官长。我所担心的是诸侯们合纵联手，出其不意地发动进攻，这也是智伯、夫差与齐湣王之所以灭亡的原因。希望大王不要吝惜财物，舍得重金去贿赂各国有权势的大臣，破坏他们的计谋，这样不过耗费三十万金，各国诸侯就能消灭。"秦王听从了他的计谋，每次接见尉缭都以平等之礼相待，衣着饮食也同自己一样。尉缭私下对人说："秦王这个人，鼻似黄蜂，眼睛细长，胸同鸷鸟，声若豺狼，刻薄少恩而有狼虎之心，穷困时易身居人下，得志时便会张口吃人，我是个布衣之士，然而他接见我时常甘居我

跟毛泽东读《史记》

下,十分客气。假如秦王吞并天下的志向得以实现,那普天下的人就会成为他的奴隶。我不能与这种人长期相处。"于是准备逃走。秦王发现后,极力挽留,任命他为秦国的国尉,完全采用了他的计策。这时李斯开始当权。

秦王政十一年,秦将王翦、桓齮、杨端和攻打赵国的邺县,未能攻克,先夺取了九座城池。王翦攻打阏与、橑杨,这时秦国把三路兵马并为一军,由王翦统率。王翦统率军队十八天,精简俸禄在斗食以下的军吏,仅十中选二留下从军。待至攻下邺县与安阳后,桓齮被任为主将。秦王政十二年,文信侯吕不韦饮鸩而死,为其家臣安葬。对于那些哭临的家臣,若来自三晋,一律驱逐出境;若是秦国本土人,俸禄在六百石以上的削爵流放;俸禄在五百石以下的流放,不削爵。"从今以后,掌握国家大权而行事不循正道,像嫪毐、吕不韦那样的人,都要取消他的户籍而将其满门充作奴隶,一律照此办理。"秋天,免除迁居蜀郡的嫪毐家臣的赋税徭役。这时,天下大旱,从六月起,直至八月才下雨。

秦王政十三年,桓齮率兵进攻赵国的平阳县,杀死赵国将领扈辄,斩首十万。秦王到黄河以南一带视察。正月,彗星出现在东方。十月,桓齮继续攻打赵国。十四年,桓齮攻打赵军于平阳,夺取了宜安县,打败了赵军,杀死了赵国的守将。桓齮于是平定了平阳、武城。韩非出使秦国,秦王采纳李斯的计谋,扣留了韩非,在云阳杀害了韩非。韩王请降称臣。

秦王政十五年,秦国大举兴兵,一路到达邺县,一路到达太原,攻占了狼孟县。这年秦国发生了地震。秦王政十六年九月,派兵接收了韩国所献的南阳地区,任命内史腾为南阳代理郡守。首次下令男子登记年龄。魏国向秦国献地。秦国设置丽邑。秦王政十七年,内史腾进攻韩国,俘虏了韩王安,收缴韩国的全部土地,并在那里设郡,命名颍川郡。这年发生地震。华阳太后去世。百姓遭遇大饥荒。

秦王政十八年,大举兴兵攻赵,王翦率领上地之兵,攻下了井陉,杨端和率领河内之兵,包围了邯郸,羌瘣伐赵。秦王政十九年,王翦、

09 评价秦始皇，要一分为二

羌瘣等全部平定赵国，占领赵地东阳，掳获了赵王迁。又引兵想攻打燕国，屯驻中山。秦王来到邯郸，把当初在赵国生活时，那些曾与他母亲娘家有仇的人全都活埋。秦王返还时，经太原、上郡回到咸阳。这年，秦王的母后去世。赵国的公子嘉率领宗族数百人逃到代地，自立为代王，和东边的燕国联合兵力，驻扎在上谷郡。这年秦国发生了严重的饥荒。

秦王政二十年，燕太子丹担心秦军逼近国境，恐惧不已，派荆轲前去刺杀秦王。结果被秦王发现，遂将荆轲肢解示众，并派王翦、辛胜进攻燕国。燕国、代国出兵迎击秦军，秦军在易水之西打败了燕军。秦王政二十一年，王贲率兵攻楚。秦王增派援兵到王翦军中，王翦终于打败了燕太子丹的军队，攻占了燕都蓟城，拿到了太子丹的首级。燕王喜逃到辽东，收合余众，在那里称王。这时，王翦推托有病，告老还乡。原韩都新郑反叛。昌平君被迁徙到原楚国郢都。这年，秦国下大雪，深达二尺五寸。秦王政二十二年，王贲进攻魏国，引黄河水经鸿沟灌入大梁，大梁城坏，魏王请降，秦国取得了魏国的全部土地。

秦王政二十三年，秦王再次征召王翦，强行起用他，让他率兵攻打楚国。王翦攻取了陈县以南直至平舆的土地，俘虏了楚王，秦王巡游，来到了楚国的新都陈县。楚将项燕拥立昌平君为楚王，在淮水以南抗击秦军。秦王政二十四年，王翦、蒙武往攻项燕荆楚，大败楚军，昌平君战死，项燕自杀。

秦王政二十五年，秦又大举兴兵，派王贲率军攻打辽东，俘获了燕王喜。回军攻代，俘获了代王嘉。这时，王翦也平定了楚国的江南地区；降服了越族的首领，设置了会稽郡。五月，下令特许天下百姓欢聚宴饮。

秦始皇二十六年，齐王田建和他的相国后胜派兵把守齐国的西部疆界，断绝与秦国的往来。秦王派将军王贲从燕地南下进攻齐国，俘虏了齐王田建。

秦王刚刚吞并天下，便下令丞相、御史说："往日韩王交出土地，

147

跟毛泽东读《史记》

献上玉玺，请求做我国的藩臣，不久就背弃盟约，与赵、魏联合起来反叛秦国，所以兴兵讨伐韩国，俘虏了韩王。我认为这是件好事，或许可以息战了。赵王派他的相国李牧前来订立盟约，因而归还了他们的质子。不久他们就背弃了盟约，在太原反叛我，所以兴兵讨伐他们，俘虏了赵王。赵国的公子嘉竟然自立为代王，所以举兵将其消灭。魏王起初约定臣服入秦，不久就与韩、赵合谋袭击秦国，所以派出兵吏前往讨伐，终于将他们击败。楚王已经献出了青阳以西的土地，不久又违背约定，袭击我国的南郡，所以发兵讨伐，俘虏了楚王，终于平定了楚地。燕王昏乱无道，他的太子丹竟然暗中派荆轲前来行刺，我们只好发兵前去诛伐，灭了他们的国家。齐王建采纳后胜的计谋，与秦国断交，想要作乱，我们派兵前往征讨，俘虏了齐王，平定了齐地。我凭着这眇眇之身，兴兵诛伐暴乱，仗着先祖的威灵，使六国之王都已伏罪，天下大势已定。若不更改名号，就无法与取得的功业相称，无法使之流传后世。请大家商议下帝号。"丞相王绾、御史大夫冯劫、廷尉李斯等都说："从前五帝的疆土方圆千里，外面是侯服、夷服之地，诸侯们有的朝贡，有的不朝贡，天子不能控制。如今陛下起正义之师，诛灭残贼，平定天下，设置郡县，法令归于一统，这是自上古以来从未有过的功绩，连五帝也无法企及。我们恭谨地与博士商议说：'古时有天皇，有地皇，有泰皇，泰皇最尊贵。'因此臣等冒死献上尊号，王称'泰皇'，命称'制'，令称'诏'，天子自称为'朕'。"秦王说："去掉'泰'字，留下'皇'字，采用上古'帝'的位号，称为'皇帝'。其他就按你们商议的意见办。"即以天子之命说："可。"于是追尊庄襄王为太上皇。又颁布教命说："我听说太古有号而无谥，中古有号，死后根据生前表现来加谥号。这样做，就是让儿子评议父亲，臣子评议君主了，毫无意义，我不取这种做法。从此以后，废除谥法。我就叫'始皇帝'，后世以数字相称，从二世、三世直到万世，让它的传递无穷无尽。"

始皇帝根据五行之德终始相次之理进行推求，认为周朝得到了火德，秦朝替代周的火德，应当属于火德所不能胜的水德。方今是水德的开始，更改每年的起始月，十月初一群臣入朝贺岁。衣服、旄旌、符节、旗帜的颜色都崇尚黑色。数目以六为准，符节、法冠都是六寸，车子的宽度为六尺，以六尺为一步，驾车的马用六匹。黄河改称德水，以此作为水德的开始。为政强硬果决，暴戾苛刻，处事都依法决断，刻薄严峻，没有仁爱恩德，没有温情道义，认为这样才符合五德演变的原则。于是施行严厉的刑法，对囚禁很久的罪犯也不赦免。

丞相王绾等建言道："各国诸侯刚被消灭，燕、齐、楚三地辽远，不在那里封王，恐怕无法镇抚。请立诸皇子为王，希望皇上准许。"始皇帝把这个意见交给群臣讨论，群臣都认为此话有理。廷尉李斯建议说："周文王、周武王封立的子弟及同姓很多，但是后来亲缘关系疏远，互相攻击如同仇敌，诸侯更是互相诛伐，周天子不能制止。如今仰赖陛下的威灵，海内一统，都分置了郡县，各子弟、功臣都用国家的赋税重加赏赐，这样局面，很容易管制。天下人没有二心，这是国家长治久安的方法。封立诸侯对国家不利。"始皇帝说："天下苦于无休止的战争，就是因为有诸侯王的存在。如今仰赖先祖的神灵，刚刚平定了天下，再度建立诸侯国，这是自我树敌，而要求得安宁，岂不是很困难吗！廷尉的意见很对。"

于是把天下分成三十六郡，每个郡设置郡守、郡尉和监郡。将黎民百姓改称为"黔首"。让天下人聚集饮宴以示庆贺。收缴天下的兵器，集中到咸阳，熔铸成十二个支撑悬挂大钟架子的人形支柱，各重千石，安放在宫廷之中。统一法律制度和度量衡标准。规定车子两轮距离相同。书写采用统一的文字。全国地域东至大海及朝鲜，西至临洮、羌中，南至门朝北开的地区，北以黄河为要塞，沿着阴山直至辽东。把天下豪富十二万户迁到咸阳。秦朝各代先祖的祭庙、章台宫、上林苑都设置在渭水的南岸。秦每灭掉一个诸侯国，就按着被灭国家的宫殿模样，在咸阳城北的山坡上仿建，这些建筑南临渭水，从雍门以东直到泾水、渭水的汇合处，殿宇之间有空中复道相通，环形长廊相连。从各诸侯国掳来的美人、钟鼓，都安置在这些宫殿里面。

跟毛泽东读《史记》

秦始皇二十七年，始皇帝巡视陇西、北地二郡，越过鸡头山，返回时经过回中。于是在渭水之南建造信宫，不久把信宫改名极庙，象征天极星。从极庙修路直通郦山。建造甘泉宫前殿。又修造两侧筑有夹墙的甬道，从咸阳连通这里。这一年，赐给天下民爵一级。修建供皇帝出巡使用的驰道。

秦始皇二十八年，始皇帝东行巡视诸郡县，登上邹峄山。竖立石碑，与鲁地儒生商议刻写石碑，颂扬秦朝的德业，又讨论了封泰山、禅梁父及望祭山川之事。于是登上泰山，竖立石碑，积土筑坛，祭祀上天。下山时，风雨骤至，始皇帝在树下避雨，遂封此树为五大夫。又到梁父辟地为基，祭祀大地。在所立的石碑上镌刻碑文，其辞是：

皇帝监临大位，定立制度申明法令，臣下克谨奉行。值此二十六年，天下初归一统，四方莫不宾从。躬自巡视远方，登临泰山绝顶，遍览东土边境。随臣追思伟绩，探求成功根源，敬而颂其功德。治国之道实施，诸种产业得宜，一切都有法式。大义清明美善，传于后代子孙，永世承继不变。皇帝圣明通达，既已平定天下，毫不懈怠国政。每日夙兴夜寐，谋求长远利益，专注臣民教诲。训导宣达四方，远近受到治理，人人遵奉圣意。贵贱等级分明，男女依礼顺从，人人恪守职责。光明照耀内外，天下清静太平，制度永传后世。教化及于无穷，后世谨遵遗令，千秋万代永承。

于是沿着渤海之滨向东行进，经过黄县、腄县，直抵成山尽头，又登上之罘山，立石勒铭，歌颂秦朝功德，然后离去。

始皇帝南登琅邪山，非常高兴，在此停留了三个月。他把三万户百姓迁居到琅邪山下，免除赋税十二年。修筑琅邪台，立碑刻石，歌颂秦朝功德，表达他的愿望得以实现。碑文写道：

维二十六年，始皇称帝。公平严明法度，万事有了纲纪。人伦关系明确，父子同心协力。皇上圣明仁义，显扬讲明道理。东来安抚边土，检阅视察兵士。巡视既已结束，随即亲临东海。皇帝之功,务在操劳农事。重农抑商,百姓由此富足。普天之下,齐心合力。器械度量统一,文字书写无异。日月所照,舟车所至。尽享天年,人皆满意。适时而为,此乃皇帝之职。纠风正俗,不惜跋山涉水。优抚民众,不懈朝夕。明确法令条文,使人皆知回避。郡守各尽其责,诸事简易处理。举措各得其当,无不整齐划一。皇帝圣明,巡视四方。尊卑贵贱,不逾次行。奸邪无地藏躲,人皆务趋善良。做事尽心竭力,无人敢于怠荒。不论远近偏僻,皆务严肃庄重。正直忠厚,事业有常。皇帝之德,在于安定四方。诛乱除害,兴利致福。行事循时,物产增殖。百姓安宁,兵革不用。六亲相保,终无盗贼。人人乐于奉教,个个通晓法令。普天之下,莫非皇土。西过流沙,南至北户。东至东海,北越大夏。人迹之所能至,莫不称臣归服。功业超过五帝,恩泽施及牛马。无不受到恩德,个个安居乐业。

秦王兼并天下,确立皇帝称号,于是慰抚东方,身临琅邪,列侯武城侯王离、列侯通武侯王贲、伦侯建成侯赵亥、伦侯昌武侯成、伦侯武信侯冯毋择、丞相隗状、丞相王绾、卿李斯、卿王戊、五大夫赵婴、五大夫杨樛,随从巡视,与始皇帝在东海之滨商议。说:"古时称帝的人,拥有的领土方圆不过千里,诸侯各守其封地,有的朝贡天子,有的干脆不去,他们互相侵犯,彼此伤害,攻伐不止,然而却还刻金勒石,记载自己的功业。古时的五帝、三王,实行的智能教化既不相同,法令制度也不分明,只是假借鬼神的威力,来欺骗远方的民众,他们名不副实,所以国运不能长久。有的人还没死,诸侯就已背叛,法令不能推行。当今皇帝统一海内,设置郡县,天下太平。为了光耀祖宗,故而循大道,行仁德,确立了皇帝尊号。群臣一起歌颂皇帝的功德,把颂词刻在金石上,作为后世的楷模。"

立石刻辞结束后,齐人徐市等上书,言说海中有三座神山,名叫蓬莱、方丈、瀛洲,上有仙人居住。希望能让他斋戒沐浴,带领童男童女

跟毛泽东读《史记》

前去寻找。于是派遣徐市挑选童男童女数千人，到海中寻找仙人。

始皇帝返回的时候，路过彭城，斋戒祈祷，想要从泗水中打捞周鼎。他让上千人潜入水中寻找，没有找到。于是就向西南行进，渡过淮水，到达衡山、南郡。接着渡过长江，来到湘山祠。不料遇上大风，几乎不能渡水上山。始皇帝问博士说："湘君是什么神？"博士回答："听说是尧的女儿，舜的妻子，死后埋葬在这里。"于是始皇帝大怒，让三千名刑徒砍光湘山上的树木，使漫山遍野裸露出一片赭红。始皇帝从南郡取道武关回到咸阳。

秦始皇二十九年，始皇帝前往东方巡游。行至阳武县博狼沙时，被刺客所惊。但没有抓到刺客，于是下令全国大规模搜捕十天。

始皇帝又登上之罘山，立碑刻石。其辞曰：

> 维在二十九年，时值仲春二月，阳和之气方兴。皇帝巡游东方，登上之罘观赏，有如日照海上。随臣饱览美景，回想辉煌功业，追念当年情状。圣君始建治道，建立法令制度，彰明准则纪纲。对外教化诸侯，普施文德恩惠，大义公理显扬。六国之君邪僻，贪婪暴戾无厌，虐杀不止疯狂。圣上哀怜众生，遂即发兵讨伐，武德奋力激扬。诛伐仗义守信，兵威四处传布，天下无不臣服。烹杀消灭强暴，拯救百姓黎民，遍安四方远近。普遍施行明法，经营治理天下，成为永久法则。伟大啊！普天之下，无不遵循圣意。群臣称颂功德，请求镌刻石上，垂为后代法式。

东面台观处的石碑刻辞是：

> 维在二十九年，皇帝春季出巡，游览视察远方。来到东海之滨，登上之罘小山，远望初升朝阳。面对壮阔大海，群臣推原思念，圣道英明辉煌。当年皇帝初立，内平宫廷纷乱，外讨诸侯列强。武威遍扬四海，震撼四面八方，擒灭六国之王。开拓吞并天下，除尽种种灾害，兵甲入库收藏。皇帝修明圣德，经营治理宇内，明视兼听不息。建立爵位等级，设置各种表爵级的器用，各级官员都有表明自己职权的旗帜。职臣谨守本分，各知所司事物，诸

09 评价秦始皇，要一分为二

事皆无嫌疑。百姓移风易俗，远近同一法度，实乃旷古所无。惯常职分既定，后嗣遵循先业，永远奉行圣治。群臣赞美圣德，敬颂皇帝功业，请刻之罘之石。

随即始皇帝又去了琅邪，经上党西行入关。

秦始皇三十年，没有大事发生。秦始皇三十一年十二月，把腊祭改称"嘉平"。赏赐给每条里巷的百姓米六石、羊两只。始皇帝微服出游咸阳，由四名武士陪着，夜间出来时，在兰池宫外遇上盗贼，被盗贼劫持，武士击杀了强盗，于是在关中大肆搜捕了二十天。其时米价涨至每石一千六百钱。

秦始皇三十二年，始皇帝东至碣石山，派燕人卢生去寻找羡门、高誓两位仙人。在碣石山的山前岩壁上镌刻铭文。其辞为：

于是兴师用兵，诛戮无道之君，消灭各路叛逆。用武剪除暴徒，依法昭雪无辜，民心尽皆悦服。论功行赏臣民，赏赐及于牛马，恩泽遍于大地。皇帝奋发神威，以德兼并诸侯，首次太平统一。拆除诸国城墙，疏通河川堤防，铲平一切险阻。地势已经平坦，黎民不苦徭役，天下尽获抚慰。男人乐于耕作，女人修治女红，事事井然有序。皇恩普施百业，游民返回家园，无不乐业安居。群臣歌颂功德，敬请镌刻此石，留作后世规矩。

于是派韩终、侯公、石生等人去寻找仙人及不死之药。始皇帝沿着北部边境巡视，经由上郡返回。燕人卢生从海上返回后，借着汇报鬼神之事，趁机献上图谶书，其中有言"亡秦者胡也"。始皇帝便派将军蒙恬发兵三十万，北出讨伐匈奴，夺取了河套一带土地。

秦始皇三十三年，征调那些曾经逃亡的罪犯、入赘的男子、商人去攻取陆梁之地，设立了桂林、象郡、南海三郡，把有罪应当流徙的人派去戍守。在西北地区击退匈奴。从榆中沿黄河向东，直到阴山，设立三十四个县，并沿河修筑长城，设置要塞。又派蒙恬渡过黄河北取高阙、阳山、北假中地带，修筑亭障塞堡以驱逐匈奴人。强制内地的罪犯搬迁到这些新设立的县邑中。禁止民间祭祀。彗星出现在西方。秦始皇三十

153

跟毛泽东读《史记》

四年，流放那些断案不公的官吏，让他们去修筑长城，或戍守南越。

始皇帝在咸阳宫摆酒设宴，七十名博士上前敬酒祝贺。仆射周青臣颂扬说："过去秦国的疆域方圆不过千里，仰仗着陛下的威灵圣明，平定了四海，驱逐了蛮夷，凡是日月所照的地方，无不臣服。把各国诸侯的领土设置为郡县，人人安居乐业，不再有战争之忧，这种功业将会流传万世。自古以来没人能比得上陛下的威德。"始皇帝听了很高兴。博士齐人淳于越进言说："臣听说商、周统治天下各有一千多年，他们分封子弟功臣，作为自己的辅助势力。如今陛下拥有天下，而子弟却都是平民百姓，日后万一出现像田常、六卿那样的逆臣，朝廷孤立无援，谁来相救呢？做事不以古为师而能维持长久的，从未听说过。现在周青臣又当面奉承，来加重陛下的过失，这样的人绝不是忠臣。"

始皇帝把他们的意见交给臣下讨论。丞相李斯上书说："五帝的制度不相重复，三代的制度不相因袭，但各自都得到治理，不是后代一定要与前代相反，这是时代变化的缘故。现在陛下创建了宏伟的大业，建立了万世不朽的功勋，本来不是愚蠢的读书人所能理解的。况且淳于越所说的乃是三代之事，有什么可效法的？从前诸侯相争，用优厚的待遇招揽游学之士。如今天下已定，法令统一，百姓在家就要努力务农做工，士人们则应学好法律禁令。现在这些读书人不研究现实而去模仿古人，他们指责现行制度，蛊惑百姓。我丞相李斯冒死进言：古代天下纷乱，没人能够统一，所以诸侯并立，人们的言论多颂扬古代而为害当今，文饰虚言而扰乱名实，各自欣赏私下所学的知识，非议君主所建立的制度。如今皇帝兼并了天下，分辨是非善恶，一切定于一尊。可那些持守异说的人却一起非议朝廷的法令，听到有法令下达，就各用自己的学说来妄加议论，入朝时就在内心非难，在君主面前自我吹嘘以求取名利，出朝后便去巷议街谈，故意标新立异来抬高自己，领着一群下民造谣诽谤。这种现象如不及时禁止，那么皇帝的威信就要扫地，下面的朋党就会形成。我认为还是严加禁止为好。我请求让史官把凡不是秦国的典籍全部烧掉。凡不是博士官所主管，私人藏有的《诗》《书》、诸子

09 评价秦始皇，要一分为二

百家著作，通通送到郡守、郡尉那里烧毁。有敢相互私语《诗》《书》的，在闹市处死示众，敢颂古非今的灭族。官吏知情不报的与之同罪。命令下达三十天还敢持书不烧的处以黥刑，罚为刑徒城旦。只有医药、卜筮、种树一类的书留下来不烧。如果想学法令，可以拜官吏为师。"始皇帝批示说："可以。"

秦始皇三十五年，修筑经由九原抵达云阳的道路，挖山填谷，直线通达。这时，始皇帝认为咸阳宫廷里的人多，而先王留下来的宫室窄小，又听说当初周文王建都于丰，周武王建都于镐，看来丰、镐一带确实是帝王建都的好地方。于是始皇帝便着手在渭水南岸的上林苑里兴建接受朝拜的宫殿。他首先在阿房这个地方建造前殿，此殿东西长五百步，南北宽五十丈，殿上可以容纳上万人，殿下可以竖起五丈高的大旗。环殿建有空中通道，此道从殿下直达终南山。他在终南山的两个山头立表，让它们作为朝宫门前的双阙。又修建空中通道从阿房北渡渭水，一直与咸阳连接，以此象征天上的"阁道"星越过天河直抵"营室"宿。阿房宫尚未修完，故暂时以"阿房"称之；想等完工后再另起一个好的名称。因为这座宫殿建造在阿房，所以后来的人们就称之为"阿房宫"了。当时被征调前来充当劳役的隐宫刑徒共有七十余万人，他们一半建造阿房宫，一半建造骊山的始皇陵。他们把从北山开采的石头，把蜀地、楚地出产的木料都运输到这里以备使用。秦王朝的离宫别馆，光是关中地区就有三百多所，在关东还有四百多处。始皇帝在东海之滨的朐县竖起石碣，以之作为秦王朝的东大门。随后他又下令让三万户搬迁到丽邑，以繁荣骊山墓区，让五万家搬迁到云阳，以繁荣甘泉宫一带的游览地，凡搬迁者一律免除十年的赋税徭役。

卢生劝始皇帝说："我等寻找灵芝奇药与仙人，常常找不到，很像是有什么东西从中捣乱。仙方上说，人主应按时隐秘行踪，远离恶鬼，远离了恶鬼，仙人才会到来。人主所居之处被臣属知道，就妨碍神仙的到来。仙人是入水不湿、入火不燃，能腾云驾雾，与天地齐寿。如今皇上治理天下，不能恬淡寡欲。希望您今后居住的宫殿不要让人知道，那

跟毛泽东读《史记》

样不死之药就大概可以得到了。"于是始皇帝说:"我羡慕真人,今后也要自称'真人',不再称'朕'。"随即命令咸阳周围二百里内的二百七十多座宫观,都用复道或甬道连接起来,把大量的帷帐、钟鼓、美女都安置在里面,各种布置不得移动。所临幸之处,如果有人泄露,罪当处死。有一次始皇帝到了梁山宫,从山上望见丞相的车骑侍从非常气派,心中不快。宫中有人将这件事告知了丞相,丞相从此便减少了侍从。始皇帝知道后大怒道:"这是宫中有人将我的话泄露了出去。"他拷问身边的人,没人承认,于是就下令逮捕当时在场的人,把他们全部杀掉。从此以后,再没有人知道始皇帝的行踪。始皇帝听理朝政,群臣受命决断事情,一律在咸阳宫。

  侯生与卢生商量说:"始皇帝为人,生性暴戾,刚愎自用,他由诸侯起家,吞并天下,志得意满,为所欲为,觉得自古以来,无人能及。他一心任用治狱之吏,治狱之吏都备受宠幸。博士虽然设有七十人,但只是备员充数,并不信用。连丞相与诸大臣也都是接受始皇帝既定的命令,按照他的指示办事。始皇帝喜欢用严刑酷法维持树立威严,官吏们害怕获罪,只想守住爵位,没有人敢竭诚尽忠。始皇帝听不到自己的过失而日益骄横,臣子们慑服欺骗以苟合取容。秦法规定,每个方士不能兼用两种方伎,他的方伎如不灵验,就会被处死。那些占候星相云气的方士多达三百人,都是忠良之士,因为心存畏忌,只能避讳奉承,谁也不敢直言始皇帝的过失。天下之事不论大小,都由始皇帝决定,始皇帝甚至用秤来称批阅的文书,每天都有一定的额数,达不到就不休息。他贪恋权势到了如此地步,不能为他寻找仙药。"于是就偷跑了。始皇帝听说二人逃走,就大怒说:"我先前收缴天下书籍,那些不合时用的已全部烧了,我之所以招纳这么多文学、方术之士,是想让文学之士帮我实现振兴太平,方术之士帮我寻找奇药。今天听说韩众一去不返,徐市等人耗费巨万,终究没有找到仙药,每天听到的空有一些图谋私利相互告发的小事。对卢生等人,我尊重他们,赏赐丰厚,可他们现在也居然诽谤我,想借此加重我的不德。咸阳城里的那些书生,我派人调查过,发现有人制造妖言，蛊惑百姓。"于是派御史把这些书生一一审讯，他们相互揭发，相互牵引，最后始皇帝亲自圈定触犯法禁的四百六十多人，全部活埋于咸阳，并告示天下，以惩前毖后。这一年，征发更多的犯人去戍守边疆。始皇帝的长子扶苏劝谏道："天下刚刚平定，远方民众尚未安抚，那些儒生诵读诗书，师法孔子，如今皇上用重刑来惩治他们，我担心天下会因此不安宁。希望皇上明察。"始皇帝很生气，就把扶苏派往北方的上郡，去给蒙恬做监军。

秦始皇三十六年，火星运行到了心宿的位置。有颗流星坠落东郡，到达地面变为陨石，百姓中有人在石上刻字说"始皇帝死而地分"。始皇帝听说后，就派御史前去逐个盘问，没人招认，于是便把陨石周围的居民全抓起来杀掉，并焚毁了这块陨石。始皇帝闷闷不乐，命博士们作《仙真人诗》，等到巡游天下的时候，让乐工们演唱。这年秋天，有使者从关东出使回来，晚上经过华阴县的平舒邑时，有人手持玉璧拦住使者说："请替我送给滈池君。"又说："明年祖龙死。"使者问其缘由，那人忽然不见了，只是离去时留下了玉璧。使者献上玉璧，并详细报告原委。始皇帝沉默了许久，说："山鬼只能知道一年之内的事情。"退朝之后又说："祖龙，是人的先祖。"他让御史查看玉璧，竟然是二十八年出巡过江时，祭祀江神所沉的玉璧。于是始皇帝使人占卜，卦象说是皇帝巡游、百姓迁徙就会吉利。于是向北河、榆中一带迁徙百姓三万家，给被迁人家的户主赐爵一级。

秦始皇三十七年十月癸丑，始皇帝巡游天下。左丞相李斯随驾，右丞相冯去疾留守京城。小儿子胡亥受始皇帝宠爱，请求跟随他出行，始皇帝同意了。十一月，始皇帝一行到达云梦泽，遥祭虞舜于九疑山。而后乘船顺江而下，观览籍柯，渡过江渚。途经丹阳，到达钱塘。在浙江岸边，见波涛凶恶，无法渡过，于是西行一百二十里，从江面狭窄的地方渡过。接着登上会稽山，祭祀大禹陵，遥祭南海神，最后在会稽山立石勒铭，歌颂秦王朝的功德。其文是：

皇帝功业盛美，平定统一天下，德惠深厚绵长。值此三十七年,躬自巡行天下,遍游观览远方。登临会稽山峰,察看民间习俗,百姓恭谨端庄。群臣齐颂功德,推原皇帝事迹,追溯英明高强。秦朝圣君临位,创制刑名法度,发扬旧有典章。初建公平法则,审慎区分职责,确立永久纲常。六王专横荒悖,贪婪傲慢凶狠,凭借人多逞强。暴虐横行无忌,倚仗武力骄横,屡起干戈刀枪。暗中派遣使者,联合六国合纵,行为邪恶猖狂。对内心怀奸诈,向外侵我边境,由此引起祸殃。仗义扬威诛讨,消灭凶暴叛逆,乱贼终于灭亡。圣德广博深厚,六合四海之内,恩泽覆盖无疆。皇帝统一天下,兼听并视万事,远近处处清平。运筹治理国事,样样考察验实,分别记录其名。进言不分贵贱,善否当面陈述,无人隐瞒实情。文过宣扬大义,夫死有子改嫁,是为背叛不贞。内外分隔防范,禁止放荡淫乱,男女贞洁信诚。丈夫淫于他室,杀之不算罪过,男子应守规程。妻子逃走另嫁,子女不以为母,风俗感化清正。社会涤除恶俗,四海谨承教诲,沐浴皇帝熏风。人人遵守规矩,和睦安乐勤勉,无不顺从国家法令。百姓品德修洁,愿守同一法制,乐保天下太平。后世敬奉圣法,国家长治久安,舟车不翻不倾。从臣颂扬功德,请求刻石作铭,千秋永放光明。

始皇帝返回途中,经过吴县,从江乘县渡过长江。沿着海边北上,到达琅邪。方士徐市等人到海上寻找神仙之药,多年没有得到,耗费钱财甚多,害怕遭到指责,于是诈称:"蓬莱仙药可得,但时常被大鲛鱼袭扰,所以无法得到,希望皇上派善射者同往,发现鲛鱼便可用连弩射死它。"刚好始皇帝也梦见同海神交战,海神的样子与人相似。他问占梦的博士,博士说:"水神是人所见不到的,以大鱼和蛟龙作为出没的征兆。如今皇上祝祷十分恭谨,却还有此恶神出现,应当把它除掉,而后善神才能到来。"于是始皇帝就令入海求仙者携带捕捉大鱼的器具,而自己则带着弓弩,以备大鱼出现时射杀它。始皇帝从琅邪山北行,直到荣成山,也没有遇到大鱼出现。行到之罘时,见到了大鱼,射死了一条。接着又沿海岸西行。

行至平原津时，始皇帝就病了。始皇帝厌恶说"死"字，群臣没人敢提死的事情。始皇帝病得越发严重，便给长子扶苏写了一封加盖御玺的诏书，说："回咸阳来，迎接我的灵车，处理丧葬事宜。"诏书已经封好，放在中车府令兼管皇帝御玺的赵高手里，还没有交给使者。七月丙寅，始皇帝在沙丘宫平台之中驾崩。丞相李斯担心皇帝死在外面，身在咸阳的诸位皇子与各地的势力会乘机制造变故，于是秘不发丧。他把始皇帝的棺柩装在辒凉车中，让原来受始皇帝宠幸的宦官陪乘，所到之地，照旧送上饭食。百官像往常一样上奏国事，宦官则在辒凉车中批奏。只有皇子胡亥、赵高和五六个曾受始皇帝宠幸的宦官知道始皇帝已经死去。赵高过去曾教胡亥写字和狱律法令等事，胡亥私下很亲近他。赵高就同皇子胡亥、丞相李斯暗中密谋，毁掉了始皇帝赐给公子扶苏的那封已经封好的诏书，而另外诈称丞相李斯在沙丘接受始皇帝遗诏，立皇子胡亥为太子。又假造诏书送给公子扶苏、蒙恬，列举他们的罪状，赐命他们自杀。这些事情都记载在《李斯列传》中。胡亥等人继续前行，于是从井陉到达九原。正赶上暑天，始皇帝的辒凉车里散发出臭味，于是就命令随从官员每车装载一石鲍鱼，用来混淆始皇帝尸体的臭味。李斯等从九原郡沿直道返回咸阳后，这才发布了始皇帝驾崩的消息。太子胡亥继承皇位，是为二世皇帝。

九月，把始皇帝安葬于郦山。早在始皇帝刚即位时，就开山凿洞，着手建造郦山陵墓了。等到吞并天下后，便从各地调集囚徒七十余万人，送到郦山，投入陵墓营建之中。为修地宫，他们向下挖过了多层泉水，用熔化的铜液浇灌封锢，再将棺椁放置进去，墓中还建有宫殿，列着百官次位，堆满各种珍奇宝物。令工匠们安装由机关操纵的弓弩，一旦有人掘墓靠近，弓弩就会自动射向目标。地宫里有用水银制成的百川江河大海，用机关控制互相灌注流通，地宫的上空绘有日月星辰，下面刻有地理景观。其中点着人鱼油脂制成的蜡烛，估计燃烧很久也不会熄灭。二世皇帝说："先帝后宫的嫔妃，没有子女的，不能放出宫去。"

跟毛泽东读《史记》

就令她们全部殉葬，殉葬的人很多。安葬事宜完毕后，有人说，工匠为陵墓设置了机关，地宫里所藏的宝物，他们都是知道的，宝物多而贵重，一旦泄露消息，那就要坏大事。于是殉葬物品装藏完毕时，便将墓道的中门先行关闭，接着又将外门关闭，把所有的工匠与向地宫搬运殉葬物品的人员通通关在了里面，没有一个人能活着出来的。而后堆土成丘，在山丘上种植草木，装饰得像山一般。

秦二世元年，皇帝二十一岁。赵高为郎中令，执掌朝政大权。二世皇帝下诏，增加始皇帝寝庙的祭品以及祭祀山川神灵的礼数，又让群臣商量如何尊崇始皇帝庙。大臣们都叩头进言道："古时天子祭祀的祖先是七代，诸侯五代，大夫三代，即使万世之后，也不能撤除。如今应尊称始皇帝庙为极庙，四海之内都要给始皇帝庙献贡，要增其供品数量，做到礼数周全，使后代不能有所超越。先祖之庙有的在西雍，有的在咸阳，按照天子的礼仪，今后只需亲自捧酒祭祀始皇帝庙就行了。自襄公以下，各庙都废除。所设祖庙共有七座，群臣按照礼仪进行祭祀，借以尊崇始皇帝庙为秦国为帝者的祖庙。皇帝仍应自称为'朕'。"

二世皇帝与赵高商量说："我年轻，刚即位，民心尚未归附。先帝当年常以出巡各地，来显示强大，慑服天下。如果我安然不动，不去巡游，就显得软弱无力，无法统治天下。"春天，二世皇帝东行巡视各郡县，李斯随从。他们先到碣石，沿着海岸南行，抵达会稽。凡是有始皇帝刻石的地方，二世皇帝就在这刻石的侧面刻上当年随行的大臣名字，借此彰显始皇帝的伟大功绩与隆盛德业。

二世皇帝说："这些金石刻辞全是始皇帝所为。如今我继承了皇帝的称号，而这些金石刻辞中不称始皇帝，日久之后，就好像是后世皇帝所为，这不能彰扬始皇帝的伟大功绩与隆盛德业。"丞相李斯、冯去疾、御史大夫德冒死上奏说："臣等请求把这份诏书刻在山石上，这样就清楚了。臣等冒死请求。"二世皇帝批复说："可以。"

于是又巡行到辽东，而后返回。

09 评价秦始皇，要一分为二

这时，二世皇帝采纳了赵高的建议，申明法令。私下与赵高商量道："大臣们心中不服，官吏们势力还很强大，诸公子必然会与我争夺权力，该怎么办呢？"赵高说："我本来就想说，但还没敢说。先帝的大臣，都出自负有名望的权贵之家，累世功勋，代代相传，为时已久。我赵高向来位低名贱，如今陛下宠幸我，抬举我，让我高居上位，掌管宫中事务。大臣们怏怏不乐，只是表面上顺从我，其实内心并不服气。现在您外出巡行，何不趁着这一时机，查办一批有罪的郡、县长官，把他们杀掉，这样做，上则威震天下，下则铲除您平生不满的人。现在不能师法文治，而要决于武力，希望陛下要抓紧时机，不要迟疑，让那些群臣百官来不及想对策。您这英明的君主可以收揽起用遗民，低贱的使他高贵，贫穷的使他富有，疏远的亲近他，这样就会上下辑睦，国家安定。"二世皇帝说："好。"于是边巡游，边诛杀朝中大臣和皇室兄弟，假借罪名互相株连，来逮捕地位较低的近侍之臣和三署郎官，无人能够幸免，始皇帝的六个儿子被处死在杜县。皇子将闾兄弟三人被囚禁于内宫，等待议罪。二世皇帝派使者对将闾下令说："你没有做臣子的样子，按所犯罪行应当处死，法官将给予制裁。"将闾说："宫廷的礼仪，我未尝敢不按司礼官的唱赞来行动；朝廷上的位次，我未尝敢有越礼的表现；承命回答问题，我未尝敢有言语上的差错。怎么会没有臣子的样子呢？我希望知道自己的罪行而后再死。"使者说："我不能和你讨论这些，只知道奉命行事。"将闾于是仰面向着苍天连声大呼："天啊！我没有罪啊！"兄弟三人都涕泪俱下，拔剑自杀。宗室为之震动，恐惧不安。群臣中有敢劝谏的都被认为是诽谤朝廷，大臣们为保住俸禄，苟合取容，百姓个个惊恐不已。

四月，二世皇帝回到咸阳，说："先帝因为咸阳的宫殿不够宽广，所以营建阿房宫。室堂尚未建成，适值始皇帝驾崩，只得让修建的人停下来，调到郦山去修筑陵墓。如今郦山陵事已大体完工，如果还搁置阿房宫不完成，就是彰显先帝办事有所失误。"于是重新修建阿房宫。同时出兵讨伐四夷，按着始皇帝当初的计划进行。又征调身强力壮的士卒

跟毛泽东读《史记》

五万人驻守咸阳,并让他们教人射箭,驯养狗马禽兽,以供皇帝狩猎或玩赏之用,由于张口吃食者太多,粮草供应不足,于是就从下面各郡县征调运送粮食和草料,并让转运人员都自带干粮,不得取用咸阳三百里以内的粮食。施法更加严酷。

七月,派往守边的戍卒陈胜等在原楚国之地造反,号称"张楚"。陈胜自立为楚王,驻兵于陈县,派遣将领四处攻占地盘。崤山以东各郡县被秦朝官吏害惨了的年轻人,都纷纷起来杀掉当地的县令、县丞造反,来响应陈胜,他们相继自立为王侯,联合起来向西进发,打着"伐秦"旗号的队伍之多,简直不可胜数。有个谒者从东方出使归来,把东方造反的事情报知给二世皇帝。二世皇帝很生气,就把这谒者交给法吏查办。此后再有使者回来,二世皇帝再问,使者就回答说:"那都是一些毛贼,郡守、郡尉正在追捕,很快就会全部抓获,不足为虑。"二世皇帝非常高兴。这时,武臣自立为赵王,魏咎自立为魏王,田儋自立为齐王。沛公刘邦在沛县起兵。项梁在会稽郡起兵。

秦二世二年冬,陈涉所派遣的周章等人已经率兵西进,攻至戏水附近,拥兵数十万。二世皇帝大惊,与群臣商量道:"这可怎么办?"少府章邯说:"盗匪已到跟前,且人多势众,征调周围郡县的士卒已经来不及了。在郦山服役的囚徒人数众多,请皇上赦免其罪,发给他们武器,让他们前去迎击。"于是二世皇帝大赦天下,任命章邯为将军,章邯果然把周章的军队打得大败而逃,并将周章追杀于曹阳。二世皇帝又派长史司马欣、董翳增援章邯,攻打盗匪,杀陈胜于城父,败项梁于定陶,灭魏咎于临济。楚地盗匪中的有名将领都已死去,章邯于是北渡黄河,到钜鹿一带去进击赵王歇等人。

赵高劝告二世皇帝说:"先帝监临控制天下的时间长,所以群臣不敢为非作歹,进言异端邪说。如今陛下年轻,刚刚即位,怎么能同公卿大臣一起在朝廷上决断事情呢?事情如果决断错了,那就在群臣面前暴露了弱点。天子自称为朕,本来就只能让人听到声音。"于是二世皇帝便长居深宫,只同赵高决断诸事。此后公卿大臣很少有机会朝见皇上,各地造反的队伍却越来越多，关中士兵源源不断地被调去东方剿贼。右丞相冯去疾、左丞相李斯、将军冯劫进谏说："关东盗贼纷纷而起，朝廷派兵前去诛讨，被杀死的与赶跑的很多，然而还不能平息。盗贼之所以越来越多，都是因为戍边、运输、劳作的事情太苦，赋税太重。请皇上暂停阿房宫的修建，削减四方边境的守军并减少向四方边境运送粮食。"二世皇帝说："我听韩非子说过：'尧、舜采伐用作椽子的材料都不加砍削，苫盖屋顶的茅草也不加修剪，用陶制的粗碗吃饭，用陶制的粗杯喝汤，即使是供给看守城门的吃食用品，也不俭薄到这种程度。大禹开凿龙门，南通大夏，疏通河道，泄导积水，使之注入大海，他亲自拿着杵和锹，腿上的毛都被磨光了，即使是奴隶的劳苦，也不会比这个更繁重。'凡是尊贵而享有天下的人，应该能随心所欲，为所欲为，要做的主要是申明法令，让下面的人不敢做坏事，而以此统治天下。像虞舜、夏禹那样的君主，虽贵为天子，却身处穷苦的境地，为百姓作出牺牲，那还要法令干什么？我尊为万乘之君，却没有万乘之实，我要制造一千乘车驾，设置一万乘的随从，来充实我万乘之君的名号。况且先帝起自诸侯，兼并天下，天下平定之后，外攘四夷以安定边境，修建宫室以显示成功，你们清楚地看到，先帝的功业有条有理。如今我即位两年之间，却闹得群盗并起，你们不能制止，反而想废除先帝要做的事情，这首先就无法报答先帝，其次也表明你们不肯对我尽忠效力，你们凭什么居此职位？"就将冯去疾、李斯、冯劫交由狱吏囚禁，审查追究他们的其他罪行。冯去疾、冯劫说："将相不能下狱受辱。"便自杀了。李斯则接受囚禁，遍受各种刑罚。

秦二世三年，章邯等率兵包围钜鹿，楚上将军项羽率楚军前往援救。冬天，赵高做了丞相，彻底查办李斯，杀死了他。夏天，章邯等人在战场上屡屡退却，二世皇帝派人斥责章邯，章邯恐惧，派长史欣回朝请示。赵高不肯接见他，也不相信他。长史欣很害怕，就逃离京城，赵高派人捉拿，没有追上。长史欣见到章邯说："赵高在朝廷中操纵大权，将军您有功也要被杀，无功也要被杀。"项羽加紧进攻秦军，俘虏

跟毛泽东读《史记》

了王离，章邯等便率军投降了项羽。八月己亥，赵高想要作乱，害怕群臣不从，就预先做了一个试验，他牵来一头鹿献给二世皇帝说："这是一匹马。"二世皇帝笑着说："丞相搞错了吧？你把鹿当成了马。"赵高便问左右大臣，大臣们有的默不作声；有的说是马，来阿谀迎合赵高。有的说是鹿，凡是说是鹿的，赵高就假借法律暗中加以陷害。从此群臣都畏惧赵高。

赵高先前曾多次说过"关东的盗贼不会有什么作为"，及至项羽在钜鹿城下俘虏了秦将王离等人，继续向前推进；章邯等人的军队屡次败退，上书请求增援，燕、赵、齐、楚、韩、魏都自立为王，从函谷关往东，差不多都背叛了秦朝官吏，响应各路诸侯，诸侯们都率领自己的军队向西杀来。沛公刘邦率领着数万人已经杀进武关，派人与赵高私下联络，赵高怕二世皇帝发怒怪罪，诛杀自己，就推说有病，不去朝见。二世皇帝梦见白虎咬啮他的左骖马，马被咬死，心中闷闷不乐，感到奇怪，去问占梦博士。占梦者说："是泾水之神作祟。"二世皇帝于是在望夷宫斋戒，意欲前去祭祀泾水水神，把四匹白马沉入水中。二世皇帝又派使者拿有关盗贼的事情责问赵高。赵高害怕，就暗地里和女婿咸阳令阎乐、弟弟赵成商量道："皇上不听劝告，如今事已危急，想要嫁祸于我们的家族。我想更换皇帝，改立公子婴。子婴仁爱俭约，百姓都听信他的话。"于是安排郎中令做内应，谎称有大群盗贼来袭，命令阎乐召集官吏发兵追捕，劫持了阎乐的母亲，安置在自己府内，防止阎乐有二心。赵高派阎乐带领吏卒一千多人来到望夷宫殿门，把守卫宫门的卫令仆射捆绑起来，说："盗贼都跑进宫里了，为什么不阻止？"卫令说："四周庐舍都设有士卒，防守非常严密，怎么会有盗贼入宫呢？"阎乐不由分说杀掉卫令，带领吏卒直入望夷宫内，他边走边射，宫中的郎官、宦官慌作一团，有的逃走，有的格斗，凡敢格斗的立即被杀死，被杀的有几十个人。郎中令和阎乐一起进殿，用箭射向二世皇帝坐息的帷帐。二世皇帝大怒，召唤左右侍从人员，左右侍从人员都惶恐纷乱，不敢上前搏斗。二世皇帝身旁只有一个宦者，仍在侍候二世皇帝，不敢离开。二世皇帝逃入内室，对他说："你为什么不早告诉我？竟到了这种地步！"宦官说："我不敢说，所以能保住性命。假如我早说了，就已经被杀死，哪会活到现在？"阎乐进来对着二世皇帝数落说："你骄横放纵，肆意诛杀，昏庸无道，天下人都背叛你了，你自作打算吧。"二世皇帝说："我能见见丞相吗？"阎乐说："不能。"二世皇帝说："我希望得到一个郡，去做一郡之王。"阎乐不答应。二世皇帝又说："我愿做个万户侯。"阎乐仍不答应。二世皇帝说："我愿带着妻子儿女去做平民百姓，与那些公子一样。"阎乐说："我受丞相之命，替天下人来处死你，你虽然说了这么多话，但我不敢向丞相报告。"阎乐指挥他的士卒向前进击。二世皇帝自杀。

　　阎乐回来向赵高报告，赵高就把所有大臣和公子都召集起来，告诉他们诛杀二世皇帝的情况。赵高说："秦原先也是诸侯王国，始皇帝君临天下，所以号称皇帝。现在六国重又自立，秦国地域日益缩小，如果仍然称帝，空有其名，这是不行的。应该像过去一样称王，这比较适宜。"于是立二世皇帝哥哥的儿子公子婴为秦王。用百姓的礼仪规格，把二世皇帝埋葬在杜县南面的宜春苑中。赵高让子婴斋戒，准备到宗庙参拜祖先，接受秦王印玺。斋戒到第五天，子婴和他的两个儿子商量说："丞相赵高在望夷宫杀了二世皇帝，害怕群臣诛杀他，就假装以大义为名，立我为王。我听说赵高和楚军有约，由他消灭秦国宗室，在关中称王。现在让我斋戒，拜见祖庙，这是想要趁我在祖庙的时候杀我。我若称病不去，丞相一定亲自前来，来了就杀掉他。"赵高多次派人来请子婴，子婴推辞不去，赵高果然亲自前来，说："拜见宗庙是大事，为什么不去呢？"于是子婴在斋宫里杀掉了赵高，诛灭赵高三族，在咸阳城里枭首示众。

　　子婴当秦王的第四十六天，楚将沛公刘邦攻破了秦军，进入武关，来到霸上，他派人约请子婴前来投降。子婴便用丝带系着脖子，乘着白马素车，捧着天子的印玺和符节，在轵道旁迎降。沛公刘邦于是便进入咸阳，封存了宫室府库，回军霸上。过了一个多月，各路诸侯的军队来

跟毛泽东读《史记》

到关中，项羽是诸侯联军的首领，他杀了秦王子婴、皇室诸公子及其宗族。屠戮咸阳，焚烧宫殿，并掳掠妇女儿童，搜刮珍宝财物，与诸侯们共同瓜分。消灭了秦国之后，项羽把秦地分成三块，封立三王，名叫雍王、塞王、翟王，号称"三秦"。项羽自封为西楚霸王，主持分割天下，分封诸侯王，秦王朝最后灭亡了。过了五年，天下才由汉朝平定。

太史公说：秦的祖先伯翳，曾在尧、舜之际立过功勋，得到了封土，获赐了姓氏。逮及夏末殷初，秦人衰微分散。等到西周王室衰落，秦人兴起，在西垂建立了都邑。自秦缪公以来，逐渐蚕食诸侯之地，最终成就了秦始皇帝。始皇帝自以为功德超过了五帝，国土广大于三王，因而羞与他们并列。贾谊推断论说秦朝兴亡的言辞，说得多么好啊！他说：

秦朝兼并各国诸侯，在崤山以东设置三十余郡，修缮津渡关口，占据险隘要塞，修治甲兵，严加把守。然而陈涉率领着几百名散乱的戍卒，振臂大呼，不用弓戟之类的武器，只拿着锄柄与木棍，就能望屋而食，横行天下。秦国则是险阻之地防守不住，关口桥梁封锁不住，长戟刺不了，强弩射不中。楚军深入关内，战于鸿门，秦军竟连栅栏似的阻挡都没有。于是崤山以东大乱，诸侯纷纷起事，豪杰相继称王。秦二世派章邯率军东征，章邯于是仗着手握三军重兵，向朝廷讨价还价，图谋推翻皇上。群臣之不可信任，由此可见一斑。秦子婴继位为王，仍不醒悟。假使子婴有一般君主的才能，仅仅得到中等的辅佐之臣，崤山以东地区虽然混乱，秦国故地还可保全，宗庙祭祀也不会断绝。

秦地被山带河，地势险固，是四面都有屏障和要塞的国家。从缪公以来，至于秦王，有二十多个君主，常常称雄于诸侯。难道他们代代都贤明吗？这是由秦国的地理形势造成的呀。再说天下各国曾经同心合力进攻秦国。在这个时候，贤人智者会集，有良将指挥各国的军队，有贤相沟通彼此的计谋，然而被险峻的地形所困阻，不能前进，秦国就引诱诸侯进入秦国境内作战，为他们打开关塞，结果上百万的诸侯大军败北逃窜，土崩瓦解。难道是因为勇力智慧不够吗？是地形不利，地势不便啊。秦国应该把小邑合并为大城，在险阻要塞驻军防守，高筑营垒，不去交战，封锁关口，占据险隘，持戟把守，严阵以待。那些反秦的诸侯出身平民，以利相合，没有素王那样的德操。他们的交谊并不亲密，他们的下属还未亲附，表面以灭秦为名，其实是图谋私利。如果让他们看到秦国地势险阻，难以侵犯，就必然自动撤军。而秦国则可以使百姓安居乡土，休养生息，从而坐等诸侯的衰败，到那时，先招纳、扶持那些弱小疲困的势力，而后再去对付那些实力强大的诸侯，就不愁不得志于天下。秦子婴贵为天子，富有天下，最后却成了人家的俘虏，这是因为他挽救败亡的策略错误啊。

秦王政自满自足，耻于下问，即使有错，也不改正。秦二世承袭父过，因循不变，残暴肆虐，加重祸患。秦子婴处境孤立，无亲人援手；生性脆弱，又没有贤臣辅佐。这三位君主都终身执迷不悟，秦朝灭亡不也应该吗？在这个时候，世上不是没有深谋远虑、知权达变之士，然而他们都不敢竭尽忠诚，纠正过失，就是因为秦朝的风俗有许多禁令禁忌，往往忠言还没说完，人头已经落地。因而使得天下贤士战战兢兢，侧耳而听，叠足而立，都闭口而不言。因此这三位君主丧失了治国的原则，忠臣不敢直言规劝，智士不敢出谋划策，天下已经大乱，奸邪的事情没有人报告，这难道不可悲吗！先王知道消息壅塞、上下蒙蔽，就会伤害国家，所以设置公、卿、大夫和士，来整饬法令，设立刑罚，从而使天下得到治理。国势强盛时，能够禁止残暴，讨伐叛乱，天下归服。国势减弱时，有五霸代替天子征讨，诸侯顺从。国势衰削时，内有所守，外有所附，社稷得以保存。而秦朝强盛时，苛法严刑，天下震恐；及其衰落时，就百姓怨愤，海内叛离。周朝设置的五个爵级符合治国之道，传国一千余年而不断绝。秦朝本末兼失，所以不能久长。由此看来，使国家安定或使国家危亡的纲纪区别太大了。俗话说"前事不忘，后事之师"。因此君子治理国家，考察于远古的得失，验证以当代的情况，并参酌人情事理，察看盛衰变化的规律，审视运用权势的标准，做到取舍有序，变化随时，所以历时久长，国家安定。

秦孝公凭借着崤山、函谷关的险固，拥有着雍州肥沃的土地，君臣牢固地守卫着疆域，窥视着周王室的权力，他有席卷天下、包举宇内的意图，囊括四海、吞并八荒的雄心。这时的秦孝公，有商鞅辅佐，对内建立法令制度，致力农桑耕织，修治攻防武备；对外实行连衡策略，使东方诸侯自相争斗，于是秦人两手一拱，就获取了河西之地。

秦孝公死后，惠文王、悼武王、昭襄王继承已有的基业，沿袭既定的策略，向南兼并了汉中，向西攻得了巴、蜀，向东割取了肥美的土地，收纳了位置关键的郡邑。诸侯们惶恐不安，聚会结盟，商议削弱秦国，他们不惜拿出奇珍异宝与肥沃领地，用来招揽天下的贤士，实行合纵，缔约结交，互相援助，成为一体。在此之际，齐国有孟尝君，赵国有平原君，楚国有春申君，魏国有信陵君。这四位封君，都明智而忠信，宽厚而爱人，既尊重贤才，又重用士人，相约合纵，离散连衡，合并了韩、魏、燕、楚、齐、赵、宋、卫、中山诸国的兵众。这时的六国之士，有宁越、徐尚、苏秦、杜赫之属出谋划策，有齐明、周最、陈轸、邵滑、楼缓、翟景、苏厉、乐毅之徒互通声息，有吴起、孙膑、带佗、兒良、王廖、田忌、廉颇、赵奢之辈统兵作战。他们曾仗着十倍于秦的地盘，多达百万的军队，叩击函谷关攻打赢秦。秦人打开关门，延请敌人，九国联军却徘徊躲避而不敢西进。结果秦兵没有一箭一镞的消耗，而天下诸侯就已困乏疲惫。于是合纵瓦解，盟约作废，各国争相割地，献给强秦。秦国有余力利用他们的失败，追击败北逃亡的敌人，杀得他们伏尸百万，流血漂橹。秦国趁着这一有利形势，宰割天下的诸侯，割取他们的山河，迫使强国请求臣服，弱国入朝拜觑。延续到孝文王、庄襄王两代，在位的时间都很短，秦国也没有大事发生。

等到秦王嬴败，接续了六代先王留下的功业，挥舞长鞭，驾驭天下、吞并两周、东周，灭掉各国诸侯，登上至尊宝座，控制天地六合，手执棍棒以抽打天下，威震四海。向南攻取百越之地，设置了桂林、象郡、使百越之君俯首请降系颈，把性命交给秦朝的司法官吏。于是命令蒙恬北筑长城，守卫边境，迫使匈奴退却七百多里，胡人不敢南下放收战马，勇士也不敢弯弓射箭来报仇雪恨。从此秦王废弃了先王的大道，焚毁了百家的典籍，借以愚昧黎民。他毁坏名城，杀死豪杰，没收全国的兵器集中在咸阳，销毁兵器，熔铸钟鐻，制成十二个金人形状的支柱，以此削弱百姓的反抗力量。然后劈开华山作为城墙，利用黄河作为渡口，据守高达亿丈的城池，下临深不可测的溪流，作为固守的凭借。优秀的将领、强劲的弩手把守要害之地，忠实的大臣、精锐的士卒亮出锋利的武器，盘查行人，天下已经安定。秦王的心里认为关中地方坚固，就像有千里铜墙铁壁，是子子孙孙称作帝王的万世基业。

秦王死后，他的余威还震慑着风俗迥异的边远地区。陈涉是个破瓮做窗户、烂绳捆门轴的贫家子弟，为人庸耕的农民，而且还是被征服役的戍卒，才能赶不上中等人，没有仲尼、墨翟的贤智，陶朱、猗顿的富有，插足于行伍之间，崛起于田野之中，领着疲惫散乱的士卒，带着几百个徒众，转过身来攻打秦朝。他砍下树枝做武器，举起竹竿当旗帜，天下百姓纷纷响应，云集在一起，携带着粮食，如影相随，崤山以东的豪杰俊士于是同时起事，诛灭了秦朝的皇室宗族。

再说统一了天下的秦王朝并没有变小削弱啊，雍州的土地，崤山和函谷关的险固，仍然像过去一样啊。陈涉的地位，不比齐、楚、燕、赵、韩、魏、宋、卫、中山九国的君主尊贵啊；锄把木棒，不比勾戟长矛锋利啊；遣送戍边的徒众，没法和九国的军队匹

跟毛泽东读《史记》

敌啊；深谋远虑、行兵布阵的方略，也远远不及先前各国的谋士啊。然而成功失败各不相同，功业成就完全相反。假使让山东各国跟陈涉比比长短大小，量量权势实力，就不能同日而语了。秦国凭着区区的雍州之地，千乘之国的威权，招致地位等同的八州诸侯前来朝拜，前后经过了一百多年。此后秦国才一统天下，以天地六合为家园，以崤山、函关为宫墙，结果竟是一人举兵发难，七庙尽被摧毁，子孙为人所杀，被天下人所嘲笑，这都是为什么呢？是因为不施行仁义，攻守形势发生了变化的缘故。

秦王政平定了四海，兼并了诸侯，南面称帝，以畜养海内百姓，天下之士靡然向风，为什么会这样呢？可以说：这是近古以来长时间没有帝王的缘故。自从周室衰微，五霸过世，天子的号令不能通行天下，因此各国诸侯凭借武力互相征伐，强大的侵略弱小的，人多的欺侮人少的，战争连年不止，黎民疲惫困乏。现在秦王政面南而坐，称王天下，这是上面有了天子啊。那么黎民百姓都希望能安身立命，没有谁不虚心景仰皇上，在这个时候，保持威势，巩固功业，国家安危的根本就在于此。

秦王政怀着贪婪粗鄙的心思，奋其私智，一意孤行，他不信任功臣，不亲近士民，抛弃仁政王道，树立个人威权，禁止典籍流传，实行严刑酷法，先欺诈武力而后仁义道德，把残暴苛虐作为统治天下的开端。再说兼并天下，要崇尚诡诈武力，安定国家，需重视顺时权变，这就是攻取和守成不能用同样的方法。秦朝摆脱了战国纷争的局面，统一了天下，而它的路线没有改，政令没有变，这就是将创业与守业的方法完全混同了。秦王孤身无辅却拥有天下，所以他的灭亡也就指日可待了。假使秦王能够考虑前代的情况，顺着商、周的道路，来制定实行自己的政策，那么后代即使出现骄奢淫逸的君主，也不会有倾覆危亡的忧患。夏禹、商汤和周文王、周武王建立国家，因为懂得其中的道理，所以名号显美，功业长久。

秦二世即位后，天下人无不引领伸颈，想看看他的政令。要知道，受冻的人穿上粗布短袄就感到满意，挨饿的人吃到糠糟就觉得甜美，天下百姓的饥寒呼号，正是新皇帝实施新政的凭借。这就是说在饥苦的百姓那里，容易博得仁者的名声。假使秦二世具有一般君主的德行，任用忠臣贤士，君臣同心，忧念天下百姓的苦难，丧服期间就纠正先帝的过失；割地分民，封赏功臣的后代，封国立君，礼遇天下的贤士；释放犯人，免去刑戮，废除收孥、污秽之罪，使犯人各自返乡；打开仓库，发放钱财，赈济孤独穷困的人；减轻赋税，减少劳役，解决百姓的燃眉之急；简化法令、减省刑罚，给犯罪人把握以后的机会，使天下的人都能自新，改变节操，修养品行，谨慎自身，满足万民的愿望，以威信仁德对待天下人，天下人就归附了。倘若四海之内的百姓都能欢欢喜喜，各自安居乐业，唯恐动乱，即使有些狡诈顽猾之徒，民众也不会有背离主上之心，那么图谋不轨的臣子就无法掩饰他的小聪明，试图暴乱的奸邪之事也就会被阻止了。

秦二世不施行这种方法，反而更加暴虐无道，毁坏宗庙，残害黎民，再度修建阿房宫。刑罚更加繁多，杀戮更加严酷，官吏治事苛刻艰深，赏罚不得其当，税收没有限度，天下诸事繁多，官吏忙不过来，百姓困穷已极，皇帝不加抚恤。于是奸诈邪伪之事一起爆发，上下互相欺瞒，获罪的人很多，受刑被杀的人前后相望，充塞道路，天下百姓痛苦不堪。自君卿以下直到庶民百姓，人人心中自危，身处穷苦之境，都不安心自己的处境，所以很容易动摇。因此陈涉不必具有汤、武那样的贤德，不需凭借公侯那样的尊贵，在大泽乡振臂一呼而天下响应，其原因就在于民众正处在危难之中。古代先王洞察事物从始至终的变化，知道国家存亡的契机，因此统治民众的原则，在于尽力使他们安定而已。这样，天下即使出现倒行逆施的臣子，也必定不会得到民众的响应和帮助。所谓"安民可与行义，而危民易与为非"，说的就是这个道理。秦二世贵为天子，拥有天下，却不免被人所杀，关键在于没能及时地拨乱反正，

跟毛泽东读《史记》

这是秦二世的过失。

秦襄公即位,在位十二年。他开始建造西畤。葬在西垂。生了文公。

文公即位,住在西垂宫。在位五十年去世,葬在西垂。生了静公。

静公未即位就去世了。生了宪公。

宪公在位十二年。住在西新邑。死后葬在衙县。生有武公、德公和出子。

出子在位六年。住在西陵。庶长弗忌、威累、参父三人,率领贼人在鄙衍刺杀了出子。葬在衙县。武公即位。

武公在位二十年。住在平阳封宫。葬在宣阳聚的东南。这期间,三庶长因罪伏法。德公即位。

德公在位二年。住在雍县大郑宫。生了宣公、成公、缪公。葬在阳邑。初次举行入伏的祭祀,以抵御夏天的热毒。

宣公在位十二年。住在阳宫。葬在阳邑。开始记载闰月。

成公在位四年。住在雍县的宫中。葬在阳邑。其时,齐国攻打山戎和孤竹。

缪公在位三十九年。天子给予霸主的地位。埋葬在雍邑地区。缪公曾向宫中的守卫人员学习。生了康公。

康公在位十二年。住在雍县高寝宫。葬在竘社。生了共公。

共公在位五年。住在雍县高寝宫。葬在康公陵南。生了桓公。

桓公在位二十七年。住在雍县太寝宫。葬在义里丘北面。生了景公。

景公在位四十年。住在雍县高寝宫。葬在丘里南面。生了毕公。

毕公在位三十六年。葬在车里北面。生了夷公。

夷公没有即位就去世了,葬在左宫。生了惠公。

惠公在位十年。葬在车里。生了悼公。

悼公在位十五年。葬在僖公陵西。修筑雍县城墙。生了刺龚公。

刺龚公在位三十四年。葬在入里。生了躁公、怀公。刺龚公在位的第十年，有彗星出现。

躁公在位十四年。住在受寝宫。葬在悼公陵南。躁公在位的第一年，有彗星出现。

怀公从晋国回来继位。在位四年。葬在栎圉氏。生了灵公。大臣们围攻怀公，怀公自杀。

肃灵公是昭子的儿子。住在泾阳。在位十年。葬在悼公陵的西边。生了简公。

简公是从晋国回来继位的。在位十五年。葬在僖公陵西。生了惠公。简公在位的第七年，开始允许百官佩带刀剑。

惠公在位十三年。葬在陵圉。生了出公。

出公在位二年。出公自杀，葬在雍县。

献公在位二十三年。葬在嚣圉。生了孝公。

孝公在位二十四年。葬在弟圉。生了惠文王。孝公在位的第十三年，开始迁都于咸阳。

惠文王在位二十七年。葬在公陵。生了悼武王。

悼武王在位四年。葬在永陵。

昭襄王在位五十六年。葬在茝阳。生了孝文王。

孝文王在位一年。葬在寿陵。生了庄襄王。

庄襄王在位三年。葬在茝阳。生了始皇帝。其时吕不韦任相国。

秦献公在位的第七年，开始设置市场。第十年，建立户籍，按五家为一伍进行编制。

秦孝公在位的第十六年。桃树、李树冬天开花。

惠文王十九岁即位。即位后的第二年，开始使用铜钱。有个新生婴儿说"秦国即将称王"。

悼武王十九岁即位。即位后的第三年，渭河水一连三天呈红色。

昭襄王十九岁即位。即位后的第四年，开始为农田设置新田界。

孝文王五十三岁即位。

庄襄王三十二岁即位。即位后的第二年，攻取了赵国的太原。庄襄

173

跟毛泽东读《史记》

王元年，实行大赦，追赏先王时期的功臣，广施恩德，亲厚宗室，布惠百姓。东周与诸侯各国图谋攻秦，秦派相国吕不韦伐周，诛灭了东周，兼并了它的国土。秦国没有灭绝周朝的祭祀，把阳人聚赐给周君，让他继续祭祀周朝的先祖。

始皇帝在位三十七年。葬在郦邑。生了二世皇帝。始皇帝十三岁继位为秦王。

二世皇帝在位三年。葬在宜春苑。二世皇帝在位时赵高任丞相，封安武侯。二世皇帝二十岁继位为皇帝。

以上自秦襄公至秦二世，共六百一十年。

孝明皇帝十七年十月十五日乙丑，孝明皇帝向班固询问贾谊、司马迁论秦二世亡天下的得失。班固说：

周朝的历数已经过去，按照五德终始之道，有仁德的子位王朝不能替代母位王朝。对于木德的周朝而言，秦朝应居火德的子位，但它却以水德的母位自居，因此吕政为政残酷暴虐。然而他十三岁就当上了诸侯王，后来兼并了天下，虽极情纵欲，却也养育了整个宗族。在位三十七年间，兵锋无所不至，制定的法律政令，传给了后代帝王。他简直就像得到了圣人的神威，河神授予了象征帝王受命的图录，上应着主管侵伐讨暴的狼、狐二星，又有主管杀戮的参、伐二星照命，这一切都像是帮着秦始皇扫清道路，一直到他成了始皇帝。

始皇帝死后，胡亥极其愚蠢，郦山的陵墓尚未完工，就又重新开始修建阿房宫，以完成始皇帝未竟的计划。他说："拥有天下的人之所以尊贵，就是因为他可以任性纵情，为所欲为，你们这些大臣竟敢想中断先帝所做的事情。"于是他杀死了李斯和冯去疾，而任用赵高，秦二世说的话，真是令人痛心啊！他长着人的脑袋，却发出牲畜一样的叫声。如果他不逞淫威，人们就不会讨伐他的罪恶；如果他的罪恶不深重，就不至于国灭身亡。直到帝位保不住了，残酷暴虐又加速了他的灭亡，虽然占据着地形有利的国度，还

09 评价秦始皇，要一分为二

是不能存身。

子婴是依照次序得以继位，他头戴垂着玉饰的王冠，身上佩系着华美丝带的御玺，坐着黄缯为盖的法驾，带着百官，去拜谒列祖的灵庙。如果是一个小人，坐上了才德不符的宝座，无不恍惚不安，心神失守，日日苟且偷安，而子婴则偏偏能思虑深长，排除顾忌，父子设计，在斋宫之内，竟然近身擒获赵高，杀死了狡猾的奸臣，为先帝诛讨了逆贼。赵高死后，宾客姻娅还没有一一慰劳，饭没有来得及咽下，酒没有来得及沾唇，楚国士卒已经屠戮关中，真命天子已经飞临霸上，于是子婴只好白马素车，丝带系颈，献上符节印玺，归降真命皇帝。这真像当年郑伯左持茅旌，右执鸾刀，楚庄王后撤七里一样。然而河堤决口，无法再堵，河鱼腐烂，不能保全。

贾谊、司马迁说："假使子婴具有一般君主的能力，只要得到中等的辅佐大臣，崤山以东地区即使叛乱，秦国故地还可以保全，宗庙祭祀不会断绝。"秦朝的衰败是积久而成，天下已经土崩瓦解，即使有周公旦那样的才能，也无法施展他的良策，而贾谊、司马迁竟去责备登位几天的子婴，实在是错误啊！民间相传，秦始皇开始作孽，胡亥把它推到顶点，这话是说到理上了。贾谊、司马迁又指责子婴，说秦国故地可以保全，这就是所谓的不晓时势变化呀。纪季为保住宗庙，把鄑邑献给齐国，《春秋》肯定他的做法，对他不指名相称。我读《秦始皇本纪》，读到子婴车裂赵高时，总是称赞他的果断，欣赏他的志气。子婴对待生死大义，已经够完美了。

10 李斯的《谏逐客书》说服力很强

毛泽东读批《史记·李斯列传》

【读原文】

李斯的《谏逐客书》，有很大的说服力。那时候各国内部的关系，看起来是领主和农奴的关系，每个家族都有自己的战车、武士。

——1959年12月至1960年2月，毛泽东读苏联《政治经济学教科书》的谈话［见中共中央文献研究室：《毛泽东年谱》（第4卷），中央文献出版社2013年版，第285页］

李斯是拥护秦始皇的，思想上属于荀子一派，主张法后王。

——1964年8月30日，毛泽东的谈话（见甄不贾：《毛泽东读书笔记》，中央文献出版社1997年版，第292—293页）

在范老的书上，对于法家是给了地位的。就是申不害、韩非这一派，还有商鞅、李斯、荀卿传下来的。

——1968年10月30日，毛泽东在扩大的八届十二中全会闭幕会上的讲话（见陈晋：《毛泽东之魂》，中央文献出版社1997年版。第292—293页）

【品解析】

秦始皇初年，秦王拜李斯为客卿（当时别国人在秦国做官的称为客卿）。客卿影响了秦国贵族势力，秦国宗室贵族借韩国派水工修灌溉渠阴谋消耗秦国力量这一事件，请秦王逐客，说客卿都是为他本国的利益来秦国的，并不是真心为秦国。于是，秦王下令逐客。李斯是楚国人，也在被逐之列。此种情形下，李斯就作《谏逐客书》以劝阻。文中首先历叙秦穆公以来，都是以客卿致富而成霸业，列举了由余、商鞅、张仪、范雎等外来的人物对秦国的重大贡献。足见用人唯才，不必限于本土。指出对"客"不应一概排斥，否则将不利于秦国。

《谏逐客书》中还列举种种器物玩好，虽不产于秦，而秦用之，以其与异国人才相比；晓之以理，动之以情，指出下令逐客无异于"以资敌国，损民以益仇"，内忧外患是不可取的。秦王看后马上取消了逐客令，并恢复了李斯的职务。之后，李斯为秦国的发展和统一全国作出了重要贡献。

《谏逐客书》是李斯给秦王的奏章，实际是一篇说理极强的文章。李斯的这篇奏章，最大的特点是非常鲜明地揭露秦王使物用人这两者之间的矛盾，从而暴露出逐客之非。文章除了一般议论文所具有的各种论证方法，行文还具有婉转的措辞与犀利的语锋完美结合的特点；而词采缤纷的大肆铺陈，以及气势充沛的排比句式，也极大地增强了文章的说服力。

所以，毛泽东在1959年12月至1960年2月读苏联《政治经济学教科书》的谈话中，赞扬这篇文章"有很大的说服力"，并接着说："那

跟毛泽东读《史记》

时候各国内部的关系，看起来是领主和农奴的关系，每个家族都有自己的战车、武士。"言外之意，是指那时各诸侯国各自为政，关系复杂，统一程度很低。李斯《谏逐客书》主张秦国要招贤纳士，蓄兵买马，积累力量。这对秦国日后统一中国是很有利的。

【读《史记》】

李斯者，楚上蔡人也。年少时，为郡小吏，见吏舍厕中鼠食不洁，近人犬，数惊恐之。斯入仓，观仓中鼠，食积粟，居大庑之下，不见人犬之忧。于是李斯乃叹曰："人之贤不肖譬如鼠矣，在所自处耳！"

乃从荀卿学帝王之术。学已成，度楚王不足事，而六国皆弱，无可为建功者，欲西入秦。辞于荀卿曰："斯闻得时无怠，今万乘方争时，游者主事。今秦王欲吞天下，称帝而治，此布衣驰骛之时而游说者之秋也。处卑贱之位而计不为者，此禽鹿视肉，人面而能强行者耳。故诟莫大于卑贱，而悲莫甚于穷困。久处卑贱之位，困苦之地，非世而恶利，自托于无为，此非士之情也。故斯将西说秦王矣。"

至秦，会庄襄王卒，李斯乃求为秦相文信侯吕不韦舍人；不韦贤之，任以为郎。李斯因以得说，说秦王曰："胥人者，去其几也；成大功者，在因瑕衅而遂忍之。昔者秦穆公之霸，终不东并六国者，何也？诸侯尚众，周德未衰，故五伯迭兴，更尊周室。自秦孝公以来，周室卑微，诸侯相兼，关东为六国，秦之乘胜役诸侯，盖六世矣。今诸侯服秦，譬若郡县。夫以秦之强，大王之贤，由灶上骚除，足以灭诸侯，成帝业，为天下一统，此万世之一时也。今怠而不急就，诸侯复强，相聚约从，虽有黄帝之贤，不能并也。"秦王乃拜斯为长史，听其计，阴遣谋士赍持金玉以游说诸侯。诸侯名士可下以财者，厚遗结之；不肯者，利剑刺之。离其君臣之计，秦王乃使其良将随其后。秦王拜斯为客卿。

会韩人郑国来间秦，以作注溉渠，已而觉。秦宗室大臣皆言秦王曰："诸侯人来事秦者，大抵为其主游间于秦耳，请一切逐客。"李斯

10 李斯的《谏逐客书》说服力很强

议亦在逐中。斯乃上书曰:

　　臣闻吏议逐客,窃以为过矣。昔缪公求士,西取由余于戎,东得百里奚于宛,迎蹇叔于宋,来丕豹、公孙支于晋。此五子者,不产于秦,而缪公用之,并国二十,遂霸西戎。孝公用商鞅之法,移风易俗,民以殷盛,国以富强,百姓乐用,诸侯亲服,获楚、魏之师,举地千里,至今治强。惠王用张仪之计,拔三川之地,西并巴、蜀,北收上郡,南取汉中,包九夷,制鄢、郢,东据成皋之险,割膏腴之壤,遂散六国之从,使之西面事秦,功施到今。

　　昭王得范雎,废穰侯,逐华阳,强公室,杜私门,蚕食诸侯,使秦成帝业。此四君者,皆以客之功。由此观之,客何负于秦哉!向使四君却客而不内,疏士而不用,是使国无富利之实而秦无强大之名也。

　　今陛下致昆山之玉,有随、和之宝,垂明月之珠,服太阿之剑,乘纤离之马,建翠凤之旗,树灵鼍之鼓。此数宝者,秦不生一焉,而陛下说之,何也?必秦国之所生然后可,则是夜光之璧不饰朝廷,犀象之器不为玩好,郑、卫之女不充后宫,而骏良駃騠不实外厩,江南金锡不为用,西蜀丹青不为采。所以饰后宫、充下陈、娱心意、说耳目者,必出于秦然后可,则是宛珠之簪、傅玑之珥、阿缟之衣、锦绣之饰不进于前,而随俗雅化佳冶窈窕赵女不立于侧也。夫击瓮叩缶弹筝搏髀,而歌呼呜呜快耳者,真秦之声也;郑、卫、《桑间》《昭》《虞》《武》《象》者,异国之乐也。今弃击瓮叩击而就郑、卫,退弹筝而取《昭》《虞》,若是者何也?快意当前,适观而已矣。今取人则不然。不问可否,不论曲直,非秦者去,为客者逐。然则是所重者在乎色乐珠玉,而所轻者在乎人民也。此非所以跨海内制诸侯之术也。

　　臣闻地广者粟多,国大者人众,兵强则士勇。是以太山不让土壤,故能成其大;河海不择细流,故能就其深;王者不却众庶,故能明其德。是以地无四方,民无异国,四时充美,鬼神降福,此五

179

帝、三王之所以无敌也。今乃弃黔首以资敌国,却宾客以业诸侯,使天下之士退而不敢西向,裹足不入秦,此所谓"借寇兵而赍盗粮"者也。

夫物不产于秦,可宝者多;士不产于秦,而愿忠者众。今逐客以资敌国,损民以益仇,内自虚而外树怨于诸侯,求国无危,不可得也。

秦王乃除逐客之令,复李斯官,卒用其计谋。官至廷尉。二十余年,竟并天下,尊主为皇帝,以斯为丞相。夷郡县城,销其兵刃,示不复用。使秦无尺土之封,不立子弟为王、功臣为诸侯者,使后无战攻之患。

始皇三十四年,置酒咸阳宫,博士仆射周青臣等颂称始皇威德。齐人淳于越进谏曰:"臣闻之,殷、周之王千余岁,封子弟功臣自为支辅。今陛下有海内,而子弟为匹夫,卒有田常、六卿之患,臣无辅弼,何以相救哉?事不师古而能长久者,非所闻也。今青臣等又面谀以重陛下过,非忠臣也。"始皇下其议丞相。丞相谬其说,绌其辞,乃上书曰:"古者天下散乱,莫能相一,是以诸侯并作,语皆道古以害今,饰虚言以乱实,人善其所私学,以非上所建立。今陛下并有天下,别白黑而定一尊;而私学乃相与非法教之制,闻令下,即各以其私学议之,入则心非,出则巷议,非主以为名,异趣以为高,率群下以造谤。如此不禁,则主势降乎上,党与成乎下。禁之便。臣请诸有文学《诗》《书》百家语者,蠲除去之。令到满三十日弗去,黥为城旦。所不去者,医药、卜筮、种树之书。若有欲学者,以吏为师。"始皇可其议,收去《诗》《书》百家之语以愚百姓,使天下无以古非今。明法度,定律令,皆以始皇起。同文书。治离宫别馆,周遍天下。明年,又巡狩,外攘四夷,斯皆有力焉。

斯长男由为三川守,诸男皆尚秦公主,女悉嫁秦诸公子。三川守李由告归咸阳,李斯置酒于家,百官长皆前为寿,门廷车骑以千数。李斯喟然而叹曰:"嗟乎!吾闻之荀卿曰:'物禁大盛。'夫斯乃上蔡布衣,闾巷之黔首，上不知其驽下，遂擢至此。当今人臣之位无居臣上者，可谓富贵极矣。物极则衰，吾未知所税驾也！"

始皇三十七年十月，行出游会稽，并海上，北抵琅邪。丞相斯、中车府令赵高兼行符玺令事，皆从。始皇有二十余子，长子扶苏以数直谏上，上使监兵上郡，蒙恬为将。少子胡亥爱，请从，上许之。余子莫从。

其年七月，始皇帝至沙丘，病甚，令赵高为书赐公子扶苏曰："以兵属蒙恬，与丧会咸阳而葬。"书已封，未授使者，始皇崩。书及玺皆在赵高所，独子胡亥、丞相李斯、赵高及幸宦者五六人知始皇崩，余群臣皆莫知也。李斯以为上在外崩，无真太子，故秘之。置始皇居辒辌车中，百官奏事、上食如故，宦者辄从辒辌车中可诸奏事。

赵高因留所赐扶苏玺书，而谓公子胡亥曰："上崩，无诏封王诸子而独赐长子书。长子至，即立为皇帝，而子无尺寸之地，为之奈何？"胡亥曰："固也。吾闻之，明君知臣，明父知子。父捐命，不封诸子，何可言者！"赵高曰："不然。方今天下之权，存亡在子与高及丞相耳，愿子图之。且夫臣人与见臣于人，制人与见制于人，岂可同日道哉！"胡亥曰："废兄而立弟，是不义也；不奉父诏而畏死，是不孝也；能薄而材谫，强因人之功，是不能也。三者逆德，天下不服，身殆倾危，社稷不血食。"高曰："臣闻汤、武杀其主，天下称义焉，不为不忠。卫君杀其父，而卫国载其德，孔子著之，不为不孝。夫大行不小谨，盛德不辞让，乡曲各有宜而百官不同功。故顾小而忘大，后必有害；狐疑犹豫，后必有悔。断而敢行，鬼神避之，后有成功。愿子遂之！"胡亥喟然叹曰："今大行未发，丧礼未终，岂宜以此事干丞相哉！"赵高曰："时乎时乎，间不及谋！赢粮跃马，唯恐后时！"

胡亥既然高之言，高曰："不与丞相谋，恐事不能成，臣请为子与丞相谋之。"高乃谓丞相斯曰："上崩，赐长子书，与丧会咸阳而立为嗣。书未行，今上崩，未有知者也。所赐长子书及符玺皆在胡亥所，定太子在君侯与高之口耳。事将何如？"斯曰："安得亡国之言！此非人臣所当议也！"

高曰："君侯自料能孰与蒙恬？功高孰与蒙恬？谋远不失孰与蒙恬？无怨于天下孰与蒙恬？长子旧而信之孰与蒙恬？"斯曰："此五者皆不及蒙恬，而君责之何深也？"高曰："高固内官之厮役也，幸得以刀笔之文进入秦宫，管事二十余年，未尝见秦免罢丞相功臣有封及二世者也，卒皆以诛亡。皇帝二十余子，皆君之所知。长子刚毅而武勇，信人而奋士，即位必用蒙恬为丞相，君侯终不怀通侯之印归于乡里，明矣。高受诏教习胡亥，使学以法事数年矣，未尝见过失。慈仁笃厚，轻财重士，辩于心而讷于口，尽礼敬士，秦之诸子未有及此者，可以为嗣。君计而定之。"斯曰："君其反位！斯奉主之诏，听天之命，何虑之可定也？"

高曰："安可危也，危可安也。安危不定，何以贵圣？"斯曰："斯，上蔡闾巷布衣也，上幸擢为丞相，封为通侯，子孙皆至尊位重禄者，故将以存亡安危属臣也。岂可负哉！夫忠臣不避死而庶几，孝子不勤劳而见危，人臣各守其职而已矣。君其勿复言，将令斯得罪。"

高曰："盖闻圣人迁徙无常，就变而从时，见末而知本，观指而睹归。物固有之，安得常法哉！方今天下之权命悬于胡亥，高能得志焉。且夫从外制中谓之惑，从下制上谓之贼。故秋霜降者草花落，水摇动者万物作，此必然之效也。君何见之晚？"斯曰："吾闻晋易太子，三世不安；齐桓兄弟争位，身死为戮；纣杀亲戚，不听谏者，国为丘墟，遂危社稷：三者逆天，宗庙不血食。斯其犹人哉，安足为谋！"

高曰："上下合同，可以长久；中外若一，事无表里。君听臣之计，即长有封侯，世世称孤，必有乔、松之寿，孔、墨之智。今释此而不从，祸及子孙，足以为寒心。善者因祸为福，君何处焉？"斯乃仰天而叹，垂泪太息曰："嗟乎！独遭乱世，既以不能死，安托命哉！"于是斯乃听高。高乃报胡亥曰："臣请奉太子之明命以报丞相，丞相斯敢不奉令！"

于是乃相与谋，诈为受始皇诏丞相立子胡亥为太子。更为书赐长子

10 李斯的《谏逐客书》说服力很强

扶苏曰："朕巡天下，祷祠名山诸神以延寿命。今扶苏与将军蒙恬将师数十万以屯边，十有余年矣，不能进而前，士卒多耗，无尺寸之功，乃反数上书直言诽谤我所为，以不得罢归为太子，日夜怨望。扶苏为人子不孝，其赐剑以自裁！将军恬与扶苏居外，不匡正，宜知其谋。为人臣不忠，其赐死，以兵属裨将王离。"封其书以皇帝玺，遣胡亥客奉书赐扶苏于上郡。

使者至，发书，扶苏泣，入内舍，欲自杀。蒙恬止扶苏曰："陛下居外，未立太子，使臣将三十万众守边，公子为监，此天下重任也。今一使者来，即自杀，安知其非诈？请复请，复请而后死，未暮也。"使者数趣之。扶苏为人仁，谓蒙恬曰："父而赐子死，尚安复请！"即自杀。蒙恬不肯死，使者即以属吏，系于阳周。

使者还报，胡亥、斯、高大喜。至咸阳，发丧，太子立为二世皇帝。以赵高为郎中令，常侍中用事。

二世燕居，乃召高与谋事，谓曰："夫人生居世间也，譬犹骋六骥过决隙也。吾既已临天下矣，欲悉耳目之所好，穷心志之所乐，以安宗庙而乐万姓，长有天下，终吾年寿，其道可乎？"高曰："此贤主之所能行也，而昏乱主之所禁也。臣请言之，不敢避斧钺之诛，愿陛下少留意焉。夫沙丘之谋，诸公子及大臣皆疑焉，而诸公子尽帝兄，大臣又先帝之所置也。今陛下初立，此其属意怏怏皆不服，恐为变。且蒙恬已死，蒙毅将兵居外，臣战战栗栗，唯恐不终。且陛下安得为此乐乎？"世曰："为之奈何？"赵高曰："严法而刻刑，令有罪者相坐诛，至收族；灭大臣而远骨肉；贫者富之，贱者贵之。尽除去先帝之故臣，更置陛下之所亲信者近之。此则阴德归陛下，害除而奸谋塞，群臣莫不被润泽，蒙厚德，陛下则高枕肆志宠乐矣。计莫出于此。"二世然高之言，乃更为法律。于是群臣诸公子有罪，辄下高，令鞫治之。杀大臣蒙毅等，公子十二人僇死咸阳市，十公主矺死于杜，财物入于县官，相连坐者不可胜数。

公子高欲奔，恐收族，乃上书曰："先帝无恙时，臣入则赐食，出

183

跟毛泽东读《史记》

则乘舆。御府之衣，臣得赐之；中厩之宝马，臣得赐之。臣当从死而不能，为人子不孝，为人臣不忠。不忠者无名以立于世，臣请从死，愿葬郦山之足。唯上幸哀怜之。"书上，胡亥大说，召赵高而示之，曰："此可谓急乎？"赵高曰："人臣当忧死而不暇，何变之得谋！"胡亥可其书，赐钱十万以葬。

法令诛罚日益刻深，群臣人人自危，欲畔者众。又作阿房之宫，治直道、驰道，赋敛愈重，戍徭无已。于是楚戍卒陈胜、吴广等乃作乱，起于山东，杰俊相立，自置为侯王，叛秦，兵至鸿门而却。李斯数欲请间谏，二世不许，而二世责问李斯曰："吾有私议而有所闻于韩子也，曰：'尧之有天下也，堂高三尺，采椽不斲，茅茨不翦，虽逆旅之宿不勤于此矣。冬日鹿裘，夏日葛衣，粢粝之食，藜藿之羹，饭土匦，啜土铏，虽监门之养不觳于此矣。禹凿龙门，通大夏，疏九河，曲九防，决渟水致之海，而股无胈，胫无毛，手足胼胝，面目黎黑，遂以死于外，葬于会稽，臣虏之劳不烈于此矣。'然则夫所贵于有天下者，岂欲苦形劳神，身处逆旅之宿，口食监门之养，手持臣虏之作哉？此不肖人之所勉也，非贤者之所务也。彼贤人之有天下也，专用天下适己而已矣，此所以贵于有天下也。夫所谓贤人者，必能安天下而治万民，今身且不能利，将恶能治天下哉！故吾愿赐志广欲，长享天下而无害，为之奈何？"李斯子由为三川守，群盗吴广等西略地，过去弗能禁。章邯以破逐广等兵，使者覆案三川相属，诮让斯居三公位，如何令盗如此。李斯恐惧，重爵禄，不知所出，乃阿二世意，欲求容，以书对曰：

夫贤主者，必且能全道而行督责之术者也。督责之，则臣不敢不竭能以徇其主矣。此臣主之分定，上下之义明，则天下贤不肖莫敢不尽力竭任以徇其君矣。是故主独制于天下而无所制也，能穷乐之极矣。贤明之主也，可不察焉！

故申子曰"有天下而不恣睢，命之曰以天下为桎梏"者，无他焉，不能督责，而顾以其身劳于天下之民，若尧、禹然，故谓之"桎梏"也。夫不能修申、韩之明术，行督责之道，专以天下自适也，而徒务苦形劳神，以身徇百姓，则是黔首之役，非畜天下者也，何足贵哉！夫以人徇己，则己贵而人贱；以己徇人，则己贱而人贵。故徇人者贱，而人所徇者贵，自古及今，未有不然者也。凡古之所为尊贤者，为其贵也；而所为恶不肖者，为其贱也。而尧、禹以身徇天下者也，因随而尊之，则亦失所为尊贤之心矣！夫可谓大缪矣。谓之为"桎梏"，不亦宜乎？不能督责之过也。

故韩子曰"慈母有败子而严家无格虏"者，何也？则能罚之加焉必也。故商君之法，刑弃灰于道者。夫弃灰，薄罪也，而被刑，重罚也。彼唯明主为能深督轻罪。夫罪轻且督深，而况有重罪乎？故民不敢犯也。是故韩子曰"布帛寻常，庸人不释，铄金百溢，盗跖不搏"者，非庸人之心重，而盗跖之欲浅也；又不以盗跖之行，为轻百镒之重也。搏必随手刑，则盗跖不搏百镒；而罚不必行也，则庸人不释寻常。是故城高五丈，而楼季不轻犯也；泰山之高百仞，而跛牂牧其上。夫楼季也而难五丈之限，岂跛牂也而易百仞之高哉？峭堑之势异也。明主圣王之所以能久处尊位，长执重势，而独擅天下之利者，非有异道也，能独断而审督责，必深罚，故天下不敢犯也。今不务所以不犯，而事慈母之所以败子也，则亦不察于圣人之论矣。夫不能行圣人之术，则舍为天下役何事哉？可不哀邪！

且夫俭节仁义之人立于朝，则荒肆之乐辍矣；谏说论理之臣间于侧，则流漫之志诎矣；烈士死节之行显于世，则淫康之虞废矣。故明主能外此三者，而独操主术以制听从之臣，而修其明法，故身尊而势重也。凡贤主者，必将能拂世磨俗，而废其所恶，立其所欲，故生则有尊重之势，死则有贤明之谥也。是以明君独断，故权不在臣也。然后能灭仁义之涂，掩驰说之口，困烈士之行，塞聪掩明，内独视听，故外不可倾以仁义烈士之行，而内不可夺以谏说忿争之辩。故能荦然独行恣睢之心而莫之敢逆。若此然后可谓能明申、韩之术，而修商君之法。法修术明而天下乱者，未之闻也。故

跟毛泽东读《史记》

曰"王道约而易操"也。唯明主为能行之。若此则谓督责成,督责成则臣无邪,臣无邪则天下安,天下安则主严尊,主严尊则督责必,督责必则所求得,所求得则国家富,国家富则君乐丰。故督责之术设,则所欲无不得矣。群臣百姓救过不给,何变之敢图?若此则帝道备,而可谓能明君臣之术矣。虽申、韩复生,不能加也。

书奏,二世悦。于是行督责益严,税民深者为明吏。二世曰:"若此则可谓能督责矣。"刑者相半于道,而死人日成积于市。杀人众者为忠臣。二世曰:"若此则可谓能督责矣。"

初,赵高为郎中令,所杀及报私怨众多,恐大臣入朝奏事毁恶之,乃说二世曰:"天子所以贵者,但以闻声,群臣莫得见其面,故号曰'朕'。且陛下富于春秋,未必尽通诸事,今坐朝廷,谴举有不当者,则见短于大臣,非所以示神明于天下也。且陛下深拱禁中,与臣及侍中习法者待事,事来有以揆之。如此则大臣不敢奏疑事,天下称圣主矣。"二世用其计,乃不坐朝廷见大臣,居禁中。赵高常侍中用事,事皆决于赵高。

高闻李斯以为言,乃见丞相曰:"关东群盗多,今上急益发繇治阿房宫,聚狗马无用之物。臣欲谏,为位贱。此真君侯之事,君何不谏?"李斯曰:"固也,吾欲言之久矣。今时上不坐朝廷,上居深宫,吾有所言者,不可传也,欲见无间。"赵高谓曰:"君诚能谏,请为君候上间语君。"于是赵高待二世方燕乐,妇女居前,使人告丞相:"上方间,可奏事。"丞相至宫门上谒,如此者三。二世怒曰:"吾常多闲日,丞相不来。吾方燕私,丞相辄来请事。丞相岂少我哉?且固我哉?"赵高因曰:"如此殆矣!夫沙丘之谋,丞相与焉。今陛下已立为帝,而丞相贵不益,此其意亦望裂地而王矣。且陛下不问臣,臣不敢言。丞相长男李由为三川守,楚盗陈胜等皆丞相傍县之子,以故楚盗公行,过三川,城守不肯击。高闻其文书相往来,未得其审,故未敢以闻。且丞相居外,权重于陛下。"二世以为然。欲案丞相,恐其不审,乃使人案验三川守与盗通状。李斯闻之。

10 李斯的《谏逐客书》说服力很强

是时二世在甘泉，方作觳抵优俳之观。李斯不得见，因上书言赵高之短曰："臣闻之，臣疑其君，无不危国；妾疑其夫，无不危家。今有大臣于陛下擅利擅害，与陛下无异，此甚不便。昔者司城子罕相宋，身行刑罚，以威行之，期年遂劫其君。田常为简公臣，爵列无敌于国，私家之富与公家均，布惠施德，下得百姓，上得群臣，阴取齐国，杀宰予于庭，即弑简公于朝，遂有齐国。此天下所明知也。今高有邪佚之志，危反之行，如子罕相宋也；私家之富，若田氏之于齐也。兼行田常、子罕之逆道而劫陛下之威信，其志若韩玘为韩安相也。陛下不图，臣恐其为变也。"二世曰："何哉？夫高，故宦人也，然不为安肆志，不以危易心，洁行修善，自使至此，以忠得进，以信守位，朕实贤之，而君疑之，何也？且朕少失先人，无所识知，不习治民，而君又老，恐与天下绝矣。朕非属赵君，当谁任哉？且赵君为人精廉强力，下知人情，上能适朕，君其勿疑。"李斯曰："不然。夫高，故贱人也，无识于理，贪欲无厌，求利不止，列势次主，求欲无穷，臣故曰殆。"二世已前信赵高，恐李斯杀之，乃私告赵高。高曰："丞相所患者独高，高已死，丞相即欲为田常所为。"于是二世曰："其以李斯属郎中令！"

赵高案治李斯。李斯拘执束缚，居囹圄中，仰天而叹曰："嗟乎，悲夫！不道之君，何可为计哉！昔者桀杀关龙逄，纣杀王子比干，吴王夫差杀伍子胥。此三臣者，岂不忠哉，然而不免于死，所忠者非也。今吾智不及三子，而二世之无道过于桀、纣、夫差，吾以忠死，宜矣。且二世之治岂不乱哉！日者夷其兄弟而自立也，杀忠臣而贵贱人，作为阿房之宫，赋敛天下。吾非不谏也，而不吾听也。凡古圣王，饮食有节，车器有数，宫室有度，出令造事，加费而无益于民利者禁，故能长久治安。今行逆于昆弟，不顾其咎；侵杀忠臣，不思其殃；大为宫室，厚赋天下，不爱其费：三者已行，天下不听。今反者已有天下之半矣，而心尚未寤也，而以赵高为佐，吾必见寇至咸阳，麋鹿游于朝也。"

于是二世乃使高案丞相狱，治罪，责斯与子由谋反状，皆收捕宗族宾客。赵高治斯，榜掠千余，不胜痛，自诬服。斯所以不死者，自负其

跟毛泽东读《史记》

辩，有功，实无反心，幸得上书自陈，幸二世之悟而赦之。李斯乃从狱中上书曰："臣为丞相，治民三十余年矣，逮秦地之陕隘。先王之时秦地不过千里，兵数十万。臣尽薄材，谨奉法令，阴行谋臣，资之金玉，使游说诸侯，阴修甲兵，饰政教，官斗士，尊功臣，盛其爵禄，故终以胁韩弱魏，破燕、赵，夷齐、楚，卒兼六国，虏其王，立秦为天子。罪一矣。地非不广，又北逐胡、貉，南定百越，以见秦之强。罪二矣。尊大臣，盛其爵位，以固其亲。罪三矣。立社稷，修宗庙，以明主之贤。罪四矣。更克画，平斗斛度量，文章布之天下，以树秦之名。罪五矣。治驰道，兴游观，以见主之得意。罪六矣。缓刑罚，薄赋敛，以遂主得众之心，万民戴主，死而不忘。罪七矣。若斯之为臣者，罪足以死固久矣。上幸尽其能力，乃得至今，愿陛下察之！"书上，赵高使吏弃去不奏，曰："囚安得上书！"

赵高使其客十余辈诈为御史、谒者、侍中，更往覆讯斯。斯更以其实对，辄使人复榜之。后二世使人验斯，斯以为如前，终不敢更言，辞服。奏当上，二世喜曰："微赵君，几为丞相所卖。"及二世所使案三川之守至，则项梁已击杀之。使者来，会丞相下吏，赵高皆妄为反辞。

二世二年七月，具斯五刑，论腰斩咸阳市。斯出狱，与其中子俱执，顾谓其中子曰："吾欲与若复牵黄犬俱出上蔡东门逐狡兔，岂可得乎？"遂父子相哭，而夷三族。

李斯已死，二世拜赵高为中丞相，事无大小辄决于高。高自知权重，乃献鹿，谓之马。二世问左右："此乃鹿也？"左右皆曰"马也"。二世惊，自以为惑，乃召太卜，令卦之。太卜曰："陛下春秋郊祀，奉宗庙鬼神，斋戒不明，故至于此。可依盛德而明斋戒。"于是乃入上林斋戒。日游弋猎，有行人入上林中，二世自射杀之。赵高教其女婿咸阳令阎乐劾不知何人贼杀人，移上林。高乃谏二世曰："天子无故贼杀不辜人，此上帝之禁也，鬼神不享，天且降殃，当远避宫以禳之。"二世乃出居望夷之宫。

留三日，赵高诈诏卫士，令士皆素服持兵内乡，入告二世曰："山

10 李斯的《谏逐客书》说服力很强

东群盗兵大至!"二世上观而见之,恐惧,高即因劫令自杀。引玺而佩之,左右百官莫从;上殿,殿欲坏者三。高自知天弗与,群臣弗许,乃召始皇弟,授之玺。

子婴即位,患之,乃称疾不听事,与宦者韩谈及其子谋杀高。高上谒,请病,因召入,令韩谈刺杀之,夷其三族。

子婴立三月,沛公兵从武关入,至咸阳,群臣百官皆畔,不適。子婴与妻子自系其颈以组,降轵道旁。沛公因以属吏。项王至而斩之。遂以亡天下。

太史公曰:李斯以闾阎历诸侯,入事秦,因以瑕衅,以辅始皇,卒成帝业,斯为三公,可谓尊用矣。斯知六艺之归,不务明政以补主上之缺,持爵禄之重,阿顺苟合,严威酷刑,听高邪说,废適立庶。诸侯已畔,斯乃欲谏争,不亦末乎!人皆以斯极忠而被五刑死,察其本,乃与俗议之异。不然,斯之功且与周、召列矣。

(选自《史记·李斯列传》)

【品释文】

李斯是楚国上蔡人。他年轻的时候,曾在郡里当小吏,看见吏舍厕所中的老鼠在吃脏东西,每逢有人或狗走来时,就受惊逃跑。后来他到了粮仓,看见粮仓里的老鼠,吃的是囤积的粟米,住在大屋子之下,更不用担心人或狗惊扰。于是李斯就感慨地说:"一个人有没有出息,就像这老鼠一样,是由自己所处的环境决定的!"

于是他便去跟随荀况学习五帝三王治理天下的学问。学业完成以后,李斯估量楚王是不值得侍奉的,而六国国势都已衰弱,没有一个可以让他建功立业,于是就想西行到秦国去。他向荀况告辞说:"我听说一个人如果遇到时机,那就一定不要放过,如今正是各国诸侯互相争雄的时候,善于游说的人掌握着各国的权柄。现在秦王想要吞并天下,称帝治理天下,这正是平民出身的政治活动家和游说之士奔走四方、施展

跟毛泽东读《史记》

抱负的好时机。一个人生活在卑贱的处境中而不能够趁机进取，那就像是捉住了鹿而只看着它的肉却吃不到口，外表一副人样，却只能苟且活着而已。所以最大的耻辱莫过于卑贱，最大的悲哀莫过于贫穷。一个人长期处于卑贱困苦的境地，还要唱高调反对世俗，厌恶名利，标榜自己与世无争，这不是士子的本愿。所以现在我要西去游说秦王了。"

李斯到了秦国，正好碰上庄襄王去世，李斯就请求充当秦相国文信侯吕不韦的舍人；吕不韦很赏识他，任命他为郎官。李斯于是有了游说秦王的机会，他对秦王说："平庸的人往往失去时机，而成就大功业的人就在于他能利用机会并能下狠心。当年秦穆公一度称霸，但最终没能吞并东方各国，是什么原因呢？就因为当时诸侯国还比较多，周王朝的威望也还未衰落，因此五霸交替兴起，相继推尊周朝。自从秦孝公以后，周天子的权势已经衰落，各诸侯国互相兼并，函谷关以东地区化为六国，秦国乘胜奴役诸侯已经六代。现如今诸侯服从秦国就如同郡县服从朝廷一样。以秦国的强大，大王的贤明，就像扫除灶上的灰尘一样，足以扫平诸侯，成就帝业，使天下统一，这是万世难逢的一个最好时机。现在如果一旦放松错过机会，让各国再强大起来，联盟合纵，到那时即便再有黄帝的贤明，也不能再吞掉它们了。"于是，秦王遂拜李斯为长史，听从他的计策，暗中派出许多谋士携带着大批黄金珠宝去游说东方各国。对于东方各国那些有声望的人物，能够用财宝收买的，就不惜重金加以收买；对那些不肯接受财物的，就立即把他们杀掉。利用一切手段挑拨离间东方各国君臣之间的关系，随后秦王便派出良将精兵跟着加以征讨。秦王任命李斯为客卿。

恰在此时韩国人郑国以修筑渠道为名，来到秦国做间谍，不久被发觉。于是，秦国的王族大臣对秦王说："从各诸侯国来奉事秦王的人，大都是为他们的国君游说，以离间秦国而已，请求大王把客卿一概驱逐。"李斯这时也列在被驱逐的名单之内。于是李斯上书说：

听说官员们议论要驱逐客卿，我觉得这是极其错误的。当初秦缪公为了招纳人才，从西戎招来了由余，从楚国的宛县招来了百里

10 李斯的《谏逐客书》说服力很强

奚，从宋国招来了蹇叔，从晋国招来了丕豹、公孙支。这五个人都不是秦国土生土长的，秦缪公由于任用了他们，最后兼并了二十来个小国，得以在西戎称霸。秦孝公采用商鞅的新法，移风易俗，人民因此殷实兴盛，国家因此富足强大，百姓们愿意为国家效力，其他国家也诚心归顺，击败了楚国、魏国的军队，攻取了千里土地，至今政治安定，国家强盛。秦惠王采用了张仪的计策，向东夺取了三川一带，向西吞并了巴、蜀两国，在北边攻占了上郡，向南夺取了汉中，又向东南吞并了楚国旧有的许多少数民族地区，威胁着楚国的鄢都和郢都，又东出占据了险要的成皋，获取了临近的大片肥沃土地，瓦解了东方六国的合纵联盟，使它们一个个地听命于秦国，张仪的功劳一直延续到今天。秦昭王得到范雎后，废掉了穰侯魏冉，赶走了华阳君芈戎，从而使公室强大，杜绝了贵戚的专权，同时逐渐向东吞并诸侯的土地，为秦国奠定了统一天下的基础。这四位君主，都是依靠了别国客卿的力量。由此看来，客卿有哪一点对不起秦国呢？假使这四位君主拒绝客卿而不接受他们，疏远士人而不重用，这就使秦国既无富足之实，又无强大之名。

您又总爱赏玩昆山的宝玉以及随侯珠、和氏璧，喜欢明月珠、太阿剑，喜欢纤离马、翠凤旗、灵鼍鼓等等。这几样宝物，可没有一件是出产在秦国的，但陛下您非常喜爱它们，这是为什么呢？若是一定要秦国所产然后才使用的话，那么夜光之璧就不能用来装饰朝廷，犀角象牙制品就不能为您所赏玩，郑国、卫国的美女也不能列于您的后宫之中，良马也不能填满您的马厩，您也就不该再用江南的金锡和西蜀的丹青。如果您用来装饰后宫、充当姬妾、赏心乐意、怡目悦耳的，一定要出自秦国然后才用的话，那么，用宛地珍珠装饰的簪子、玑珠镶嵌的耳坠、东阿白绢缝制的衣服、刺绣华美的装饰品，就不能进献在您的面前，那时髦而又高雅、漂亮而又文静的赵国女子就不能侍立在您的身边。敲盆子、击瓮、弹筝、拍大腿才是地地道道的秦国音乐，而像郑、卫之音，桑间之乐，以及

《昭》《虞》《武》《象》等等，都是来自异国的。您为什么不欣赏敲盆击瓮，而爱听郑、卫之音；为什么不欣赏弹筝拍大腿，而爱听《昭》《虞》《武》《象》呢？只不过是图眼前快乐，以满足耳目观赏需求而已。而现在您用人却不是这样。不问此人能用不能用，也不问是非曲直，只要不是秦国人就一律辞退，只要是客卿就一律驱逐。这样看来，陛下所看重的是美女、音乐、珍珠、宝玉，所轻视的是人才了。这并不是统一天下、制服诸侯的方法啊。

我听说过土地广阔所产粮食就丰富，国家广大人口就众多，军队强盛士兵就勇敢。正因为泰山能不拒绝接受任何细小的尘土，所以才形成了它今天的高大；正因为黄河大海从不拒绝任何细小的水流，所以才形成了它们今天的深广；正因为做帝王的能够不排斥任何民众，所以才表现出他的伟大与英明。所以地无论东南西北，民众不分这国那国，一年四季五谷丰登，鬼神赐予福泽，这就是五帝、三王无敌于天下的原因所在。可现在您却拒绝来投奔您的人士，而把他们推到敌国去，排斥宾客而使他们为其他诸侯国建立功业，使天下有才之士后退不敢西行，停住脚步不敢进入秦国，这正是人们所说的"借武器给敌人，送粮食给盗贼"啊！

不出产于秦国而又的确值得珍视的东西多得很，不生长在秦国而又的确愿意为秦国效忠的人也多得很。现在您驱逐客卿来资助敌国，损害百姓以帮助仇人，在内部削弱自己而在外面又和诸侯结下怨恨，这样下去，要想国家没有危险，那是不可能的。

于是，秦王就废除了逐客令，恢复了李斯的官职，终于采用了他的计谋。后来李斯升到了廷尉。又过了二十多年，秦国终于统一了天下，秦王成了皇帝，李斯也当了丞相。接着他们拆除了东方各郡县的城堡，销毁了旧时六国的一切兵器，表示不再使用。使秦国没有一寸分封的土地，也不立皇帝的儿子、兄弟为王，更不把功臣封为诸侯，以便使国家从此之后再也没有战争的祸患。

秦始皇三十四年，在咸阳宫设宴招待群臣，博士仆射周青臣等人称

10 李斯的《谏逐客书》说服力很强

颂秦始皇的武威盛德。这时齐国人淳于越起来进谏说："我听说，商朝和周朝之所以能够维持上千年的统治，关键就在于分封子弟功臣作为中央的帮手。如今您统一天下，您的子弟却仍是平头百姓，这样日后如果突然有像齐国的田常、晋国的六卿之类的人物造反，您周围没有几个藩臣，谁来救助您呢？办事不效法古人而能维持长久，这事从没听说过。周青臣等人不仅不给您提意见，现在又来当面奉承您，以加重您的过错，这不是忠臣的行为。"秦始皇把这个意见交给丞相裁断。李斯认为这种论点是荒谬的，因此废弃不用，就上书给皇帝说："古代由于四海分散，不能统一，所以才造成了诸侯们的割据战乱，当时有许多人颂古非今，谣言惑众，吹捧自己的私学，诽谤国家的建树。如今您统一了天下，明确了是非，确立了一统的基业；而社会上却有一些书生诽谤国家的各种制度，国家一有什么法令下来，他们就根据自己的观点评头论足，回家便心中不满，出门则在街头巷尾纷纷议论，以批评君主来博得名声，认为和朝廷不一样便是本领高，并带领下层群众来制造诽谤。这样下去而不加以禁止的话，上面君主的权力威望就要下降，下面私人的帮派也要形成。因此必须严厉禁止。我还请求下令：对《诗》《书》以及诸子百家的书籍一律销毁。如果命令下达满三十天还不销毁，就处以黥刑，发配去修长城。不销毁的只有看病、算卦和有关种植的一些书。以后谁要是想学习，让他们拜官吏为师就行了。"秦始皇采纳了他的建议，下令没收销毁了《诗》《书》和诸子百家的著作，目的是使人民愚昧无知，使天下人无法用古代之事来批评当前的朝廷。修明法制，制定律令，都从秦始皇开始。统一了文字。在全国各地修建离宫别馆。第二年，始皇又四出巡视，平定了四方少数民族，李斯都出了不少力。

　　李斯的长子李由是三川郡的郡守，儿子们娶的都是秦国的公主，女儿们嫁的都是秦国的皇族子弟。三川郡守李由请假回咸阳时，李斯在家中设下酒宴，文武百官都前去给李斯敬酒祝贺，门前的车马数以千计。李斯慨然长叹道："唉！我曾听荀卿说过：'什么事都不能太过分。'我本是楚国上蔡的一个平民，生长在一个普通人家，皇上不嫌我无能，把

跟毛泽东读《史记》

我提拔到了这样一个位置。现如今做臣子的没有比我职位更高的，可以说是富贵荣华到了极点。然而物极必反，我真担心我的下场会是如何啊！"

秦始皇三十七年十月，始皇帝出巡到会稽山，沿海北上，到达琅邪山。这时丞相李斯、中车府令兼符玺令赵高都随同前往。秦始皇有二十多个儿子，长子扶苏因多次直言劝谏皇帝，被始皇帝派到驻扎在上郡的蒙恬的军队中去做监军。始皇帝的小儿子胡亥一向受到始皇帝的宠爱，请求跟着始皇帝一起出巡，始皇帝答应了。其他的儿子都没能跟从。

当年七月，始皇帝来到沙丘时病倒了，病得非常严重，命令赵高写好诏书给公子扶苏说："把军队交给蒙恬，赶快到咸阳参加葬礼，然后安葬。"书信封好了，还没交给使者送走，始皇帝就去世了。

书信和皇帝的印玺都在赵高手里，当时只有公子胡亥、李斯、赵高和五六个亲信的宦官知道始皇帝去世，其余百官都还不知道。李斯认为皇帝在外面去世，又没正式确立太子，所以保守秘密。把始皇的尸体安放在一辆既能保温又能通风凉爽的车子中，百官奏事及进献饮食还像往常一样，宦官就假托皇帝从车中批准百官上奏的事。

这时赵高扣留了始皇帝给扶苏的书信，而对公子胡亥说："皇帝去世了，没有诏书封诸子为王而只赐给长子扶苏一封诏书。长子到后，就登位做皇帝，而你却连尺寸的封地也没有，这怎么办呢？"胡亥说："本来就是这样。我听说：知臣莫如君，知子莫如父。父亲临终既未下命令分封诸子，那还有什么可说的呢？"赵高说："并非如此。当今天下的大权，无论谁的生死存亡，都在你、我和李斯手里掌握着啊！希望能好好考虑考虑。更何况驾驭群臣和向人称臣，统治别人和被人统治，难道可以同日而语吗！"胡亥说："废掉兄长而立弟弟，这是不义；不服从父亲的诏命而惧怕死亡，这是不孝；自己才能浅薄，依靠别人的帮助而勉强登基，这是无能。这三件事都是大逆不道的，天下人也不服从，我自身遭受祸殃，国家还会灭亡。"赵高说："当初商汤、周武王杀掉了他们的君主，天下人并不认为是不忠，反而还称之为义举。卫君

10 李斯的《谏逐客书》说服力很强

弑杀了他的父亲,卫国人还称赞他的功德,孔子也把他的事迹写入《春秋》,并不认为是不孝。办大事、讲大体的人不能顾忌小节,行盛德不要怕琐碎的指责,乡间的习俗各有所宜,百官的工作方式也各不一样。所以顾忌小事而忘了大事,日后必生祸害;关键时刻犹豫不决,将来一定要后悔。果断而大胆地去做,连鬼神都要回避,将来一定会成功。希望您按我说的去做。"胡亥叹息一声说:"现在先帝尚未发丧,一切丧事都还没办,怎么能拿这些事情去麻烦丞相呢!"赵高说:"时光啊时光,短暂得来不及谋划!我就像携带干粮赶着快马赶路一样,唯恐耽误了时机!"

胡亥同意了赵高的话以后,赵高说:"不和丞相商议,恐怕事情还不能成功,我希望能替您与丞相商议。"赵高就对丞相李斯说道:"始皇去世,赐给长子扶苏诏书,命他到咸阳参加丧礼,并立为继承人。诏书未送,皇帝去世,还没人知道此事。皇帝赐给长子的诏书和符玺都在胡亥手里,立谁为太子只在于您和我的一句话而已。您看这事该怎么办?"李斯说:"你怎能说出这种祸国殃民的话!这种事绝对不是我们当臣子的所该议论的!"

赵高说:"您自己想想,您的才能比得过蒙恬吗?您的功劳比得过蒙恬吗?您的谋略比得过蒙恬吗?您的得人心比得过蒙恬吗?您与扶苏的交情和扶苏对您的信任,比得过蒙恬吗?"李斯说:"这五方面我都比不了蒙恬,但您为什么这样苛求于我呢?"赵高说:"我本来就是一个宦官奴仆,有幸能凭熟悉狱法文书进入秦宫,管事二十多年,还未曾见过被秦王罢免的丞相功臣有封爵而又传给下一代的,结果都是以被杀告终。皇帝有二十多个儿子,这些都是您所知道的。长子扶苏刚毅而且勇武,信任人而又善于激励士人,即位之后一定会用蒙恬担任丞相,很显然,您最终也是不能怀揣通侯之印退职还乡了。我曾经受命教导胡亥读书,帮他学习法律好几年了,我从未见过他有什么过失。胡亥仁慈厚道,轻财物而重人才,内心聪慧而不善于言辞,礼贤下士,始皇帝的其他公子没有一个能比得过他,可以立为继承人。您考虑一下再决定吧。"李斯说："您还是回去吧！我只能遵照先帝的命令行事，听从上天的安排，我自己有什么可以考虑可以决定的呢？"

赵高说："平安可能变成危险，危险也可能变成平安。在安危面前不早做决定，又怎么能算是圣明的人呢？"李斯说："我本是上蔡县的一个普通百姓，多蒙皇上宠爱，被提拔为丞相，封为侯爵，子孙都得到尊贵的地位和优厚的待遇，所以皇帝才把国家安危存亡的重任交给了我。我又怎么能辜负了他的重托呢？忠臣不因怕死而苟且从事，孝子不因过分操劳而损害健康，做臣子的各守各的职分而已。请您不要再说了，不要让我李斯也跟着犯罪。"

赵高说："我听说圣人并不循规蹈矩，而是应变从时，看见苗头能预知根本，看见动向能预知归宿。而事物本来就是如此，哪里有什么一成不变的道理呢！如今天下的大权，都掌握在胡亥的手中，而我在胡亥面前可以让他按着我的意志行事。更何况从外部来制服内部就是逆乱，从下面来制服上面就是反叛。所以秋霜一降花草随之凋落，冰消雪化就万物更生，这是自然界必然的结果，您怎么连这些都没看到呢？"李斯说："昔日晋国由于改换太子，三世不得安宁；齐桓公兄弟争夺王位，哥哥被杀死；商纣王杀害亲属，不听劝告，京城变为废墟，闹得国破家亡：这三件事都违背天意，所以才落得宗庙没人祭祀。我李斯还是人啊，怎么能参与这些阴谋呢！"

赵高说："上下齐心协力，就可以长治久安；只要内外如一，那就什么事情都能办成。您只要听我的话，就会长保封侯，并永世相传，一定有仙人王子乔、赤松子那样的长寿，孔子、墨子那样的智慧。现在放弃这个机会而不听从我的意见，一定会祸及子孙，其后果是叫人心寒的。善于为人处世、相机而动的人是能够转祸为福的，您想怎么办呢？"李斯仰天长叹，挥泪叹息道："哎呀！偏偏遭逢乱世，既然已经不能以死尽忠了，将向何处寄托我的命运呢！"于是李斯就依从了赵高。赵高便回报胡亥说："我是奉太子您的命令去通知丞相李斯的，他怎么敢不服从命令呢！"

10 李斯的《谏逐客书》说服力很强

于是他们几个人就商量好，诈称丞相李斯接受了始皇帝的诏书，立公子胡亥为太子。又伪造了一份赐给长子扶苏的诏书说："我巡视天下，祈祷祭祀各地名山的神灵以求长寿。现在扶苏和将军蒙恬带领几十万军队驻守边疆，已经十几年了，不能向前进军，而士兵伤亡很多，没有立下半点功劳，反而多次上书直言诽谤我的所作所为，因不能解职回京当太子，日夜怨恨不满。扶苏作为人子而不孝顺，赐剑自杀！将军蒙恬和扶苏一同在外，不纠正他的错误，也应知道他的谋划。作为人臣而不尽忠，一同赐命自杀，把军队交给副将王离。"用皇帝的玉玺把诏书封好，让胡亥的门客捧着诏书到上郡交给扶苏。

使者到了上郡，打开诏书，扶苏就哭泣起来，进入内室想自杀。蒙恬阻止扶苏说："陛下巡游在外，事先并没有立谁为太子，他派我率兵三十万镇守边疆，公子担任监军，这是天下的重任啊。现在突然派一个使者前来传话，您就忙着自杀，谁能断定其中没有诡诈？请您再请示一下，问明白了再死也不算晚。"但这时使者却再三催促扶苏自杀。扶苏为人仁爱，对蒙恬说："父亲赐儿子死，还用得着再请示吗？"说罢就自杀了。蒙恬不肯自杀，使者便把他交给法吏看管，关押在阳周。

使者回来报告处理的结果，胡亥、李斯、赵高等大喜。他们回到咸阳，办理了丧事，立胡亥做了二世皇帝。任命赵高担任郎中令，常在宫中服侍皇帝，掌握大权。

秦二世闲居无事，就把赵高叫来一同商议，对赵高说："人活在世上，就如同驾驭着六匹骏马从缝隙中飞过一样短暂。我既然已经统治天下了，就想尽量满足耳目的一切欲望，享受尽我所能想到的一切乐趣，使国家安宁，百姓欢欣，永保江山，以享天年，这种想法行得通吗？"赵高说："作为一个贤明的君主是绝对能够达到的，而一个昏乱的君主是达不到的。现在我豁出命去，给您讲一讲，请您注意听。对于沙丘的密谋策划，各位公子和大臣都有怀疑，而这些公子都是您的兄长，这些大臣都是先帝所安置的。现在陛下您刚刚登上皇位，这些人都心中怨恨不服，我担心他们要闹事。更何况蒙恬虽已死去，蒙毅还在外面带兵，

跟毛泽东读《史记》

我之所以提心吊胆，只是害怕会有不好的结果。陛下您又怎么能为此而行乐呢？"秦二世说："那该怎么办？"赵高说："实行严刑峻法，谁犯了罪就互相株连，把他们的亲朋一起处死，甚至全族诛灭；要大批地诛杀那些朝廷里的大臣，疏远您的那些兄弟子侄；要让原来贫穷的今天富起来，让原来低贱的今天高贵起来。全部铲除先帝的旧臣，重新任命您信任的人并让他们在您的身边。这样就使他们从心底对您感恩戴德，根除了祸害而杜绝了奸谋，群臣上下没有人不得到您的恩泽，承受您的厚德，陛下您就可以高枕无忧，纵情享受了。没有比这更好的主意了。"秦二世觉得赵高的说法不错，便着手重新制定法律。从此朝廷大臣和秦二世的弟兄们只要一犯罪，就把他们交给赵高审问处置。于是大臣蒙毅等被杀，十个公子在咸阳街头被斩首示众，十位公主也在杜县被分裂肢体处死，这些家族的财物被没收归官，而由此牵连被杀的难以计算。

公子高想逃跑，怕被满门抄斩，于是就上书说："先帝活着的时候，我进宫就给吃的东西，出宫就让乘车。皇帝内府中的衣服，先帝赐给我；宫中马厩里的宝马，先帝也赐给我。我本该与先帝一起死去而没做到，这是我做人子的不孝，做人臣的不忠。而不忠的人没有理由活在世上，请允许我随先帝死去，希望能把我埋在骊山脚下。只求皇上哀怜答应我。"书信呈上去后，胡亥心花怒放，他把赵高喊来，把公子高的信给他看，说："这大概就叫走投无路了吧？"赵高说："当臣子就应该叫他们像这样连死都顾不过来，如果全都像这样，还有什么功夫去图谋造反呢？"胡亥同意了公子高的请求，赐给他十万钱予以安葬。

秦朝的法令诛罚越来越严，大臣们人人自危，想造反的越来越多。再加上秦二世又继续修建阿房宫，大肆修筑直道与驰道，赋税越来越重，徭役没完没了。于是从楚地征来戍边的士卒陈胜、吴广等人就起来造反，起兵于崤山以东，英雄豪杰蜂拥而起，自立为侯王，反叛秦朝，他们的军队一直攻到鸿门才退去。李斯多次想找机会进谏，但二世不允许，相反地倒责备李斯说："我曾记得韩非子上说过：'尧当帝王的时候，居室的台基最高不过三尺，做椽子的木料连刮都不刮，屋顶上盖的

10 李斯的《谏逐客书》说服力很强

茅草连剪都不剪，这样的住处连个小客店都不如。冬天穿鹿皮袄，夏天穿麻布衣，用粗米做饭，用野菜做汤，用土罐吃饭，用土钵喝水，即使是看门人的生活也不会比这更清寒了。夏禹凿开龙门，开通大夏水道，又疏通多条河流，曲折地筑起多道堤防，决积水引导入海，由于长年劳作，他的大腿上已经没有细嫩的皮肤，小腿上磨光了汗毛，手脚都结上厚厚的老茧，面孔晒得黝黑，最后累死在外边，埋葬在会稽山下，这样辛苦操劳，恐怕连奴仆也没有比他更过分了。'然而一个把享有天下看得无比尊贵的人，其目的难道就是想操心费力，住旅店一样的馆舍，吃看门人吃的食物，干奴隶干的活计吗？这些事都是才能低下的人才努力去干的，并非贤明的人所从事的。一个贤能的人当了帝王，他要让天下所有的一切都来满足自己的欲望，这才能表现出当天子的尊贵。一个人能称为贤明，就必须能享有天下，统治万民，如果一个人连他自己都不能过得舒服合意，那又怎么能指望他可以治好天下呢？我要的是既能随心所欲，又永远地享有天下而没有祸害，这该怎么办呢？"李斯的儿子李由任三川郡守，群起造反的吴广等人向西攻占地盘，任意往来，李由不能阻止。待至章邯打败了吴广等人以后，秦二世便一批一批地派人去追究三川郡的责任，并责怪李斯，位居国家三公，怎么会让造反的人猖狂到了如此程度。李斯害怕了，他看重爵位俸禄，实在不知道怎么办了，就曲意阿顺二世的心意，想求得宽容，便上书回答二世说：

  凡是贤明的君主，必将是能够全面掌握为君之道，又对下行使督责的君主。一旦推行督责，当臣子的就不敢不竭尽所能来为君主效力了。这样，君主和臣子的职分一经确定，上下关系的准则也明确了，那么天下不论是有才德的还是没有才德的，都不敢不竭尽全力为君主效命了。因此君主才能专制天下而不受任何约束，这样他就可以享尽一切乐趣了。作为一个贤明的君主，又怎能看不清这一点呢！

  申不害说过，"一个当帝王的如果不能为所欲为，那就叫把天下当成了镣铐"，这话没有别的意思，只是讲不督责臣下，而自己反而辛辛苦苦为天下百姓操劳，像尧和禹那样，所以称之为"镣铐"。不能学习申不害、韩非的高明法术，推行督责措施，让普天下来满足自己，相反却劳苦身心地去为百姓效力，那就成了当奴隶，而不是当帝王了，这还有什么尊贵的呢？让别人顺着自己，自己就尊贵，别人就低贱；如果让自己去顺着别人，那自己就低贱，别人就尊贵了。让自己顺着别人的低贱，让别人顺着自己的尊贵，从古到今，都是这个道理。古代为什么有些贤人被人们所尊敬呢，就是因为他高贵；为什么有些人被人瞧不起呢，就是因为他低贱。尧、禹让自己顺从了别人，如果还跟着世俗尊崇他们，那就不算尊贤了，那就是大错特错了。说尧、禹把天下当作自己的"镣铐"，不也是很合适的吗？这是不能督责的过错。

所以韩非子先生曾经说过，"慈爱的母亲会养出败家的儿子，而严厉的主人家中没有强悍的奴仆"，是什么原因呢？这是由于能严加惩罚的必然结果。所以商鞅的新法规定，在道路上撒灰的人就要判刑。撒灰于道是轻罪，而加之以刑是重罚。只有贤明的君主才能严厉地督责轻罪。轻罪尚且严厉督责，何况犯有重罪呢？所以百姓不敢犯法。韩非说过，"几尺布头，平常人见了也不会放过；而烧红的百镒金子，盗跖也不会拿"，这并不是说平常人的贪心重，而盗跖的欲望小；也不是因为盗跖有什么操行，不想要百镒之金。只要伸手一抓，手就烫烂，那么即使盗跖也不敢去动百镒之金；而贪点小利不一定会受到刑罚，那么即使几尺布头，平常人也绝不放过。因此五丈高的城墙，楼季不敢轻易冒犯；泰山高达百仞，而跛脚的母羊也能放牧到山顶上。难道是楼季难以攀越五丈高的城墙，而跛脚的母羊容易爬上百仞高的泰山吗？这是因为陡峭和平缓，两者形势不同。圣明的君主之所以能久居尊位，长掌大权，独自垄断天下利益，其原因并不在于他们有什么特殊的办法，而是在于他们能够独揽大权，精于督责，对犯法的人一定严加惩处，所以天下人不敢违犯。现在不制定防止犯罪的措施，去仿效慈母养成败家子的

10 李斯的《谏逐客书》说服力很强

做法,那就太不了解前代圣哲的高论了。如果不能采用圣人的办法,那么除了给人家当奴仆,还能干什么呢?这岂不可悲吗!

更何况节俭仁义的人在朝中任职,那荒诞放肆的乐趣就得中止;规劝陈说、高谈道理的臣子在身边干预,那放肆无忌的念头就要收敛;烈士死节的行为受到世人的推崇,那纵情享受的娱乐就要放弃。所以圣明的君主能排斥这三种人,而独掌统治大权以驾驭言听计从的臣子,建立严明的法制,所以自身尊贵而权势威重。所有的贤明君主,都能拂逆世风、扭转民俗,废弃他所厌恶的,树立他所喜欢的,因此在他活着的时候才有尊贵的威势,在他死后才有贤明的谥号。所以,明君总是独裁专断,绝不让权力落在大臣手中。只有这样,他才能断绝那种鼓吹仁义的途径,堵住那些游说之士的叫嚣,罢黜那些所谓忠烈的行为表现,不用耳听,不用眼看,单凭自己的意念行事,这样他在外就不会再受那些所谓仁义忠烈的炫惑,在内也不为那些劝谏的言辞所动摇。这样他才能够独断专行地为所欲为,谁也不敢再违抗他。只有这样,才可以说他是学好了申、韩之术,修明了商君之法了。而法术一旦修明,天下就再也不会大乱。这就是人们常说的"实行王道也并不复杂,很容易掌握"那个话。但这些只有贤明的君王才能做到。像这样,才可以说是真正实行了督责,臣下才能没有离异之心,臣下没有离异之心天下才能安定,天下安定才能有君主的尊严,君主有了尊严才能使督责严格执行,督责严格执行后君主的欲望才能得到满足,满足之后国家才能富强,国家富强了君主才能享受更多。所以说,只要督责之术一确立,君主就任何欲望都能满足了。群臣百姓们都忙着去补救他们自己的罪过,哪还有时间图谋反叛呢?这样统治国家的法术就真正完备了,驾驭群臣的手段就可以说是明确了。到那时,即使让申不害、韩非复生,也不可能超过您的水平。

这封答书上奏之后,二世看了非常高兴。于是更加严厉地实行督责,向百姓收税越多越是贤明的官吏。秦二世说:"这才叫真正实行了督责。"当时，路上的行人有一半是受过刑的，死人的尸体每天都成堆地陈列在街市上。谁杀人杀得多，谁就被认为是忠臣。二世说："像这样才可称得上实行督责了。"

起初，赵高在担任郎中令时，杀死的人和为了报私仇而陷害的人非常多，唯恐大臣们在入朝奏事时向二世揭露他，就劝说二世道："天子之所以尊贵，就在于大臣只能听到他的声音，而不能看到他的面容，所以才自称为'朕'。况且陛下还很年轻，未必什么事情都懂，现在坐在朝廷上，若惩罚和奖励有不妥当的地方，就会把自己的短处暴露给大臣，这也就不能向天下人显示您的圣明了。因此您还是深居宫中，常与我和几个通晓法令的人在一起，等候着大臣把文件报上来，我们一道商量着处理吧。这样，大臣就不敢上报不真实的情况，天下人也就会称颂您的英明伟大了。"二世听从了赵高的主意，就不再坐在朝廷上接见大臣，而是深居在宫禁之中。赵高总在皇帝身边侍奉办事，一切公务都由赵高决定。

赵高听说李斯对此有不满的言论，就找到李斯说："函谷关以东地区盗贼很多，而现在皇上却加紧遣发劳役修建阿房宫，搜集狗马等没用的玩物。我想劝谏，但我的地位卑贱。这是您的职责范围里的事，您为什么不去劝劝呢？"李斯说："是啊，我早就想说了，可是现在皇帝不临朝听政，常居深宫之中，我虽然有话想说，又不便让别人传达，想见皇帝却又没有机会。"赵高对他说："您若真能劝谏的话，请允许我替您打听，只要皇上一有空闲，我立刻通知您。"于是赵高趁二世在闲居娱乐、美女在前的时候，派人告诉丞相说："皇上正有空闲，可以进宫奏事。"丞相李斯就到宫门求见，接连三次都是这样。二世非常生气地说："我平时空闲的日子很多，丞相都不来。每当我在寝室休息的时候，丞相就来请示奏事。丞相是瞧不起我呢？还是以为我鄙陋？"赵高乘机对秦二世说："这可太危险啦！当初我们在沙丘的密谋，丞相是参加了的。如今陛下做了皇帝，而丞相的地位却没有提高，看来他的意思也是想割地为王。有些事您不问我，我也不敢说。丞相的大儿子李由担

10 李斯的《谏逐客书》说服力很强

任三川郡守,楚地强盗陈胜等人都是丞相故乡邻县的人,因此他们才敢公开横行,经过三川时,李由只是守城而不出击。我听说他和盗贼还有书信来往,由于没有确实的证据,所以没敢告诉您。更何况丞相在外,权力比陛下还大。"秦二世听着有道理。他想逮捕李斯,又怕问题不确实,于是就派人去调查三川郡守李由与盗贼相通的情况。李斯很快知道了这个消息。

当时二世正在甘泉宫观看摔跤和滑稽戏表演。李斯不能觐见,就上书揭发赵高的短处说:"我听说,臣子的权势如果与君主相当,那就必然要危国;妻妾的权势如果与丈夫相当,那就必然要危家。现在有的大臣擅自掌握赏罚大权,和您没有什么不同,这是非常不妥当的。从前司城子罕当宋国国相,自己掌握刑罚大权,用威权行事,一年之后就劫持了宋国国君,篡夺了王位。田常当齐简公的臣子,爵位高到全国无人与他相匹敌,自家的财富和公家的一样多,他行恩施惠,下得百姓的爱戴,上得群臣的拥护,暗中窃取了齐国的权力,在厅堂里杀死了宰予,又在朝廷上杀死齐简公,这样,就完全控制了齐国。这些都是天下人都知晓的事情。如今赵高既有邪恶之心,又有图谋造反的行为,就如当年子罕做宋国国相时一样;赵高的家产财富,也和当年田常在齐国拥有的相当。他兼有田常和子罕两个人的罪恶,而又凭借着您的威望发号施令,他的野心简直和韩玘给韩安当国相时一样。如果您不及早地把他除掉,我怕他是要造反的。"秦二世说:"这是怎么说的呢?赵高原本是个宦官,但他不因处境安逸就为所欲为,也不因处境危险就改变忠心,他品行廉洁,一心向善,靠自己的努力才得到今天的地位,因忠心耿耿才被提拔,因讲信义才保住禄位,我确实认为他是贤才,而你怀疑他,这是什么原因呢?再加上我年纪轻轻就失去了父亲,没什么知识,不知如何管理百姓,而你年纪又大了,我担心与天下人隔绝了。我如果不把国事托付给赵高,还应当用谁呢?况且赵先生为人精明廉洁,竭尽其力,下能了解民情,上能顺适我的心意,请你不要怀疑。"李斯说:"并非如此。赵高从前是卑贱的人,不懂道理,贪得无厌,求利不止,

跟毛泽东读《史记》

地位权势仅次于陛下，但他追求地位和权势的欲望没有止境，所以我说是很危险的。"二世早已相信了赵高，担心李斯杀掉他，就暗中把这些话告诉了赵高。赵高说："现在他所怕的就是我，如果我一死，他马上就会干田常他们所干的那种事情。"于是秦二世下令说："把李斯交给郎中令查办！"

赵高查办李斯。李斯被逮捕下狱后，仰天长叹道："唉，可悲啊！无道的昏君，怎么能为他出谋划策呢！从前夏桀杀死关龙逢，商纣杀死王子比干，吴王夫差杀死伍子胥。这三个大臣，难道不忠吗！然而免不了一死，他们虽然尽忠而死，只可惜忠非其人。现在我的智慧赶不上这三个人，而二世的暴虐无道超过了桀、纣、夫差，我因尽忠而死，也是应该的呀。再看秦二世的作为悖乱荒谬到了什么地步！不久前杀死了自己的兄弟而自立为皇帝，又杀害忠良，重用低贱的人，修建阿房宫，对天下百姓横征暴敛。我并不是没有劝谏过，而是他从来不听。凡是古代圣明的帝王饮食都有一定的节制，车马器物都有一定的数量，宫殿都有一定的限度，颁布命令和办事情，增加费用而不利于百姓的一律禁止，所以才能长治久安。现在二世对自己的兄弟，施以违反常情常理的残暴手段，不考虑会有什么灾祸；迫害、杀戮忠臣，也不考虑会有什么灾殃；大力修筑宫殿，加重对天下百姓的税收，不吝惜钱财：这三种事情做了之后，天下百姓不服从。现在造反的人已占天下人的一半了，但二世心中还未觉悟，居然任用赵高为辅佐，这样下去不用很久我一定会看到盗贼攻入咸阳，使朝廷变为麋鹿嬉游的地方。"

于是二世就派赵高审理丞相一案，对他加以惩处，查问李斯和儿子李由谋反的情状，将其宾客和家族全部逮捕。赵高惩治李斯，拷打他一千多下，李斯不能忍受痛苦的折磨，冤屈地招供了。李斯之所以忍辱不自杀，就因为他认为自己有功劳又善辩，又确实没有谋反之心，希望能通过上书自陈，使秦二世醒悟过来而赦免他。于是李斯就在狱中上书说："我当丞相治理国家已经三十多年了，我曾见过当年秦国疆土的狭小。先王的时候，秦国的土地不过千里，士兵不过几十万。我用尽了自

10 李斯的《谏逐客书》说服力很强

己微薄的才能，小心谨慎地执行法令，暗中派遣谋臣，资助他们金银珠宝，让他们到各国游说，暗中准备武装，整顿政治和教化，任用英勇善战的人为官，提高功臣的社会地位，给他们很高的爵位和俸禄，所以终于威胁韩国，削弱魏国，击败了燕国、赵国，削平了齐国、楚国，最后兼并六国，俘获了他们的君主，拥立秦王为天子。这是我的第一条罪状。兼并六国后，我们的疆域已经不算不广阔了，可是我又辅佐先帝向北驱赶了胡族、貉族，向南平定了百越，以显示我们秦朝的强盛。这大概就是我的第二条大罪。这以后我又在国内尊重大臣，提高他们的爵位，以巩固他们与朝廷的亲密关系。这大概算我的第三条大罪。我为国家建立了社稷坛，修筑了宗庙，显示了皇帝的贤德。这大概是我的第四条大罪。我改革了文字，统一了度量衡，将其公布于天下，提高了秦朝的声望。这大概是我的第五条大罪。我修建了许多专供皇帝车驾行走的大道，兴建了许多离宫别馆，以实现君主的志得意满，这大概是我的第六条大罪。我减轻刑罚，放宽赋税，使皇上受到万民拥戴，让他们至死不变心。这大概是我的第七条大罪。像我李斯这样做臣子的，所犯罪状足以处死，本来已经很久了。皇帝希望我竭尽所能，才得以活到今天，希望陛下明察。"奏书呈上之后，赵高让狱吏丢在一边而不上报，说："囚犯怎能上书！"

赵高派他的门客十多人假扮成御史、谒者、侍中，轮流往复审问李斯。李斯以为他们真是秦二世派来的人，翻去不实之词按实情回答，他们就让人狠狠地拷打。后来秦二世真的派人来查问了，李斯误以为又是那伙人，反倒不敢说别的，只有屈服认罪了。赵高把对李斯的判决上报秦二世，二世皇帝很高兴地说："没有赵君，我几乎被丞相出卖了。"等二世派的使者到达三川调查李由时，项梁已经将他杀死。使者返回时，正当李斯已被交付狱吏看押，赵高就编造了一整套李由谋反的罪状。

秦二世二年七月，李斯被判处五刑，判在咸阳街市上腰斩。当李斯和他的中子一起被捆绑着押解出狱的时候，李斯对他的中子说："我想

跟毛泽东读《史记》

和你再牵着黄狗一同出上蔡东门去打猎追逐狡兔，又怎能办得到呢！"于是父子二人相对痛哭，三族的人都被处死了。

李斯死后，秦二世让赵高做了中丞相，事无大小一律取决于赵高。赵高自知权力过重，就向二世献上鹿，称它为马。二世问左右侍从说："这是鹿吧？"左右都说"是马"。二世惊慌起来，以为自己昏乱了，就把太卜召来，叫他算了一卦。太卜说："陛下春秋两季到郊外祭祀，供奉宗庙鬼神，斋戒时不虔诚，所以才到这种地步。可依照圣明君主的样子再虔诚地斋戒一次。"于是秦二世就到上林苑斋戒。但他实际上整天都在那里射猎游玩，有个过路的人进了上林苑，秦二世亲手把他射死了。这时赵高便指使他的女婿咸阳令阎乐故意向秦二世弹劾说，不知什么人残杀了行人，却把尸体移到了上林苑。赵高就劝谏二世说："天子无缘无故杀死没有罪的人，这是上帝所不允许的，鬼神也不会接受您的祭祀，上天将会降下灾祸，应该远远地离开皇宫以祈祷消灾。"二世就离开皇宫到望夷宫去居住。

三天后，赵高假托秦二世的命令，诏卫士进宫，让他们都穿着白衣裳，手持兵器冲入望夷宫内，而他自己则跑去对秦二世说："东方的大批土匪杀进来了！"秦二世爬到高处观望，看到卫士拿着兵器朝向宫内，非常害怕，赵高立刻逼迫二世让他自杀。然后取过玉玺把它带在自己身上，身边的文武百官无一人跟从；他登上大殿时，大殿有好几次都像要坍塌似的。赵高自知上天不给予他皇帝之位，群臣也不会答应，就把秦始皇的弟弟子婴（据《始皇本纪》，子婴为"二世之兄子"）叫来，把玉玺交给了他。

子婴即位之后，担心赵高再作乱，就假称有病而不上朝处理政务，与宦官韩谈和他的儿子商量如何杀死赵高。赵高前来求见，探望子婴的病情，于是子婴召他入宫，命令韩谈刺杀了他，接着又灭了赵高的三族。

子婴即位三个月，沛公的军队就从武关打了进来，到达咸阳，这时秦朝的百官群臣都叛变了，没有人再抵抗他的军队。于是子婴便带着他

10 李斯的《谏逐客书》说服力很强

的妻儿，自己用白绫绑着脖子，在轵道旁边迎着沛公向他投降了。沛公把他们交给专人看管起来。待至项羽入关后，便杀掉了子婴。秦朝遂宣告灭亡。

太史公说：李斯以一个平头士子的身份游说诸侯，入关奉事秦国，抓住机会，辅佐秦始皇，终于完成统一大业。李斯位居三公之职，可以称得上是很受重用了。李斯是懂得儒家六经要旨的，但他不致力于修明政治，弥补君主的过失，相反为了保住高官厚禄，而只顾阿谀奉承，施行严刑酷法，又听信赵高的邪说，废掉嫡子扶苏而立庶子胡亥。等到各地已经群起反叛，李斯这才想直言劝谏，这岂不太晚了吗？人们都认为李斯是忠心耿耿，反受五刑而死，但我仔细考察事情的真相，就和世俗的看法有所不同。否则的话，李斯的功绩真的要和周公、召公相提并论了。

11 登徒子不好色，且是个模范丈夫

毛泽东读批《史记·屈原贾生列传》(宋玉)

【读原文】

人民日报的社论反冒进，使用的是战国时代楚国一位文学家宋玉攻击登徒子大夫的手法，攻其一点，不及其余。毛主席详细地讲了宋玉的故事：起因是登徒子大夫在楚襄王面前说宋玉此人"体貌闲丽，口多微辞，又性好色"，希望楚襄王不要让宋玉出入后宫。有一天楚襄王对宋玉说：登徒子大夫说你怎么样怎么样。宋玉回答说，"体貌闲丽，所受于天也。口多微辞，所学于师也。至于好色，臣无有也。"楚襄王问，你说自己不好色，有什么理由呢？宋王回答说，"天下之佳人莫若楚国，楚国之丽者莫若臣里，臣里之美者莫若臣东家之子。东家之子，增之一分则太长，减之一分则太短；著粉则太白，施朱则太赤；眉如翠羽，肌如白雪；腰如束素，齿如含贝；嫣然一笑，惑阳城，迷下蔡。然此女登墙窥臣三年，至今未许也。"宋玉说这样一个绝代佳丽勾引他

11 登徒子不好色，且是个模范丈夫

三年，他都没有上当，可见他并非好色之徒。接着，宋玉攻击登徒子说，"登徒子则不然，其妻蓬头挛耳，龈唇历齿。旁行踽偻，又疥且痔。"意思是说登徒子的老婆头发蓬蓬松松，额头前突，耳朵也有毛病，不用张嘴就牙齿外露，走路不成样子而且驼背，身上长疥疮还有痔疮。宋玉问楚襄王：登徒子的老婆丑陋得无以复加，登徒子却那么喜欢她，同她生了五个孩子。请大王仔细想想，究竟是谁好色呢？宋玉终于打赢了这场官司。他采取的方法就是攻其一点，尽量扩大，不及其余的方法。整个故事见宋玉写的《登徒子好色赋》。昭明太子把这篇东西收入《文选》，从此登徒子成了好色之徒的代名词，至今不得翻身。

——吴冷西：《忆毛主席》，新华出版社 1995 年版，第 52 页

【品解析】

1958 年 1 月 11 日，中共中央在南宁召开工作会议。南宁会议开始，毛泽东一上来就讲 1956 年"反冒进"是错误的，认为搞建设就是要那么冒一点，就是要克服那种右倾保守思想，致使一些超过实际可能的高指标被会议一致通过。"反冒进"是指 1956 年 6 月到 11 月，中央一些同志针对一些地方和部门的基本建设过大、造成财政赤字原料紧张的情况，提出反对急躁冒进。毛泽东在会上的讲话中认为"反冒进"文章《要反对保守主义，也要反对急躁情绪》是错误的，使用的是宋玉攻击登徒子的方法。于是，毛泽东就详细地讲了这个故事。讲话的第二天，毛泽东还将宋玉的这篇赋印发给大家看。毛泽东讲这个故事并不止这一次。1958 年 1 月 6 日，毛泽东在杭州会见部分史学家、科学家和著名新闻工作者时，谈话中也讲到了宋玉写的《登徒子好色赋》，并朗声背诵起其中的话。

跟毛泽东读《史记》

　　毛泽东用辩证的观点对这篇文章作了分析，他说："宋玉攻击登徒子的这段话，完全属于颠倒是非的诡辩，是采用'攻其一点，不及其余，尽量夸大'的手法。"他风趣而幽默地说："从本质看，应当承认登徒子是好人。娶了这样丑的女人，还能和她相亲相爱，和睦相处。照我们的看法，登徒子是个爱情专一的、遵守《婚姻法》的模范丈夫，怎能说他是'好色之徒'呢？"在毛泽东看来，登徒子是蒙受了不白之冤，应当为他"正名平反"。他把宋玉视为得意的论据作为反面教材诡辩术的典型看待。

　　毛泽东这番巧解《登徒子好色赋》，为登徒子"翻案"给人以启迪。他引导人们思考：宋玉攻击登徒子固然用的是"攻其一点，不及其余，尽量夸大"的诡辩术，而楚王和章华大夫却为之悦服，赞成了他的观点。这说明诡辩术是容易迷惑人的。作为领导干部，身边少不了有人进言、打各种报告，必须学会全面地看问题，不要被诡辩手法所迷惑，像楚王和章华大夫那样轻信他言和受骗。

【读《史记》】

　　屈原既死之后，楚有宋玉、唐勒、景差之徒者，皆好辞而以赋见称；然皆祖屈原之从容辞令，终莫敢直谏。

（节选自《史记·屈原贾生列传》）

附

登徒子好色赋

　　大夫登徒子侍于楚王，短宋玉曰："玉为人体貌闲丽，口多微辞，又性好色。愿王勿与出入后宫。"王以登徒子之言问宋玉。玉曰："体貌闲丽，所受于天也。口多微辞，所学于师也。至于好色，臣无有也。"王曰："子不好色，亦有说乎？有说则止，元说则退。"玉曰："天下之佳

11 登徒子不好色，且是个模范丈夫

人莫若楚国，楚国之丽者莫若臣里，臣里之美者莫若臣东家之子。东家之子，增之一分则太长，减之一分则太短；著粉则太白，施朱则太赤；眉如翠羽，肌如白雪；腰如束素，齿如含贝；嫣然一笑，惑阳城，迷下蔡。然此女登墙窥臣三年，至今未许也。登徒子则不然：其妻蓬头挛耳，龋唇历齿，旁行踽偻，又疥且痔。登徒子悦之，使有五子。王孰察之，谁为好色者矣。"

是时，秦章华大夫在侧，因进而称曰："今夫宋玉盛称邻之女，以为美色，愚乱之邪；臣自以为守德，谓不如彼矣。且夫南楚穷巷之妾，焉足为大王言乎？若臣之陋，目所曾睹者，未敢云也。"王曰："试为寡人说之。"大夫曰："唯唯。臣少曾远游，周览九土，足历五都。出咸阳、熙邯郸，从容郑、卫、溱、洧之间。是时向春之末，迎夏之阳，鸧鹒喈喈，群女出桑。此郊之姝，华色含光，体美容冶，不待饰装。臣观其丽者，因称诗曰：'遵大路兮揽子袪'。赠以芳华辞甚妙。于是处子怳若有望而不来，忽若有来而不见。意密体疏，俯仰异观；含喜微笑，窃视流眄。复称诗曰：'寤春风兮发鲜荣，洁斋俟兮惠音声，赠我如此兮不如无生。'因迁延而辞避。盖徒以微辞相感动。精神相依凭；目欲其颜，心顾其义，扬《诗》守礼，终不过差，故足称也。"

于是楚王称善，宋玉遂不退。

【品释文】

屈原死后，楚国有宋玉、唐勒、景差等一些人，也都以好作辞赋出名；但他们都只是效法屈原的言辞委婉美妙，始终不敢像屈原那样直言劝谏。

211

跟毛泽东读《史记》

附

登徒子好色赋

楚国大夫登徒子在楚王面前说宋玉的坏话，他说："宋玉其人长得娴静英俊，说话很有口才而言辞微妙，又很贪爱女色，希望大王不要让他出入后宫之门。"

楚王拿登徒子的话去质问宋玉，宋玉说："容貌俊美，这是上天所生；善于言辞辩说，是从老师那里学来的；至于贪爱女色，下臣则绝无此事。"楚王说："你不贪爱女色确有道理可讲吗？有道理讲就留下来，没有理由可说便离去。"宋玉于是辩解道："天下的美女，没有谁比得上楚国女子，楚国女子之美丽者，又没有谁能超过我家乡的美女，而我家乡最美丽的姑娘还得数我邻居东家那位小姐。东家那位小姐，论身材，若增加一分则太高，减掉一分则太短；论其肤色，若涂上脂粉则嫌太白，施加朱红又嫌太赤，真是生得恰到好处。她那眉毛有如翠鸟之羽毛，肌肤像白雪一般莹洁，腰身纤细如裹上素帛，牙齿整齐有如一连串的小贝，甜美地一笑，足可以使阳城和下蔡一带的人们为之迷惑和倾倒。这样一位姿色绝伦的美女，趴在墙上窥视我三年，而我至今仍未答应和她交往。登徒子却不是这样，他的妻子蓬头垢面，耳朵挛缩，嘴唇外翻且牙齿参差不齐，弯腰驼背，走路一瘸一拐，又患有疥疾和痔疮。这样一个丑陋的妇女，登徒子却非常喜爱她，并且生有五个孩子。请大王明察，究竟谁是好色之徒呢？"

在那个时候，秦国的章华大夫在楚国，趁机对楚王进言说："如今宋玉大肆宣扬他邻居的小姐，把她作为美人，而美色能使人乱性，产生邪念；臣自认为我自己老实遵守道德，我觉得还不如宋玉，并且楚国偏远之地的女子，东临之子，怎么能对大王说呢？如果说我眼光鄙陋，大家的确有目共睹，我便不敢说了。"

楚王说："你尝试着再对我说点。"大夫说："是。臣年少的时候曾经出门远游，足迹踏遍九州，足迹踏遍繁盛的城市。离开咸阳，在邯郸游

11 登徒子不好色，且是个模范丈夫

玩，在郑、卫两国的溱水和洧水边逗留。当时是接近春末，将有夏天温暖的阳光，鸽鹧鸟喈喈鸣叫，众美女在桑间采桑叶。郑、卫郊野的美女美妙艳丽，光彩照人。体态曼妙，面容姣好。臣看她们里面美丽的人，称引《诗经》里的话：'沿着大路与心上人携手同行。'把她送给这芳华美女最妙了。那美人好像要来又没有来，撩得人心烦意乱，恍惚不安。尽管情意密切，但形迹却又很疏远。那美人的一举一动都与众不同。偷偷地看看她，心中不由欣喜微笑，她正含情脉脉，暗送秋波。于是我又称引《诗经》里的话：'万物在春风的吹拂下苏醒过来，一派新鲜茂密。那美人心地纯洁，庄重矜持；正等待我惠赠佳音。似这样不能与她结合，还不如死去。'她引身后退，婉言辞谢。大概最终还是没能找到打动她的诗句，只有凭借精神上支持相依靠着；真的很想看看她的容颜，心里想着道德规范，男女之大防。口诵《诗经》古语，遵守礼仪，始终没有超越规矩的差错，所以也终于没有什么越轨的举动。"

于是楚王同意说好，宋玉就不离去了。

12 苏秦羞张仪说明人没压力难进步

毛泽东读批《史记·苏秦列传》《史记·张仪列传》

【读原文】

像今天我们在一起吃饭一样，大家团结得很好，这就好。你们整风，检查一下，批评一下，大家还是团结在一块。这就叫作从团结的愿望出发，经过批评或者斗争，使问题得到解决，在新的基础上达到新的团结。批评就是帮助，对人是有好处的。

从前，有苏秦和张仪两个人，都是鬼谷先生的学生。鬼谷是个地方，出了一个先生，所以叫鬼谷先生。后来苏秦在赵国当了宰相，地方就在邯郸。邯郸这个地方，你们到过没有？张仪在楚国做个小官。楚相丢了一块宝玉，怀疑是张仪偷的，把他狠狠打了一顿，满嘴的牙都被打掉了。那个时候，大概还不会安假牙吧！张仪回到家里，叫老婆看看他嘴里的舌子还在不在。他老婆说：舌子还在。他说：那就不要紧了。他跑到邯郸找苏秦，一去就住进"招待所"，大概是现在"北京饭店"之类的住所，好几

12 苏秦羞张仪说明人没压力难进步

天没有见到苏秦的面。后来，苏秦请他吃饭。张仪到了苏秦的衙门，看到摆了酒席，排场大得很，苏秦坐在当中高处，请了各国使节，也有契尔沃年科。席面当然比我们今天吃的丰盛得多。但是却把张仪安排坐在下面角上，盛了点仆人吃的饭食给他吃。这下子张仪的气可就大了，无非是破口大骂苏秦你这个王八蛋等等。回到"北京饭店"，满肚子的气。"北京饭店"的"经理"看他这个样子，就问他：张先生脸色不痛快，有什么生气的事吧？他说：当然有气！就把当年和苏秦是同学，今天苏秦如此这般对待他说了一番，并且骂苏秦简直是无情无义，是王八蛋。这位"经理"说：这样看来，你在赵国待不住了。张仪说：当然待不下去了，马上走。"经理"问他：你到哪里去呢？他说：这倒还没有想好，不管他，走了再说。"经理"说：看来只有到秦国去。张仪一想也对，就此动身。"经理"陪他走到秦国，一路花费大概相当于现在的三四十万人民币吧！到了秦国，他们为了见秦王，就走走门路，行些贿赂和送些衣服，一共又花了四五十万人民币。以后，张仪当上了秦国的宰相，"北京饭店"的"经理"就向他告辞回国，并问他今后怎么打算。张仪一提起苏秦还是咬牙切齿，并说过了两年一定要出兵攻打赵国。"经理"见他这样说，就告诉他，赵国宰相苏秦是个好人，当时苏秦所以要气他，是故意的，怕他在赵国安居下来，不想上进，做不了大事。苏秦知道张仪是个人才，能做大事，如果在赵国依靠苏秦，他也只是当个"科长"什么的就算到顶了。策划张仪到秦国来，和给他一切花销，都是苏秦主使的。张仪一听，这才恍然大悟。"经理"又说：苏秦只希望你当了秦国宰相，十五年内不要出兵攻打赵国。张仪听后表示：只要苏秦活着，我就决不出兵打赵国。

这是一个故事。你们看，苏秦对张仪是好意还是恶意？我们之间，进行批评帮助都是好意。就是明明知道某些批评是恶意也要听下去，不要紧嘛！人就是要压的，像榨油一样，你不压，是出不了油的。人没有压力是不会进步的。

——1960年12月25日，毛泽东同部分亲属和身边工作人员的谈话《人没有压力是不会进步的》（见《党的文献》1993年第4期）

【品解析】

苏秦羞张仪事件，本是《史记·张仪列传》中记载的一个战国时代的故事，毛泽东借这个故事阐发了对待批评的态度问题，他还告诉我们：人没有压力就不会进步。

1960年12月25日，毛泽东和部分亲属以及身边工作人员在一起进餐，参加的人有十几个，吃饭的时候，毛泽东说："像今天我们在一起吃饭一样，大家团结得很好，这就好。你们整风，检查一下，批评一下，大家还是团结在一块。这就叫作从团结的愿望出发，经过批评或者斗争，使问题得到解决，在新的基础上达到新的团结。批评就是帮助，对人是有好处的。"为了说明这个深刻的道理，毛泽东给大家生动地讲述了《史记·张仪列传》所记载的苏秦羞张仪的故事。

故事讲完后，毛泽东对大家说："你们看，苏秦对张仪是好意还是恶意？我们之间，进行批评帮助都是好意。就是明明知道某些批评是恶意也要听下去，不要紧嘛！"在毛泽东的思想里，批评是件非常好的事，批评是使人走向完美境界的重要途径。即使是恶意的批评，也可以把它看成是好意，耐心地听下去，有则改之，无则加勉。就是敌人的诽谤，有时也能帮助我们找出自身缺点。通过批评，倾听不同意见，最后达到团结。

早在延安整风运动时期，毛泽东作过《整顿党的作风》的文章，文中便提出批评与自我批评的工作作风，此作风后来成为我党三大优良

12 苏秦羞张仪说明人没压力难进步

作风之一，它对保障我党的团结与纯洁，发挥了非常重要的作用。

　　毛泽东在与亲属和身边工作人员讲述苏秦羞张仪的故事时，除了给他们说明对待批评的态度外，更重要的是给他们讲述人没有压力就不会进步的道理，鼓励他们自强自立。在这个故事中，毛泽东详细讲述了张仪在发迹以前所受到的压力：一是在楚国被怀疑偷了和氏璧而遭受毒打；二是厚着脸皮投奔才能本在自己之下的同学苏秦，却受到了极大的羞辱，这才使张仪发奋上进，最后成为名震诸侯的连横领袖。

　　毛泽东用张仪成才的过程启发亲属与身边工作人员，人在有压力的情况下，才能有所成就。毛泽东所得出的这个结论，包含了自己丰富的人生体验。在这次谈话中，毛泽东还举了自己在中央苏区受打击的事情，以此来说明压力使人进步的道理。

【读《史记》】

　　苏秦者，东周雒阳人也。东事师于齐，而习之于鬼谷先生。

　　出游数岁，大困而归。兄弟嫂妹妻妾窃皆笑之，曰："周人之俗，治产业，力工商，逐什二以为务。今子释本而事口舌，困，不亦宜乎！"苏秦闻之而惭，自伤，乃闭室不出，出其书遍观之。曰："夫士业已屈首受书，而不能以取尊荣，虽多亦奚以为！"于是得周书《阴符》，伏而读之。期年，以出揣摩，曰："此可以说当世之君矣。"求说周显王。显王左右素习知苏秦，皆少之。弗信。

　　乃西至秦。秦孝公卒。说惠王曰："秦四塞之国，被山带渭，东有关河，西有汉中，南有巴蜀，北有代、马，此天府也。以秦士民之众，兵法之教，可以吞天下，称帝而治。"秦王曰："毛羽未成，不可以高蜚；文理未明，不可以并兼。"方诛商鞅，疾辩士，弗用。

　　乃东之赵。赵肃侯令其弟成为相，号奉阳君。奉阳君弗说之。

　　去游燕，岁余而后得见。说燕文侯曰："燕东有朝鲜、辽东，北有林胡、楼烦，西有云中、九原，南有滹沱、易水，地方二千余里，带甲

跟毛泽东读《史记》

数十万，车六百乘，骑六千匹，粟支数年。南有碣石、雁门之饶，北有枣栗之利，民虽不佃作而足于枣栗矣。此所谓天府者也。

"夫安乐无事，不见覆军杀将，无过燕者。大王知其所以然乎？夫燕之所以不犯寇被甲兵者，以赵之为蔽其南也。秦赵五战，秦再胜而赵三胜。秦赵相毙，而王以全燕制其后，此燕之所以不犯寇也。且夫秦之攻燕也，逾云中、九原，过代、上谷，弥地数千里，虽得燕城，秦计固不能守也。秦之不能害燕亦明矣。今赵之攻燕也，发号出令，不至十日而数十万之军军于东垣矣。渡滹沱，涉易水，不至四五日而距国都矣。故曰秦之攻燕也，战于千里之外；赵之攻燕也，战于百里之内。夫不忧百里之患而重千里之外，计无过于此者。是故愿大王与赵从亲，天下为一，则燕国必无患矣。"

文侯曰："子言则可，然吾国小，西迫强赵，南近齐，齐、赵强国也。子必欲合从以安燕，寡人请以国从。"于是资苏秦车马金帛以至赵。

而奉阳君已死，即因说赵肃侯曰："天下卿相人臣及布衣之士，皆高贤君之行义，皆愿奉教陈忠于前之日久矣。虽然，奉阳君妒而君不任事，是以宾客游士莫敢自尽于前者。今奉阳君捐馆舍，君乃今复与士民相亲也，臣故敢进其愚虑。

"窃为君计者，莫若安民无事，且无庸有事于民也。安民之本，在于择交，择交而得则民安，择交而不得则民终身不安。请言外患：齐秦为两敌而民不得安，倚秦攻齐而民不得安，倚齐攻秦而民不得安。故夫谋人之主，伐人之国，常苦出辞断绝人之交也。愿君慎勿出于口。请别白黑所以异，阴阳而已矣。君诚能听臣，燕必致旃裘狗马之地，齐必致鱼盐之海，楚必致橘柚之园，韩、魏、中山皆可使致汤沐之奉，而贵戚父兄皆可以受封侯。夫割地包利，五伯之所以覆军禽将而求也；封侯贵戚，汤武之所以放弑而争也。今君高拱而两有之，此臣之所以为君愿也。

"今大王与秦，则秦必弱韩、魏；与齐，则齐必弱楚、魏。魏弱则割河外，韩弱则效宜阳，宜阳效则上郡绝，河外割则道不通，楚弱则无援。此三策者，不可不孰计也。

"夫秦下轵道，则南阳危；劫韩包周，则赵氏自操兵；据卫取卷，则齐必入朝秦。秦欲已得乎山东，则必举兵而向赵矣。秦甲渡河逾漳，据番吾，则兵必战于邯郸之下矣。此臣之所为君患也。

"当今之时，山东之建国莫强于赵。赵地方二千余里，带甲数十万，车千乘，骑万匹，粟支数年。西有常山，南有河漳，东有清河，北有燕国。燕固弱国，不足畏也。秦之所害于天下者莫如赵，然而秦不敢举兵伐赵者，何也？畏韩、魏之议其后也。然则韩、魏，赵之南蔽也。秦之攻韩、魏也，无有名山大川之限，稍蚕食之，傅国都而止。韩、魏不能支秦，必入臣于秦。秦无韩、魏之规，则祸必中于赵矣。此臣之所为君患也。

"臣闻尧无三夫之分，舜无咫尺之地，以有天下；禹无百人之聚，以王诸侯；汤武之士不过三千，车不过三百乘，卒不过三万，立为天子：诚得其道也。是故明主外料其敌之强弱，内度其士卒贤不肖，不待两军相当而胜败存亡之机固已形于胸中矣，岂掩于众人之言而以冥冥决事哉！

"臣窃以天下之地图案之，诸侯之地五倍于秦，料度诸侯之卒十倍于秦，六国为一，并力西乡而攻秦，秦必破矣。今西面而事之，见臣于秦。夫破人之与破于人也，臣人之与臣于人也，岂可同日而论哉！

"夫衡人者，皆欲割诸侯之地以予秦。秦成，则高台榭，美宫室，听竽瑟之音，前有楼阙轩辕，后有长姣美人，国被秦患而不与其忧。是故夫衡人日夜务以秦权恐愒诸侯以求割地，故愿大王孰计之也。

"臣闻明主绝疑去谗，屏流言之迹，塞朋党之门，故尊主广地强兵之计，臣得陈忠于前矣。故窃为大王计，莫如一韩、魏、齐、楚、燕、赵以从亲，以畔秦。令天下之将相会于洹水之上，通质，刳白马而盟。要约曰：'秦攻楚，齐、魏各出锐师以佐之，韩绝其粮道，赵涉河、漳，燕守常山之北。秦攻韩、魏，则楚绝其后，齐出锐师而佐之，赵涉河、漳，燕守云中。秦攻齐，则楚绝其后，韩守城皋，魏塞其道，赵涉河、漳、博关，燕出锐师以佐之。秦攻燕，则赵守常山，楚军武关，齐涉勃海，韩、魏皆出锐师以佐之。秦攻赵，则韩军宜阳，楚军武关，魏军河外，齐涉清河，燕出锐师以佐之。诸侯有不如约者，以五国之兵共伐之。'六国从亲以宾秦，则秦甲必不敢出于函谷以害山东矣。如此，则霸王之业成矣。"

赵王曰："寡人年少，立国日浅，未尝得闻社稷之长计也。今上客有意存天下，安诸侯，寡人敬以国从。"乃饰车百乘，黄金千溢，白璧百双，锦绣千纯，以约诸侯。

是时周天子致文、武之胙于秦惠王。惠王使犀首攻魏，禽将龙贾，取魏之雕阴，且欲东兵。苏秦恐秦兵之至赵也，乃激怒张仪，入之于秦。

于是说韩宣王曰："韩北有巩、成皋之固，西有宜阳、商阪之塞，东有宛、穰、洧水，南有陉山，地方九百余里，带甲数十万，天下之强弓劲弩皆从韩出。谿子、少府时力、距来者，皆射六百步之外。韩卒超足而射，百发不暇止，远者括蔽洞胸，近者镝弇心。韩卒之剑戟皆出于冥山、棠谿、墨阳、合赙、邓师、宛冯、龙渊、太阿，皆陆断牛马，水截鹄雁，当敌则斩；坚甲铁幕，革抉咙芮，无不毕具。以韩卒之勇，被坚甲，跖劲弩，带利剑，一人当百，不足言也。夫以韩之劲与大王之贤，乃西面事秦，交臂而服，羞社稷而为天下笑，无大于此者矣。是故愿大王孰计之。

"大王事秦，秦必求宜阳、成皋。今兹效之，明年又复求割地。与则无地以给之，不与则弃前功而受后祸。且大王之地有尽而秦之求无已，以有尽之地而逆无已之求，此所谓市怨结祸者也，不战而地已削矣。臣闻鄙谚曰：'宁为鸡口，无为牛后。'今西面交臂而臣事秦，何异于牛后乎？夫以大王之贤，挟强韩之兵，而有牛后之名，臣窃为大王羞之。"

于是韩王勃然作色，攘臂瞋目，按剑仰天太息曰："寡人虽不肖，必不能事秦。今主君诏以赵王之教，敬奉社稷以从。"

又说魏襄王曰："大王之地，南有鸿沟、陈、汝南、许、鄢、昆阳、召陵、舞阳、新都、新郪，东有淮、颍、煮枣、无胥，西有长城之界，北有河外、卷、衍、酸枣，地方千里。地名虽小，然而田舍庐庑之数，曾无所刍牧。人民之众，车马之多，日夜行不绝，輷輷殷殷，若有三军之众。臣窃量大王之国不下楚。然衡人怵王交强虎狼之秦以侵天下，卒有秦患，不顾其祸。夫挟强秦之势以内劫其主，罪无过此者。魏，天下之强国也；王，天下之贤王也。今乃有意西面而事秦，称东藩，筑帝宫，受冠带，祠春秋，臣窃为大王耻之。

"臣闻越王句践战敝卒三千人，禽夫差于干遂；武王卒三千人，革车三百乘，制纣于牧野：岂其士卒众哉，诚能奋其威也。今窃闻大王之卒，武士二十万，苍头二十万，奋击二十万，厮徒十万，车六百乘，骑五千匹。此其过越王句践、武王远矣，今乃听于群臣之说而欲臣事秦。夫事秦必割地以效实，故兵未用而国已亏矣。凡群臣之言事秦者，皆奸人，非忠臣也。夫为人臣，割其主之地以求外交，偷取一时之功而不顾其后，破公家而成私门，外挟强秦之势以内劫其主，以求割地，愿大王孰察之。

"《周书》曰：'绵绵不绝，蔓蔓奈何？豪氂不伐，将用斧柯。'前虑不定，后有大患，将奈之何？大王诚能听臣，六国从亲，专心并力壹意，则必无强秦之患。故敝邑赵王使臣效愚计，奉明约，在大王之诏诏之。"

魏王曰："寡人不肖，未尝得闻明教。今主君以赵王之诏诏之，敬以国从。"

因东说齐宣王曰：齐南有泰山，东有琅邪，西有清河，北有勃海，此所谓四塞之国也。齐地方二千余里，带甲数十万，粟如丘山。三军之良，五家之兵，进如锋矢，战如雷霆，解如风雨。即有军役，未尝倍泰山，绝清河，涉勃海也。临菑之中七万户，臣窃度之，不下户三男子，三七二十一万，不待发于远县，而临菑之卒固已二十一万矣。临菑甚富

跟毛泽东读《史记》

而实,其民无不吹竽鼓瑟,弹琴击筑,斗鸡走狗,六博蹋鞠者。临菑之涂,车毂击,人肩摩,连衽成帷,举袂成幕,挥汗成雨,家殷人足,志高气扬。夫以大王之贤与齐之强,天下莫能当。今乃西面而事秦,臣窃为大王羞之。

"且夫韩、魏之所以重畏秦者,为与秦接境壤界也。兵出而相当,不出十日而战胜存亡之机决矣。韩、魏战而胜秦,则兵半折,四境不守;战而不胜,则国已危,亡随其后。是故韩、魏之所以重与秦战,而轻为之臣也。今秦之攻齐则不然。倍韩、魏之地,过卫阳晋之道,径乎亢父之险,车不得方轨,骑不得比行,百人守险,千人不敢过也。秦虽欲深入,则狼顾,恐韩、魏之议其后也。是故恫疑虚喝,骄矜而不敢进,则秦之不能害齐亦明矣。

"夫不深料秦之无奈齐何,而欲西面而事之,是群臣之计过也。今无臣事秦之名而有强国之实,臣是故愿大王少留意计之。"

齐王曰:"寡人不敏,僻远守海,穷道东境之国也,未尝得闻余教。今足下以赵王诏诏之,敬以国从。"

乃西南说楚威王曰:"楚,天下之强国也;王,天下之贤王也。西有黔中、巫郡,东有夏州、海阳,南有洞庭、苍梧,北有陉塞、郇阳,地方五千余里,带甲百万,车千乘,骑万匹,粟支十年。此霸王之资也。夫以楚之强与王之贤,天下莫能当也。今乃欲西面而事秦,则诸侯莫不西面而朝于章台之下矣。

"秦之所害莫如楚,楚强则秦弱,秦强则楚弱,其势不两立。故为大王计,莫如从亲以孤秦。大王不从亲,秦必起两军,一军出武关,一军下黔中,则鄢郢动矣。臣闻治之其未乱也,为之其未有也。患至而后忧之,则无及已。故愿大王蚤孰计之。大王诚能听臣,臣请令山东之国奉四时之献,以承大王之明诏,委社稷,奉宗庙,练士厉兵,在大王之所用之。大王诚能用臣之愚计,则韩、魏、齐、燕、赵、卫之妙音美人必充后宫,燕、代橐驼良马必实外厩。故从合则楚王,衡成则秦帝。今释霸王之业,而有事人之名,臣窃为大王不取也。

12 苏秦羞张仪说明人没压力难进步

"夫秦，虎狼之国也，有吞天下之心。秦，天下之仇雠也。衡人皆欲割诸侯之地以事秦，此所谓养仇而奉仇者也。夫为人臣，割其主之地以外交强虎狼之秦，以侵天下，卒有秦患，不顾其祸。夫外挟强秦之威以内劫其主，以求割地，大逆不忠，无过此者。故从亲则诸侯割地以事楚，衡合则楚割地以事秦，此两策者相去远矣，二者大王何居焉？故敝邑赵王使臣效愚计，奉明约，在大王诏之。"

楚王曰："寡人之国西与秦接境，秦有举巴、蜀并汉中之心。秦，虎狼之国，不可亲也。而韩、魏迫于秦患，不可与深谋，与深谋恐反人以入于秦，故谋未发而国已危矣。寡人自料以楚当秦，不见胜也；内与群臣谋，不足恃也。寡人卧不安席，食不甘味，心摇摇然如县旌而无所终薄。今主君欲一天下，收诸侯，存危国，寡人谨奉社稷以从。"

于是六国从合而并力焉。苏秦为从约长，并相六国。

北报赵王，乃行过雒阳，车骑辎重，诸侯各发使送之甚众，疑于王者。周显王闻之恐惧，除道，使人郊劳。苏秦之昆弟妻嫂侧目不敢仰视，俯伏侍取食。苏秦笑谓其嫂曰："何前倨而后恭也？"嫂委蛇蒲服，以面掩地而谢曰："见季子位高金多也。"苏秦喟然叹曰："此一人之身，富贵则亲戚畏惧之，贫贱则轻易之，况众人乎！且使我有雒阳负郭田二顷，吾岂能佩六国相印乎！"于是散千金以赐宗族朋友。初，苏秦之燕，贷人百钱为资，及得富贵，以百金偿之。遍报诸所尝见德者。其从者有一人独未得报，乃前自言。苏秦曰："我非忘子。子之与我至燕，再三欲去我易水之上，方是时，我困，故望子深，是以后子。子今亦得矣。"

苏秦既约六国从亲，归赵，赵肃侯封为武安君，乃投从约书于秦。秦兵不敢窥函谷关十五年。

其后秦使犀首欺齐、魏，与共伐赵，欲败从约。齐、魏伐赵，赵王让苏秦。苏秦恐，请使燕，必报齐。苏秦去赵而从约皆解。

秦惠王以其女为燕太子妇。是岁，文侯卒，太子立，是为燕易王。易王初立，齐宣王因燕丧伐燕，取十城。易王谓苏秦曰："往日先生至

223

跟毛泽东读《史记》

燕,而先王资先生见赵,遂约六国从。今齐先伐赵,次至燕,以先生之故为天下笑,先生能为燕得侵地乎?"苏秦大惭,曰:"请为王取之。"

苏秦见齐王,再拜,俯而庆,仰而吊。齐王曰:"是何庆吊相随之速也?"苏秦曰:"臣闻饥人所以饥而不食乌喙者,为其愈充腹而与饿死同患也。今燕虽弱小,即秦王之少婿也。大王利其十城而长与强秦为仇。今使弱燕为雁行而强秦敝其后,以招天下之精兵,是食乌喙之类也。"齐王愀然变色曰:"然则奈何?"苏秦曰:"臣闻古之善制事者,转祸为福,因败为功。大王诚能听臣计,即归燕之十城。燕无故而得十城,必喜;秦王知以己之故而归燕之十城,亦必喜。此所谓弃仇雠而得石交者也。夫燕、秦俱事齐,则大王号令天下,莫敢不听。是王以虚辞附秦,以十城取天下。此霸王之业也。"王曰:"善。"于是乃归燕之十城。

人有毁苏秦者曰:"左右卖国反覆之臣也,将作乱。"苏秦恐得罪,归,而燕王不复官也。苏秦见燕王曰:"臣,东周之鄙人也,无有分寸之功,而王亲拜之于庙而礼之于廷。今臣为王却齐之兵而攻得十城,宜以益亲。今来而王不官臣者,人必有以不信伤臣于王者。臣之不信,王之福也。臣闻忠信者,所以自为也;进取者,所以为人也。且臣之说齐王,曾非欺之也。臣弃老母于东周,固去自为而行进取也。今有孝如曾参,廉如伯夷,信如尾生。得此三人者以事大王,何若?"王曰:"足矣。"苏秦曰:"孝如曾参,义不离其亲一宿于外,王又安能使之步行千里而事弱燕之危王哉?廉如伯夷,义不为孤竹君之嗣,不肯为武王臣,不受封侯而饿死首阳山下。有廉如此,王又安能使之步行千里而行进取于齐哉?信如尾生,与女子期于梁下,女子不来,水至不去,抱柱而死。有信如此,王又安能使之步行千里却齐之强兵哉?臣所谓以忠信得罪于上者也。"燕王曰:"若不忠信耳,岂有以忠信而得罪者乎?"苏秦曰:"不然。臣闻客有远为吏而其妻私于人者,其夫将来,其私者忧之,妻曰,'勿忧,吾已作药酒待之矣'。居三日,其夫果至,妻使妾举药酒进之。妾欲言酒之有药,则恐其逐主母也;欲勿言乎,则恐其杀

12 苏秦羞张仪说明人没压力难进步

主父也。于是乎详僵而弃酒。主父大怒，笞之五十。故妾一僵而覆酒，上存主父，下存主母，然而不免于笞，恶在乎忠信之无罪也夫？臣之过，不幸而类是乎！"燕王曰："先生复就故官。"益厚遇之。

易王母，文侯夫人也，与苏秦私通。燕王知之，而事之加厚。苏秦恐诛，乃说燕王曰："臣居燕不能使燕重，而在齐则燕必重。"燕王曰："唯先生之所为。"于是苏秦详为得罪于燕而亡走齐，齐宣王以为客卿。齐宣王卒，湣王即位，说湣王厚葬以明孝，高宫室大苑囿以明得意，欲破敝齐而为燕。燕易王卒，燕哙立为王。其后齐大夫多与苏秦争宠者，而使人刺苏秦不死，殊而走。齐王使人求贼，不得。苏秦且死，乃谓齐王曰："臣即死，车裂臣以徇于市，曰'苏秦为燕作乱于齐'，如此则臣之贼必得矣。"于是如其言，而杀苏秦者果自出，齐王因而诛之。燕闻之曰："甚矣，齐之为苏生报仇也！"

苏秦既死，其事大泄。齐后闻之，乃恨怒燕。燕甚恐。苏秦之弟曰代，代弟苏厉，见兄遂，亦皆学。及苏秦死，代乃求见燕王，欲袭故事。曰："臣，东周之鄙人也。窃闻大王义甚高，鄙人不敏，释锄耨而干大王。至于邯郸，所见者绌于所闻于东周，臣窃负其志。及至燕廷，观王之群臣下吏，王，天下之明王也。"燕王曰："子所谓明王者何如也？"对曰："臣闻明王务闻其过，不欲闻其善，臣请谒王之过。夫齐、赵者，燕之仇雠也；楚、魏者，燕之援国也。今王奉仇雠以伐援国，非所以利燕也。王自虑之，此则计过，无以闻者，非忠臣也。"王曰："夫齐者固寡人之仇，所欲伐也，直患国敝力不足也。子能以燕伐齐，则寡人举国委子。"对曰："凡天下战国七，燕处弱焉。独战则不能，有所附则无不重。南附楚，楚重；西附秦，秦重；中附韩、魏，韩、魏重。且苟所附之国重，此必使王重矣。今夫齐，长主而自用也。南攻楚五年，畜聚竭；西困秦三年，士卒罢敝；北与燕人战，覆三军，得二将。然而以其余兵南面举五千乘之大宋，而包十二诸侯。此其君欲得，其民力竭，恶足取乎，且臣闻之，数战则民劳，久师则兵敝矣。"

燕王曰："吾闻齐有清济、浊河可以为固，长城、钜防足以为塞，诚有之乎?"对曰:"天时不与,虽有清济、浊河,恶足以为固!民力罢敝,虽有长城、钜防,恶足以为塞!且异日济西不师,所以备赵也;河北不师,所以备燕也。今济西、河北尽已役矣,封内敝矣。夫骄君必好利,而亡国之臣必贪于财。王诚能无羞从子母弟以为质,宝珠玉帛以事左右,彼将有德燕而轻亡宋,则齐可亡已。"燕王曰:"吾终以子受命于天矣。燕乃使一子质于齐。而苏厉因燕质子而求见齐王。齐王怨苏秦,欲囚苏厉。燕质子为谢,已遂委质为齐臣。

燕相子之与苏代婚,而欲得燕权,乃使苏代侍质子于齐。齐使代报燕,燕王哙问曰:"齐王其霸乎?"曰:"不能。"曰:"何也?"曰:"不信其臣。"于是燕王专任子之,已而让位,燕大乱。齐伐燕,杀王哙、子之。燕立昭王,而苏代、苏厉遂不敢入燕,皆终归齐,齐善待之。

苏代过魏,魏为燕执代。齐使人谓魏王曰:"齐请以宋地封泾阳君,秦必不受。秦非不利有齐而得宋地也,不信齐王与苏子也。今齐、魏不和如此其甚,则齐不欺秦。秦信齐,齐秦合,泾阳君有宋地,非魏之利也。故王不如东苏子,秦必疑齐而不信苏子矣。齐秦不合,天下无变,伐齐之形成矣。"于是出苏代。代之宋,宋善待之。

齐伐宋,宋急,苏代乃遗燕昭王书曰:

> 夫列在万乘而寄质于齐,名卑而权轻;奉万乘助齐伐宋,民劳而实费;夫破宋,残楚淮北,肥大齐,仇强而国害:此三者皆国之大败也。然且王行之者,将以取信于齐也。齐加不信于王,而忌燕愈甚,是王之计过矣。夫以宋加之淮北,强万乘之国也,而齐并之,是益一齐也。北夷方七百里,加之以鲁、卫,强万乘之国也,而齐并之,是益二齐也。夫一齐之强,燕犹狼顾而不能支,今以三齐临燕,其祸必大矣。虽然,智者举事,因祸为福,转败为功。齐紫败素也,而贾十倍;越王句践栖于会稽,复残强吴而霸天下:此皆因祸为福,转败为功者也。

12 苏秦羞张仪说明人没压力难进步

今王若欲因祸为福，转败为功，则莫若挑霸齐而尊之，使使盟于周室，焚秦符，曰"其大上计，破秦；其次，必长宾之"。秦挟宾以待破，秦王必患之。秦五世伐诸侯，今为齐下，秦王之志苟得穷齐，不惮以国为功。然则王何不使辩士以此言说秦王曰："燕、赵破宋肥齐，尊之为之下者，燕、赵非利之也。燕、赵不利而势为之者，以不信秦王也。然则王何不使可信者接收燕、赵，令泾阳君、高陵君先于燕、赵？秦有变，因以为质，则燕、赵信秦。秦为西帝，燕为北帝，赵为中帝，立三帝以令于天下。韩、魏不听则秦伐之，齐不听则燕、赵伐之，天下孰敢不听？天下服听，因驱韩、魏以伐齐，曰'必反宋地，归楚淮北'。反宋地，归楚淮北，燕、赵之所利也；并立三帝，燕、赵之所愿也，夫实得所利，尊得所愿，燕、赵弃齐如脱躧矣。今不收燕、赵，齐霸必成。诸侯赞齐而王不从，是国伐也；诸侯赞齐而王从之，是名卑也。今收燕、赵，国安而名尊；不收燕、赵，国危而名卑。夫去尊安而取危卑，智者不为也。"秦王闻若说，必若刺心然。则王何不使辩士以此若言说秦？秦必取，齐必伐矣。夫取秦，厚交也；伐齐，正利也。尊厚交，务正利，圣王之事也。

燕昭王善其书，曰："先人尝有德苏氏，子之之乱而苏氏去燕。燕欲报仇于齐，非苏氏莫可。"乃召苏代，复善待之，与谋伐齐。竟破齐，湣王出走。

久之，秦召燕王，燕王欲往，苏代约燕王曰："楚得枳而国亡、齐得宋而国亡，齐、楚不得以有枳、宋而事秦者，何也？则有功者，秦之深仇也。秦取天下，非行义也，暴也。秦之行暴，正告天下。

"告楚曰：'蜀地之甲，乘船浮于汶，乘夏水而下江，五日而至郢。汉中之甲，乘船出于巴，乘夏水而下汉，四日而至五渚。寡人积甲宛东下随，智者不及谋，勇士不及怒，寡人如射隼矣。王乃

227

欲待天下之攻函谷，不亦远乎！'楚王为是故，十七年事秦。

"秦正告韩曰：'我起乎少曲，一日而断大行。我起乎宜阳而触平阳，二日而莫不尽繇。我离两周而触郑，五日而国举。'韩氏以为然，故事秦。

"秦正告魏曰：'我举安邑，塞女戟，韩氏太原卷。我下轵，道南阳、封、冀，包两周。乘夏水，浮轻舟，强弩在前，锬戈在后，决荥口，魏无大梁；决白马之口，魏无外黄、济阳；决宿胥之口，魏无虚、顿丘。陆攻则击河内，水攻则灭大梁。'魏氏以为然，故事秦。

"秦欲攻安邑，恐齐救之，则以宋委于齐。曰：'宋王无道，为木人以写寡人，射其面。寡人地绝兵远，不能攻也。王苟能破宋有之，寡人如自得之。'已得安邑，塞女戟，因以破宋为齐罪。秦欲政韩，恐天下救之，则以齐委于天下。曰'齐王四与寡人约，四欺寡人，必率天下以攻寡人者三。有齐无秦，有秦无齐，必伐之，必亡之。'已得宜阳、少曲，致蔺、离石，因以破齐为天下罪。秦欲攻魏重楚，则以南阳委于楚。曰：'寡人固与韩且绝矣。残均陵，塞鄳厄，苟利于楚，寡人如自有之。'魏弃与国而合于秦，因以塞鄳厄为楚罪。

"兵困于林中，重燕、赵，以胶东委于燕，以济西委于赵。已得讲于魏，至公子延，因犀首属行而攻赵。

"兵伤于谯石，而遇败于阳马，而重魏，则以叶、蔡委于魏。已得讲于赵，则劫魏，魏不为割。困则使太后弟穰侯为和，赢则兼欺舅与母。

"適燕者曰'以胶东'，適赵者曰'以济西'，適魏者曰'以叶、蔡'，適楚者曰'以塞鄳厄'，適齐者曰'以宋'。此必令言如循环，用兵如刺蜚，母不能制，舅不能约。

"龙贾之战、岸门之战、封陵之战、高商之战、赵庄之战，秦之所杀三晋之民数百万，今其生者皆死秦之孤也。西河之外，上雒

12 苏秦羞张仪说明人没压力难进步

之地，三川晋国之祸，三晋之半，秦祸如此其大也。而燕，赵之秦者，皆以争事秦说其主，此臣之所大患也。"

燕昭王不行。苏代复重于燕。

燕使约诸侯从亲如苏秦时，或从或不，而天下由此宗苏氏之从约。代、厉皆以寿死，名显诸侯。

太史公曰：苏秦兄弟三人，皆游说诸侯以显名，其术长于权变。而苏秦被反间以死，天下共笑之，讳学其术。然世言苏秦多异，异时事有类之者皆附之苏秦。夫苏秦起闾阎，连六国从亲，此其智有过人者。吾故列其行事，次其时序，毋令独蒙恶声焉。

（选自《史记·苏秦列传》）

张仪者，魏人也。始尝与苏秦俱事鬼谷先生，学术，苏秦自以不及张仪。张仪已学而游说诸侯。尝从楚相饮，已而楚相亡璧，门下意张仪，曰："仪贫无行，必此盗相君之璧。"共执张仪，掠笞数百，不服，醳之。其妻曰："嘻！子毋读书游说，安得此辱乎？"张仪谓其妻曰："视吾舌尚在不？"其妻笑曰："舌在也。"仪曰："足矣。"

苏秦已说赵王而得相约从亲，然恐秦之攻诸侯，败约后负，念莫可使用于秦者，乃使人微感张仪曰："子始与苏秦善，今秦已当路，子何不往游，以求通子之愿？"张仪于是之赵，上谒求见苏秦。苏秦乃诫门下人不为通，又使不得去者数日。已而见之，坐之堂下，赐仆妾之食，因而数让之曰："以子之材能，乃自令困辱至此。吾宁不能言而富贵子？子不足收也。"谢去之。张仪之来也，自以为故人，求益，反见辱，怒，念诸侯莫可事，独秦能苦赵，乃遂入秦。

苏秦已而告其舍人曰："张仪，天下贤士，吾殆弗如也。今吾幸先用，而能用秦柄者，独张仪可耳。然贫，无因以进。吾恐其乐小利而不遂，故召辱之，以激其意。子为我阴奉之。"乃言赵王，发金币车马，使人微随张仪，与同宿舍，稍稍近就之，奉以车马金钱，所欲用，为取给，而弗告。张仪遂得以见秦惠王。惠王以为客卿，与谋伐诸侯。

跟毛泽东读《史记》

　　苏秦之舍人乃辞去。张仪曰："赖子得显，方且报德，何故去也？"舍人曰："臣非知君，知君乃苏君。苏君忧秦伐赵败从约，以为非君莫能得秦柄，故感怒君，使臣阴奉给君资，尽苏君之计谋。今君已用，请归报。"张仪曰："嗟乎，此在吾术中而不悟，吾不及苏君明矣！吾又新用，安能谋赵乎？为吾谢苏君，苏君之时，仪何敢言？且苏君在，仪宁渠能乎！"张仪既相秦，为文檄告楚相曰："始吾从若饮，我不盗而璧，若笞我。若善守汝国，我顾且盗而城！"

　　苴、蜀相攻击，各来告急于秦。秦惠王欲发兵以伐蜀，以为道险狭难至，而韩又来侵秦。秦惠王欲先伐韩，后伐蜀，恐不利；欲先伐蜀，恐韩袭秦之敝，犹豫未能决。司马错与张仪争论于惠王之前，司马错欲伐蜀，张仪曰："不如伐韩。"王曰："请闻其说。"

　　仪曰："亲魏善楚，下兵三川，塞什谷之口，当屯留之道。魏绝南阳，楚临南郑，秦攻新城、宜阳，以临二周之郊，诛周王之罪，侵楚、魏之地。周自知不能救，九鼎宝器必出。据九鼎，案图籍，挟天子以令于天下，天下莫敢不听，此王业也。今夫蜀，西僻之国而戎翟之伦也，敝兵劳众不足以成名，得其地不足以为利。臣闻争名者于朝，争利者于市。今三川、周室，天下之朝市也，而王不争焉，顾争于戎翟，去王业远矣。"

　　司马错曰："不然。臣闻之，欲富国者务广其地，欲强兵者务富其民，欲王者务博其德，三资者备而王随之矣。今王地小民贫，故臣愿先从事于易。夫蜀，西僻之国也，而戎翟之长也，有桀纣之乱。以秦攻之，譬如使豺狼逐群羊。得其地足以广国，取其财足以富民缮兵，不伤众而彼已服焉。拔一国而天下不以为暴，利尽西海而天下不以为贪，是我一举而名实附也，而又有禁暴止乱之名。今攻韩，劫天子，恶名也，而未必利也，又有不义之名，而攻天下所不欲，危矣。臣请谒其故：周，天下之宗室也；齐，韩之与国也。周自知失九鼎，韩自知亡三川，将二国并力合谋，以因乎齐、赵而求解乎楚、魏。以鼎与楚，以地与魏，王弗能止也。此臣之所谓危也。不如伐蜀完。"

12 苏秦羞张仪说明人没压力难进步

惠王曰："善，寡人请听子。"卒起兵伐蜀，十月，取之。遂定蜀，贬蜀王更号为侯，而使陈庄相蜀。蜀既属秦，秦以益强，富厚，轻诸侯。

秦惠王十年，使公子华与张仪围蒲阳，降之。仪因言秦复与魏，而使公子繇质于魏。仪因说魏王曰："秦王之遇魏甚厚，魏不可以无礼。"魏因入上郡、少梁，谢秦惠王。惠王乃以张仪为相，更名少梁曰夏阳。

仪相秦四岁，立惠王为王。居一岁，为秦将，取陕，筑上郡塞。其后二年，使与齐、楚之相会啮桑。东还而免相，相魏以为秦，欲令魏先事秦而诸侯效之。魏王不肯听仪。秦王怒，伐取魏之曲沃、平周，复阴厚张仪益甚。张仪惭，无以归报。留魏四岁而魏襄王卒，哀王立。张仪复说哀王，哀王不听。于是张仪阴令秦伐魏。魏与秦战，败。

明年，齐又来败魏于观津。秦复欲攻魏，先败韩申差军，斩首八万，诸侯震恐。而张仪复说魏王曰："魏地方不至千里，卒不过三十万。地四平，诸侯四通辐辏，无名山大川之限。从郑至梁二百余里，车驰人走，不待力而至。梁南与楚境，西与韩境，北与赵境，东与齐境，卒戍四方，守亭障者不下十万。梁之地势，固战场也。梁南与楚而不与齐，则齐攻其东；东与齐而不与赵，则赵攻其北；不合于韩，则韩攻其西；不亲于楚，则楚攻其南。此所谓四分五裂之道也。且夫诸侯之为从者，将以安社稷、尊主、强兵、显名也。今从者一天下，约为昆弟，刑白马以盟洹水之上，以相坚也。而亲昆弟同父母，尚有争钱财，而欲恃诈伪反覆苏秦之余谋，其不可成亦明矣。

"大王不事秦，秦下兵攻河外，据卷、衍、燕、酸枣，劫卫取阳晋，则赵不南，赵不南而梁不北，梁不北则从道绝，从道绝则大王之国欲毋危不可得也。秦折韩而攻梁，韩怯于秦，秦韩为一，梁之亡可立而须也。此臣之所为大王患也。为大王计，莫如事秦。事秦则楚、韩必不敢动；无楚、韩之患，则大王高枕而卧，国必无忧矣。且夫秦之所欲弱者莫如楚，而能弱楚者莫如梁。楚虽有富大之名而实空虚；其卒虽多，然而轻走易北，不能坚战。悉梁之兵南面而伐楚，胜之必矣。割楚而益梁，亏楚而适秦，嫁祸安国，此善事也。大王不听臣，秦下甲士而东伐，虽欲事秦，不可得矣。

"且夫从人多奋辞而少可信，说一诸侯而成封侯，是故天下之游谈士莫不日夜扼腕瞋目切齿以言从之便，以说人主。人主贤其辩而牵其说，岂得无眩哉！臣闻之，积羽沉舟，群轻折轴，众口铄金，积毁销骨。故愿大王审定计议，且赐骸骨辟魏。"

哀王于是乃倍从约而因仪请成于秦。张仪归，复相秦。三岁而魏复背秦为从。秦攻魏，取曲沃。明年，魏复事秦。

秦欲伐齐，齐楚从亲，于是张仪往相楚。楚怀王闻张仪来，虚上舍而自馆之。曰："此僻陋之国，子何以教之？"仪说楚王曰："大王诚能听臣，闭关绝约于齐，臣请献商於之地六百里，使秦女得为大王箕帚之妾，秦楚娶妇嫁女，长为兄弟之国。此北弱齐而西益秦也，计无便此者。"楚王大说而许之。群臣皆贺，陈轸独吊之。楚王怒曰："寡人不兴师发兵得六百里地，群臣皆贺，子独吊，何也？"陈轸对曰："不然。以臣观之，商於之地不可得而齐、秦合，齐、秦合则患必至矣。"楚王曰："有说乎？"陈轸对曰："夫秦之所以重楚者，以其有齐也。今闭关绝约于齐，则楚孤。秦奚贪夫孤国，而与之商於之地六百里？张仪至秦，必负王，是北绝齐交，西生患于秦也，而两国之兵必俱至。善为王计者，不若阴合而阳绝于齐，使人随张仪。苟与吾地，绝齐未晚也；不与吾地，阴合谋计也。"楚王曰："愿陈子闭口毋复言，以待寡人得地。"乃以相印授张仪，厚赂之。于是遂闭关绝约于齐，使一将军随张仪。

张仪至秦，详失绥堕车，不朝三月。楚王闻之，曰："仪以寡人绝齐未甚邪？"乃使勇士至宋，借宋之符，北骂齐王。齐王大怒，折节而下秦。秦、齐之交合，张仪乃朝，谓楚使者曰："臣有奉邑六里，愿以献大王左右。"楚使者曰："臣受令于王，以商於之地六百里，不闻六里。"还报楚王，楚王大怒，发兵而攻秦。陈轸曰："轸可发口言乎？攻之不如割地反以赂秦，与之并兵而攻齐，是我出地于秦，取偿于齐

12 苏秦羞张仪说明人没压力难进步

也，王国尚可存。"楚王不听，卒发兵而使将军屈匄击秦。秦、齐共攻楚，斩首八万，杀屈匄，遂取丹阳、汉中之地。楚又复益发兵而袭秦，至蓝田，大战，楚大败，于是楚割两城以与秦平。

秦要楚欲得黔中地，欲以武关外易之。楚王曰："不愿易地，愿得张仪而献黔中地。"秦王欲遣之，口弗忍言。张仪乃请行。惠王曰："彼楚王怒子之负以商於之地，是且甘心于子。"张仪曰："秦强楚弱，臣善靳尚，尚得事楚夫人郑袖，袖所言皆从。且臣奉王之节使楚，楚何敢加诛？假令诛臣而为秦得黔中之地，臣之上愿。"遂使楚。楚怀王至则囚张仪，将杀之。靳尚谓郑袖曰："子亦知子之贱于王乎？"郑袖曰："何也？"靳尚曰："秦王甚爱张仪而必欲出之，今将以上庸之地六县赂楚，以美人聘楚，以宫中善歌讴者为媵。楚王重地尊秦，秦女必贵而夫人斥矣。不若为言而出之。"于是郑袖日夜言怀王曰："人臣各为其主用。今地未入秦，秦使张仪来，至重王。王未有礼而杀张仪，秦必大怒攻楚。妾请子母俱迁江南，毋为秦所鱼肉也。"怀王后悔，赦张仪，厚礼之如故。

张仪既出，未去，闻苏秦死，乃说楚王曰："秦地半天下，兵敌四国，被险带河，四塞以为固。虎贲之士百余万，车千乘，骑万匹，积粟如丘山。法令既明，士卒安难乐死，主明以严，将智以武，虽无出甲，席卷常山之险，必折天下之脊，天下有后服者先亡。且夫为从者，无以异于驱群羊而攻猛虎，虎之与羊不格明矣。今王不与猛虎而与群羊，臣窃以为大王之计过也。

"凡天下强国，非秦而楚，非楚而秦，两国交争，其势不两立。大王不与秦，秦下甲据宜阳，韩之上地不通。下河东，取成皋，韩必入臣，梁则从风而动。秦攻楚之西，韩、梁攻其北，社稷安得毋危？且夫从者聚群弱而攻至强，不料敌而轻战，国贫而数举兵，危亡之术也。臣闻之，兵不如者勿与挑战，粟不如者勿与持久。夫从人饰辩虚辞，高主之节，言其利不言其害，卒有秦祸，无及为已！是故愿大王之孰计之。

"秦西有巴蜀，大船积粟，起于汶山，浮江已下，至楚三千余里。

跟毛泽东读《史记》

舫船载卒，一舫载五十人，与三月之食，下水而浮，一日行三百余里，里数虽多，然而不费牛马之力，不至十日而距扞关。扞关惊，则从境以东尽城守矣，黔中、巫郡非王之有。秦举甲出武关，南面而伐，则北地绝。秦兵之攻楚也，危难在三月之内，而楚待诸侯之救，在半岁之外，此其势不相及也。夫待弱国之救，忘强秦之祸，此臣所以为大王患也。大王尝与吴人战，五战而三胜，阵卒尽矣；偏守新城，存民苦矣。臣闻功大者易危，而民敝者怨上。夫守易危之功而逆强秦之心，臣窃为大王危之。且夫秦之所以不出兵函谷十五年以攻齐、赵者，阴谋有合天下之心。楚尝与秦构难，战于汉中，楚人不胜，列侯执珪死者七十余人，遂亡汉中。楚王大怒，兴兵袭秦，战于蓝田。此所谓两虎相搏者也。夫秦、楚相敝、而韩、魏以全制其后，计无危于此者矣。愿大王孰计之。

"秦下甲攻卫阳晋，必大关天下之匈。大王悉起兵以攻宋，不至数月而宋可举，举宋而东指，则泗上十二诸侯尽王之有也。凡天下而以信约从亲相坚者苏秦，封武安君，相燕，即阴与燕王谋伐破齐而分其地；乃详有罪出走入齐，齐王因受而相之；居二年而觉，齐王大怒，车裂苏秦于市。夫以一诈伪之苏秦，而欲经营天下，混一诸侯，其不可成亦明矣。今秦与楚接境壤界，固形亲之国也。大王诚能听臣，臣请使秦太子入质于楚，楚太子入质于秦，请以秦女为大王箕帚之妾，效万室之都以为汤沐之邑，长为昆弟之国，终身无相攻伐。臣以为计无便于此者。"

于是楚王已得张仪而重出黔中地与秦，欲许之。屈原曰："前大王见欺于张仪，张仪至，臣以为大王烹之；今纵弗忍杀之，又听其邪说，不可。"怀王曰："许仪而得黔中，美利也。后而倍之，不可。"故卒许张仪，与秦亲。

张仪去楚，因遂之韩，说韩王曰："韩地险恶山居，五谷所生，非菽而麦，民之食大抵菽饭藿羹。一岁不收，民不厌糟糠。地不过九百里，无二岁之食。料大王之卒，悉之不过三十万，而厮徒负养在其中矣。除守徼亭障塞，见卒不过二十万而已矣。秦带甲百余万，车千乘，骑万匹，虎贲之士跿跔科头贯颐奋戟者，至不可胜计。秦马之良，戎兵

12 苏秦羞张仪说明人没压力难进步

之众,探前趹后蹄间三寻腾者,不可胜数。山东之士被甲蒙胄以会战,秦人捐甲徒裼以趋敌,左挈人头,右挟生虏。夫秦卒与山东之卒,犹孟贲之与怯夫;以重力相压,犹乌获之与婴儿。夫战孟贲、乌获之士以攻不服之弱国,无异垂千钧之重于鸟卵之上,必无幸矣。夫群臣诸侯不料地之寡,而听从人之甘言好辞,比周以相饰也,皆奋曰'听吾计可以强霸天下'。夫不顾社稷之长利而听须臾之说,诖误人主,无过此者。

"大王不事秦,秦下甲据宜阳,断韩之上地,东取成皋、荥阳,则鸿台之宫、桑林之苑非王之有也。夫塞成皋,绝上地,则王之国分矣。先事秦则安,不事秦则危。夫造祸而求其福报,计浅而怨深,逆秦而顺楚,虽欲毋亡,不可得也。故为大王计,莫如为秦。秦之所欲莫如弱楚,而能弱楚者莫如韩。非以韩能强于楚也,其地势然也。今王西面而事秦以攻楚,秦王必喜。夫攻楚以利其地,转祸而说秦,计无便于此者。"韩王听仪计。

张仪归报,秦惠王封仪五邑,号曰武信君。使张仪东说齐湣王曰:"天下强国无过齐者,大臣父兄殷众富乐。然而为大王计者,皆为一时之说,不顾百世之利。从人说大王者,必曰:'齐西有强赵,南有韩与梁。齐,负海之国也,地广民众,兵强士勇,虽有百秦,将无奈齐何。'大王贤其说而不计其实。夫从人朋党比周,莫不以从为可。臣闻之,齐与鲁三战而鲁三胜,国以危,亡随其后,虽有战胜之名,而有亡国之实。是何也?齐大而鲁小也。今秦之与齐也,犹齐之与鲁也。秦、赵战于河漳之上,再战而赵再胜秦;战于番吾之下,再战又胜秦。四战之后,赵之亡卒数十万,邯郸仅存,虽有战胜之名而国已破矣。是何也?秦强而赵弱。今秦、楚嫁女娶妇,为昆弟之国。韩献宜阳;梁效河外;赵入朝渑池,割河间以事秦。大王不事秦,秦驱韩、梁攻齐之南地,悉赵兵渡清河,指博关,临菑、即墨非王之有也。国一日见攻,虽欲事秦,不可得也。是故愿大王孰计之也。"

齐王曰:"齐僻陋,隐居东海之上,未尝闻社稷之长利也。"乃许张仪。

跟毛泽东读《史记》

张仪去，西说赵王曰："敝邑秦王使使臣效愚计于大王。大王收率天下以宾秦，秦兵不敢出函谷关十五年。大王之威行于山东，敝邑恐惧慑伏，缮甲厉兵，饰车骑，习驰射，力田积粟，守四封之内，愁居慑处，不敢动摇，唯大王有意督过之也。今以大王之力，举巴蜀，并汉中，包两周，迁九鼎，守白马之津。秦虽僻远，然而心忿含怒之日久矣。今秦有敝甲凋兵，军于渑池，愿渡河逾漳，据番吾，会邯郸之下，愿以甲子合战，以正殷纣之事，敬使使臣先闻左右。凡大王之所信为从者恃苏秦。苏秦荧惑诸侯，以是为非，以非为是，欲反齐国，而自令车裂于市。夫天下之不可一亦明矣。今楚与秦为昆弟之国，而韩、梁称为东藩之臣，齐献鱼盐之地，此断赵之右臂也。夫断右臂而与人斗，失其党而孤居，求欲毋危，岂可得乎？今秦发三将军：其一军塞午道，告齐使兴师渡清河，军于邯郸之东；一军军成皋，驱韩、梁于河外；一军军于渑池。约四国为一以攻赵，赵破，必四分其地。是故不敢匿意隐情，先以闻于左右。臣窃为大王计，莫如与秦王遇于渑池，面相见而口相结，请案兵无攻。愿大王之定计。"

赵王曰："先王之时，奉阳君专权擅势，蔽欺先王，独擅绾事，寡人居属师傅，不与国谋计。先王弃群臣，寡人年幼，奉祀之日新，心固窃疑焉，以为一从不事秦，非国之长利也。乃且愿变心易虑，割地谢前过以事秦。方将约车趋行，适闻使者之明诏。"赵王许张仪，张仪乃去。

北之燕，说燕昭王曰："大王之所亲莫如赵。昔赵襄子尝以其姊为代王妻，欲并代，约与代王遇于句注之塞，乃令工人作为金斗，长其尾，令可以击人。与代王饮，阴告厨人曰：'即酒酣乐，进热啜，反斗以击之。'于是酒酣乐，进热啜，厨人进斟，因反斗以击代王，杀之，王脑涂地。其姊闻之，因摩笄以自刺，故至今有摩笄之山。代王之亡，天下莫不闻。夫赵王之狼戾无亲，大王之所明见。且以赵王为可亲乎？赵兴兵攻燕，再围燕都而劫大王，大王割十城以谢。今赵王已入朝渑池，效河间以事秦。今大王不事秦，秦下甲云中、九原，驱赵而攻燕，则易水、长城非大王之有也。且今时赵之于秦犹郡县也，不敢妄举师以攻伐。今王事秦，秦王必喜，赵不敢妄动，是西有强秦之援，而南无齐、赵之患，是故愿大王孰计之。"

燕王曰："寡人蛮夷僻处，虽大男子，裁如婴儿，言不足以采正计。今上客幸教之，请西面而事秦，献恒山之尾五城。"燕王听仪。

仪归报，未至咸阳而秦惠王卒，武王立。武王自为太子时不说张仪，及即位，群臣多谗张仪曰："无信，左右卖国以取容。秦必复用之，恐为天下笑。"诸侯闻张仪有郤武王，皆畔衡，复合从。

秦武王元年，群臣日夜恶张仪未已，而齐让又至。张仪惧诛，乃因谓秦武王曰："仪有愚计，愿效之。"王曰："奈何？"对曰："为秦社稷计者，东方有大变，然后王可以多割得地也。今闻齐王甚憎仪，仪之所在，必兴师伐之。故仪愿乞其不肖之身之梁，齐必兴师而伐梁。梁、齐之兵连于城下而不能相去，王以其间伐韩，入三川，出兵函谷而毋伐，以临周，祭器必出。挟天子，按图籍，此王业也。"秦王以为然，乃具革车三十乘，入仪之梁。齐果兴师伐之。梁哀王恐。张仪曰："王勿患也，请令罢齐兵。"乃使其舍人冯喜之楚，借使之齐，谓齐王曰："王甚憎张仪，虽然，亦厚矣王之托仪于秦也！"齐王曰："寡人憎仪，仪之所在，必兴师伐之，何以托仪？"对曰："是乃王之托仪也。夫仪之出也，固与秦王约曰：'为王计者，东方有大变，然后王可以多割得地。今齐王甚憎仪，仪之所在，必兴师伐之。故仪愿乞其不肖之身之梁，齐必兴师伐之。齐、梁之兵连于城下而不能相去，王以其间伐韩，入三川，出兵函谷而无伐，以临周，祭器必出。挟天子，案图籍，此王业也。'秦王以为然，故具革车三十乘而入之梁也。今仪入梁，王果伐之，是王内罢国而外伐与国，广邻敌以内自临，而信仪于秦王也。此臣之所谓'托仪'也。"齐王曰："善。"乃使解兵。张仪相魏一岁，卒于魏也。

陈轸者，游说之士。与张仪俱事秦惠王，皆贵重，争宠。张仪恶陈轸于秦王曰："轸重币轻使秦、楚之间，将为国交也，今楚不加善于秦而善轸者，轸自为厚而为王薄也。且轸欲去秦而之楚，王胡不听乎？"王谓陈轸曰："吾闻子欲去秦之楚，有之乎？"轸曰："然。"王曰："仪之言果信矣。"轸曰："非独仪知之也，行道之士尽知之矣。昔子胥忠于其君而天下争以为臣，曾参孝于其亲而天下愿以为子。故卖仆妾不出闾巷而售者，良仆妾也；出妇嫁于乡曲者，良妇也。今轸不忠其君，楚亦何以轸为忠乎？忠且见弃，轸不之楚何归乎？"王以其言为然，遂善待之。

居秦期年，秦惠王终相张仪，而陈轸奔楚。楚未之重也，而使陈轸使于秦。过梁，欲见犀首。犀首谢弗见。轸曰："吾为事来，公不见轸，轸将行，不得待异日。"犀首见之。陈轸曰："公何好饮也？"犀首曰："无事也"曰："吾请令公厌事可乎？"曰："奈何？"曰："田需约诸侯从亲，楚王疑之，未信也。公谓于王曰：'臣与燕、赵之王有故，数使人来，曰"无事何不相见"，愿谒行于王。'王虽许公，公请毋多车，以车三十乘，可陈之于庭，明言之燕、赵。"燕、赵客闻之，驰车告其王，使人迎犀首。楚王闻之大怒，曰："田需与寡人约，而犀首之燕、赵是欺我也。"怒而不听其事。齐闻犀首之北，使人以事委焉。犀首遂行，三国相事皆断于犀首。轸遂至秦。

韩、魏相攻，期年不解。秦惠王欲救之，问于左右。左右或曰救之便，或曰勿救便，惠王未能为之决。陈轸适至秦，惠王曰："子去寡人之楚，亦思寡人不？"陈轸对曰："王闻夫越人庄舄乎？"王曰："不闻。"曰："越人庄舄仕楚执珪，有顷而病。楚王曰：'舄故越之鄙细人也，今仕楚执珪，贵富矣，亦思越不？'中谢对曰：'凡人之思故，在其病也。彼思越则越声，不思越则楚声。'使人往听之，犹尚越声也。今臣虽弃逐之楚，岂能无秦声哉！"惠王曰："善。今韩、魏相攻，期年不解，或谓寡人救之便，或曰勿救便，寡人不能决，愿子为子主计之余，为寡人计之。"陈轸对曰："亦尝有以夫下庄子刺虎闻于王者乎？庄子欲刺虎，馆竖子止之，曰：'两虎方且食牛，食甘必争，争则必斗，斗则大者伤，小者死，从伤而刺之，一举必有双虎之名。'下庄子

12 苏秦羞张仪说明人没压力难进步

以为然,立须之。有顷,两虎果斗,大者伤,小者死。庄子从伤者而刺之,一举果有双虎之功。今韩、魏相攻,期年不解,是必大国伤,小国亡,从伤而伐之,一举必有两实。此犹庄子刺虎之类也。臣主与王何异也?"惠王曰:"善。"卒弗救。大国果伤,小国亡,秦兴兵而伐,大克之。此陈轸之计也。

犀首者,魏之阴晋人也,名衍,姓公孙氏。与张仪不善。

张仪为秦之魏,魏王相张仪。犀首弗利,故令人谓韩公叔曰:"张仪已合秦、魏矣,其言曰'魏攻南阳,秦攻三川'。魏王所以贵张子者,欲得韩地也。且韩之南阳已举矣,子何不少委焉以为衍功,则秦、魏之交可错矣。然则魏必图秦而弃仪,收韩而相衍。"公叔以为便,因委之犀首以为功。果相魏,张仪去。

义渠君朝于魏。犀首闻张仪复相秦,害之。犀首乃谓义渠君曰:"道远不得复过,请谒事情。"曰:"中国无事,秦得烧掇焚杅君之国;有事,秦将轻使重币事君之国。"其后五国伐秦。会陈轸谓秦王曰:"义渠君者,蛮夷之贤君也,不如赂之以抚其志。"秦王曰:"善。"乃以文绣千纯,妇女百人遗义渠君。义渠君致群臣而谋曰:"此公孙衍所谓邪?"乃起兵袭秦,大败秦人李伯之下。

张仪已卒之后,犀首入相秦。尝佩五国之相印,为约长。

太史公曰:三晋多权变之士,夫言从衡强秦者大抵皆三晋之人也。夫张仪之行事甚于苏秦,然世恶苏秦者,以其先死,而仪振暴其短以扶其说,成其衡道。要之,此两人真倾危之士哉!

(选自《史记·张仪列传》)

【品释文】

苏秦是东周洛阳人。他曾向东到齐国拜师求学,在鬼谷子先生门下学习。

在外游历了好几年,非常潦倒地回到家来。他的兄嫂、弟妹、妻妾

跟毛泽东读《史记》

都私下讥笑他，说："周人的习俗，都以治理产业，努力从事工商，追逐那十分之二的盈利为事业。如今您丢掉本行而去干耍嘴皮子的事，穷困潦倒，不也应该嘛！"苏秦听了这些话很惭愧，而且暗自伤心，于是闭门不出，把自己的书都翻出来读了一遍。他说："一个读书人既然已经从师受教，埋头读书，如果不能用它来换取功名富贵，读得再多又有什么用呢！"于是找到一本周书《阴符》，伏案而钻研它。下了一整年的功夫，终于悟出了揣摩君主心思的方法，他说："凭着这个，我可以去游说当代的国君了。"他去游说周显王。周显王的近臣平素都熟悉苏秦，都瞧不起他。周显王不信他那一套。

于是苏秦向西到了秦国。秦孝公已死。他就游说秦惠王说："秦国是个四面山关险固的国家，为群山所环抱，渭水如带横流，东有函谷关与黄河，西有汉中，南有巴蜀，北有代地和马邑，这是天然的府库啊。凭着秦国众多的百姓，训练有素的士兵，足可以吞并各国，称帝于天下。"秦惠王说："羽毛没有长成，鸟是不能高飞的；我们国家的法令尚未修明，现在还谈不上兼并别国。"当时秦国刚杀了商鞅，正厌恶游说之士，因而没任用苏秦。

苏秦又向东来到了赵国。当时赵肃侯正用他的弟弟公子出任国相，封号叫奉阳君。奉阳君对苏秦没有好感。

苏秦又去燕国游说，一年多见到了燕王。他对燕文侯说："燕国东有朝鲜、辽东，北有林胡，楼烦，西有云中、九原，南有滹沱河、易水，国土纵横两千多里，兵甲数十万，战车六百乘，战马六千匹，储存的粮食足够用好几年。南有碣石、雁门的肥沃土地，北有红枣和板栗的收益，百姓即使不耕作，光是这红枣、板栗的收获也足够富裕的了。这就是所说的天然府库。

"安居乐业，没有战争，看不到军队覆灭、将领被杀的情景，这是哪个国家都比不上燕国的。大王您知道这是什么缘故吗？燕国之所以不遭受侵犯，不受战争摧残，是因为赵国在南方做屏障。秦国和赵国发动五次战争，秦国胜了两次而赵国胜了三次。两国相互杀伤，彼此削弱，

12 苏秦羞张仪说明人没压力难进步

而大王可以凭借整个燕国的势力，在后边牵制着他们，这就是燕国不受敌人侵犯的原因。况且秦国要攻打燕国，就要穿越云中和九原，穿过代郡和上谷，跋涉几千里，即使攻克了燕国的城池，秦国也考虑到没法守住它。秦国不能侵害燕国的道理很明显了。如今赵国要攻打燕国，只要发出号令，不到十天，几十万大军就会挺进到东垣驻扎了。再渡过滹沱河，涉过易水，用不了四五天的时间，就到燕国的都城了。所以说秦国攻打燕国，是在千里以外打仗；赵国攻打燕国，是在百里以内作战。不担心近在百里之内的祸患，却重千里之外的敌人，没有比这更错误的策略了。因而我希望大王能和赵国合纵亲善，待至天下连为一体，那么燕国就肯定没有祸患了。"

燕文侯说："您的话是对的，但我们燕国是个小国，西边紧靠着强大的赵国，南边接近齐国，齐、赵都是强国啊。您要是能用合纵的方法使我们得到安全，我愿举国相随。"于是燕文侯为苏秦提供车马和财礼，让他到赵国去游说。

这时奉阳君已死，因而苏秦就趁机劝说赵肃侯道："当今天下从卿相臣子一直到穿布衣的读书人，都仰慕您这贤明的国君施行仁义，都希望能在您面前听从教诲，陈述忠言，为时很久了。尽管如此，只是由于奉阳君妒贤嫉能而您却又不能直接管事，所以这些宾客游士没有谁敢在您面前畅所欲言。如今奉阳君已经撒手人寰，您现在又可以和士民百姓亲近了，所以我才敢于向您陈述我的愚见。

"我私下为您考虑，没有比百姓生活的安宁，国家太平，并且无须让人民卷入战争中去更重要的了。使人民安定的根本，在于选择邦交，若邦交选择得当，人民就安定；若邦交选择不得当，人民就终身不安定。请允许我分析一下赵国的外患：假如赵国与齐、秦两国为敌，那么人民就得不到安宁；如果依靠秦国攻打齐国，人民也不会得到安宁；假如依靠齐国攻打秦国，人民还是得不到安宁。图谋别国的君主，进攻别的国家，那种劝人断绝关系的话是很难说出口的。希望您也不要轻易去说。国事的利与害，就在于合纵与连横两条；政策取向不同，利害迥然

241

跟毛泽东读《史记》

有异。您若能采用我的建议，燕国一定会献出盛产毡裘狗马的土地，齐国一定会献出盛产鱼盐的海湾，楚国一定会献出盛产橘柚的园林，韩、魏、中山也都会献上部分土地供赵国权贵们作为收取赋税的私邑，您尊贵的亲戚、父兄们也都可以得到封侯之赏。割取别人的土地从而获得利益，这是五霸不惜损兵折将所追求的；使自己的贵戚得以封侯，这是成汤与周武王不惜用放逐与弑君的手段去实现的。如今您不费吹灰之力，坐享其成地得到这两种好处，这就是我为您达成的愿望。

"现在如果大王和秦国友好，那么秦国一定会利用这种优势去削弱韩国、魏国；如果和齐国友好，那么齐国一定会利用这种优势去削弱楚国、魏国。魏国衰弱了就要割地河外，韩国衰弱了就要献出宜阳。宜阳一旦献纳秦国，上郡就要陷入绝境；割让了河外就会切断上郡的交通；楚国衰弱了您就孤立无援。这三个方面您不能不仔细地考虑啊。

"秦军如果攻下轵道，那南阳就危在旦夕；秦国强夺韩国的南阳，包围周都，那么赵国就要拿起武器自卫；如果秦军据有卫地，夺取卷城，那么齐国就一定会去朝拜秦国。秦国的欲望在崤山以东地区得到满足后，就必然会举兵指向赵国。秦军渡过黄河漳水后，占据番吾，那就一定会直捣邯郸战于城下，这是我所替您担心的啊。

"当前，崤山以东地区的国家没有比赵国更强的了。赵国的领土纵横二千多里，武装部队几十万人，战车千辆，战马万匹，粮食可支用好几年。西有常山，南有漳水，东有清河，北有燕国。燕国是个弱国，不用害怕。在诸侯国中秦国最怕的就是赵国，但是秦国不敢举兵攻伐赵国，为什么呢？就是怕韩、魏从背后打它的主意。因此，韩、魏可说是赵国南边的屏障。秦国如进攻韩、魏，那里没有高山大河阻隔，可以逐渐蚕食其土地，直到迫近其国都。韩、魏不能抵挡秦国，必然向秦国屈服称臣。秦国解除了韩、魏暗算的顾虑，那么战祸必然会临到赵国了。这也是我替您忧虑的原因啊。

"我听说尧没有分到过三百亩的赏赐，虞舜也没有得到过一尺的封地，却能拥有整个天下；禹夏聚集的民众不够百人，却能在诸侯中称

12 苏秦羞张仪说明人没压力难进步

王；商汤、周武的卿士不足三千，战车不足三百辆，士兵不足三万，却能成为天子；他们确实掌握了夺取天下的策略。因此，贤明的君主对外能估计敌人的强弱，对内能衡量自己士兵素质的优劣，不必等到两军交锋，胜负存亡就早已了然在胸了，怎么会被众人的议论所蒙蔽，而昏昧不清地决断国家大事呢！

"我私下考察过天下的地图，各诸侯国的土地五倍于秦国，估计各诸侯国的士兵十倍于秦国，假如六国结成一个整体，同心协力向西攻打秦国，秦国一定会被打败。如今反而向西侍奉秦国，向秦国称臣。打败别人和被别人打败，使别国臣服和向别国称臣，这两者难道能同日而语吗！

"那些主张连横的人，都想把各诸侯国的土地割让给秦国。秦国的霸业成功，他们就可把楼台亭榭建得高大，把宫室建得华美，欣赏着竽瑟演奏的音乐，前有楼台、宫阙和高敞华美的车子，后有窈窕艳丽的美女，至于各国遭受秦国的祸害，他们就不去分担忧愁了。所以那些主张连衡的人凭借秦国的权势日夜不停地威胁诸侯各国，谋求割让土地，为此，我希望大王一定要认真思考。

"我听说明君决断疑虑，排斥谗言，摒弃流言蜚语的途径，堵塞结党营私的门路，所以我才有机会在您面前陈述使国君尊崇、使土地扩展、使军队强大的计策。我私下为您考虑，不如与韩、魏、齐、楚、燕、赵合纵亲善，一致反抗秦国。让天下的将相在洹水之上聚会，盟国之间互相交换人质，杀白马歃血盟誓。彼此约定：'假如秦国攻打楚国，那么齐、魏会分别派出精锐部队帮助楚国，韩军切断秦国的运粮要道，赵军南渡河、漳支援，燕军固守常山以北。假如秦国攻打韩国、魏国，那么楚军切断秦国的后援，齐国派出精锐部队去帮助韩、魏，赵军渡过河、漳支援，燕国固守云中一带。假如秦国攻打齐国，那么楚国会切断秦国的后援，韩国固守城皋，魏国堵塞秦国的要道，赵国的军队渡河、漳挺进博关支援，燕国派出精锐部队去协同作战。假如秦国攻打燕国，那么赵国会固守常山，楚国的部队驻扎武关，齐军渡过渤海，韩、

跟毛泽东读《史记》

魏同时派出精锐部队协同作战。假如秦国攻打赵国,那么韩国的部队会驻扎宜阳,楚国的部队驻扎武关,魏国的部队驻扎河外,齐国的部队渡过清河,燕国派出精锐部队协同作战。诸侯中如果有不遵守盟约的,其余五国便会联合起来对之进行讨伐。'六国要真能合纵相亲,共同抗秦,那么秦军一定不敢出函谷关来危害崤山以东各国了。这样,您的霸王之业也就成功了。"

赵肃侯回答道:"我年纪轻,即位时间又短,不曾听到过使国家长治久安的策略。如今您有意使天下得以生存,使各诸侯国得以安定,我愿诚恳地倾国相从。"于是调拨了一百辆装饰华美的车子,带上黄金一千镒,白璧百双,锦绣千匹,让苏秦以此来说服东方各国诸侯参与结盟。

这时候,周天子把祭祀文王、武王的祭肉赐给了秦惠王。秦惠王派犀首进攻魏国,生擒魏将龙贾,攻占了魏国的雕阴,并打算挥师向东挺进。苏秦担心秦国的部队打到赵国来,就用计激怒了张仪,迫使他投奔秦国。

于是苏秦又去游说韩宣王说:"韩国的北部有坚固的巩邑、城皋,西部有宜阳、商阪的要塞,东部有宛、穰、洧水,南部有陉山,区域纵横九百多里,武装部队有几十万,天下的强弓硬弩都是从韩国制造出来的。像谿子弩,还有少府所造的时力、距来两种劲弩,都能射到六百步以外。韩国的士兵举足踏弩而射,可以连射一百多次不停下来,对远处的敌人可以射穿他们的胸膛,近处的可以射透他们的心窝。韩国的剑戟都出产于冥山、棠谿、墨阳、合赙、邓师、宛冯、龙渊、太阿等地。用这些剑戟,在陆地上可以砍杀牛马,在水里可以斩杀天鹅大雁。攻杀敌人时,能刺穿坚固的铠甲、铁衣与皮制的臂衣和盾牌,种种精良的兵器,韩国无不具备。凭着韩国士兵的勇敢,披着坚固的铠甲,踏着强劲的硬弩,佩带着锋利的宝剑,即使以一当百,也不在话下。凭着韩国兵力的强劲和大王的贤明,却向西侍奉秦国,拱手而臣服,使国家蒙受耻辱而被天下人耻笑,没有比这更严重的了。因此希望大王仔细地考虑啊。

"如果大王去侍奉秦国，秦国必定会向您索取宜阳、成皋。今年把土地献给它，明年又要索取割地。给它吧，却没有土地可给；不给吧，那么就会丢掉以前割地求和的功效而遭受后患。况且大王的土地是有限的，而秦国贪婪的索取是没有止境的，拿有限的土地去迎合无止境的索取，这就叫作拿钱购买怨恨，结下灾祸，不用打仗，而土地就被割去了。我听说有这样的俗话：'宁为鸡口，无为牛后。'如果您拱手屈服于秦，这和做牛后有什么区别呢？以大王的贤明，又拥有如此强大的军队，结果却落一个牛后的名声，我实在替大王感到羞愧。"

韩王一下子变了脸色，他捋起袖子，怒睁双眼，按住剑柄，仰望天空叹息道："我虽没有出息，也决不去侍奉秦国。如今您奉赵王的使命来指教我，我愿意把整个国家托付给您，听从您的安排。"

于是苏秦又去游说魏襄王说："大王的国土，南边有鸿沟、陈地、汝南、许地、鄢地、昆阳、召陵、舞阳、新都、新郪，东边有淮河、颍河、煮枣、无胥，西边有长城为界，北边有河外、卷地、衍地、酸枣，国土纵横千里。您的国土说起来虽然不是很大，但居民蕃庶，房舍密集，几乎连割草放牧的地方都没有了。人口稠密，车马众多，日夜行驰，络绎不绝，轰轰隆隆，好像有三军人马的声势。我私下估量大王的国势和楚国不相上下。然而那些主张连横的人却想引诱您伙同虎狼一样的秦国去侵犯天下，一旦魏国遭受秦国的危害，谁都不会顾及您的灾祸依仗着秦国强大的势力，在内部劫持自己的君主，一切罪恶没有比这更严重的了。魏国，是天下的强国；大王，是天下的贤王。如今却想西向侍奉秦国，自称是秦国的东部属国，替秦国建造巡狩的行宫，接受秦国发给的礼服，春秋两季祭祀秦国的祖先，我真替您感到羞愧。

"我听说越王句践用三千疲敝的兵士与吴国作战，就在干遂活捉了吴王夫差；周武王只用了三千士兵，三百辆蒙着皮革的战车，在牧野制服了商纣；他们哪里是靠着兵多将广，实在是因为他们能发挥兵威。我私下听说大王的军事力量，精锐部队二十万，裹着青色头巾的部队二十

跟毛泽东读《史记》

万,能冲锋陷阵的部队二十万,勤杂兵十万,战车六百辆,战马五千匹。这些实力超过越王句践和周武王很远了,可是如今您却听信群臣的建议,想以臣子的身份服事秦国。如果服事秦国,必然要割让土地来表示自己的忠诚,那么还没动用军队,国家就已经亏损了。凡是群臣中妄言服事秦国的,都是奸佞之人,而不是忠臣。作为人臣,割让自己国家的土地来讨好外国,只图眼前苟安而不顾后果,损公肥私,对外依靠强秦的势力来胁迫自己的国君,以求把土地割让给秦国,希望大王要仔细地审察这种情况。

"《周书》上说:'草木滋长出细弱的嫩枝时,要不及时去掉它,到处滋长延伸了怎么办呢?细弱的嫩枝不及时砍掉它,等到长得粗壮了,就得动用斧头去砍了。'事前不考虑成熟,事后就会有灾祸临头,那时对它将怎么办呢?大王真能听从我的建议,使六国合纵相亲,齐心合力,就一定不会再遭受强秦的侵略了。因此敝国的赵王派我来献上不成熟的策略,愿意奉上明确的公约,一切全听您的吩咐。"

魏王说:"我没有出息,从没听说过如此贤明的指教。如今您奉赵王的使命来指教我,我愿以魏国相随。"

接着,苏秦又到东方游说齐宣王说:"齐国南有泰山,东有琅邪山,西有清河,北有渤海,这可说是四面都有天险的国家了。齐国的土地纵横两千余里,士卒几十万人,粮食堆积得像山丘一样高。三军精良,联合起五家的兵卒,进攻如同锋芒之刀刃、良弓之矢那样勇猛捷速,打起仗来好像雷霆震怒一样猛烈,撤退好像风雨一样快地消散。自有战役以来,从未征调过泰山以南的军队,也不曾渡清河,涉渤海去征调这二部的士兵。光是临淄就有居民七万户,我私下估计,每户不少于三个男子,三七二十一万,用不着征集远处县邑的兵源,光是临淄的士兵本来就够二十一万了。临淄富有而殷实,其中的居民吹竽鼓瑟,弹琴击筑,斗鸡赛狗,乃至赌棋踢球;临淄城的街道上热闹非常,车与车相互碰撞,人与人摩肩接踵,张开衣襟就可成为围帐,举起袖子就可遮蔽太阳,挥汗落地就如下过大雨一样,家家殷实富足,人人志气昂扬。以大王的贤明和齐国的强大，天下没有谁能比得上。现在您却要向西去奉事秦国，我私下替大王感到羞耻。

"况且韩、魏之所以非常畏惧秦国，是因为他们和秦国的边界相接壤。假如双方派出军队交战，不出十天，胜败存亡的局势就决定了。如果韩、魏战胜了秦国，那么自己的兵力要损失一半，四面的国境无法保卫；如果作战不能取胜，那么国家接着就陷入危亡的境地。这就是韩、魏在跟秦国开战上很慎重，而很轻易地想要向秦国臣服的原因。至于秦国要进攻齐国，情形便不一样了。它必须越过韩、魏的土地，经过卫国阳晋的通道，穿过亢父的险道，在那里，车辆不能并驶，战马不能并行，只要用一百人守住险地，一千人也休想过去。即使秦国军队想要深入，也会像狼一样疑虑重重，时常回顾，生怕韩、魏在后面暗算它。所以它虚张声势，恐吓威胁。它虽然骄横矜夸却不敢冒险进攻，那么秦国不能危害齐国的形势也就相当明了啦。

"不能充分估计秦国对齐国无可奈何，却想向西奉事秦国，这是群臣们策略上的错误。现在齐国还没有向秦国臣服的丑名却有强大的实力，所以我希望大王稍微留心考虑决定对策。"

齐王说："我不是一个聪明的人，居住在这偏僻遥远、紧靠大海、道路绝尽、地处东境的国家，过去没有机会听您的教诲。如今您奉赵王的使命来指教我，我愿带领着齐国相随。"

于是，苏秦又向西南去游说楚威王说："楚国，是天下强大的国家；大王，是天下贤明的国王。楚国西有黔中、巫郡，东有夏州、海阳，南有洞庭、苍梧，北有陉塞、郇阳，土地纵横五千多里，士卒一百万，战车千辆，战马万匹，粮食储备够十年之用。这是称霸天下的有利条件。以楚国的强大和您的贤明，天下没有谁能抵挡。如今您却想向西侍奉秦国，那么天下就再没有哪个诸侯不向西面拜服在秦国的章台宫下了。

"秦国最大的忧患没有比得上楚国的，楚国强大那么秦国就会弱小，秦国强大那么楚国就会弱小。从这种情势判断，两国不能同时并存。所以我为大王策划，不如合纵相亲来孤立秦国。如果大王不采纳合

跟毛泽东读《史记》

纵政策，秦国一定会出动两支军队，一支从武关出击，一支直下黔中，那么鄢郢的局势就动摇了。我听说处理问题要赶在问题发生之前，要在灾难还未降临时就及早采取行动。如果等到灾难临头了才去寻找对策，那就来不及了。所以我希望大王及早计议。大王如能听我的意见，我可以使崤山以东诸国一年四季向您进贡，接受您英明的指教，把社稷托付给您，奉侍您的宗庙，操练兵士，做好战备，听从您的指挥。大王如能采纳我的计策，那韩、魏、齐、燕、赵、卫等国的音乐和美女就会充满您的后宫，燕、代等地的骆驼良马就会填满您的马厩。所以说，合纵成功，楚国便成霸王之业；连横胜利，秦国便成天下之主。如今您要放弃称王称霸的功业，蒙受侍奉别人的丑名，我私下认为大王这种做法不可取。

"秦，是虎狼一样凶恶的国家，还有吞并天下的野心。它是天下诸侯的仇敌。主张连横的人都想割诸侯的土地去侍奉秦国，这就叫作供养仇人孝敬仇人。作为臣子，割让自己国君的土地，用来和如狼似虎的强秦相交往，侵扰天下，而自己的国家突然遭受秦国的侵害，他们却不顾及这些灾祸。对外依仗着强秦的威势，用来在内部劫持自己的君主，索取割地，是最大的叛逆，最大的不忠，没有比这更严重的罪过了。合纵相亲则诸侯割地侍楚，连横成功楚国割地侍秦，这两种策略相差太远了，这二者，大王要处于哪一方的立场呢？所以敝国赵王派我来奉献这不成熟的策略，奉上详明的公约，全靠大王晓谕众人了。"

楚王说："我国西面和秦国接壤，秦国有夺取巴蜀、吞并汉中的野心。秦是虎狼一样凶恶的国家，不可以亲近。韩、魏经常遭受秦国侵害的威胁，不可和他们作深入地策划，和他们深入地策划，若有叛逆的人泄露给秦国，以致计划没施行国家就面临危险了。我自己估计，单靠楚国的力量去抵挡秦国，不一定能打赢；在朝廷内和群臣谋划，他们又不可信赖。我睡不好觉，吃不下饭，心神不定，不得安宁。现在您打算使天下统一，团结诸侯，使处于危境的国家保存下来，我愿竭诚尽力，以整个国家追随您。"

12 苏秦羞张仪说明人没压力难进步

于是，六国合纵成功，同心协力了。苏秦做了合纵联盟的盟长，兼任六国国相。

苏秦北上向赵王复命，途中经过洛阳，随行的车辆马匹满载着行装，各诸侯派来送行的使者很多，气派比得上帝王。周显王听到这个消息感到害怕，赶快找人为他清除道路，并派使臣到郊外迎接慰劳。苏秦的兄弟妻嫂斜着眼睛不敢抬头正视，俯伏在地上，侍候他进食。苏秦笑着向他的嫂嫂说："你以前为什么对我那么傲慢，现在却对我这么恭顺呢？"嫂嫂匍匐前进，把脸贴在地上请罪说："因为我看到小叔您地位显贵，钱财多啊。"苏秦感慨地叹息说："同样是我这个人，富贵了，亲戚就敬畏我，贫贱时，就轻视我，亲人尚且如此，何况是别的人呢！假如我当初在洛阳城郊有二顷良田，我哪里能发奋来佩挂六国相印呢！"于是他把钱财分赐给族人和朋友。当初，苏秦前往燕国时，曾经向人借了一百个铜钱做盘缠，现在富贵了，便用一百金归还他作为回报。凡对自己有恩的人、苏秦都给予了报答。随员中只有一个人没有得到赏赐，这个人找苏秦询问原因。苏秦说："我并没有忘记您。只因为当初您和我一起去燕国时，您在易水边曾多次想离开我，那时我的处境艰难，所以对您的怨气也最深，因此我把您放在后边。您现在也可以得到赏赐了。"

苏秦约定六国合纵相亲之后，回到赵国，赵肃侯封他为武安君，于是苏秦把合纵盟约送交秦国。从此秦国不敢窥伺函谷关以外的国家，长达十五年之久。

后来秦国派犀首欺骗齐、魏两国，要和他们一起攻打赵国，打算破坏合纵联盟。齐、魏攻打赵国，赵王就责备苏秦。苏秦害怕，请求出使燕国，说一定要报复齐国。苏秦离开赵国后，合纵盟约也就随之瓦解了。

秦惠王把他的女儿嫁给燕国太子做妻子。这一年，燕文侯去世，太子即位，这就是燕易王。燕易王刚刚登位，齐宣王趁着燕国发丧之机，攻打燕国，一连攻克了十座城池。燕易王对苏秦说："从前先生到燕国来，先王资助您去见赵王，于是才约定六国合纵。如今齐国首先进攻赵国，接着又打到燕国，因为先生的缘故被天下人耻笑，先生能替燕国收复被侵占的国土吗？"苏秦感到非常惭愧，说："请让我替大王把失地收回来。"

苏秦见到齐王，拜了两拜，弯下腰去向齐王表示庆贺，仰起头来又向齐王表示哀悼。齐王说："为什么庆贺和哀悼相继这么快呢？"苏秦说："我听说饥饿的人，宁愿饥饿而不吃乌头这种有毒植物，是因为这种东西虽然能暂时填饱肚子，但很快能让人丧命，和饿死没有区别。燕国虽然弱小，燕王也还是秦王的小女婿。大王为了贪图燕国十座城，而不惜与强大的秦国长久结仇。如今使弱小的燕国做先锋，强大的秦国在后做掩护，从而招致天下的精锐部队攻击你，这和吃乌头是相类似的啊。"齐王的脸色一下子变得凄怆而严肃，说："事情已经这样了，该怎么办呢？"苏秦说："我听说古代善于处理事情的人，能够转祸为福，利用失败取得成功。大王果真能听从我的计策，立即归还燕国的十座城池。燕国不费周折地收回十城，必然高兴；秦王知道您是因为他的缘故而归还了燕的十城，也一定高兴。这是放下仇恨、结金石之交的做法。燕国、秦国都与您相好，那您号令天下，没人敢不听从。您只不过是表面上做了个依附秦国的姿态，实际上却是用十城取得了天下。这是称霸天下的功业啊。"齐王说："好。"于是就归还了燕国的十座城池。

有人向燕王诽谤苏秦说："苏秦是个两边讨好、出卖国家、反复无常的奸臣，他将作乱。"苏秦害怕获罪，赶快回到燕国，燕王再不让他任职。苏秦觐见燕王说："我本是东周的一个平民，没有一点儿功劳，而您亲自在宗庙里接见我，在朝廷上以礼相待。现在我为您说退了齐国的军队而收复了十座城，您对我应该更加亲近。可是我回到燕国后，您却不让我任职，这必是有人以'言而无信'的罪名在您面前中伤我。我不守信用，乃是您的福分。我认为讲忠信只不过是一种个人的洁身自爱；而为了国家事功的进取，是不择手段的。我去游说齐王，从来不是在欺骗他。我把年老的母亲丢在东周，这本来就是一种不顾个人名誉，

12 苏秦羞张仪说明人没压力难进步

而一心为国进取的行为。如今有像曾参那样孝顺、像伯夷那样廉洁、像尾生那样守信的三个人。得此三人来侍奉大王，您觉得怎样？"燕王回答说："足够了。"苏秦说："像曾参一样孝顺，为尽孝道，决不离开父母在外面过上一夜。像这样您又怎么能让他步行千里来到弱小的燕国，侍奉处在危困中的国君呢？像伯夷一样的廉洁，坚守正义，不愿做孤竹君的继承人，不肯做周武王的臣子，不接受赐爵封侯而最终饿死在首阳山下。像他这样廉洁，您又怎么能让他步行千里到齐国干一番事业取回十座城池呢？像尾生那样诚信，和女子相约在桥下，女子如期没来，洪水来了也不离去，紧抱桥柱被水淹死。像这样的诚信，您又怎么能让他步行千里退去齐国强大的军队呢？我因为真心对您讲忠信，才得罪了您的呀。"燕王说："你不是真的忠与信，哪有因为对人忠信而获罪的呢？"苏秦说："不对。我听说有个到远方做官的人，他的妻子和别人私通，他将要回来了，妻子的姘夫担心，妻子说'不用担心，我已经准备好毒酒等着他了'。过了三天，她丈夫果然到了，妻子让侍妾端着有毒的酒给他喝。侍妾想告诉他酒中有毒，又恐怕他把主母赶走；可是不告诉他吧，又恐怕她的毒酒害死了主父。于是她假装跌倒，把酒泼在了地上。主父大发雷霆之怒，将她打了五十竹板。所以侍妾一跌倒而泼掉了那杯毒酒，在上保存了主父，在下保存了主母。可是自己却免不掉挨竹板子，怎么能说忠诚信实就不能获罪呢？不幸的是我的罪过跟侍妾的遭遇相类似啊！"燕王说："先生恢复原来的官职吧。"从此以后便更加优待苏秦。

　　燕易王的母亲是燕文侯的夫人，她和苏秦私通。燕易王知道这件事，却对苏秦的待遇更加优厚。苏秦害怕被杀，就劝说燕易王道："我留在燕国，却不能使燕国的地位提高，假如我在齐国，就一定能提高燕国的地位。"燕王说："一切听任先生去做吧。"于是，苏秦假装得罪了燕王而逃跑到齐国，齐宣王便任用他为客卿。齐宣王去世，齐湣王继位，苏秦就劝说齐湣王把葬礼办得铺张隆重，用来表明自己的孝道，高高地建筑宫室，大规模地开辟园林，以显示自己的得意，想以此损耗齐

跟毛泽东读《史记》

国，为燕国提供可乘之机。燕易王死去，燕王哙继位为王。后来，齐国的大夫中有很多人与苏秦争宠，派人暗杀苏秦，苏秦受了重伤，而刺客逃走了。齐王派人去抓凶手，没有抓到。苏秦快要死了，对齐王说："我快要死了，请您把我车裂后在广场上示众，您可以宣布说'苏秦为了燕国在齐国作乱'，这样，那暗杀我的凶手就一定能抓到了。"齐王照苏秦的话做，刺杀苏秦的凶手果然露面了，齐王就把他捉来处死。燕国听到这个消息说："齐国用这种办法替苏先生报仇，也太过分了！"

苏秦死后，他为燕国削弱齐国的事情完全暴露出来。齐国知道后，十分恼恨燕国。燕王很害怕。苏秦的弟弟叫苏代，苏代的弟弟叫苏厉，他们看到哥哥功成名就，遂顺心愿，也都发奋学习纵横之术。苏秦死后，苏代就去求见燕王，想继承苏秦的旧业。苏代说："我是东周的一个平民。听说大王的德行高尚，我不惜冒昧，放弃了耕种而来求见大王。我到了赵国的首都邯郸，所见到的和我在东周所听到的相差很远，我内心感到失望。等到了燕国朝廷，遍观大王的臣子、下吏，才知道大王是天下最贤明的国君啊。"燕王说："您所说的贤明的国君是什么样的呢？"苏代回答说："我听说贤明的国君一定愿听到别人指出他的过失，而不希望只听到别人称赞他的优点，请允许让我说明大王的过失。齐国和赵国，是燕国的仇敌；楚国和魏国，是燕国的后援国家。如今大王却去奉承仇敌而攻打能援救自己的国家，这对燕国是没有好处的。请大王自己想一想，这是策略上的失误，不把这种失误讲给您听的人，就不是忠臣。"燕王说："齐国本来是我的敌人，我一直想要讨伐它，只是担心国家衰弱，没有足够的力量。假如您能以燕国现有的力量讨伐齐国，那么我愿把整个国家托付给您。"苏代回答说："天下能够互相征战的国家共有七个，而燕国处于弱小的地位。单独作战不能取得胜利，然而只要有所依附，被依附的没有不提高声威的。向南去依附楚国，楚国的声望会提高；向西去依附秦国，秦国的威望便加重；中间依附韩、魏，韩、魏的威望会上升。您依附的国家威望提高，一定会让您的威望也提高。如今齐国国君年纪大而固执自信，听不进别人的意见。他向南

12 苏秦羞张仪说明人没压力难进步

攻打楚国长达五年之久，积聚的财富消耗尽了；西边被秦国困扰了多年，士兵们疲惫衰弱；向北和燕国人作战，以三军覆没的代价，仅仅俘虏了两名将领。然而还要发动剩余的兵力向南攻打拥有五千辆战车的宋国，吞并十二个小诸侯国。这样的国君一心想要扩张，可是民力已经枯竭了，有什么可取之处呢！而且我听说，战争频繁，百姓就要劳顿；用兵的时间过长，士兵就要疲敝。"

燕王说："我听说齐国据有清济、浊河可以用来固守，长城、钜防足以作为要塞，果真是这样吗？"苏代说："天时对它不利，即使它有清济、浊河，哪能固守！民力已经困乏，即使它有长城、钜防，又怎能成为要塞！况且，以前不征发济州以西的兵力，目的是为了防备赵国的入侵；不征发河北的兵力，目的是为了防备燕国的入侵。如今，济西、河北的兵力都被征发参战了，境内的防卫力量已很薄弱了。骄横的国君一定好利，亡国的臣子一定贪财。您要是不惜把侄儿、弟弟送出去做人质，并以宝珠玉帛贿赂齐王的亲信，齐国就必然会感激燕国而去放心大胆地吞并宋国，这一来，齐国就可以被我们消灭了。"燕王说："我一定把你的建议看作是上天对我的嘱托。"于是燕国就派了一个公子到齐国做人质。苏厉也借着燕国派人质的机会求见齐王。齐王怨恨苏秦，打算把苏厉囚禁起来。燕国质子替他在齐王面前谢罪，随后苏厉就委身做了齐国的臣子。

燕国的国相子之与苏代结为姻亲，子之想夺取燕国的政权，便派苏代到齐国侍奉质子。齐王派遣苏代回国复命，燕王哙问苏代："齐王能称霸吗？"苏代说："不能。"燕王问："为什么？"回答说："因为他不信任自己的臣子。"于是，燕王专一重用子之，不久又把王位禅让给子之，燕国因此大乱。齐国趁机攻打燕国，杀了燕王哙和子之。燕国拥立昭王即位，而苏代、苏厉就再不敢回到燕国来，最后都归附了齐国，齐国对他们很优待。

苏代经过魏国，魏国替燕国拘捕了苏代。齐国派人对魏王说："齐国要把宋国土地封给秦王的弟弟泾阳君，秦国肯定不会接受。秦国不是

跟毛泽东读《史记》

不想控制齐国和得到宋国的土地，只是他不相信齐王和苏先生。如今齐国和魏国矛盾已经达到如此严重的地步，那么齐国就不会去欺骗秦国。秦国也会相信齐国，齐、秦联合起来，泾阳君就会得到宋国的土地，这就不是一件有利于魏国的事了。所以大王不如让苏先生东归齐国，秦王一定会怀疑齐王，而又不相信苏先生了。齐、秦不能联合，天下局势就不会发生改变，讨伐齐国的局面就会逐渐形成了。"于是魏国释放了苏代。苏代到了宋国，宋王友好地对待他。

齐国攻打宋国，宋国危急，苏代就写了一封信送给燕昭王，说：

> 燕国作为一个万乘大国，却向齐国派遣了人质，名声卑下而权力低微；以整个燕国的力量帮助齐国攻打宋国，使得百姓劳困而财力消耗；即便打败宋国，残害楚国的淮北，只能壮大齐国，帮助仇敌日益强大而残害了自己的国家：这三方面都是对燕国很不利的事。虽然如此，可是大王还在继续这样干下去，是为了取得齐国的信任。齐国对大王更加不信任，而且对燕国的忌恨越来越深，这就说明大王的策略是错误的。把宋国和楚国淮北加在一起，抵得上一个强大的万乘国家，而齐国吞并了它，就等于使齐国增加了一倍的国力。北夷纵横七百里，再把鲁国和卫国加上，又抵得上一个强大的万乘国家，齐国吞并了它们，这就等于使齐国增加了二倍的国力。以一个齐国的力量，燕国还担惊受怕而不能应付，现在以三个齐国的力量压到燕国头上，那危险就不用说了。话虽如此，但是一个明智的人做事能够变祸为福，转败为胜。比如齐国的紫绢，本是用差的白绢染成，却能够提高十倍的价钱；越王句践被困栖身在会稽山上，却又击败了强大的吴国而称霸天下：这都是变祸为福、转败为胜的事例啊。
>
> 如今大王要变祸为福，转败为胜，莫如怂恿各国尊齐国为霸主，派遣使臣与周室结盟，烧毁秦国的信符，宣告说"最高明的策略就是攻破秦国，其次是一定要永远排斥它"。秦国遭到各国共同的排斥面临被攻破的威胁，秦王必定为此而忧虑秦国连续五代都

12 苏秦羞张仪说明人没压力难进步

主动攻打各诸侯国，如今却屈居齐国之下，按照秦王的意志，如果能迫使齐国走投无路，就不怕拿整个国家作赌注以求得成功。既然如此，那么大王何不派遣说客用这些话去劝说秦王："燕、赵两国攻破宋国，使齐国更加强大，尊崇它并屈从它，这对燕、赵并没有什么好处。他们之所以这样做，是出于对秦国的不信任。那您为什么不派遣一个他们信得过的人与燕、赵交好，让泾阳君、高陵君先到燕国、赵国去呢？如果秦国背信弃义，就用他们做人质，这样燕国和赵国就相信秦国了。这样一来，秦国在西方称帝，燕国在北方称帝，赵国在中部称帝，树立起三个帝王在天下发号施令。假如韩国、魏国不服从，那么秦国就出兵攻打它，齐国不服从，那么燕国、赵国就出兵攻打它，这样一来，天下还有谁敢不服从呢？天下都服从了，就趁势驱使韩、魏攻打齐国，说：'必须交出宋国的失地，归还楚国的淮北'。交出宋国的失地，归还楚国的淮北，对燕国和赵国都是有利的事；并立三帝，也是燕、赵甘之如饴的事。他们实际上得到了好处，名分上如愿以偿，那么让燕国和赵国抛弃齐国，就好像甩掉鞋子一样的容易。您若不拉拢燕、赵，齐国的霸业就一定会成功。诸侯拥护齐国而您不服从，秦国就将遭到攻伐；诸侯拥护齐国，如果您也服从，您的名声就变得卑下了。拉拢燕、赵，会使国家安定而名望崇高；不拉拢燕、赵，会使国家危险而名声低下。抛弃名尊国安的做法而选取国危名卑的做法，明智的人是不会这样干的。"秦王听了这话，心头必被刺痛。您为什么不派说客用这番话去游说秦国？届时，秦国定会被争取过来，齐国也就必定遭到讨伐了。争取秦国，这是重要的外交；讨伐齐国，是正当的利益。奉行有利的外交政策，追求正当的利益，这是圣王的事业啊。

燕昭王认为苏代这封信写得好，说："先王曾对苏家有恩德，后来因为子之的乱子，苏氏才离开了燕国。燕国要向齐国报仇，非得苏氏不可。"于是就召回苏代，又很好地对待他，和他商量讨伐齐国的大计。

跟毛泽东读《史记》

最终攻破齐国，迫使齐湣王出逃。

过了很久，秦国邀请燕王入秦，燕王就想前往，苏代阻止燕王说："楚国因攻取了枳县而使国都丢失，齐国因灭了宋国而使自己国家毁灭。齐、楚不能拥有枳、宋，反而还要奉事秦国，这是为什么呢？那是因为谁获胜，谁就是秦国的大敌。秦国夺取天下，不是凭借着推行正义，而是施以暴力。秦国施以暴力，是公开宣告于天下的。

"秦王警告楚国说：'蜀地的军队，乘船浮于汶水之上，趁着夏季盛大的水势直入长江，五天就能抵达郢都。汉中的军队，坐着船从巴江出发，趁着夏季盛涨的水势直下汉江，四天就能抵达五渚。我亲自在宛东集结军队，直下随邑，楚国的智士还来不及提出对策，勇士还来不及发挥威力，我就已经像用飞箭射杀鹰隼一样迅速地把楚国拿下来了。而楚王你还想等待天下各国一起来攻打函谷关，岂不是太遥远了吗！'楚王就是因为这个缘故，事奉了秦国十七年。

"秦国严正地警告韩国说：'我军从少曲出发，一天之内就能切断太行山的通道。我军从宜阳出发，直接攻击平阳，两天就能使韩国全境动摇。我穿越西周、东周去进攻你的国都新郑，五天就可攻占你韩国的国都。'韩王认为确实如此，所以奉事秦国。

"秦国还严正地警告魏国说：'我军攻克安邑，围困女戟，韩国通往太行山的道路就被截断。我军直下轵道，取道南阳、封邑、冀邑，包抄东西两周，趁着夏季旺盛的水势，驾着轻便的战船，强劲的弓弩在前，锋利的戈矛在后，掘开荥泽水口，魏国的大梁就会被洪水吞没不复存在了；掘开白马渡口，魏国的外黄、济阳就不复存在了；掘开宿胥渡口，魏国的虚、顿丘就不复存在了。从陆上进攻，可以击破河内；水路进攻，可以毁灭大梁。'魏国认为确实如此，所以奉事秦国。

"秦国打算攻打安邑，担心齐国救援它，就把宋地许给齐国。说：'宋王无道，做了一个像我模样的木偶，用箭射它的面孔。我的路途阻绝，军队遥远，没法去攻打他。您若能攻破宋国并占有它，那就像我自己占有一样。'后来，秦国攻下了安邑，围困了女戟，反而把攻破宋国

12 苏秦羞张仪说明人没压力难进步

作为齐国的罪过。秦国想攻打韩国，怕天下诸侯发兵援助，就把齐国许给天下。说：'齐王曾四次和我订立盟约，却四次欺骗了我，他三次下决心要率领天下各国攻击我。有齐国就没有秦国，有秦国就没有齐国，一定要讨伐它，灭亡它。'等到秦国攻取了韩国的宜阳、少曲，获得了蔺和离石，就反过来把攻破齐国作为天下各国的罪名。秦国想进攻魏国，就先推重楚国，于是把南阳许给楚国。说：'我本来就要与韩国绝交了。攻破均陵，堵塞黾厄，只要有利于楚国，我就会像自己占有这些地方一样高兴。'等到魏国抛弃盟国转过来和秦国联合，秦国就反过来把堵塞黾厄作为楚国的罪过。

"秦国的军队被困在林中，就尊崇燕国和赵国，把胶东许给燕国，把济西许给赵国。等到秦国和魏国和解了，就把公子延作为人质，派犀首组织军队攻打赵国。

"秦国的军队在谯石遭到重创，在阳马又被打败，于是就尊崇魏国，便把叶地和蔡地许给魏国。等到他和赵国和解后，就威胁魏国，而魏国不肯依照约定分割土地。秦军陷入困境，就派太后的弟弟穰侯去讲和，等他取得了胜利，连自己的舅舅和母亲也都受到欺骗。

"秦王要责备燕国，便把攻胶东作为罪名；要责备赵国，便以夺取济西作为罪名；要责备魏国，就把占领叶、蔡作为罪名；要责备楚国，就把堵塞黾厄作为罪名；要责备齐国，就把攻打宋国作为罪名。这样，秦王话说得就像车轴辘辘转，总会找到进攻别国的理由，用兵打仗如同刺杀蜚虫那么轻易。即使他的母亲都不能制止，他的舅舅更无法约束。

"龙贾之战、岸门之战、封陵之战、高商之战、赵庄之战，秦国所杀韩、赵、魏三国百姓有几百万，现在这三个国家还活着的人都是抗秦战争中死者的遗孤。西河以外，上洛地区，三川一带都受到秦国的攻击，秦已占有三晋土地的一半，秦国带来的灾祸已经严重到了这种程度。而燕、赵的人却争相以侍奉秦国来劝说他的国君，这是我最担忧的事。"

跟毛泽东读《史记》

燕昭王因此便不到秦国去了。于是苏代又被燕王所重用。

燕王派苏代联络各国合纵相亲，就如同苏秦在世时一样，诸侯们有的加入了联盟，有的没加入联盟，而各国人士从此都推崇苏氏兄弟所缔结的合纵盟约。苏代、苏厉都得以寿终正寝，在诸侯间名声显赫。

太史公说：苏秦兄弟三人，都是因为游说诸侯而名扬天下，他们的本领是擅长权变。苏秦以行反间的罪名而被处死，天下人都嘲笑他，讳忌研习他的学说。而世间对苏秦事迹的传说也有许多差异，凡是不同时期和苏秦相类的事迹，都附会到苏秦身上。苏秦出身于民间，却能联合六国合纵相亲，这正说明他的才智有超过一般人的地方。所以我列出他的事迹，按时间先后加以叙述，不使他只蒙受不好的名声。

张仪是魏国人。当初曾与苏秦一起跟随鬼谷先生，学习纵横游说之术，苏秦自认为才学比不上张仪。张仪完成学业，就去游说诸侯。一次，他陪从楚国国相饮酒，席后，楚相的玉璧不见了，相府的人都怀疑是张仪所为，他们说："张仪这个人，又穷又不讲德行，准是他偷了国相的玉璧。"于是大家一起捉住张仪，打了他几百板子，张仪始终没有承认，他们只好释放了他。回家后，妻子又可怜又生气地说："你如果不去读书游说，怎么会受到这样的屈辱呢？"张仪对妻子说："你看看我的舌头还在不在？"他的妻子笑着说："舌头还在呀。"张仪说："这就够了。"

当时，苏秦已经说服赵王与东方诸国合纵亲善，可是他害怕秦国趁机攻打各诸侯国，盟约还没缔结之前就遭到破坏，又考虑到没有合适的人可以派到秦国，于是派人暗中引导张仪说："您当初和苏秦感情很好，现在苏秦已经当权，您何不去拜访他，向他表达您从政的愿望呢？"于是张仪来到赵国，递上名帖求见苏秦。苏秦事先告诫手下的人不要为他通报，又故意留住不让他走，如此数日，才接见他。苏秦让张仪坐在大堂之下，赐给他奴仆侍妾吃的饭菜，而且一再奚落他说："以您的才能，却将自己弄到如此穷困潦倒的地步。我不是不能说句话使您

12 苏秦羞张仪说明人没压力难进步

富贵起来。但像您这样的人是不值得收留的。"苏秦拒绝了张仪的请求,把他打发走了。张仪这次前来,本以为与苏秦是旧交,可以得些帮助,没想到反而遭受一番侮辱,一怒之下,又考虑到诸侯中没有谁值得侍奉,只有秦国能给赵国苦头吃,于是便去了秦国。

之后苏秦对其门客说:"张仪是天下的能人,恐怕我也不是他的对手。如今我侥幸得势,而能左右秦国政权的,就只有张仪了。可是他穷,没有机会接近秦王。我担心他以小的利益为满足而不能成就大的功业,所以把他叫来侮辱一番,以此激励他的意志。您替我暗地里关照他。"于是苏秦禀明赵王,发给他金钱、财物和车马,派人暗中跟随张仪,和他投宿同一客栈,逐渐地接近他,还以车马金钱奉送他,凡是他需要的,都供给他,却不说明谁给的。于是张仪才有机会拜见了秦惠王。惠王任用他做客卿,和他共商攻打诸侯的大计。

这时,苏秦派来的门客要告辞离去。张仪说:"依靠您鼎力相助,我才得到显贵的地位,正要报答您的恩德,为什么要走呢?"门客说:"不是我对您有知遇之恩,知遇您的是苏先生。苏先生担心秦国进攻赵国而破坏了他的合纵盟约,认为除您之外没有人能够掌握秦国的大权,所以故意激怒您,暗地里派我为您提供一切资助,这全是苏先生所策划。如今您已在秦国得势,我该回去向苏先生报告了。"张仪说:"哎呀,这些权谋本来都是我研习过的范围而我却没有察觉到,我没有苏先生高明啊!况且我刚刚被任用,又怎么能图谋攻打赵国呢?请替我感谢苏先生,苏先生当权的时代,我张仪怎么敢奢谈攻赵呢?况且有苏先生在,我张仪怎么能打得过赵国呢?"张仪当了秦的国相后,写了一封讨伐文书警告楚国国相道:"当初我跟随你饮宴,我没有偷你的玉璧,可是你鞭打了我。好好守住你的国土吧,回头我要来偷你的城池了!"

苴国和蜀国相互攻打,两国都向秦国告急求援。秦惠王打算派兵攻蜀,又考虑到蜀道险窄,难以通行,而且韩国正准备犯境入侵。秦惠王想先攻打韩国,然后再讨伐蜀国,恐怕有所不利;想先打蜀国,又怕韩

跟毛泽东读《史记》

国乘机偷袭，犹豫再三，拿不定主意。司马错和张仪在惠王面前争论不休，司马错主张讨伐蜀国，张仪说："不如先讨伐韩国。"秦惠王说："让我听听你们各自的理由。"

张仪说："亲近魏国，结好楚国，派兵前往三川，堵绝什谷的隘口，挡住屯留的要道。这样，使魏国到南阳的通道断绝，让楚国出兵逼近南郑，秦军进击新城和宜阳，径直逼近西周和东周的城郊，讨伐周王的罪恶，再攻占楚、魏的土地。周王自知局势无法挽救，必然会献出九鼎宝器。秦国占有了九鼎之宝，掌握了天下的地图和户籍，挟制着周天子而向天下发号施令，天下各国没有谁敢不听从的，这是统一天下的大业啊！如今蜀国是西方偏僻的国家，像戎狄一样的落后民族，搞得我们士兵疲惫、百姓劳苦，也不能够扬名天下，夺取了他们的土地也得不到实际的好处。我听说，争功名的应去朝廷，争实利的应去市集。现今的三川、周室就正是天下的朝廷和市集啊，大王您不去争夺，反倒去争夺戎狄那样的落后地区，这距离帝王大业太遥远了。"

司马错说："不是这样。我听说，想使国家富强的人，一定要开拓他的疆土；想使军队强大的人，一定要使百姓富足；想要统一天下的人，一定要广施恩德。这三种条件具备了，帝王大业也就水到渠成了。如今，大王的疆土还很狭小，百姓还很贫穷，所以我希望大王先做些容易办到的事情。蜀，是西方偏远的国家，也是戎狄的领袖，却有桀、纣一样的乱德。以秦国的军队去攻蜀，就好比用豺狼去驱赶群羊一样。夺得蜀的土地可以扩展疆土，取得蜀的财富可以使百姓富裕军备充足，用不着损兵折将，他们就已经屈服了。灭掉一个蜀国，天下人不会认为我们暴虐；占有西部的资源，天下人不会认为我们贪婪，这样不仅一举而名利双收，而且还可获得禁暴止乱的美名。现在若是攻打韩国，劫持周天子，蒙了恶名，又不一定能取胜，攻打天下人都不愿意攻打的国家，这是很危险的。请允许我陈述原因：周是天下的宗室，齐是韩国的盟国。周王自己知道要失掉传国的九鼎，韩国自己知道将会失去三川，这两国必将通力合谋，依靠齐国和赵国的力量，与楚国、魏国谋求和解。

12 苏秦羞张仪说明人没压力难进步

如果他们把九鼎宝器送给楚国，把土地让给魏国，大王是不能阻止的。这就是我所说的危险所在。还不如攻打蜀国更为稳妥。"

惠王说："说得好，我听您的。"于是起兵攻蜀，这年十月，拿下蜀国。平定蜀国后，把蜀王贬称为侯，并派陈庄担任蜀国的国相。蜀国归秦以后，秦国因此更加强大、富裕，更加轻视其他诸侯了。

秦惠王十年，惠王派公子华与张仪率兵围困魏国蒲阳，守军投降。张仪提出秦国把蒲阳交还魏国，并派公子繇到魏国做人质。张仪又趁机劝说魏王道："秦国对待魏国如此宽厚，魏国不可不以礼相报。"魏国因此就把上郡、少梁献给秦国，用以答谢秦惠王。惠王便任张仪为国相，并将少梁改名为夏阳。

张仪出任秦国国相四年，正式拥戴惠王为王。过了一年，张仪担任秦国的将军，夺取了陕邑，修筑了上郡要塞。此后两年，张仪被派到啮桑与齐、楚的国相盟会。回国后，张仪被免掉秦相职位，为了秦国的利益去魏国当了国相，想让魏国率先归附秦国，然后让其他各国仿效。魏王不肯接受张仪的建议。秦王恼怒之下，派兵攻取了魏国的曲沃、平周两城，又暗地里给张仪更丰厚的待遇。张仪感到惭愧，觉得还没有做出什么成绩以回报秦王。他留任魏国四年，魏襄王去世，哀王即位。张仪又劝说哀王，哀王也不听从。于是，张仪暗中让秦国攻打魏国。魏国和秦国交战，失败了。

第二年，齐国又在观津打败了魏军。秦国想要再次攻打魏国，先打败了韩国申差的部队，杀死了八万官兵，诸侯震恐。张仪于是又游说魏王道："魏国土地纵横不到一千里，士兵超不过三十万。地势四面平坦，与各国四通八达，没有高山大河的阻隔。从新郑到大梁不过二百多里路，不论战车或者步兵，都不用花多大力气就能到达。魏国的南边和楚国接壤，西边和韩国接壤，北边和赵国接壤，东边和齐国接壤，士兵驻守四面边疆，光是防守边塞堡垒的人就不少于十万。魏国的地势，本来就是个战场。如果与南边的楚国交好而不与齐国交好，那齐国就会从东面进攻；和东方的齐国友好而不和赵国亲善，那赵国就会从北面进

跟毛泽东读《史记》

攻；与韩国不和，那韩兵就会进攻魏的西面；与楚国不亲，那楚兵就会进犯魏的南面。这就叫作四分五裂的地理形势啊。再说各国诸侯缔结合纵联盟的目的，是为了凭靠它使国家安宁，君主尊崇，军队强大，名声显赫。现在各合纵国把天下当作一家，彼此结为兄弟，在洹水之滨杀白马立誓为盟，以坚定彼此联盟的意志。然而同父母的亲兄弟，尚且有钱财之争，您还打算凭借苏秦虚伪欺诈、反复无常的策略，不可能成功是很明显的了。

"大王您要是不依附秦国，秦国就会出兵攻打河外，占据卷、衍、燕、酸枣等地，劫持卫国夺取阳晋，那么赵国的军队就不能南下支援魏国，赵国的军队不能南下而魏国的军队不能北上，魏军不能北上，合纵联盟的通道就被断绝了，合纵联盟一断绝，那么大王您的国家要想没有危险是不可能的了。秦国挟持韩国转而攻打魏国，韩国因为害怕秦国，与秦联为一体，于是魏国的灭亡就近在眼前了。这就是我替大王担心的事情啊。现在为大王着想，还是不如依附秦国。依附了秦国就必定会使楚国、韩国不敢妄动；没有了韩、楚侵扰的祸患，大王就可以高枕而卧，国家就没有什么可以忧虑的了。况且，秦国想要削弱的首先是楚国，而能够削弱楚国的首先是魏国。楚国虽然有富足强大的名声，而实际很空虚；它的士兵虽然很多，然而总是轻易地逃跑溃散，不能够艰苦奋战。我们调集魏国的全部军队南下攻打楚国，获胜是可以肯定的。割裂楚国有利于魏国，损伤楚国使秦国高兴，转嫁了灾祸，安定了国家，的确是件好事啊。假如大王不听从我的建议，秦国出动精锐部队向东进攻，那时即使您想要臣侍秦国，恐怕也来不及了。

"况且，那些主张合纵的人，大多只会讲大话，唱高调，很少让人信任，他们只想游说一个国君达到封侯的目的，所以天下游说之士无不整日慷慨激昂地宣扬合纵的好处，以图打动一国的君主。君主们欣赏他们的口才便连带着相信了他们的言论，又怎么能不被迷惑呢！我听说过这样的话：羽毛堆积多了能把船压沉，轻的东西聚载多了能把车轴压断，众人的口舌能使金属熔化，众多的坏话能把好人毁掉。故此我请求

12 苏秦羞张仪说明人没压力难进步

大王审慎地决定国家大计,并请让我离开魏国以保证我的安全。"

魏哀王于是背弃合纵盟约,通过张仪,请求与秦国结好。张仪回到秦国,重新出任国相。三年后,魏国又背弃了秦国加入合纵盟约。秦国就出兵攻打魏国,夺取了曲沃。第二年,魏国再次臣事秦国。

秦国想攻打齐国,然而齐、楚两国缔结了合纵相亲的盟约,秦王于是派遣张仪前往楚国担任相职。楚怀王听说张仪来,空出上等的宾馆,亲自到宾馆安排他住宿。怀王问道:"这是个偏僻鄙陋的国家,您来这里,是有什么要指教的吗?"张仪游说楚王道:"大王如果能够听取我的意见,就和齐国断绝往来,解除盟约,我请秦王献出商於一带六百里的土地,使秦王的女儿成为大王的妻子,秦、楚两国娶妇嫁女,永远成为兄弟之邦。北面削弱齐国,西面有利于秦国,这是再好不过的计策了。"怀王非常高兴地采纳了张仪的意见。群臣都为此向怀王道贺,唯有陈轸忧心忡忡。怀王怒道:"我不用派兵便得到六百里土地,大臣们都来庆贺,唯有你表示忧伤,这是为什么?"陈轸答道:"事情没有这么简单。依我的看法,商於之地既不可能得到,齐、秦两国还会由此联合起来,齐、秦一联合,那楚国的灾难就肯定会降临了。"怀王问道:"能说明理由吗?"陈轸回答说:"秦国之所以重视楚国,是因为楚国有结盟的齐国。如今和齐国断绝往来,废除盟约,那么楚国就会孤立无援。秦国怎会重视一个处于孤立的国家,而奉送它六百里商於之地呢?张仪回到秦国后,必定会背叛大王,这样,楚国北面与齐国绝交,西面却从秦国引来祸患,那他们两国之兵就必来犯境了。替大王考虑的妥善之法,不如暗中与齐国修好,而表面上与齐国绝交,派人随同张仪到秦国。给了我们土地,再与齐国绝交也不晚;不给我们土地,我们就与齐国暗中联合,再作主张。"怀王说:"你就闭上嘴不要再说了,等着看我得到土地吧。"怀王将楚国的相印授予张仪,还馈赠了大量的财物。于是就和齐国断绝了关系,废除了盟约,同时派出一位将军随同张仪前往秦国。

张仪到达秦国后,假装上车时没有拉稳绳子而失足堕地,为此,养

跟毛泽东读《史记》

伤三个月没有上朝。楚怀王听说此事，说："张仪大概是嫌我与齐国绝交做得还不彻底吧？"于是便派勇士前往宋国，借宋国的符节北入齐境，大骂齐王。齐王大怒，立即毁弃与楚国的盟约而转身投靠了秦国。秦、齐建立了邦交，张仪才上朝，他对楚国的使者说："我有秦王赐给的六里封地，愿把它献给楚王。"楚国使者说："我奉楚王的命令，来接收商於之地六百里，不曾听说过六里。"使者回报楚王，楚王怒火填胸，立刻要出动军队攻打秦国。陈轸说："我可以开口讲话了吗？攻打秦国，不如反过来割地贿赂秦国，再与秦国联合攻齐，这样我们向秦国割出的土地，就可从齐国取得补偿，大王的国土还可以保存。"怀王不听，终于出动军队并派将军屈匄进攻秦国。秦、齐两国共同攻打楚国，杀死官兵八万，并杀死屈匄，于是夺取了丹阳、汉中的土地。楚国又派出更多的军队去袭击秦国，在蓝田与秦军大战，楚军大败，楚国于是割让两城与秦国议和，战事才得平息。

秦国要挟楚国，想得到黔中一带的土地，要用武关以外的土地交换它。楚王说："我不愿意交换土地，只要得到张仪，愿献出黔中地区。"秦王想要遣送张仪，又不忍开口说出来。张仪却请求前往。秦惠王说："楚王恨您背弃了给商於之地的诺言，正想杀掉您解恨呢！"张仪说："秦强楚弱，我与楚国的靳尚相好，靳尚有机会接近楚王的夫人郑袖，而郑袖说的话楚王句句听从。况且我是奉大王的命令出使楚国的，楚王怎么敢杀我？假如杀死我而替秦国取得黔中的土地，这也是我的最高愿望。"于是，他出使楚国。楚怀王等张仪一到就把他囚禁起来，要杀掉他。靳尚对郑袖说："您知道您将被大王鄙弃吗？"郑袖问道："为什么呢？"靳尚说："秦王很看重张仪，一定要救他出来，打算用上庸所属的六县送给楚国，把美女嫁给楚王，用秦宫中善于唱歌的女子作为陪嫁。楚王看重土地，尊敬秦国，秦国的美女肯定会得宠，而夫人您就会受到冷落了。还不如说情释放张仪。"郑袖于是日夜向怀王进言说："做臣子的各自为他的君主效劳。现在我们的土地还没有交给秦国，秦国就派遣张仪前来，这表明对您非常尊重。大王不以礼相待，反而要杀

12 苏秦羞张仪说明人没压力难进步

掉张仪，秦必然会在大怒之下进攻楚国。请让我母子二人迁居到江南去，以免被秦兵所残害。"怀王改变了主意，赦免了张仪，像过去一样优厚地款待他。

张仪获释后，还没有离开楚国，就听说苏秦死了，于是游说楚怀王说："秦国的土地占了天下的一半，兵力足以抵挡周围的国家，背靠险要，有黄河围绕，四周都有要塞可以坚守。拥有雄兵百万，战车千乘，战马万匹，贮存的粮食堆积如山。法令严明，士兵们都不避艰苦危难，乐于为国牺牲，国君贤明而威严，将帅智谋而勇武，即使没有出动军队，它的声威就能够席卷险要的常山，折断天下的脊骨、天下诸国凡是归顺在后的必然先遭灭亡。主张合纵的人，无异于驱赶着羊群进攻凶猛的老虎，虎与羊之间力量的悬殊是再明白不过的了。现在大王不结交猛虎却结交群羊，臣私下认为大王的谋略是错误的。

"当今，天下强大的国家，不是秦国便是楚国，不是楚国便是秦国，两国相互争战，势不两立。大王不结交秦国，秦国发兵占据宜阳，韩国上党地区就与国都断了联络。秦国再攻下河东，夺取成皋，韩国必定投降称臣，魏国也就会趁此时机行动。秦国攻打楚国的西面，韩、魏攻打楚国的北面，国家哪能不危险呢？再说那些主张合纵的人聚集了一群弱小的国家攻打最强大的国家，不权衡敌对国的力量而轻易地发动战争，国家穷困而又频繁地打仗，这就是导致危亡的策略。我听说过，兵力不如对方强，就不要向对方挑起战端；粮食不比对方多，就不要持久作战。那些主张合纵的人，粉饰言辞，空发议论，抬高他们国君的节行，只说对国君的好处，不说对国君的危害，秦兵突然来袭，那时挽救也来不及了！为此请大王认真考虑。

"秦国西面拥有巴蜀之地，用大船装载粮食，从汶山起程，顺长江而下，到楚国三千余里。用大船运载兵士，每条大船能载五十人和三个月的粮食，船顺着江水漂浮而下，一天可行三百余里，虽然走了这么远，但并不费牛马牵引的劳力，不到十天便可抵达楚国的扞关。扞关形势一紧张，那么边境以东，所有的城邑就都要据城守御了，黔中、巫郡

265

跟毛泽东读《史记》

将不再属于大王所有了。秦国发动军队出武关，向南边进攻，楚国的北部地区就被切断。秦军攻打楚国，三个月内可以造成楚国的危难，而楚国等待其他诸侯的救援，需要半年以上的时间，从这形势看来，根本来不及。依靠弱小国家的救援，忽略强秦带来的祸患，这是我替大王担忧的原因啊。大王曾经与吴国人作战，五次交锋胜了三次，临阵的士兵死得差不多了；楚军在偏远的地方守卫新攻占的城邑，活着的百姓太辛苦了。我听说好大喜功，容易招灾；人民穷困，君主遭怨。守候着容易遭到危险的功业而违背强秦的心意，我私下替大王感到危险。秦国之所以十五年不从函谷关出兵攻打齐、赵诸国，是因为它暗中订下了吞并天下的计划。楚国曾经与秦国发生冲突，双方在汉中交战，楚国没有取得胜利，却有七十多位列侯执珪的人战死，于是丢掉了汉中。楚王大怒，出兵袭击秦国，又在蓝田打了一仗。这就是所说的两虎相斗啊。秦国和楚国相互厮杀疲惫困顿，而韩、魏两国以其完整无损的兵力来牵制秦、楚的后方，没有比这更加失策的了。请大王认真考虑。

"秦国发兵攻取卫国的阳晋以后，必定会使天下的交通要道断绝。大王调集全部兵力进攻宋国，不到数月就可攻下，攻占宋国再挥师东向，那么泗水流域的许多小国便全归大王所有了。游说天下各国凭借信念合纵相亲、坚守盟约的人就是苏秦，他被封为武安君、出任燕国的国相，却在暗中与燕王策划攻破齐国，并且分割它的土地；假装获罪于燕王，逃亡到齐国，齐王因此收留了他而且任用他做了国相；两年后事情败露，齐王大怒，把苏秦车裂于市集。像这样一个狡诈虚伪的苏秦，却想控制天下，把各国诸侯连成一气，这种做法之不可能成功也是明摆着的了。现在秦国与楚国国土相接，形势上本来就是亲密的国家。大王真能听我的话，我可以请秦王派太子到楚国来做人质，大王也派太子到秦国去做人质，我可以请秦王把女儿嫁给大王做妻子，再奉上拥有万户人家的大城，收取赋税作为大王的生活补贴，永结兄弟邻邦，终生不相互打仗。我认为没有比这更合适的策略了。"

此时，楚王虽已得到张仪却又不愿割弃黔中给秦国，便想同意张仪

12 苏秦羞张仪说明人没压力难进步

的意见。屈原对楚王说:"前次大王受了张仪的欺骗,这次张仪来楚,臣认为大王会烹杀他;如今释放了他,不忍杀死他,还听信他的邪妄之言,这可不行。"怀王说:"答应张仪的建议可以保住黔中土地,这是很有利的事啊。已经答应了,过后又违约,不好。"所以最终答应了张仪的建议,与秦国结好。

张仪离开楚国,就借此机会前往韩国,游说韩王说:"韩国地势险恶,人都住在山区,生产的粮食不是麦就是豆,人们吃的大都是豆子饭,豆叶汤。一年没收成,人们连糟糠这样粗劣的食物都吃不饱。土地不足九百里,储存的粮不够两年食用。估计大王的士兵,总共也超不过三十万人,其中还包括许多杂役人员。除掉防守驿亭、边防要塞的士兵,现有的军队不过二十万罢了。而秦国士卒有一百多万,战车千辆,战马万匹,勇猛的兵士不戴头盔踊跃奔杀,能弯弓射敌持戟冲锋的,多得数不清。秦军战马精良,前蹄扬起,后蹄腾空,一跃就是两丈多远的,数不胜数。山东六国的军队盔甲齐整地与秦军会战,秦军脱掉盔甲袒臂赤足来迎敌,个个左手提人头,右手挟俘虏。秦兵与山东六国的兵相比犹如勇士孟贲之与懦夫;两军相接,犹如力士乌获之与婴孩。用孟贲、乌获那样的军队,攻打不肯降服的弱国,就如同把千钧重力直接压在鸟卵之上,肯定是一个也剩不下了。那些诸侯、大臣不估量自己的土地狭小,却听信主张合纵的人的甜言蜜语,他们结伙营私,互相掩饰,都振奋地说'听从我的策略,可以在天下称霸'。不顾国家的长远利益而听从眼前的游说,贻误国君,没有比这更为严重的了。

"假如大王不奉事秦国,秦国出动武装部队占据宜阳,切断韩国的上党地区,向东夺取成皋、荥阳,那么鸿台的宫殿、桑林的林苑,就不再为大王拥有了。要是阻塞了成皋,截断了上党地区的通道,那大王的国土就要被分割了。早归附秦国就安全,不归附秦国就危险。如果制造的是祸端却要想得到福报,谋虑粗浅而结怨甚深,违背秦国而顺从楚国,要想国家不亡,那是不可能的啊。所以为大王着想,还不如替秦国效劳。秦国最大的希望是削弱楚国,而最能削弱楚国的就是韩国。不是

跟毛泽东读《史记》

因为韩国比楚国强大,而是由韩国的地势所决定的。如今,假如大王向西臣事秦国进攻楚国,秦王一定很高兴。攻打楚国有利于韩国扩大领土,转移祸患取悦秦国,没有比这主意更好的了。"韩王听从了张仪的主意。

张仪回到秦国向秦惠王报告,惠王赐给张仪五座城邑,封他为武信君。派张仪向东游说齐湣王说:"天下强大的国家没有超过齐国的,齐国的臣民众多,富足安乐。但是替大王出谋划策的人,全都只顾一时之安,而不顾国家长远的利益。主张合纵的人游说大王,必定会说:'齐国西面有强大的赵国,南面有韩国和魏国,齐国是背靠大海的国家,土地广阔,人口众多,军队强大,士兵勇敢,即使有一百个秦国,对齐国也将无可奈何。'大王认为他们的说法很高明,却没能考虑到实际的情况。主张合纵的人,结党营私,排斥异己,没有不认为合纵是可行的。我听说,齐国和鲁国打了三次仗,而鲁国战胜了三次,但随后却是鲁国的灭亡。虽有战胜的名声,带来的是亡国的现实。这是为什么呢?是因为齐国强大而鲁国弱小啊。现在的秦国对于齐国,就好比齐国对于鲁国。秦、赵两国在漳水之滨交战,赵军两战两胜;在番吾城下交战,赵军又两次胜过秦军。这四战之后,赵国阵亡的兵士有好几十万,只剩下首都邯郸还得幸存,虽然赵国有战胜的名声,然而国家已残破了。这是为什么呢?是因为秦国强而赵国弱啊。现在秦、楚两国之间嫁女娶妇,成了兄弟国家。韩国献出宜阳,魏国献出河外,赵王到渑池朝见秦王,割让河间来臣事秦国。大王如不归附秦国,秦驱使韩、魏两国进攻齐国南部地带,让赵国的全部军队渡过清河直奔博关,临淄、即墨两城就不会属大王所有了。国家一旦被进攻,即使是想要臣事秦国,也不可能了。因此希望大王仔细地考虑考虑。"

齐王说:"齐国偏僻落后,僻处东海边上,从来没有听到过有关国家长远利益的主意啊。"于是答应了张仪的建议。

张仪离开齐国,向西游说赵王说:"秦国的国君派我为使臣向大王进献一条策略。大王率领天下诸侯来抵制秦国,秦国的军队十五年不敢

12 苏秦羞张仪说明人没压力难进步

出函谷关。大王的声威遍布山东各国，敝邑担惊受怕，屈服不敢妄动，整治军备，磨砺武器，整顿战车战马，练习跑马射箭，努力种地，储存粮食，守护在四方边境之内，忧愁畏惧地生活着，不敢轻举妄动，唯恐大王起意进攻我们。现在多蒙大王您的作用，秦国已攻占巴蜀，吞并汉中，囊括两周，迁移九鼎，据守白马津渡。秦国虽然偏僻边远，然而内心的愤怒已有很长时间了。如今秦国有一支残余部队驻守在渑池，准备渡过黄河越过漳水，进占番吾，与赵军在邯郸城下相会，希望在甲子那天会战，以此来重演周武王伐纣的旧事，特地派我作为使臣先来禀告。总的说来，大王之所以相信缔结合纵盟约，是因为仗着有苏秦。苏秦迷惑诸侯，把对的说成错的，把错的说成对的，他想要反对齐国，而自己让人家在刑场上五马分尸。天下诸侯不可能统一是很明显的了。如今，楚国和秦国已结成了兄弟盟国，而韩国和魏国已向秦国臣服，成为东方的属国，齐国奉献出盛产鱼盐的地方，这就等于斩断了赵国的右臂。斩断了右臂而和人家争斗，失去同伙而孤立无援，想要国家不危险，怎么可能办到呢？现在秦王派出三个将军：其中一支军队截断午道，通知齐国派兵渡过清河，驻扎在邯郸的东面；一支军队驻扎在成皋，驱使韩国和魏国的军队驻扎在河外；一支军队驻扎在渑池。这四国结为一体来进攻赵国，赵国被攻破后，它的国土必定会被四国瓜分。为此，我不敢隐瞒这种意图，先给大王通个口信。我私下替大王考虑，不如与秦王在渑池会晤，面对面亲口约定，请他按兵不动，不要进攻。希望大王拿定主意。"

赵王说："先王在世的时候，奉阳君独揽权势，蒙蔽欺骗先王，独自控制政事，我还深居宫内，从师学习，没有参与国家大事的谋划。先王去世时，我年龄幼小，继承君位的时间也不长，我心中确实暗自怀疑这种做法，认为各国联合一体，不奉事秦国，不是赵国的长远利益。所以我准备改变主意，割让国土弥补以前的过错，归附秦国。正待安排车马启程时，正好赶上听到您明智的教诲。"赵王答应了张仪的建议，张仪便离开了赵国。

跟毛泽东读《史记》

张仪北行到燕国，对燕昭王说："大王最亲近的没有比得过赵国吧。过去赵襄子曾经把自己的姐姐嫁给代王为妻，想吞并代国，约定在句注要塞和代王会晤，就命令工匠做了一个金斗，加长了斗柄，使它能用来击杀人命。赵王与代王喝酒，暗中告诉厨工说：'趁酒喝到酣畅欢乐时，你送上热羹，趁机把斗柄反转过来击杀他。'于是当喝酒喝到酣畅欢乐时，送上热腾腾的羹汁，厨工趁着斟羹汁的机会，反转斗柄击中代王，杀死了他，代王的脑浆流了一地。赵王的姐姐听到这件事，磨快簪子自杀了，所以至今还有一个名叫摩笄的山。代王的死，天下人没有不知道的。赵王如此狠毒，连亲戚都不放过，大王您是清楚地看到的。又怎能把赵王当成可以亲近的人呢？赵国起兵进攻燕国，两次围困了燕国的都城要挟大王，迫使大王割让了十座城池来谢罪。现在赵王已经到渑池朝见秦王，献上河间一带地方来事奉秦国。如今大王如不归附秦国，秦国就会发兵到云中、九原，驱使赵国进攻燕国，这样一来，易水、长城就不再属于大王所有了。况且现在的赵国对于秦国来说，就好比是秦国的一个郡县，不敢妄自兴兵打仗。如今，假如大王奉事秦国，秦王一定高兴，赵国不敢轻举妄动，这就等于西边有强大秦国的支援，而南边解除了齐国、赵国的忧虑，所以希望大王仔细地考虑考虑。"

燕王说："我就像蛮夷之徒一样处在落后荒远的地方，这里的人即使是男子大汉，都仅仅像个婴儿，他们的言论不能够产生正确的决策。今天有幸得到您的教诲，我愿意向西面奉事秦国，献出恒山脚下五座城池。"燕王听信了张仪的建议。

张仪返回秦国报告，还没有走到咸阳，秦惠王便已去世，秦武王即位。武王从做太子时就不喜欢张仪，等到继承王位，很多大臣说张仪的坏话："张仪不讲信用，反复无定，出卖国家，以谋图国君的恩宠。我们秦国如果再重用他，恐怕会遭天下人的耻笑。"各国诸侯听说张仪与秦武王有隔阂，都纷纷背叛了连横策略，又恢复了合纵联盟。

秦武王元年，大臣们日日夜夜诽谤张仪的事还没有平息，而齐国又派人来责备张仪。张仪害怕被杀死，就趁机对武王说："我有个不成熟

12 苏秦羞张仪说明人没压力难进步

的计策,希望献给大王。"武王问道:"什么样的计策?"张仪说:"为秦国的利益着想,要使东方发生动乱,然后大王才可以多得土地。现在听说齐王非常恨我,只要我在哪个国家,他一定会出动军队讨伐它。所以,我希望让我这个不成才的人到魏国去,齐国必然要出动军队攻打魏国。魏国和齐国的军队在城下混战而谁都没法回师离开的时候,大王利用这个间隙攻打韩国,打进三川,军队开出函谷关而不要攻打别的国家,直接挺进,兵临周都,周天子一定会献出祭器。大王就可以挟持天子,掌握天下的地图户籍,这是成就帝王的功业啊。"秦王认为他说得对,就准备了三十辆兵车,送张仪到魏国。齐王果然出动军队攻打魏国,魏哀王很害怕。张仪说:"大王不要担忧,我让齐国罢兵。"张仪派门客冯喜前往楚国,借用楚国使者的名义前往齐国,对齐王说:"大王很恨张仪,尽管这样,但大王却使秦国更加信赖张仪。"齐王说:"我非常痛恨张仪,不管张仪走到哪里,我都要兴兵讨伐到哪里,怎么说使他更受器重呢?"使者回答说:"这正是使张仪更受信任的做法啊。张仪离开秦国时,本来就和秦王讲好,说:'为秦王着想,要使东方动乱,然后才可以割得更多的土地。现在齐王非常恨我,凡我所在之处,齐王必定兴兵讨伐。因此我希望让我这不才之人前往魏国,齐王必定会兴兵伐魏。齐、魏两军纠缠在城下不能脱身,大王利用这个机会攻打韩国,进军三川,出兵函谷关但不要攻打别的国家,直接挺近,兵临周都,周室必定会献出祭器。挟持周天子,掌握天下的地图和户籍,这是帝王大业啊。'秦王认为他说得对,所以准备了三十乘兵车载他入魏。现在张仪到了魏国而您果然攻打魏国,这就使您对内消耗国力,对外攻打盟邦,多树敌人,面临危难,而使张仪更加受到秦王信任啊!这就是我说的您使张仪更受信赖。"齐王说:"你说得对。"就下令撤军。张仪在魏做了一年国相,就死在魏国了。

陈轸是游说的策士。和张仪共同侍奉秦惠王,都很尊贵而受到重用,因而常常争宠。张仪向秦惠王讲陈轸的坏话说:"陈轸携带大量财礼轻易出使于秦、楚之间,本应搞好两国的邦交,如今楚国却不曾对秦

跟毛泽东读《史记》

国更加友好反而对陈轸亲善，足见陈轸为自己打算的多而为大王打算的少啊。而且陈轸想要离开秦国前往楚国，大王为什么没听说呢？"秦王对陈轸说："我听说先生想要离开秦国到楚国去，有这样的事吗？"陈轸说："有。"秦王说："张仪的话果然可信。"陈轸说："不单是张仪知道这回事，就连过路的人也都知道这回事。从前伍子胥忠于他的国君，天下国君都争着要他做臣子，曾参孝敬他的父母，天下的父母都希望他做儿子。所以被出卖的奴仆侍妾不等走出里巷就卖掉了，因为都是好奴仆；被遗弃的妻子还能在本乡本土嫁出去，因为都是好女人。如今，陈轸如果对自己的国君不忠诚，楚国又凭什么认为陈轸能对他忠诚呢？忠心尚且被抛弃，我不投奔楚又去哪里呢？"秦惠王感到陈轸的话说得对，于是便很好地对待他。

陈轸在秦国住了一年，秦惠王最终用了张仪做国相，于是陈轸投奔了楚国。楚国并没有重用他，却派他出使秦国。陈轸路过魏国时，想要见一见犀首。犀首谢绝不见。陈轸说："我有事才来，您不见我，我要走了，不能等到第二天呢。"犀首便接见了他。陈轸说："您为什么喜欢喝酒呢？"犀首说："没事可做。"陈轸说："我让您有很多事做，可以吗？"犀首问道："有什么办法？"陈轸说："魏相田需约请各国诸侯合纵结好，楚王持怀疑态度而不相信他。您去对魏王说：'我与燕、赵两国的国君有旧交，他们多次派人来对我说"你闲着没事怎么不来见见面"，我希望到他们那里去拜望一下。'魏王即使同意您，您也不必多要车辆，只需把三十辆车子摆在庭院内，公开说要到燕、赵两国去。"燕、赵两国在魏国客居的人听到这个消息，忙飞车禀告各自的国君，两国都派人到魏国迎接犀首。楚王闻知此事大怒，说："魏相田需来与我结约，而他们的犀首却前往燕、赵两国，这分明是欺骗我啊！"楚王很生气不再理睬田需合纵的事。齐国听说犀首前往北方，派人把国家的政事托付给他。犀首就去齐国了，这样三国国相的事务，都由犀首决断。陈轸于是回到秦国。

韩、魏两国互相攻打，持续了一年还没有结束。秦惠王想去调停干

12 苏秦羞张仪说明人没压力难进步

预,征求大臣们的意见。大臣们有的说调解好,有的说不调解好,秦惠王未能做出决定。恰逢陈轸到达秦国,秦惠王便问他说:"先生离开我到楚国,还想不想念我呢?"陈轸答道:"大王听说过越国的庄舄吗?"惠王说:"没有听说过。"陈轸说:"越国人庄舄在楚国担任了执珪,不久得了病。楚王问:'庄舄在越国是个地位低贱的人,如今在楚国做到执珪的高官,已经富贵了,还思不思念越国呢?'一位侍御答道:'大凡人们思念自己的故乡,是在他生病的时候。假如他思念越国,就会操越国的腔调,要是不思念越国就要操楚国的腔调。'楚王派人到庄舄那里偷听,庄舄还是操越国的腔调。如今我即使被遗弃跑到楚国,难道能没有了秦国的腔调吗!"秦惠王说:"你说得好。现在韩、魏两国互相进攻,一年了还没有解决,有人说出面调解好,有人说不调解好,我未能决定,希望你在替你的楚国君主考虑的余暇,也为我考虑一下这件事情。"陈轸说:"有人把卞庄子刺虎的事讲给大王听过吗?庄子准备刺杀老虎,旅舍里的一个仆役劝阻他说:'两只老虎正要吃牛,吃到味道好的地方必然会争夺,一争夺就必然会格斗,格斗就会使大虎受伤,小虎死亡,这时你再去刺那受伤的老虎,不就可以一举杀死两只老虎了吗。'卞庄子认为说得对,站着等待时机。过了一会,两只老虎果然争斗起来,大的伤了,小的死了。卞庄子向受伤的老虎刺去,果然获得了一举杀死二虎的功效。如今韩、魏两国相攻,一年得不到解决,这就必然会使大国受损,小国残破,对受损的国家兴兵攻打,这一举动必定会有击破两国的实效。这就如同卞庄子刺杀猛虎一类的事啊。我为自己的国君出主意和为大王出主意有什么不同呢?"惠王说:"说得好。"最终没有去制止韩、魏两国的斗争。结果大国果然受了损伤,小国面临灭亡,这时秦王兴兵讨伐,取得大胜。这正是陈轸的计谋啊。

犀首,魏国阴晋人,名衍,姓公孙氏。他与张仪关系不好。

张仪为了秦国的事前往魏国,魏王任用张仪做国相。犀首认为对自己不利,因此派人对韩国的公叔说:"张仪已经使秦、魏两国联合了,他提出'魏国攻取韩国的南阳,秦国攻取韩国的三川'。魏王器

273

跟毛泽东读《史记》

重张仪的原因，是想获得韩国的土地。况且韩国的南阳已经被占领，先生为什么不稍微把一些政事委托给我，通过我来处理韩魏之间的一些事情，那么秦、魏两国的交往就会停止了。这样的话，魏国一定谋取秦国而抛弃张仪，结交韩国而让我出任国相。"公叔认为这个主意好，便把南阳交给犀首作为他的战功。犀首果真做了魏国的国相，张仪只好离开魏国。

义渠君前来朝拜魏王。犀首听说张仪复任秦相，担心对自己不利。犀首就对义渠君说："贵国道路遥远，今日分别，不容易再来，请允许我告诉您一件事。"犀首接着说："中原各国不联合进攻秦国，秦国才会烧杀侵略您的国家；中原各国讨伐秦国，秦国将会派出轻装的使臣用厚礼讨好您的国家。"此后，楚、魏、齐、韩、赵五国共同讨伐秦国。正赶上陈轸对秦王说："义渠君是蛮夷各国中的贤明君主，不如赠送财物用来安抚他的心志。"秦王说："好。"就把一千匹锦绣和一百名美女赠送给义渠君。义渠君把群臣招来商量说："这就是公孙衍告诉我的情形吗？"于是就起兵袭击秦国，在李伯城下大败秦军。

张仪死了以后，犀首到秦国出任国相。他曾经佩带五国的相印，做过联盟的领袖。

太史公说：三晋这块地方有许多权宜机变的人物，那些主张合纵、连横使秦国强大的，大多是三晋人。张仪的作为比苏秦有过之，但世人讨厌苏秦的原因，是因为他死在张仪之前，而张仪又夸张地揭露他的短处，以此来显示自己言论的正确，完成连横的策略。总之，他们两个真正称得上是倾邦覆国的人物啊！

13 陈胜、吴广掀开了农民战争的序幕

毛泽东读批《史记·陈涉世家》

【读原文】

陈胜、吴广揭竿而起，反抗秦的暴政，完全是正义的。这次战争掀开了我国封建社会中波澜壮阔的农民战争的序幕，在历史上有很大意义。

——1975年，毛泽东与芦荻的谈话（见杨建业：《在毛主席身边读书——访北京大学中文系讲师芦荻》，《光明日报》1978年12月29日）

一误
二误

——毛泽东读《史记·陈涉世家》批语（见《毛泽东读文史古籍批语集》，中央文献出版社1993年版，第122页）

【品解析】

对陈胜、吴广领导的农民起义,毛泽东给予了高度的评价。首先,他肯定了这场起义的正义性,一反历代正统史书将农民起义贬为贼、盗的评价;其次,陈胜、吴广起义拉开了正义行动的序幕,是中国历史上第一次全国性的农民战争,这种首创性值得赞赏;最后,在历史上有很大意义,这场起义推翻了秦朝的黑暗统治,推动了历史的进步。

毛泽东在阅读《陈涉世家》时,另外批注有"一误""二误"。

据介绍,在一本清武英殿版的《史记》中,毛泽东对《陈涉世家》这篇传记,用红黑两种颜色的笔迹作过不少圈画,并写下批注。毛泽东主要是从总结农民起义的失败教训这个角度来研读这篇传记的。

《陈涉世家》记载,陈胜还是雇农时,对伙伴们说:"苟富贵,无相忘。"及至陈胜起义胜利立国称王后,那些旧伙伴来找他,陈胜未忘前言,接待旧相识,使之出入宫廷。这些人常常毫无顾忌地谈论陈胜当农民时的贫困往事。"或说陈王曰:'客愚无知,颛妄言,轻威'。陈王斩之。诸陈王故人皆自引去,由是无亲陈王者。"毛泽东在这段文字书页天头上,用红铅笔批注"一误"。

传记又载,陈胜自立为王以后,任朱房、胡武为人事和监察官员。这两个人大权在握后,胡作非为,对许多不顺从他们的将士随意治罪。陈胜对这类专横跋扈、残害忠良的酷吏,不仅不撤职查办,反而加官晋爵。许多将士见此都不愿意追随陈胜了。司马迁痛惜地指出:"此其所以败也。"毛泽东在这段文字书页天头上又批注"二误"。

这很少的几个字,内涵却相当丰富。它简明扼要地总结了秦末农民起义之所以失败,是因为陈胜犯了功成忘本,脱离了本阶级的群众,重用奸人、偏听偏信、脱离了患难与共的干部的错误。保持本色,不脱离本阶级的群众;任用贤能,打击邪恶——这两条来自2000年前农民起义的教训,毛泽东牢牢地记在心中。毛泽东指出这"两误"的经验教训,于古于今,都有极为深刻的意义。毛泽东和老一辈无产阶级革命家对此亦无不十分重视。

13 陈胜、吴广掀开了农民战争的序幕

【读《史记》】

　　陈胜者，阳城人也，字涉。吴广者，阳夏人也，字叔。陈涉少时，尝与人佣耕，辍耕之垄上，怅恨久之，曰："苟富贵，无相忘。"庸者笑而应曰："若为庸耕，何富贵也？"陈涉太息曰："嗟乎，燕雀安知鸿鹄之志哉！"

　　二世元年七月，发闾左適戍渔阳九百人，屯大泽乡。陈胜、吴广皆次当行，为屯长。会天大雨，道不通，度已失期。失期，法皆斩。陈胜、吴广乃谋曰："今亡亦死，举大计亦死，等死，死国可乎？"陈胜曰："天下苦秦久矣。吾闻二世少子也，不当立，当立者乃公子扶苏。扶苏以数谏故，上使外将兵。今或闻无罪，二世杀之。百姓多闻其贤，未知其死也。项燕为楚将，数有功，爱士卒，楚人怜之。或以为死，或以为亡。今诚以吾众诈自称公子扶苏、项燕，为天下唱，宜多应者。"吴广以为然。

　　乃行卜，卜者知其指意，曰："足下事皆成，有功。然足下卜之鬼乎？"陈胜、吴广喜，念鬼，曰："此教我先威众耳。"乃丹书帛曰"陈胜王"，置人所罾鱼腹中。卒买鱼烹食，得鱼腹中书，固以怪之矣。又间令吴广之次所旁丛祠中，夜篝火，狐鸣呼曰"大楚兴，陈胜王"，卒皆夜惊恐。旦日，卒中往往语，皆指目陈胜。

　　吴广素爱人，士卒多为用者。将尉醉，广故数言欲亡，忿恚尉，令辱之，以激怒其众。尉果笞广。尉剑挺，广起，夺而杀尉。陈胜佐之，并杀两尉。召令徒属曰："公等遇雨，皆已失期，失期当斩。借弟令毋斩，而戍死者固十六七。且壮士不死即已，死即举大名耳，王侯将相宁有种乎！"徒属皆曰："敬受命。"乃诈称公子扶苏、项燕，从民欲也，袒右，称大楚。为坛而盟，祭以尉首。陈胜自立为将军，吴广为都尉。攻大泽乡，收而攻蕲。蕲下，乃令符离人葛婴将兵徇蕲以东。攻铚、酂、苦、柘、谯，皆下之。行收兵。比至陈，车六七百乘，骑千余，卒

277

数万人。攻陈,陈守令皆不在,独守丞与战谯门中。弗胜,守丞死,乃入据陈。数日,号令召三老、豪杰与皆来会计事。三老、豪杰皆曰:"将军身被坚执锐,伐无道,诛暴秦,复立楚国之社稷,功宜为王。"陈涉乃立为王,号为"张楚"。

当此时,诸郡县苦秦吏者,皆刑其长吏,杀之以应陈涉。乃以吴叔为假王,监诸将以西击荥阳。令陈人武臣、张耳、陈馀徇赵地,令汝阴人邓宗徇九江郡。当此时,楚兵数千人为聚者,不可胜数。

葛婴至东城,立襄彊为楚王。婴后闻陈王已立,因杀襄彊还报。至陈,陈王诛杀葛婴。陈王令魏人周市北徇魏地。吴广围荥阳。李由为三川守,守荥阳,吴叔弗能下。陈王征国之豪杰与计,以上蔡人房君蔡赐为上柱国。

周文,陈之贤人也,尝为项燕军视日,事春申君,自言习兵,陈王与之将军印,西击秦。行收兵至关,车千乘,卒数十万。至戏,军焉。秦令少府章邯免郦山徒、人奴产子生,悉发以击楚大军,尽败之。周文败,走出关,止次曹阳二三月。章邯追败之,复走次渑池十余日。章邯击,大破之。周文自刭,军遂不战。

武臣到邯郸,自立为赵王,陈馀为大将军,张耳、召骚为左右丞相。陈王怒,捕系武臣等家室,欲诛之。柱国曰:"秦未亡而诛赵王将相家属,此生一秦也。不如因而立之。"陈王乃遣使者贺赵,而徙系武臣等家属宫中,而封耳子张敖为成都君,趣赵兵亟入关。赵王将相相与谋曰:"王王赵、非楚意也。楚已诛秦,必加兵于赵。计莫如毋西兵,使使北徇燕地以自广也。赵南据大河,北有燕、代,楚虽胜秦,不敢制赵。若楚不胜秦,必重赵。赵乘秦之弊,可以得志于天下。"赵王以为然,因不西兵,而遣故上谷卒史韩广将兵北徇燕地。

燕故贵人豪杰谓韩广曰:"楚已立王,赵又已立王。燕虽小,亦万乘之国也,愿将军立为燕王。"韩广曰:"广母在赵,不可。"燕人曰:"赵方西忧秦,南忧楚,其力不能禁我。且以楚之强,不敢害赵王将相之家,赵独安敢害将军之家!"韩广以为然,乃自立为燕王。居数月,赵奉燕王母及家属归之燕。

当此之时，诸将之徇地者，不可胜数。周市北徇地至狄，狄人田儋杀狄令，自立为齐王，以齐反，击周市。市军散，还至魏地，欲立魏后故宁陵君咎为魏王。时咎在陈王所，不得之魏。魏地已定，欲相与立周市为魏王，周市不肯。使者五反，陈王乃立宁陵君咎为魏王，遣之国。周市卒为相。

将军田臧等相与谋曰："周章军已破矣，秦兵旦暮至，我围荥阳城弗能下，秦军至，必大败。不如少遗兵，足以守荥阳，悉精兵迎秦军。今假王骄，不知兵权，不可与计，非诛之，事恐败。"因相与矫王令以诛吴叔，献其首于陈王。陈王使使赐田臧楚令尹印，使为上将。田臧乃使诸将李归等守荥阳城，自以精兵西迎秦军于敖仓。与战，田臧死，军破。章邯进兵击李归等荥阳下，破之，李归等死。

阳城人邓说将兵居郏，章邯别将击破之，邓说军散走陈。铚人伍徐将兵居许，章邯击破之，伍徐军皆散走陈。陈王诛邓说。

陈王初立时，陵人秦嘉、铚人董缉、符离人朱鸡石、取虑人郑布、徐人丁疾等皆特起，将兵围东海守庆于郯。陈王闻，乃使武平君畔为将军，监郯下军。秦嘉不受命，嘉自立为大司马，恶属武平君，告军吏曰："武平君年少，不知兵事，勿听！"因矫以王命杀武平君畔。

章邯已破伍徐，击陈，柱国房君死。章邯又进兵击陈西张贺军。陈王出监战，军破，张贺死。

腊月，陈王之汝阴，还至下城父，其御庄贾杀以降秦。陈胜葬砀，谥曰隐王。

陈王故涓人将军吕臣为仓头军，起新阳，攻陈，下之，杀庄贾，复以陈为楚。

初，陈王至陈，令铚人宋留将兵定南阳，入武关。留已徇南阳，闻陈王死，南阳复为秦。宋留不能入武关，乃东至新蔡，遇秦军，宋留以军降秦。秦传留至咸阳，车裂留以徇。

秦嘉等闻陈王军破出走，乃立景驹为楚王，引兵之方与，欲击秦军定陶下。使公孙庆使齐王，欲与并力俱进。齐王曰："闻陈王战败，不知其死生，楚安得不请而立王！"公孙庆曰："齐不请楚而立王，楚何故请齐而立王！且楚首事，当令于天下。"田儋诛杀公孙庆。

秦左右校复攻陈，下之。吕将军走，收兵复聚。鄱盗当阳君黥布之兵相收，复击秦左右校，破之青波，复以陈为楚。会项梁立怀王孙心为楚王。

陈胜王凡六月，已为王，王陈。其故人尝与庸耕者闻之，之陈，扣宫门曰："吾欲见涉。"宫门令欲缚之。自辩数，乃置，不肯为通。陈王出，遮道而呼涉。陈王闻之，乃召见，载与俱归。入宫，见殿屋帷帐，客曰："夥颐！涉之为王沈沈者！"楚人谓多为夥，故天下传之，夥涉为王，由陈涉始。客出入愈益发舒，言陈王故情。或说陈王曰："客愚无知，颛妄言，轻威。"陈王斩之。诸陈王故人皆自引去，由是无亲陈王者。陈王以朱房为中正，胡武为司过，主司群臣。诸将徇地，至，令之不是者，系而罪之，以苛察为忠。其所不善者，弗下吏，辄自治之。陈王信用之。诸将以其故不亲附，此其所以败也。

陈胜虽已死，其所置遣侯王将相竟亡秦，由涉首事也。高祖时为陈涉置守冢三十家砀，至今血食。

褚先生曰：地形险阻，所以为固也；兵革刑法，所以为治也。犹未足恃也。夫先王以仁义为本，而以固塞文法为枝叶，岂不然哉！吾闻贾生之称曰：

秦孝公据崤函之固，拥雍州之地，君臣固守，以窥周室。有席卷天下，包举宇内，囊括四海之意，并吞八荒之心。当是时也，商君佐之，内立法度，务耕织，修守战之备；外连衡而斗诸侯，于是秦人拱手而取西河之外。

孝公既没，惠文王、武王、昭王蒙故业，因遗策，南取汉中，西举巴蜀，东割膏腴之地，收要害之郡。诸侯恐惧，会盟而谋弱秦。不爱珍器重宝肥饶之地，以致天下之士。合从缔交，相与为一。当此之时，齐有孟尝，赵有平原，楚有春申，魏有信陵：此四君者，皆明知而忠信，

13 陈胜、吴广掀开了农民战争的序幕

宽厚而爱人，尊贤而重士。约从连衡，兼韩、魏、燕、赵、宋、卫、中山之众。于是六国之士有宁越、徐尚、苏秦、杜赫之属为之谋，齐明、周最、陈轸、邵滑、楼缓、翟景、苏厉、乐毅之徒通其意，吴起、孙膑、带他、儿良、王廖、田忌、廉颇、赵奢之伦制其兵。尝以什倍之地、百万之师仰关而攻秦。秦人开关而延敌，九国之师遁逃而不敢进。秦无亡矢遗镞之费，而天下固已困矣。于是从散约败，争割地而赂秦。秦有余力而制其弊，追亡逐北，伏尸百万，流血漂橹，因利乘便，宰割天下，分裂山河，强国请服，弱国入朝。

施及孝文王、庄襄王，享国之日浅，国家无事。

及至始皇，奋六世之余烈，振长策而御宇内，吞二周而亡诸侯，履至尊而制六合，执敲扑以鞭笞天下，威振四海。南取百越之地，以为桂林、象郡，百越之君俯首系颈，委命下吏。乃使蒙恬北筑长城而守藩篱，却匈奴七百余里，胡人不敢南下而牧马，士亦不敢贯弓而报怨。于是废先王之道，燔百家之言，以愚黔首。堕名城，杀豪俊，收天下之兵聚之咸阳，销锋镝，铸以为金人十二，以弱天下之民。然后践华为城，因河为池，据亿丈之城，临不测之谿以为固。良将劲弩，守要害之处，信臣精卒，陈利兵而谁何。天下已定，始皇之心，自以为关中之固，金城千里，子孙帝王万世之业也。

始皇既没，余威振于殊俗。然而陈涉瓮牖绳枢之子，氓隶之人，而迁徙之徒也。材能不及中人，非有仲尼、墨翟之贤，陶朱、猗顿之富也。蹑足行伍之间，俯仰仟佰之中，率罢散之卒，将数百之众，转而攻秦。斩木为兵，揭竿为旗，天下云会响应，赢粮而景从，山东豪俊遂并起而亡秦族矣。

且天下非小弱也；雍州之地，殽函之固自若也。陈涉之位，非尊于齐、楚、燕、赵、韩、魏、宋、卫、中山之君也；锄櫌棘矜，非铦于句戟长铩也；谪戍之众，非俦于九国之师也；深谋远虑，行军用兵之道，非及乡时之士也。然而成败异变，功业相反也。尝试使山东之国与陈涉度长絜大，比权量力，则不可同年而语矣。然而秦以区区之地，致万乘

281

跟毛泽东读《史记》

之权，抑八州而朝同列，百有余年矣。然后以六合为家，殽函为宫。一夫作难而七庙堕，身死人手，为天下笑者，何也？仁义不施，而攻守之势异也。

（选自《史记·陈涉世家》）

【品释文】

　　陈胜是阳城人，字涉。吴广是阳夏人，字叔。陈涉年轻时，曾经与人一起被雇佣耕地，陈涉耕作中间到田埂上休息时，怅恨不平了很久，说："如果将来谁富贵了，不要忘记彼此呀。"同伴们都笑话他："你受雇佣给人家耕地，怎么可能富贵呢？"陈涉长叹一声："唉！燕雀哪能知道鸿鹄的凌云志向啊！"

　　秦二世元年七月，遣送住在里巷左边的壮丁到渔阳去守边，同行的有九百人，中途停驻在大泽乡。陈胜、吴广都轮到去服役，还充当屯长。正值下大雨，道路不通，他们估计着肯定不能按时赶到渔阳了。误期，按照秦法，都要被斩首。陈胜、吴广就商量说："现在我们逃跑被抓回来肯定是死，我们如果造反失败也就是个死，一样是死，可以为国事而死吗？"陈胜说："老百姓很久以来就苦于秦朝暴政。我听说秦二世是秦帝的小儿子，不该当皇帝，应该当皇帝的是公子扶苏。扶苏因为多次进谏，秦帝派他到外面去带兵守边。我听说他没有罪过，二世杀害了他。老百姓们大都只听说扶苏贤明，还不知道他已经死了。项燕是楚国的名将，曾多次立过战功，并且关心士卒，楚国人都很爱戴他。现在有人认为他死了，有人认为他只是逃亡躲起来了。现在假如我们这支队伍冒充是公子扶苏和项燕的队伍，带头造反，应该会有很多响应我们的人。"吴广觉得有理。

　　陈涉和吴广还有些犹豫，便去找人占卜。占卜者猜出了他们的心思，就说："你们的事情都能办成，会大有成效。但你们为什么

13 陈胜、吴广掀开了农民战争的序幕

不再去找鬼神占卜一下呢?"陈胜、吴广心里高兴,心里琢磨着"找鬼神占卜"是什么意思,然后醒悟道:"这是教我们借助鬼神来提高威信。"于是在一条白绸上写了"陈胜王"三个红字,偷偷塞进捕鱼人捕到的一条鱼的肚子里。戍卒们买鱼做来吃,发现了鱼肚子里的字条,本来已经觉得很奇怪了。陈胜又让吴广偷偷地到营地旁边林中的野庙里,夜里点起火,学狐狸叫声一样呼叫"大楚兴,陈胜王",戍卒们夜里都被吓坏了。第二天早晨,戍卒们交头接耳地议论,都指指点点地瞟着陈胜。

吴广向来爱护士卒,因此戍卒们都愿意为他效力。一天,押送戍卒的两个尉官喝醉了,吴广就故意当着他们的面一再扬言将要逃跑,以激怒尉官,让他们责辱自己,以便激起戍卒的义愤。尉官果然鞭打吴广。尉官腰间的佩剑甩脱出来,吴广一跃而起,抓过宝剑杀死了那个尉官。陈胜在一旁帮忙,把另一个尉官也杀掉了。他们随即把戍卒们召集起来说:"各位遇上大雨,无论如何也不能按时赶到渔阳了,而误期依法是要杀头的。即使不被杀头,十个人里面有六七个也会守边而死。大丈夫不拼死一搏也就罢了,如果要拼死一搏那就要让自己称王称侯,那些当王侯当将相的难道都是天生的贵种吗!"戍卒们都附和说:"愿意听从您的指挥。"于是他们就冒充公子扶苏、项燕,来顺从百姓的心愿。他们露出右臂,自己号称"大楚",又搭起台子结盟誓师,用那两个尉官的头来祭祀战神。陈胜自己做将军,吴广做都尉。他们先攻下了大泽乡,紧接着又带领大泽乡的人去进攻蕲县。蕲县攻下之后,就派符离人葛婴带兵去夺取蕲县以东的地方。陈胜自己和吴广则率军西进击攻打铚、酂、苦、柘、谯,都攻了下来。他们一路上收编军队,等到了陈郡城郊时,已经有了兵车六七百辆,骑兵一千多人,步兵好几万人。于是他们进攻陈郡,当时郡守和县令都不在城中,只有郡丞在城门下应战。义军一时不能战胜,不久郡丞被人杀死,这才占据了陈郡。过了几天,陈胜下令召集郡中各县的三老、豪杰都来集会议

事。三老、豪杰们都说："将军您身披铠甲，手执利刃，为民众讨伐无道的秦帝，进攻残暴的秦朝，重新建立了楚国的政权，论功应当称王。"于是陈胜就自立为王，国号"张楚"。

这时，各郡县痛恨秦朝官吏的百姓们，都纷纷杀掉他们的长官响应陈涉。于是陈涉就派吴广代行王事，率领诸位将领西攻荥阳。派陈郡人武臣、张耳、陈馀等人到赵国一带掠取地盘，派汝阴人邓宗到九江郡掠取地盘。当时楚地几千人一伙的起义军多得不可胜数。

葛婴到达东城后，拥立襄彊做了楚王。后来他听说陈胜自己称了王，于是杀了襄彊，回去汇报。葛婴到陈后，陈王把他杀死。陈王又派魏人周市北上魏地开辟地盘。吴广这时已经率军包围了荥阳。三川郡的郡守是李由，守卫荥阳，吴广没能攻下。陈王召集陈国的豪杰们一起商议对策，任用上蔡人房君蔡赐做上柱国。

周文是陈郡的贤人，曾经在项燕军中占候时日吉凶，又事奉过春申君，自荐熟知用兵之道，于是陈王就任命他为将军，率军向西进攻秦国。周文一路上招收兵马，到达函谷关时，已有兵车千乘，步卒几十万。他们一直打到戏亭，驻扎下来。秦王朝派少府章邯赦免在骊山的苦役犯以及秦人家奴所生的孩子，把他们全部编成一支军队迎击张楚大军，大败张楚军。周文失败后，东逃出关，到曹阳休整了两三个月。章邯追过来又打败了他，周文继续东退，至渑池驻军十多天。章邯再次追击，打得张楚军落花流水。周文自刎，张楚军溃散。

武臣到达邯郸后，自立为赵王，任命陈馀为大将军，张耳、召骚为左右丞相。陈王听说之后大怒，逮捕了武臣等人的家小，想要全部杀掉。这时上柱国蔡赐劝说道："秦现在还没灭亡，您就诛杀武臣等人的家小，这就如同又生出一个和您作对的秦王朝。不如顺水推舟地正式封他为王。"陈王便派使者去向赵王表示祝贺，而把赵王武臣等人的家小扣留在陈王宫里，封张耳的儿子张敖为成都

13 陈胜、吴广掀开了农民战争的序幕

君，催促赵王赶紧率军西进函谷关。赵王的将相们一起商议说："您在赵地称王，不是陈王的意思。陈王灭秦之后，肯定会派兵来打我们。为我们赵国考虑，不如不率军西进，而是派人向北开辟燕国之地来扩大我们自己的地盘。如果我们南面有黄河作屏障，北面有燕、代的广大地区，那么陈王就是战胜了秦王朝，也节制不了我们。如果陈王不能战胜秦王朝，那他就一定更得借重我们。到那时，赵趁着秦的疲惫，就可以号令天下。"赵王觉得有理，于是就不向西出兵，而是派原来上谷郡的卒史韩广带兵向北开辟燕国地盘。

韩广到达燕地后，燕国的旧贵族和豪杰们对韩广说："楚国已经立了王，赵国又立了王。燕国虽小，也曾经是一个具有万辆兵车的国家，希望将军自立为燕王。"韩广说："我的母亲还在赵国，不行。"燕国人说："赵国眼下既怕西面的秦，又怕南面的楚，他们的力量不足以阻止我们自立。况且凭借楚国的强大，还不敢杀害赵王将相的家小，赵国就敢杀害将军的家小吗！"韩广认为有道理，于是就自立为燕王。过了几个月，赵王派人把燕王的母亲和其他家眷护送到了燕国。

这时候，到处掠取地盘的将领不计其数。周市率军北进到达狄县后，狄人田儋杀了狄县县令，自立为齐王，率齐军反击周市。周市的军队溃散，退回到了魏地，周市想拥立魏国后裔原甯陵君魏咎做魏王。当时魏咎在陈王那里，来不了魏地。魏地平定后，大家想拥立周市为王，周市不肯。使者往返了五次，陈王才勉强同意立甯陵君魏咎为魏王，放他到魏地去。周市后来做了魏王的丞相。

吴广部下的田臧等人私下商议说："周文的军队已经被打败了，秦军早晚都会到达。我们围攻荥阳攻不下来，秦军一到，我们肯定大败。现在不如只留下少部分兵力，能围住荥阳就行了，而集中全部精锐部队去迎击秦军。如今假王骄傲跋扈，根本不懂得用兵，不能和他商量，不杀他，我们的计划恐怕就要失败。"于是他

跟毛泽东读《史记》

们假传陈王的命令杀掉了吴广，把他的人头送到了陈王那里。陈王只得派人赐给田臧楚国令尹的印信，封他为上将。田臧就留下将军李归等人围攻荥阳城，自己率领精锐部队向西迎击秦军于敖仓。两军交战，田臧战死，军队也被击溃。章邯进军到荥阳城下，攻击李归等，李归的军队也被打败了，李归等人战死。

阳城人邓说领兵驻扎在郏县，章邯派部将将他击败，邓说的军队败散逃回了陈郡。铚县人伍徐领兵驻扎在许昌，被章邯率军击败，伍徐的军队也败散逃回了陈郡。陈王杀了邓说。

陈涉刚刚称王时，陵县人秦嘉、铚县人董缌、符离人朱鸡石、取虑人郑布、徐县人丁疾等都各自拉起一支队伍起义，他们一同带兵把东海太守庆包围在郯县。陈王听说后，就派武平君畔为将军，去统领包围郯县的各路军队。秦嘉不接受陈王的命令，自封为大司马，他也不愿意归武平君统领，对手下军官说："武平君年轻，不懂军事，不要听他的！"接着又假传陈王的命令把武平君畔杀了。

章邯击败伍徐军后，进兵攻击陈郡，上柱国房君战死。章邯又进击驻扎在陈郡西郊的张贺军。陈王亲临前线督战，但张贺军也被章邯打败，张贺战死。

腊月，陈王退走汝阴，又折回到了下城父，他的车夫庄贾杀死他投降了秦朝。陈胜死后，埋在砀县，后人谥其为"隐王"。

从陈王侍从升为将军的吕臣又带着一支头裹皂巾的队伍，在新阳起义，他们一举攻下了陈郡，杀死了庄贾，又以陈郡为根据地继续号称楚国。

当初，陈王的军队刚到陈郡时，派遣铚县人宋留率兵攻打南阳，从南阳西入武关。宋留占领南阳后，陈王被杀的消息传来，南阳又叛归了秦朝。宋留不可能再入武关，只好向东退到了新蔡，在新蔡与秦军主力相遇，宋留率军投降了秦军。秦将把宋留用传车解送到了咸阳，在咸阳车裂示众。

围攻郯县的秦嘉听说陈王被打败从陈郡出逃，就拥立景驹为楚

13 陈胜、吴广掀开了农民战争的序幕

王,率军到了方与,准备在定陶与秦军决战。他派公孙庆去见齐王,想联合齐王共同攻秦。齐王说:"听说陈王战败,生死不明,楚怎么能不请示我就立景驹为王呢!"公孙庆说:"齐没有向楚请示就称了王,楚立王为什么要向齐请示!而且楚国率先起事,本来就应该号令天下!"田儋大怒,杀了公孙庆。

秦军派左右校尉再次攻打陈郡,攻了下来。吕将军逃出陈郡,收拾残兵。与鄱阳大盗当阳君黥布合兵一处,重新北上进攻秦朝的左右校尉,在青波县把他们打得大败,陈郡再次回到楚人手里。这时项梁已经拥立楚怀王孙子熊心做了楚王。

陈胜称王共六个月,刚称王时建都陈郡。一位过去一起受雇耕地的同伴听说了,来到陈郡,敲着宫门说:"我要见陈涉。"守门令要把他绑起来。这人说自己是陈涉的旧友,守门令才饶了他,但不给他通报。等到陈王出来,这人过去拦车大声呼喊陈涉。陈王听见了,停车叫他过来相见,让他上车一同回到宫里。一进宫,看到宫里的殿堂陈设,这人就惊讶地叫道:"夥颐!陈涉你做了王可真够阔啊!"楚地方言称"多"为"夥",后人之所以把那些草头王称为"夥涉为王",就是从陈涉开始的。这人在宫里宫外越来越放肆,有时还讲一些陈王过去不体面的事。于是有人劝陈王说:"您的那位客人愚昧无知,专门胡言乱语,会降低您的威信。"陈王于是下令把他杀掉了。陈王的其他老朋友们也都悄悄地离去,从此没有再来亲近陈王的。陈王用朱房做中正官,用胡武为司过官,专管探听大臣们的过失。将领们出去开疆拓土回来,谁要是不听朱房胡武的命令,他们就把谁关起来治罪,以对别人的吹毛求疵来向陈王表示忠心。凡是他们不喜欢的人,他们根本不通过司法官吏,而是自己随意治罪,可陈王偏偏信用这种人。各位将领们也因此与陈王越来越疏远,这就是陈王失败的原因。

陈王虽然已经死了,但是由他分封、派遣出去的侯王将相最终灭掉了秦朝,而陈涉是首先发难者。汉高祖即位后,专门派了三十

户人家在砀地为陈涉守墓,一直到今天祭祀不断。

褚先生说:险要阻塞的地形,是用来固守国土的;武器和法规制度,是用来治理国家的。但这些还不足以倚仗。古代的圣王以仁义为立国的根本,而把险要的地形和法规制度视为辅佐的枝叶,难道不是这样吗!我听贾谊先生说:

秦孝公凭借崤山、函谷关的坚固要塞,占有古雍州的整个地盘,君臣合力在牢守本土的基础上,向东窥视着周王室。他们有席卷天下,包举宇内、囊括四海的意图,吞并全部天下的心思。在这个时候,商鞅辅佐秦孝公,在内部建立新的法度,奖励耕织,做好了防守与进攻的准备;对外实行连衡政策让东方诸侯国互相争斗,于是秦国毫不费力地夺取了黄河西岸的土地。

秦孝公死后,他的儿子、孙子惠文王、武王、昭王继承孝公的事业,采用孝公的既定政策,向南夺取了汉中,向西夺得了巴、蜀二郡,向东夺取了大片肥沃之地,占有了一些要害的郡县。东方各诸侯害了怕,聚会订盟谋划削弱秦国。于是他们不吝惜奇珍异宝与肥沃领地,来招揽各地的人才。他们合纵结盟,连成一个整体。在这个时候,齐国有孟尝君,赵国有平原君,楚国有春申君,魏国有信陵君:这四位都明智忠信,宽厚爱人,尊贤重士。他们建立了东方各国的合纵联盟,瓦解了秦的连横政策,使韩、魏、燕、赵、宋、卫、中山诸国都联合起来。这时的东方六国之士中,有甯越、徐尚、苏秦、杜赫一类的人为联合抗秦出谋划策,有齐明、周冣、陈轸、邵滑、楼缓、翟景、苏厉、乐毅一类的人为诸国互通声息,有吴起、孙膑、带他、倪良、王廖、田忌、廉颇、赵奢一类的人统兵作战。他们曾凭着十倍于秦国的地盘、百万的军队,西上函谷关进攻秦国。秦国从容地打开关门让他们西进,而东方的九国联军却退军逃跑不敢进去。秦兵没费一根箭杆、一个箭头,而东

13 陈胜、吴广掀开了农民战争的序幕

方各诸侯国却已经疲惫不堪了。于是东方诸侯的合纵联盟土崩瓦解，各国重又争先恐后地割让地盘讨好秦国。而秦国则还有余力攻击东方的疲惫，追击败逃的部队，打得东方诸侯横尸百万，血流成河几乎可以漂起盾牌，趁着这种便利形势，主宰天下，控制各国，使得较强的国家请求服从，小国弱国的国君入秦朝拜。

接着孝文王、庄襄王两代，都因为在位的时间太短，国家没有什么动作。

待至始皇即位，在以往六代国君奠定的基础上奋发而起，挥动长鞭来驾驭天下，吞并了东、西二周灭亡了各国诸侯，登上皇帝宝座统治天下，手执棍棒以严刑峻法治理国家，威力震慑四海。他向南征服百越之地，在那里设置了桂林、象郡，使百越的君主低下头、脖子上系着绳子请降，归命秦吏。他命蒙恬北筑长城，镇守边关，把匈奴人打得向北退却了七百多里，使匈奴人再也不敢南下靠近汉朝的边塞牧马，再也不敢挽弓搭箭地前来寻衅报仇。于是秦始皇便废弃古代圣贤的治国之道，焚毁百家之言，以此来愚弄百姓。他们铲平东方的名都大城，残杀豪杰名士，把天下的武器都收集到咸阳，把那些矛头箭镞通通熔化，铸成了十二个大金人，为的是削弱天下的黎民百姓，让他们没办法造反。然后秦朝则以华山作为它东面的城墙，以黄河作为它东面的护城河，据守高耸入云的大城，下临深不见底的沟溪作为固守的险要关塞。精明强干的将军、强劲精良的弓弩武器镇守住要害之处，忠诚的大臣、精锐的士兵们拿着锋利的武器盘查行人。待一切安排完毕，天下安定下来，秦始皇自认为关中地区的巩固，就如同千里的铜墙铁壁，他的子子孙孙可以享有万世无穷的帝王之业了。

秦始皇死后，他的余威还震撼着异邦异域。但是陈涉不过是个穷人的儿子，一个农民，还是个被征发的戍卒。论才能他

算不上中等，没有孔丘、墨翟那样贤良，也没有范蠡、猗顿那样富有。他身处戍卒队伍，是成百上千的士兵中的一员，率领着散乱无章的几百名乌合之众，掉转矛头攻打秦王朝。他们砍削木棒做武器，举起竹竿当旗子，结果天下风起云涌响应他，人们都自带粮食投奔他，东方各地的豪杰于是同时起兵灭掉了秦王朝。

统一了天下的秦王朝，不是比以前的秦国更小更弱啊；雍州的地盘，崤山、函谷关的险要还是和过去一样啊。陈涉的地位，不比当年齐、楚、燕、赵、韩、魏、宋、卫、中山的君主更尊贵啊；陈涉军队所持的锄把木棒，不比当年东方士兵所用的勾戟长矛更锋利啊；被征发遣送的民夫苦役，没法和东方九国训练有素的军队相比啊；深谋远虑、行兵布阵的才能，陈涉的军官也远远比不上当时东方的军事家啊。然而成败结局、所建立的功业却恰恰相反。如果用当年东方诸国的条件来和陈涉比量长短高低，其差别不可同年而语。但秦国当年就凭着小小的雍州之地，发展成为一个具有万辆兵车的大国，控制了东方各国，让其他诸侯臣服于秦，前后有一百多年。然后又以天下为家，把崤山、函谷关以内的关中做了宫室。然而陈涉这么一介匹夫举兵发难，秦朝的宗庙被铲平，秦朝的帝王被杀死、被天下人所嘲笑，这是什么原因呢？这是由于秦王朝不施行仁义，不懂得打天下与守天下的方针、战略不同。

14　做人不可沽名学霸王

毛泽东读批《史记·项羽本纪》

【读原文】

　　楚霸王项羽在中国是一个有名的英雄，他在没有办法的时候自杀，这比汪精卫、张国焘好得多。但项羽尚有一个缺点，从前有一个人在他自杀的地方作了一首诗，问他为什么要自杀，可以到江东去再召八千兵来打天下。我们不学汪精卫、张国焘，要学项羽的英雄气节，但不自杀，要干到底。

——1939年4月8日，毛泽东在延安抗大上的讲话（见陈晋：《毛泽东的文化性格》，中国青年出版社1991年版，第240页）

宜将剩勇追穷寇，不可沽名学霸王。

——1949年4月，毛泽东所写《七律·人民解放军占领南京》（见《毛泽东诗词集》，中央文献出版社1996年版，第74页）

【品解析】

　　毛泽东对项羽作过多次评价，有时单独评价，有时与刘邦一起评价。当与刘邦放在一起评价时，则是从刘邦的对立面出发，作为失败者总结其教训的。项羽作战英勇，史有定论，毛泽东对此并不否认；但项羽刚愎自用，不肯纳谏，徒爱虚名，终致失败。

　　毛泽东重视以项羽失败的教训教育各领导干部。1963年1月3日，他批示将《史记》中的《项羽本纪》"送各同志阅"。后来，毛泽东在一次谈话中，说到项羽有三个错误：一个是鸿门宴不听范增的话，放跑了刘邦；一个是楚汉订立了鸿沟协定，项羽认真了，而刘邦却不以为意，不久就违反协定东进攻楚；再一个就是他建都徐州，位置没有选好。

　　在毛泽东看来，项羽除了在战略上发生一些失误外，最重要的教训是"不爱听别人的不同意见"，即不能知人、用人，不肯纳谏，不听谋士范增的意见，本应在鸿门宴上杀掉刘邦，却反而放跑了他，本应该乘胜夺取汉甬道，反而放弃了它。

　　司马迁在《史记·淮阴侯列传》中谈项羽有"妇人之仁"。

　　《史记·项羽本纪》中也多有记叙。在毛泽东看来，"沽名"就是项羽主观上的一个明显弱点，也是他失败的一个原因。当他率军经过苦战，击败秦军主力入关后，与先到的刘邦部队发生冲突。可项羽"为人不忍"，为避免负"不义"之名，没有以40万对10万的军事优势去消灭刘邦，甚至在鸿门宴上莫名其妙地阻止了部下诛杀刘邦之举。项羽的缺点还表现在对汉人的姑息宽容。在楚汉战争最激烈的时期，两军在荥阳相持，本来楚军已经打断了刘邦的粮道，刘邦害怕了，便请求休战，以让出荥阳来换取项羽承认荥阳以西为汉的领土，项羽竟准备同意。大臣范增坚决反对。他说，现在已经接近了灭汉的胜利，今天如果放弃不取，日后必定悔之无及。楚军于是重新围攻荥阳。刘邦遂用反间计使项羽对范增产生怀疑，范增被迫辞职，疽发背而死。后来，战事几经反复，楚军逐渐失去了优势，"项王乃与汉约，中分天下，割鸿沟以西者为汉，鸿沟以东者为楚"。合约签订后，项羽就解除了戒备，引兵回到了东边，可刘邦却背约出击，打了过来，终于在垓下，彻底击败了项羽。

1949年4月，国民党南京政府的和谈代表曾经向共产党提出划江分治的要求，维持类似历史上南北朝时期的政治局面。当时的苏共领导人斯大林，也反对人民解放军打过长江，建议划江分治。但是，以毛泽东为代表的中国共产党人，吸取了历史上项羽的教训，也从希腊寓言《农夫和蛇》中得到启迪，打过了长江，解放全中国。1949年4月，人民解放军占领南京后，毛泽东挥笔写成一首七律。其中，"宜将剩勇追穷寇，不可沽名学霸王"一句吟成，显然是对项羽事迹有着深沉的历史思考。

项羽的"沽名"还表现在一些善良的愿望上。司马迁在《史记·项羽本纪》中记述："楚汉久相持未决，丁壮苦军旅，老弱罢转漕。项王谓汉王曰：'天下匈匈数岁者，徒以吾两人耳，愿与汉王挑战决雌雄。毋徒苦天下之民父子为也。'"楚汉相争，连年不决，天下愁苦疲敝，项羽不忍"天下匈匈数岁"，"徒苦天下之民父子"，产生了销兵歇战的愿望。因不能承受不良政治影响的压力而决策失误，对此，毛泽东也作了总结："惧怕一时不良的政治影响，就要以长期的不良影响做代价。"（见《中国革命战争的战略问题》）毛泽东一向主张把战争分为正义的和不正义的两种，并认为应该用正义的战争去消灭非正义的战争，以战争求得和平。

毛泽东对项羽这个失败人物也是有肯定的，那就是项羽临终时的个性风采。项羽败走乌江时，以"与江东八千子弟渡江而西，今天一人还"为由，觉得无颜面见江东父老，"乃自刎而死"。对项羽的这种选择，毛泽东并不赞同，但认为他有"羞耻心"，并以此来讽刺蒋介石。1948年10月31日，毛泽东为新华社写的述评《评蒋傅军梦想偷袭石家庄》中写道："蒋介石最近时期是住在北平，在两个星期内，由他经手送掉了范汉杰、郑洞国、廖耀湘三支大军。他的任务已经完毕，他在北平已经无事可做，昨日业已溜回南京。蒋介石不是项羽，并无'无面目见江东父老'那种羞耻心理。他还想活下去，还想弄一点花样去刺激一下已经离散的军心和人心。亏他挖空心思，想出了偷袭石家庄这样一条妙计。"毛泽东的讽刺可谓辛辣绝妙、酣畅淋漓。

当然，对项羽在悲剧结局时表现出的个性风采，或者说他的气节，古人也有过赞赏，宋代女诗人李清照就写过一首著名的五绝："生当作人杰，死亦为鬼雄。至今思项羽，不肯过江东。"

"不可沽名学霸王"，这既是毛泽东对项羽所作的科学评价，也是这位伟人对党员干部和革命人民的宝贵教诲。

【读《史记》】

项籍者，下相人也，字羽。初起时，年二十四。其季父项梁，梁父即楚将项燕，为秦将王翦所戮者也。项氏世世为楚将，封于项，故姓项氏。

项籍少时，学书不成，去；学剑，又不成。项梁怒之。籍曰："书足以记名姓而已。剑一人敌，不足学，学万人敌。"于是项梁乃教籍兵法，籍大喜，略知其意，又不肯竟学。项梁尝有栎阳逮，乃请蕲狱掾曹咎书抵栎阳狱掾司马欣，以故事得已。项梁杀人，与籍避仇于吴中。吴中贤士大夫皆出项梁下。每吴中有大繇役及丧，项梁常为主办，阴以兵法部勒宾客及子弟，以是知其能。秦始皇帝游会稽，渡浙江，梁与籍俱观。籍曰："彼可取而代也。"梁掩其口，曰："毋妄言，族矣！"梁以此奇籍。籍长八尺余，力能扛鼎，才气过人，虽吴中子弟皆已惮籍矣。

秦二世元年七月，陈涉等起大泽中。其九月，会稽守通谓梁曰："江西皆反，此亦大亡秦之时也。吾闻先即制人，后则为人所制。吾欲发兵，使公及桓楚将。"是时桓楚亡在泽中。梁曰："桓楚亡，人莫知其处，独籍知之耳。"梁乃出，诫籍持剑居外待。梁复入，与守坐，

14 做人不可沽名学霸王

曰："请召籍，使受命召桓楚。"守曰："诺。"梁召籍入。须臾，梁眴籍曰："可行矣！"于是籍遂拔剑斩守头。项梁持守头，佩其印绶。门下大惊，扰乱，籍所击杀数十百人。一府中皆慑伏，莫敢起。梁乃召故所知豪吏，谕以所为起大事，遂举吴中兵，使人收下县，得精兵八千人。梁部署吴中豪杰为校尉、候、司马。有一人不得用，自言于梁。梁曰："前时某丧使公主某事，不能办，以此不任用公。"众乃皆伏。于是梁为会稽守，籍为裨将，徇下县。

广陵人召平于是为陈王徇广陵，未能下。闻陈王败走，秦兵又且至，乃渡江矫陈王命，拜梁为楚王上柱国。曰："江东已定，急引兵西击秦。"项梁乃以八千人渡江而西。闻陈婴已下东阳，使使欲与连和俱西。陈婴者，故东阳令史，居县中，素信谨，称为长者。东阳少年杀其令，相聚数千人，欲置长，无适用，乃请陈婴。婴谢不能，遂强立婴为长，县中从者得二万人。少年欲立婴便为王，异军苍头特起。陈婴母谓婴曰："自我为汝家妇，未尝闻汝先古之有贵者。今暴得大名，不祥。不如有所属，事成犹得封侯，事败易以亡，非世所指名也。"婴乃不敢为王。谓其军吏曰："项氏世世将家，有名于楚。今欲举大事，将非其人不可。我倚名族，亡秦必矣。"于是众从其言，以兵属项梁。项梁渡淮，黥布、蒲将军亦以兵属焉。凡六七万人，军下邳。

当是时，秦嘉已立景驹为楚王，军彭城东，欲距项梁。项梁谓军吏曰："陈王先首事，战不利，未闻所在。今秦嘉倍陈王而立景驹，逆无道。"乃进兵击秦嘉。秦嘉军败走，追之至胡陵。嘉还战一日，嘉死，军降。景驹走死梁地。项梁已并秦嘉军，军胡陵，将引军而西。章邯军至栗，项梁使别将朱鸡石、馀樊君与战。馀樊君死。朱鸡石军败，亡走胡陵。项梁乃引兵入薛，诛鸡石。项梁前使项羽别攻襄城，襄城坚守不下。已拔，皆坑之。还报项梁。项梁闻陈王定死，召诸别将会薛计事。此时沛公亦起沛，往焉。

居鄛人范增，年七十，素居家，好奇计，往说项梁曰："陈胜败固当。夫秦灭六国，楚最无罪。自怀王入秦不反，楚人怜之至今，故楚南

295

跟毛泽东读《史记》

公曰'楚虽三户，亡秦必楚'也。今陈胜首事，不立楚后而自立，其势不长。今君起江东，楚蜂午之将皆争附君者，以君世世楚将，为能复立楚之后也。"于是项梁然其言，乃求楚怀王孙心民间，为人牧羊，立以为楚怀王，从民所望也。陈婴为楚上柱国，封五县，与怀王都盱台。项梁自号为武信君。

居数月，引兵攻亢父，与齐田荣、司马龙且军救东阿，大破秦军于东阿。田荣即引兵归，逐其王假。假亡走楚。假相田角亡走赵。角弟田间故齐将，居赵不敢归。田荣立田儋子市为齐王。项梁已破东阿下军，遂追秦军。数使使趣齐兵，欲与俱西。田荣曰："楚杀田假，赵杀田角、田间，乃发兵。"项梁曰："田假为与国之王，穷来从我，不忍杀之。"赵亦不杀田角、田间以市于齐。齐遂不肯发兵助楚。项梁使沛公及项羽别攻城阳，屠之。西破秦军濮阳东，秦兵收入濮阳。沛公、项羽乃攻定陶。定陶未下，去，西略地至雍丘，大破秦军，斩李由。还攻外黄，外黄未下。

项梁起东阿西，比至定陶，再破秦军，项羽等又斩李由，益轻秦，有骄色。宋义乃谏项梁曰："战胜而将骄卒惰者败，今卒少惰矣，秦兵日益，臣为君畏之。"项梁弗听。乃使宋义使于齐。道遇齐使者高陵君显，曰："公将见武信君乎？"曰："然。"曰："臣论武信君军必败。公徐行即免死，疾行则及祸。"秦果悉起兵益章邯，击楚军，大破之定陶，项梁死。沛公、项羽去外黄攻陈留，陈留坚守，不能下。沛公、项羽相与谋曰："今项梁军破，士卒恐。"乃与吕臣军俱引兵而东。吕臣军彭城东，项羽军彭城西，沛公军砀。

章邯已破项梁军，则以为楚地兵不足忧，乃渡河击赵，大破之。当此时，赵歇为王，陈馀为将，张耳为相，皆走入钜鹿城。章邯令王离、涉间围钜鹿，章邯军其南，筑甬道而输之粟。陈馀为将，将卒数万人而军钜鹿之北，此所谓河北之军也。

楚兵已破于定陶，怀王恐，从盱台之彭城，并项羽、吕臣军自将之。以吕臣为司徒，以其父吕青为令尹。以沛公为砀郡长，封为武安

14 做人不可沽名学霸王

侯，将砀郡兵。

初，宋义所遇齐使者高陵君显在楚军，见楚王曰："宋义论武信君之军必败，居数日，军果败。兵未战而先见败征，此可谓知兵矣。"王召宋义与计事而大说之，因置以为上将军；项羽为鲁公，为次将；范增为末将，救赵。诸别将皆属宋义，号为卿子冠军。行至安阳，留四十六日不进。项羽曰："吾闻秦军围赵王钜鹿，疾引兵渡河，楚击其外，赵应其内，破秦军必矣。"宋义曰："不然。夫搏牛之虻不可以破虮虱。今秦攻赵，战胜则兵罢，我承其敝；不胜，则我引兵鼓行而西，必举秦矣。故不如先斗秦赵。夫被坚执锐，义不如公；坐而运策，公不如义。"因下令军中曰："猛如虎，狠如羊，贪如狼，强不可使者，皆斩之。"乃遣其子宋襄相齐，身送之至无盐，饮酒高会。天寒大雨，士卒冻饥。项羽曰："将勠力而攻秦，久留不行。今岁饥民贫，士卒食芋菽，军无见粮，乃饮酒高会，不引兵渡河因赵食，与赵并力攻秦，乃曰'承其敝'。夫以秦之强，攻新造之赵，其势必举赵。赵举而秦强，何敝之承！且国兵新破，王坐不安席，扫境内而专属于将军，国家安危，在此一举。今不恤士卒而徇其私，非社稷之臣。"项羽晨朝上将军宋义，即其帐中斩宋义头，出令军中曰："宋义与齐谋反楚，楚王阴令羽诛之。"当是时，诸将皆慑服，莫敢枝梧。皆曰："首立楚者，将军家也。今将军诛乱。"乃相与共立羽为假上将军。使人追宋义子，及之齐，杀之。使桓楚报命于怀王。怀王因使项羽为上将军，当阳君、蒲将军皆属项羽。

项羽已杀卿子冠军，威震楚国，名闻诸侯。乃遣当阳君、蒲将军将卒二万渡河，救钜鹿。战少利，陈馀复请兵。项羽乃悉引兵渡河，皆沉船，破釜甑，烧庐舍，持三日粮，以示士卒必死，无一还心。于是至则围王离，与秦军遇，九战，绝其甬道，大破之、杀苏角，虏王离。涉间不降楚，自烧杀。当是时，楚兵冠诸侯。诸侯军救钜鹿下者十余壁，莫敢纵兵。及楚击秦，诸侯皆从壁上观。楚战士无不一以当十，楚兵呼声动天，诸侯军无不人人慑恐。于是已破秦军，项羽召见诸侯将，入辕

跟毛泽东读《史记》

门，无不膝行而前，莫敢仰视。项羽由是始为诸侯上将军，诸侯皆属焉。

章邯军棘原，项羽军漳南，相持未战。秦军数却，二世使人让章邯。章邯恐，使长史欣请事。至咸阳，留司马门三日，赵高不见，有不信之心。长史欣恐，还走其军，不敢出故道，赵高果使人追之，不及。欣至军，报曰："赵高用事于中，下无可为者。今战能胜，高必疾妒吾功；战不能胜，不免于死。愿将军孰计之。"陈馀亦遗章邯书曰："白起为秦将，南征鄢、郢，北坑马服，攻城略地，不可胜计，而竟赐死。蒙恬为秦将，北逐戎人，开榆中地数千里，竟斩阳周。何者？功多，秦不能尽封，因以法诛之。今将军为秦将三岁矣，所亡失以十万数，而诸侯并起滋益多。彼赵高素谀日久，今事急，亦恐二世诛之，故欲以法诛将军以塞责。使人更代将军以脱其祸。夫将军居外久，多内郤，有功亦诛，无功亦诛。且天之亡秦，无愚智皆知之。今将军内不能直谏，外为亡国将，孤特独立而欲常存，岂不哀哉！将军何不还兵与诸侯为从，约共攻秦，分王其地，南面称孤；此孰与身伏铁质，妻子为僇乎？"章邯狐疑，阴使候始成使项羽，欲约。约未成，项羽使蒲将军日夜引兵度三户，军漳南，与秦战，再破之。项羽悉引兵击秦军汙水上，大破之。

章邯使人见项羽，欲约。项羽召军吏谋曰："粮少，欲听其约。"军吏皆曰："善。"项羽乃与期洹水南殷虚上。已盟，章邯见项羽而流涕，为言赵高。项羽乃立章邯为雍王，置楚军中。使长史欣为上将军，将秦军为前行。

到新安。诸侯吏卒异时故繇使屯戍过秦中，秦中吏卒遇之多无状，及秦军降诸侯，诸侯吏卒乘胜多奴虏使之，轻折辱秦吏卒。秦吏卒多窃言曰："章将军等诈吾属降诸侯，今能入关破秦，大善；即不能，诸侯虏吾属而东，秦必尽诛吾父母妻子。"诸将微闻其计，以告项羽。项羽乃召黥布、蒲将军计曰："秦吏卒尚众，其心不服，至关中不听，事必危，不如击杀之，而独与章邯、长史欣、都尉翳入秦。"于是楚军夜击坑秦卒二十余万人新安城南。

14 做人不可沽名学霸王

　　行略定秦地。函谷关有兵守关，不得入。又闻沛公已破咸阳，项羽大怒，使当阳君等击关。项羽遂入，至于戏西。沛公军霸上，未得与项羽相见。沛公左司马曹无伤使人言于项羽曰："沛公欲王关中，使子婴为相，珍宝尽有之。"项羽大怒，曰："旦日飨士卒，为击破沛公军！"当是时，项羽兵四十万，在新丰鸿门，沛公兵十万，在霸上。范增说项羽曰："沛公居山东时，贪于财货，好美姬。今入关，财物无所取，妇女无所幸，此其志不在小。吾令人望其气，皆为龙虎，成五采，此天子气也。急击勿失。"

　　楚左尹项伯者，项羽季父也，素善留侯张良。张良是时从沛公，项伯乃夜驰之沛公军，私见张良，具告以事，欲呼张良与俱去。曰："毋从俱死也。"张良曰："臣为韩王送沛公，沛公今事有急，亡去不义，不可不语。"良乃入，具告沛公。沛公大惊，曰："为之奈何。"张良曰："谁为大王为此计者？"曰："鲰生说我曰'距关，毋内诸侯，秦地可尽王也'。故听之。"良曰："料大王士卒足以当项王乎？"沛公默然，曰："固不如也，且为之奈何？"张良曰："请往谓项伯，言沛公不敢背项王也。"沛公曰："君安与项伯有故？"张良曰："秦时与臣游，项伯杀人，臣活之。今事有急，故幸来告良。"沛公曰："孰与君少长？"良曰："长于臣。"沛公曰："君为我呼入，吾得兄事之。"张良出，要项伯。项伯即入见沛公。沛公奉卮酒为寿，约为婚姻，曰："吾入关，秋豪不敢有所近，籍吏民，封府库，而待将军。所以遣将守关者，备他盗之出入与非常也。日夜望将军至，岂敢反乎！愿伯具言臣之不敢倍德也。"项伯许诺。谓沛公曰："旦日不可不蚤自来谢项王。"沛公曰"诺。"于是项伯复夜去，至军中，具以沛公言报项王。因言曰："沛公不先破关中，公岂敢入乎？今人有大功而击之，不义也。不如因善遇之。"项王许诺。

　　沛公旦日从百余骑来见项王，至鸿门，谢曰："臣与将军勠力而攻秦，将军战河北，臣战河南，然不自意能先入关破秦，得复见将军于此。今者有小人之言，令将军与臣有郤。"项王曰："此沛公左司马曹无伤言之；不然，籍何以至此。"项王即日因留沛公与饮。项王、项伯东向坐，亚父南向坐。亚父者，范增也。沛公北向坐，张良西向侍。范增数目项王，举所佩玉玦以示之者三，项王默然不应。范增起，出召项庄，谓曰："君王为人不忍，若入前为寿，寿毕，请以剑舞，因击沛公于坐，杀之。不者，若属皆且为所虏。"庄则入为寿。寿毕，曰："君王与沛公饮，军中无以为乐，请以剑舞。"项王曰："诺。"项庄拔剑起舞，项伯亦拔剑起舞，常以身翼蔽沛公，庄不得击。于是张良至军门，见樊哙。樊哙曰："今日之事何如？"良曰："甚急。今者项庄拔剑舞，其意常在沛公也。"哙曰："此迫矣，臣请入，与之同命。"哙即带剑拥盾入军门。交戟之卫士欲止不内，樊哙侧其盾以撞，卫士仆地，哙遂入，披帷西向立，瞋目视项王，头发上指，目眦尽裂。项王按剑而跽曰："客何为者？"张良曰："沛公之参乘樊哙者也。"项王曰："壮士，赐之卮酒。"则与斗卮酒。哙拜谢，起，立而饮之。项王曰："赐之彘肩。"则与一生彘肩，樊哙覆其盾于地，加彘肩上，拔剑切而啖之。项王曰："壮士，能复饮乎？"樊哙曰："臣死且不避，卮酒安足辞！夫秦王有虎狼之心，杀人如不能举，刑人如恐不胜，天下皆叛之。怀王与诸将约曰'先破秦入咸阳者王之'。今沛公先破秦入咸阳，豪毛不敢有所近，封闭宫室，还军霸上，以待大王来。故遣将守关者，备他盗出入与非常也。劳苦而功高如此，未有封侯之赏，而听细说，欲诛有功之人。此亡秦之续耳，窃为大王不取也。"项王未有以应，曰："坐。"樊哙从良坐。坐须臾，沛公起如厕，因招樊哙出。

沛公已出，项王使都尉陈平召沛公。沛公曰："今者出，未辞也，为之奈何？"樊哙曰："大行不顾细谨，大礼不辞小让。如今人方为刀俎，我为鱼肉，何辞为。"于是遂去。乃令张良留谢。良问曰："大王来何操？"曰："我持白璧一双，欲献项王，玉斗一双，欲与亚父，会其怒，不敢献。公为我献之。"张良曰："谨诺。"当是时，项王军在鸿门下，沛公军在霸上，相去四十里。沛公则置车骑，脱身独骑，与樊哙、夏侯婴、靳彊、纪信等四人持剑盾步走，从郦山下，道芷阳间行。

14 做人不可沽名学霸王

沛公谓张良曰："从此道至吾军，不过二十里耳。度我至军中，公乃入。"沛公已去，间至军中，张良入谢，曰："沛公不胜杯杓，不能辞。谨使臣良奉白璧一双，再拜献大王足下；玉斗一双，再拜奉大将军足下。"项王曰："沛公安在？"良曰："闻大王有意督过之，脱身独去，已至军矣。"项王则受璧，置之坐上。亚父受玉斗，置之地，拔剑撞而破之，曰："唉！竖子不足与谋。夺项王天下者，必沛公也，吾属今为之虏矣。"沛公至军，立诛杀曹无伤。

居数日，项羽引兵西屠咸阳，杀秦降王子婴，烧秦宫室，火三月不灭；收其货宝妇女而东。人或说项王曰："关中阻山河四塞，地肥饶，可都以霸。"项王见秦宫室皆以烧残破，又心怀思欲东归，曰："富贵不归故乡，如衣绣夜行，谁知之者！"说者曰："人言楚人沐猴而冠耳，果然。"项王闻之，烹说者。

项王使人致命怀王。怀王曰："如约。"乃尊怀王为义帝。项王欲自王，先王诸将相。谓曰："天下初发难时，假立诸侯后以伐秦。然身被坚执锐首事，暴露于野三年，灭秦定天下者，皆将相诸君与籍之力也。义帝虽无功，故当分其地而王之。"诸将皆曰："善。"乃分天下，立诸将为侯王。项王、范增疑沛公之有天下，业已讲解，又恶负约，恐诸侯叛之，乃阴谋曰："巴、蜀道险，秦之迁人皆居蜀。"乃曰："巴、蜀亦关中地也。"故立沛公为汉王，王巴、蜀、汉中，都南郑。而三分关中，王秦降将以距塞汉王。项王乃立章邯为雍王，王咸阳以西，都废丘。长史欣者，故为栎阳狱掾，尝有德于项梁；都尉董翳者，本劝章邯降楚。故立司马欣为塞王，王咸阳以东至河，都栎阳；立董翳为翟王，王上郡，都高奴。徙魏王豹为西魏王，王河东，都平阳。瑕丘申阳者，张耳嬖臣也，先下河南，迎楚河上，故立申阳为河南王，都雒阳。韩王成因故都，都阳翟。赵将司马卬定河内，数有功，故立卬为殷王，王河内，都朝歌，徙赵王歇为代王。赵相张耳素贤，又从入关，故立耳为常山王、王赵地，都襄国。当阳君黥布为楚将，常冠军，故立布为九江王，都六。鄱君吴芮率百越佐诸侯，又从入关，故立芮为衡山王，都郢。义帝柱国共敖将兵击南郡，功多，因立敖为临江王，都江陵。徙燕王韩广为辽东王。燕将臧荼从楚救赵，因从入关，故立荼为燕王，都蓟。徙齐王田市为胶东王。齐将田都从共救赵，因从入关，故立都为齐王，都临菑。故秦所灭齐王建孙田安，项羽方渡河救赵，田安下济北数城，引其兵降项羽，故立安为济北王，都博阳。田荣者，数负项梁，又不肯将兵从楚击秦，以故不封。成安君陈馀弃将印去，不从入关，然素闻其贤，有功于赵，闻其在南皮，故因环封三县。番君将梅鋗功多，故封十万户侯。项王自立为西楚霸王，王九郡，都彭城。

汉之元年四月，诸侯罢戏下，各就国。项王出之国，使人徙义帝，曰："古之帝者地方千里，必居上游。"乃使使徙义帝长沙郴县。趣义帝行，其群臣稍稍背叛之，乃阴令衡山、临江王击杀之江中。韩王成无军功，项王不使之国，与俱至彭城，废以为侯，已又杀之。臧荼之国，因逐韩广之辽东，广弗听，荼击杀广无终，并王其地。

田荣闻项羽徙弃王市胶东，而立齐将田都为齐王，乃大怒，不肯遣齐王之胶东，因以齐反，迎击田都。田都走楚。齐王市畏项王，乃亡之胶东就国。田荣怒，追击杀之即墨。荣因自立为齐王，而西击杀济北王田安，并王三齐。荣与彭越将军印，令反梁地。陈馀阴使张同、夏说说齐王田荣曰："项羽为天下宰不平。今尽王故王于丑地，而王其群臣诸将善地，逐其故主；赵王乃北居代，馀以为不可。闻大王起兵，且不听不义，愿大王资馀兵，请以击常山，以复赵王，请以国为扞蔽。"齐王许之，因遣兵之赵。陈馀悉发三县兵，与齐并力击常山，大破之。张耳走归汉。陈馀迎故赵王歇于代，反之赵。赵王因立陈馀为代王。

是时，汉还定三秦。项羽闻汉王皆已并关中，且东，齐、赵叛之，大怒。乃以故吴令郑昌为韩王，以距汉。令萧公角等击彭越。彭越败萧公角等。汉使张良徇韩，乃遗项王书曰："汉王失职，欲得关中，如约即止，不敢东。"又以齐、赵反书遗项王曰："齐欲与赵并灭楚。"楚以此故无西意，而北击齐。征兵九江王布。布称疾不往，使将将数千人行。项王由此怨布也。

14 做人不可沽名学霸王

汉之二年冬，项羽遂北至城阳，田荣亦将兵会战。田荣不胜，走至平原，平原民杀之。遂北烧夷齐城郭室屋，皆坑田荣降卒，系虏其老弱妇女。徇齐至北海，多所残灭。齐人相聚而叛之。于是田荣弟田横收齐亡卒得数万人，反城阳。项王因留，连战未能下。

春，汉王部五诸侯兵，凡五十六万人，东伐楚。项王闻之，即令诸将击齐，而自以精兵三万人南从鲁出胡陵。四月，汉皆已入彭城，收其货宝美人，日置酒高会。项王乃西从萧晨击汉军而东，至彭城，日中，大破汉军。汉军皆走，相随入谷、泗水，杀汉卒十余万人。汉卒皆南走山，楚又追击至灵璧东睢水上。汉军却，为楚所挤，多杀，汉卒十余万人皆入睢水，睢水为之不流。围汉王三匝。于是大风从西北而起，折木发屋，扬沙石，窈冥昼晦，逢迎楚军。楚军大乱，坏散，而汉王乃得与数十骑遁去。欲过沛，收家室而西；楚亦使人追之沛，取汉王家；家皆亡，不与汉王相见。汉王道逢得孝惠、鲁元，乃载行。楚骑追汉王，汉王急，推堕孝惠、鲁元车下，滕公常下收载之。如是者三。曰："虽急不可以驱，奈何弃之？"于是遂得脱。求太公、吕后不相遇。审食其从太公、吕后间行，求汉王，反遇楚军。楚军遂与归，报项王，项王常置军中。

是时吕后兄周吕侯为汉将兵居下邑，汉王间往从之，稍稍收其士卒。至荥阳，诸败军皆会，萧何亦发关中老弱未傅悉诣荥阳，复大振。楚起于彭城，常乘胜逐北，与汉战荥阳南京索间，汉败楚，楚以故不能过荥阳而西。

项王之救彭城，追汉王至荥阳，田横亦得收齐，立田荣子广为齐王。汉王之败彭城，诸侯皆复与楚而背汉。汉军荥阳，筑甬道属之河，以取敖仓粟。

汉之三年，项王数侵夺汉甬道，汉王食乏，恐，请和，割荥阳以西为汉。项王欲听之。历阳侯范增曰："汉易与耳，今释弗取，后必悔之。"项王乃与范增急围荥阳。汉王患之，乃用陈平计间项王。项王使者来，为太牢具，举欲进之。见使者，详惊愕曰："吾以为亚父使者，

跟毛泽东读《史记》

乃反项王使者。"更持去，以恶食食项王使者。使者归报项王，项王乃疑范增与汉有私，稍夺之权。范增大怒，曰："天下事大定矣，君王自为之。愿赐骸骨归卒伍。"项王许之。行未至彭城，疽发背而死。

汉将纪信说汉王曰："事已急矣，请为王诳楚为王，王可以间出。"于是汉王夜出女子荥阳东门被甲二千人，楚兵四面击之。纪信乘黄屋车，傅左纛，曰："城中食尽，汉王降。"楚军皆呼万岁。汉王亦与数十骑从城西门出，走成皋。项王见纪信，问："汉王安在？"信曰："汉王已出矣。"项王烧杀纪信。

汉王使御史大夫周苛、枞公、魏豹守荥阳。周苛、枞公谋曰："反国之王，难与守城。"乃共杀魏豹。楚下荥阳城，生得周苛。项王谓周苛曰："为我将，我以公为上将军，封三万户。"周苛骂曰："若不趣降汉，汉今虏若，若非汉敌也。"项王怒，烹周苛，并杀枞公。

汉王之出荥阳，南走宛、叶，得九江王布，行收兵，复入保成皋。汉之四年，项王进兵围成皋。汉王逃，独与滕公出成皋北门、渡河走修武，从张耳、韩信军。诸将稍稍得出成皋，从汉王。楚遂拔成皋，欲西。汉使兵距之巩，令其不得西。

是时，彭越渡河击楚东阿，杀楚将军薛公。项王乃自东击彭越。汉王得淮阴侯兵，欲渡河南。郑忠说汉王，乃止壁河内。使刘贾将兵佐彭越，烧楚积聚。项王东击破之，走彭越。汉王则引兵渡河，复取成皋，军广武，就敖仓食。项王已定东海来西，与汉俱临广武而军，相守数月。

当此时，彭越数反梁地，绝楚粮食，项王患之。为高俎，置太公其上，告汉王曰："今不急下，吾烹太公。"汉王曰："吾与项羽俱北面受命怀王，曰'约为兄弟'，吾翁即若翁，必欲烹而翁，则幸分我一杯羹。"项王怒，欲杀之。项伯曰："天下事未可知，且为天下者不顾家，虽杀之无益，只益祸耳。"项王从之。

楚汉久相持未决，丁壮苦军旅，老弱罢转漕。项王谓汉王曰："天下匈匈数岁者，徒以吾两人耳，愿与汉王挑战决雌雄，毋徒苦天下之民

14 做人不可沽名学霸王

父子为也。"汉王笑谢曰:"吾宁斗智,不能斗力。"项王令壮士出挑战。汉有善骑射者楼烦,楚挑战三合,楼烦辄射杀之。项王大怒,乃自被甲持戟挑战。楼烦欲射之,项王瞋目叱之,楼烦目不敢视,手不敢发,遂走还入壁,不敢复出。汉王使人间问之,乃项王也。汉王大惊。于是项王乃即汉王相与临广武间而语。汉王数之,项王怒,欲一战。汉王不听,项王伏弩射中汉王。汉王伤,走入成皋。

项王闻淮阴侯已举河北,破齐、赵,且欲击楚,乃使龙且往击之。淮阴侯与战,骑将灌婴击之,大破楚军,杀龙且。韩信因自立为齐王。项王闻龙且军破,则恐,使盱台人武涉往说淮阴侯。淮阴侯弗听。是时,彭越复反,下梁地,绝楚粮。项王乃谓海春侯大司马曹咎等曰:"谨守成皋,则汉欲挑战,慎勿与战,毋令得东而已。我十五日必诛彭越,定梁地,复从将军。"乃东,行击陈留、外黄。

外黄不下。数日,已降,项王怒,悉令男子年十五已上诣城东,欲坑之。外黄令舍人儿年十三,往说项王曰:"彭越强劫外黄,外黄恐,故且降,待大王。大王至,又皆坑之,百姓岂有归心?从此以东,梁地十余城皆恐,莫肯下矣。"项王然其言,乃赦外黄当坑者。东至睢阳,闻之皆争下项王。

汉果数挑楚军战,楚军不出。使人辱之,五六日,大司马怒,渡兵汜水。士卒半渡,汉击之,大破楚军,尽得楚国货赂。大司马咎、长史翳、塞王欣皆自刭汜水上。大司马咎者,故蕲狱掾,长史欣亦故栎阳狱吏,两人尝有德于项梁,是以项王信任之。当是时,项王在睢阳,闻海春侯军败,则引兵还。汉军方围钟离昧于荥阳东,项王至,汉军畏楚,尽走险阻。

是时,汉兵盛食多,项王兵罢食绝。汉遣陆贾说项王,请太公,项王弗听。汉王复使侯公往说项王,项王乃与汉约,中分天下,割鸿沟以西者为汉,鸿沟而东者为楚。项王许之,即归汉王父母妻子。军皆呼万岁。汉王乃封侯公为平国君。匿弗肯复见。曰:"此天下辩士,所居倾国,故号为平国君。"项王已约,乃引兵解而东归。

跟毛泽东读《史记》

汉欲西归,张良、陈平说曰:"汉有天下太半,而诸侯皆附之。楚兵罢食尽,此天亡楚之时也,不如因其机而遂取之。今释弗击,此所谓'养虎自遗患'也。"汉王听之。汉五年,汉王乃追项王至阳夏南,止军,与淮阴侯韩信、建成侯彭越期会而击楚军。至固陵,而信、越之兵不会。楚击汉军,大破之。汉王复入壁,深堑而自守。谓张子房曰:"诸侯不从约,为之奈何?"对曰:"楚兵且破,信、越未有分地,其不至固宜。君王能与共分天下,今可立致也。即不能,事未可知也。君王能自陈以东傅海,尽与韩信;睢阳以北至穀城,以与彭越:使各自为战,则楚易败也。"汉王曰:"善。"于是乃发使者告韩信、彭越曰:"并力击楚。楚破,自陈以东傅海与齐王,睢阳以北至穀城与彭相国。"使者至,韩信、彭越皆报曰:"请今进兵。"韩信乃从齐往,刘贾军从寿春并行,屠城父,至垓下。大司马周殷叛楚,以舒屠六,举九江兵,随刘贾、彭越皆会垓下,诣项王。

项王军壁垓下,兵少食尽,汉军及诸侯兵围之数重。夜闻汉军四面皆楚歌,项王乃大惊曰:"汉皆已得楚乎?是何楚人之多也!"项王则夜起,饮帐中。有美人名虞,常幸从;骏马名骓,常骑之。于是项王乃悲歌忼慨,自为诗曰:"力拔山兮气盖世,时不利兮骓不逝。骓不逝兮可奈何,虞兮虞兮奈若何!"歌数阕,美人和之。项王泣数行下,左右皆泣,莫能仰视。

于是项王乃上马骑,麾下壮士骑从者八百余人,直夜溃围南出,驰走。平明,汉军乃觉之,令骑将灌婴以五千骑追之。项王渡淮,骑能属者百余人耳。项王至阴陵,迷失道,问一田父,田父绐曰"左"。左,乃陷大泽中。以故汉追及之。项王乃复引兵而东,至东城,乃有二十八骑。汉骑追者数千人。项王自度不得脱。谓其骑曰:"吾起兵至今八岁矣,身七十余战,所当者破,所击者服,未尝败北,遂霸有天下。然今卒困于此,此天之亡我,非战之罪也。今日固决死,愿为诸君快战,必三胜之,为诸君溃围,斩将,刈旗,令诸君知天亡我,非战之罪也。"乃分其骑以为四队,四向。汉军围之数重。项王谓其骑曰:"吾为公取彼一将。"令四面骑驰下，期山东为三处。于是项王大呼驰下，汉军皆披靡，遂斩汉一将。是时，赤泉侯为骑将，追项王，项王瞋目而叱之，赤泉侯人马俱惊，辟易数里。与其骑会为三处。汉军不知项王所在，乃分军为三，复围之。项王乃驰，复斩汉一都尉，杀数十百人，复聚其骑，亡其两骑耳。乃谓其骑曰："何如？"骑皆伏曰："如大王言。"

　　于是项王乃欲东渡乌江。乌江亭长枻船待，谓项王曰："江东虽小，地方千里，众数十万人，亦足王也。愿大王急渡。今独臣有船，汉军至，无以渡。"项王笑曰："天之亡我，我何渡为！且籍与江东子弟八千人渡江而西，今无一人还，纵江东父兄怜而王我，我何面目见之？纵彼不言，籍独不愧于心乎？"乃谓亭长曰："吾知公长者。吾骑此马五岁，所当无敌，尝一日行千里，不忍杀之，以赐公。"乃令骑皆下马步行，持短兵接战。独籍所杀汉军数百人。项王身亦被十余创。顾见汉骑司马吕马童，曰："若非吾故人乎？"马童面之，指王翳曰："此项王也。"项王乃曰："吾闻汉购我头千金，邑万户，吾为若德。"乃自刎而死。王翳取其头，余骑相蹂践争项王，相杀者数十人。最其后，郎中骑杨喜，骑司马吕马童，郎中吕胜、杨武各得其一体。五人共会其体，皆是。故分其地为五：封吕马童为中水侯，封王翳为杜衍侯，封杨喜为赤泉侯，封杨武为吴防侯，封吕胜为涅阳侯。

　　项王已死，楚地皆降汉，独鲁不下。汉乃引天下兵欲屠之，为其守礼义，为主死节，乃持项王头视鲁，鲁父兄乃降。始，楚怀王初封项籍为鲁公，及其死，鲁最后下，故以鲁公礼葬项王谷城。汉王为发哀，泣之而去。

　　诸项氏枝属，汉王皆不诛。乃封项伯为射阳侯。桃侯、平皋侯、玄武侯皆项氏，赐姓刘氏。

　　太史公曰：吾闻之周生曰"舜目盖重瞳子"，又闻项羽亦重瞳子。羽岂其苗裔邪？何兴之暴也！夫秦失其政，陈涉首难，豪杰蜂起，相与并争，不可胜数。然羽非有尺寸，乘势起陇亩之中，三年，遂将五诸侯灭秦，分裂天下，而封王侯，政由羽出，号为霸王，位虽不终，近古以来未尝有也。及羽背关怀楚，放逐义帝而自立，怨王侯叛己，难矣。自矜功伐，奋其私智而不师古，谓霸王之业，欲以力征经营天下，五年卒亡其国，身死东城，尚不觉寤而不自责，过矣。乃引"天亡我，非用兵之罪也"，岂不谬哉！

（选自《史记·项羽本纪》）

【品释文】

项籍是下相县人，字羽。开始起兵反秦时，他二十四岁。他的小叔父名字叫作项梁，项梁的父亲就是被秦将王翦所杀的楚国的名将项燕。项家世世代代为楚将，被封在项，所以他们就以项为姓氏了。

项羽年少时，学习写字没有学成，放弃了；改去学剑，又没有学成。项梁很生气。项羽说："写字只不过能记个姓名而已。剑术也不过是能对付一个人，不值得学，我要学能对付万人的本领。"于是项梁就教项羽兵法，项羽非常高兴，但他略知大意，还是不肯认真学到底。项梁曾因为犯罪被栎阳县逮捕，于是他就请蕲县主管监狱的官员曹咎给栎阳县主管监狱的官员司马欣写了一封信，借此了结了案子。项梁杀了人，和项羽一起躲避仇人到了吴中。吴中有才能的士大夫们都推尊项梁而甘处下风。每逢吴中有大的徭役或丧事，项梁常常主持操办，他暗中用兵法来组织调度这些宾客和子弟，借此来了解他们的能力。秦始皇出游会稽，在渡钱塘江的时候，项梁和项羽都去观看。项羽说："他可以被我取代。"项梁捂住他的嘴，说："别胡说，要灭族的！"他也因此觉得项羽不同寻常。项羽身高八尺多，力能举鼎，才气过人，即便是吴中的豪门子弟也都很怕他。

秦二世元年七月，陈涉等人在大泽乡起义。这年的九月，会稽郡守殷通对项梁说："现在长江以西全都造反了，这是老天爷要灭掉秦朝的时候了。我听说先发者制人，后发者就要被人所制。我也想起兵，请您和桓楚做将军。"这时桓楚逃亡到大泽之中。项梁说："桓楚逃亡在外，

14 做人不可沽名学霸王

没人知道他的下落，只有项羽知道。"项梁于是出来，吩咐项羽手提宝剑在外面等着。项梁又进去陪着郡守坐了一会儿，说："请您叫项羽来，让他接受命令去找桓楚。"郡守说："好。"项梁于是就把项羽叫了进来。过了不一会儿，项梁使了个眼色给项羽，说："可以动手了！"于是项羽拔出剑砍下了郡守的人头。项梁拎着郡守的人头，佩上了郡守的印绶。郡守的手下惊慌失措，一片混乱，被项羽杀了百十来个。整个郡府中的人都吓得趴倒在地，不敢起来。项梁于是把他平日所了解的那些豪强大吏叫来，告诉他们要造反起义的事，于是就在吴中发兵起义。他派人去会稽郡下属各县去搜罗丁壮，得到了精兵八千人。项梁安排吴中豪杰做校尉、候、司马。有一个人没得到任用，自己向项梁去申述。项梁说："以前某次丧事请您主办某事，您不能办，因此不任用您。"众人于是都心服口服。这样项梁就做了会稽郡守，项羽做裨将，派人到下属各县宣布命令，安抚百姓。

广陵人召平这时正为陈王招抚广陵，还没有拿下。他听说陈王兵败逃走，秦兵又快攻到了，就渡江假传陈王的命令，拜项梁为楚王上柱国。他说："江东已经平定，赶快领兵西进攻秦。"项梁于是带领八千人渡江西进。他听说陈婴已经攻下了东阳，派使者联络陈婴想和他合兵一起西进。陈婴，原先是东阳令史，住在县里，一向诚信谨慎，被称为长者。东阳的年轻人响应起义杀了县令，聚集了数千人，想要立一位首领，没有合适的人，于是请陈婴来做。陈婴推辞说自己不行，人们则强行立他为首领，县里跟从他的有两万人。年轻人想索性立陈婴为王，自为精锐，异军突起。陈婴的母亲对陈婴说："自从我做了你家的媳妇，从没听说过你的祖先有富贵的。如今突然之间得到这样大的名头，不祥。不如从属于人，事情成功可以封侯，事情失败也好逃跑，不会被世人指名道姓的。"陈婴于是不敢称王。他对军官们说："项氏世代为将，在楚国最有名望。如今想要做大事，恐怕非他家不行。我们依附名家大族，一定可以灭亡秦朝。"于是众人听从了他的意见，带兵归属了项梁。项梁渡过淮河，黥布、蒲将军也带兵归属了他们。项梁此时共有六七万人，驻扎在下邳。

这时候，秦嘉已立景驹为楚王，驻扎在彭城东，准备抵抗项梁。项梁对军官们说："陈王首先起事，战斗失败，下落不明。现在秦嘉背叛陈王而立景驹为王，大逆不道。"于是进兵攻击秦嘉。秦嘉兵败逃跑，项梁追击到了胡陵。秦嘉回军又打了一天，秦嘉阵亡，部队投降。景驹逃走死在了梁地。项梁兼并了秦嘉的军队后，驻扎在胡陵，准备率军西进。章邯的部队到了栗县，项梁派别将朱鸡石、馀樊君与他交战。馀樊君战死。朱鸡石兵败，逃回了胡陵。项梁于是率军进入薛县，诛杀了朱鸡石。此前项梁派项羽另率一军攻打襄城，襄城坚守不降。等攻下襄城后，项羽把襄城军民全部活埋了。他回来向项梁报告。项梁听说陈王确实已经死了，就召集所有将领会合到薛县商议大事。这时沛公也在沛县起事，前往薛县。

居鄛人范增，七十岁了，一向隐居在家，擅长奇策妙计，他前去游说项梁说："陈胜的失败是必然的。秦灭六国，楚是最无辜的。自从楚怀王入秦后没能返回，楚人到现在还同情他，所以楚南公说'楚国即使只剩三户人，灭亡秦国的也必定是楚国'。如今陈胜首先起事，不立楚王后代而自立为王，势必长久不了。如今您从江东起兵，楚国那些蜂拥而起的将领都争相依附您，是因为您家世代为楚将，能重新拥立楚王的后人啊。"于是项梁认为他说得对，就从民间寻找到楚怀王的孙子，名叫心，给人家放羊，拥立他还称为楚怀王，来顺从人民的意愿。任陈婴为楚上柱国，封给他五个县，与怀王都住在国都盱台。项梁自己号称武信君。

过了几个月，项梁率军攻打亢父，与齐国的田荣、司马龙且合兵救东阿，在东阿大败秦军。田荣随即领兵东归，驱逐了齐王田假。田假逃到了楚国。田假的相国田角逃到了赵国。田角的弟弟田间原本是齐将，现在留在赵国不敢回齐国。田荣立田儋之子田市为齐王。项梁则在攻破围困东阿的秦军后，乘胜追击秦军。他多次派使者到齐国催促齐国进兵，想和齐兵一起西进。田荣说："楚国杀掉田假，赵田杀掉田角、田间，我们就发兵。"项梁说："田假是盟国的国王，走投无路来投奔我，我不忍心杀他。"赵国也不肯杀田角、田间来与齐做交易。齐国于是也就不肯发兵帮助楚国了。项梁派沛公与项羽另率一支军队攻城阳，攻下后把城阳军民全部杀掉了。向西在濮阳东面打败秦军，秦军退入了濮阳。沛公、项羽于是攻打定陶。定陶没攻下来，他们放弃定陶，向西开拓地盘到了雍丘，在雍丘大败秦军，斩了李斯之子李由。然后回军攻打外黄，外黄未能攻下。

项梁从东阿西出发，等到了定陶，又一次打败了秦军，而项羽等也斩了李由，就更加轻视秦军，显出骄傲的神色。宋义于是向项梁进谏说："打了胜仗而将帅骄傲士卒怠惰的军队就要失败。如今士卒已经稍显怠惰了，秦兵却日渐增加，我为您担心啊。"项梁听不进去。于是派宋义出使齐国。宋义在路上遇到了齐国的使者高陵君显，说："您准备去见武信君吗？"高陵君显说："是的。"宋义说："我推断武信君的军队一定会失败。您慢点走就可以免于一死，走快了就会遇到祸患送命。"秦果然征调全部军队增援章邯，进攻楚军，在定陶大败楚军，项梁战死。沛公、项羽离开外黄去攻打陈留，陈留坚守，打不下来。沛公、项羽一起商量说："如今项梁的军队失败了，士卒恐惧不安。"于是他们和吕臣一起率军东撤。吕臣驻扎在彭城以东，项羽驻军彭城以西，沛公驻扎在砀县。

章邯打败项梁的军队后，认为楚地的义军用不着担心了，于是北渡黄河攻赵，大败赵国。这时候，赵歇是赵王，陈馀是赵将，张耳是赵相，赵王歇和张耳都退进了钜鹿城内。章邯命令王离、涉间包围钜鹿，自己率大军驻扎在钜鹿的南面，修筑了一条甬道给王离、涉间输送粮草。陈馀是赵国的大将，他率领着几万人驻扎在钜鹿之北，这就是当时所说的河北之军。

楚兵在定陶失败后，怀王恐惧，从盱台到了彭城，把项羽、吕臣的军队收来并入自己麾下自己统领。他任命吕臣做司徒，任命吕臣的父亲吕青为令尹。任命沛公为砀郡长，封他为武安侯，统领砀郡军队。

跟毛泽东读《史记》

　　当初宋义遇见的齐国使者高陵君显这时正在楚军中，他面见楚怀王说："宋义预言过武信君之军必定失败，没过几天，武信君之军果然失败了。仗还没有打就能先看出失败的征兆，这可以说是懂得用兵之道了。"楚怀王召宋义和他谋划事情，很喜欢他，遂任命他为上将军；封项羽为鲁公，为次将；封范增为末将，派他们率兵救赵。其他的将领全都划归宋义统领，宋义号称卿子冠军。大军到了安阳，一直停了四十六天没有再前进。项羽对宋义说，"我听说秦军把赵王围困在钜鹿，我们现在赶紧率兵渡河，楚军从外向里攻，赵军从里向外接应，就一定可以打败秦军。"宋义说："不对。牛虻是要蜇牛而不是为了对付那些虱子。现在秦军正在攻打赵国，打赢了他们自己也必然疲惫不堪，到那时我们再乘其疲敝攻击他们；如果打败了，那我们就可以大张旗鼓地长驱西进，一定能一举灭掉秦朝。所以目前我们不如先让秦、赵两方互相争斗。论冲锋陷阵，我比不上您；要说到筹谋划策，您不如我。"说罢宋义就命令全军："凡是像虎一样凶猛，像羊一样执拗，像狼一样贪婪，顽固而不听使唤的，一律斩首。"而后又派他的儿子宋襄到齐国去做国相，还亲自把他一直送到无盐县，并在那里大摆筵席。而当时天气寒冷，又下着大雨，士兵们都又冷又饿。项羽对左右的人们说："现在应该集中一切力量进攻秦军，可是我们却长期在这里停留不前。现在年荒人穷，士兵们吃的都是野菜豆子，军中没有现时可用的粮食，可是上将军还在大摆筵席，不赶紧领兵渡河到赵国就地取粮，去和赵国合力攻秦，却说'要等秦军疲惫不堪'。现在秦军如此强大，去攻打新建不久的赵国，那肯定会把赵国攻打下来。赵国被攻打下来，秦军就会变得更强大，还有什么疲惫不堪的机会等着我们！再说我们楚国的军队刚刚失败不久，怀王急得坐立不安，把全楚国的军队集中起来交给了上将军一个人，我们整个国家的安危就决定于这次行动。可是上将军现在不体恤士卒只顾徇他的私情，他不是与国家同生死、共忧戚的大臣。"于是项羽就趁着清早参见宋义的机会，在大帐中斩杀了宋义，然后提着人头出来对全军说："宋义勾结齐国企图谋反，怀王秘密命令我杀掉他。"这

14 做人不可沽名学霸王

时所有的将领都被吓得服服帖帖，没有一个人敢抗拒。大家都说："当初首先拥立怀王的，就是将军您项家。现在您又为楚国杀掉了乱臣。"于是大家一致推举项羽为代理上将军。项羽又派人追赶宋义的儿子宋襄，在齐国追上了他，把他杀掉了。然后，项明派桓楚去向怀王报告。怀王只好顺水推舟地任命项羽做了上将军，让当阳君、蒲将军等各个将领都归项羽统辖。

项羽杀了卿子冠军宋义以后，威震楚国，名闻天下。于是他就派当阳君、蒲将军率领两万人渡河救钜鹿。战斗取得了初步胜利，陈馀继续向项羽请求援助。于是项羽率领全军渡河，过河后，下令把全部船只凿沉，把全部锅碗砸掉，把全部帐篷烧掉，只带着三天的粮食，以此来向士兵们表示决一死战、绝不后退的决心。于是楚军一到钜鹿，就立即包围了王离的部队，随即与秦军开战，经过多次战斗，终于冲断了秦军的甬道，接着大破秦军，杀死了苏角，俘虏了王离。涉间不投降，自焚而死。在两军交战的时候，楚兵的勇猛在诸侯中无人可比。当时来援救钜鹿，在城下驻扎的诸侯军队有十几座大营，但是没有一支军队敢出来与秦军作战。等到楚军攻击秦军时，各路援军的将领们都站在营垒上远远观望。楚军的战士们无不以一当十，杀声震天，其他各路援军见到这种情景，个个都吓得胆战心惊。楚军击败了秦军之后，项羽召见各路诸侯将领，这些将领进入辕门的时候，没有一个不是跪在地上，跪行进去的，谁也不敢抬头往上看。项羽从此便成了所有诸侯的上将军，各路诸侯都归项羽统辖。

章邯此时驻军棘原，项羽驻军漳南，两军对峙，尚未正式开战。秦军多次败退，秦二世派人来责备章邯。章邯害怕了，派长史欣去请示。到了咸阳，长史欣在司马门等了三天，赵高不见他，表现出不信任他的意思。长史欣害怕，逃回了军中，回逃时甚至没敢走旧路，赵高果然派人追杀他，没追到。长史欣到了军中，报告说："赵高在朝中掌握大权，我们下面这些人什么也做不成。如今作战能打胜，赵高一定会嫉妒我们的功劳；作战不能取胜，就免不了被处死。请将军仔细考虑。"陈

跟毛泽东读《史记》

馀也送信给章邯说："白起作为秦国的将军，向南攻克了楚国的鄢、郢，向北坑杀了赵国马服君四十万军队，攻城略地，数不胜数，可是最终被赐死了。蒙恬作为秦国的将军，向北驱逐匈奴，开辟了榆中数千里土地，最终在阳周被斩首。为什么呢？因为他们功劳大，论功行赏的话秦做不到，因此就找借口杀了他们。如今将军为秦领兵作战三年了，所损失的士卒有几十万，可诸侯同时并起越来越多。那赵高一向谄谀，时日已久，现在事态紧急，也害怕二世诛杀他，所以想罗织罪名杀了将军推卸责任，派人代替将军来摆脱祸患。将军您长期在外，和朝内的人多有矛盾，有功会被杀，无功也会被杀。而且上天要灭亡秦，人们不论愚蠢还是聪明都明白。现在将军对内不能做刚直敢谏之臣，在外为败军亡国之将，孤身一人无所依傍而想长久保全，岂不是很可悲吗？将军为什么不倒戈与诸侯联合，约定共同攻秦，割地为王，称孤道寡；这和自己送死，全家被杀哪个好些呢？"章邯犹豫不决，私下里派军候始成去见项羽，想要谈判讲和。谈判没有成功，项羽派蒲将军日夜领兵渡过三户津，在漳南扎下军营，与秦军交战，再次打败秦军。于是项羽率领全军在汙水上对秦军发起总攻，把秦军打得一败涂地。

章邯又派人去见项羽，想要订立盟约。项羽召集他的部下们商量说："眼下我们的粮草太少，我想接受他们的请求。"部下们都说："好。"于是项羽约了一个时间在洹水南岸的殷墟上与章邯见了面。双方结盟后，章邯流着眼泪对项羽诉说了赵高的事。于是项羽就封章邯为雍王，留在楚军中。封章邯的长史司马欣为上将军，让他统领着秦军为先行部队。

他们西进到了新安。诸侯义军中的官兵有些过去到秦地关中服徭役或兵役时，秦地的官兵曾歧视虐待过他们，现在秦兵投降了诸侯义军，于是诸侯义军的官兵们也以胜利者的姿态把他们当奴隶使唤，随意侮辱他们。于是很多秦军官兵悄悄议论说："章将军他们骗我们投降了东方诸侯，现在如果我们能打进关去灭了秦，那当然最好；但是如果不能，诸侯们就会裹挟着我们一起回东方去，秦必然要杀光我们的父母妻

14 做人不可沽名学霸王

儿。"诸侯义军将领隐隐约约地听到了他们的这些议论，报告给了项羽。项羽就把黥布、蒲将军召来商量道："现在秦军的人数还很多，他们心里对我们不服气，等到进关后他们如果不听指挥，那局面就危险了，不如现在就把他们全杀了，只带着章邯、长史司马欣和都尉董翳三个人进关。"于是就命令楚军当夜在新安城南把二十几万秦朝降兵全部活埋了。

项羽准备去平定秦国本土。到了函谷关，函谷关有兵把守，进不去。又听说沛公已经攻破了咸阳，项羽大怒，命令当阳君等攻下了函谷关。项羽进了关，长驱直入，直到戏水西岸。这时沛公率军驻扎在霸上，还没有和项羽见面。沛公的左司马曹无伤派人告诉项羽说："沛公已经打算在关中称王，让秦降王子婴做宰相，把珍宝都据为己有。"项羽大怒，说："明早让士兵们饱餐一顿，打垮沛公的军队！"这时候，项羽有四十万人，驻扎在新丰县的鸿门，沛公有十万人，驻扎在霸上。范增对项羽说："沛公在山东的时候，贪图财物，喜欢美女。现在进了关，居然财物也不贪了，美女也不要了，可见他的野心不小。我让人观望他上空的云气，都是龙虎的形象，五彩斑斓，这是天子气。必须赶紧消灭他，千万不可错过了机会。"

楚国的左尹项伯，是项羽的小叔父，一向和张良交好。张良这时正跟着沛公，项伯于是连夜偷偷地飞马疾驰到沛公的军营，私下去找张良，把情况告诉他，想叫上张良一起离开。他说："不要跟着沛公一道送死。"张良说："我是为着韩王跟随沛公的，沛公现在有难，我离开他逃跑太不仗义了，不能不告诉他。"张良进到里边，把一切都告诉了沛公。沛公大惊，说："这可怎么办呢？"张良说："这是谁为大王出的主意？"沛公说："有个无知小子对我说'把住函谷关，不让别的诸侯进来，您就可以占有秦国全部地盘称王'。所以我听了他的话。"张良说："大王自己估计，咱们的军队可以敌得过项王吗？"沛公沉默了一会儿才说："当然敌不过了，现在你就说咱们该怎么办吧！"张良说："请让我出去告诉项伯，说沛公您不敢背叛项王。"沛公问张良："你怎

跟毛泽东读《史记》

么认识项伯？"张良说："秦朝的时候，我和项伯是朋友，项伯杀了人，我救了他的命。现在有难，幸亏他来给我送信。"沛公问道："你和他谁大？"张良说："他比我大。"沛公说："你把他请进来，我要用对待兄长的礼节对待他。"于是张良出来请项伯进去。项伯就进来见沛公。沛公端起酒杯向他敬酒，并和他约定做了儿女亲家，说："我进关以来，没敢动关中的一草一木，登记好了吏民的户口，封了仓库，而恭候着项将军的到来。我之所以派兵把守函谷关，是为了防备其他强盗以及意外的事故。我日夜盼望着项将军驾到，怎么敢有反心呢？请您回去把我这不敢忘恩负义的心意全都告诉给项王。"项伯答应了。他对沛公说："明天一早您要早点儿亲自去向项王赔罪。"沛公说："是。"于是项伯又连夜赶回军中，把沛公的话如实地报告给了项王。他顺势说："沛公如果没有先攻入关中，您今天能够这么容易地进来吗？现在人家有大功而我们还要去攻击人家，这是不合道义的。我们不如就此好好地对待他吧。"项王答应了。

  沛公第二天一早只带了一百来人骑马来见项王，到了鸿门，他向项王谢罪说："我和将军您齐心协力地攻打秦朝，将军攻取河北，我攻取河南，我自己并没想到能先入关灭秦，能够又在这里见到将军。现在居然有小人进谗言，让将军和我产生了矛盾。"项王说："这都是您的左司马曹无伤说的；不然，我怎么能怀疑您呢？"于是项王这天就把沛公留下来一起喝酒。项王和项伯朝东坐，亚父朝南坐。亚父就是范增。沛公朝北坐，张良朝西陪侍。酒宴开始后，范增好几次给项王使眼色，又多次举起所佩玉玦向项王示意，但项王总是默默地不加理睬。范增于是站起来，出去叫来项庄，对他说："大王为人心肠太软，你现在进去给他们敬酒，敬完酒，就请求给他们舞剑助兴，趁机把沛公杀死在他的座位上。不然，你们这些人日后都得成他的俘虏。"项庄于是进帐敬酒。敬完酒后说："大王和沛公在这里饮酒，军营中也没什么可以取乐，请让我舞剑来给你们助兴吧。"项王说："好。"于是项庄就拔出宝剑舞了起来，项伯也站起来拔剑起舞，总是有意用自己的身体掩护着沛公，使

14 做人不可沽名学霸王

得项庄没有办法下手。于是张良赶紧出帐到了军门，见到了樊哙。樊哙说："现在事情怎么样了？"张良说："危险极了。现在项庄正在舞剑，他的心思全在杀死沛公上。"樊哙说："这就很紧急了，我要进去，和项羽拼命。"樊哙随即一手按着剑柄，一手用盾牌护身往军门里闯。守门的卫士们交叉架起戟想拦住他不让他进去，樊哙侧过盾牌朝卫士们撞去，卫士们被撞倒在地，樊哙于是进了军门，来到帐前，他猛然拨开帐帘，朝西对着项王站立，瞪眼怒视着他，头发上竖，眼角都快要裂开了。项王手按剑柄跪坐起来，问道："来者是什么人？"张良说："他是沛公的参乘樊哙。"项王称赞说："壮士，赐他一杯酒。"旁边人就递给了他一大斗酒。樊哙俯身叩谢后，站起来，接过酒一饮而尽。项王又说："赐他块猪腿。"旁边的人给他了一块生猪腿。樊哙把盾牌扣在地上，把猪腿放在上面，拔出剑来一边切一边吃。项王说："壮士，还能再喝吗？"樊哙说："我连死都不怕，一杯酒难道还要推辞吗？秦王像虎狼一样，杀人就像怕杀不光，用刑就像怕不够狠，因此天下都造了反。怀王曾和各路诸侯约定'最先破秦入咸阳的就当关中王'。现在沛公先破秦进了咸阳，一草一木都没敢动，封好了宫室，退军驻扎到霸上，等候大王的到来。我们派人守住函谷关，是为了防备盗贼出入和意外的变故。沛公如此劳苦功高，您不仅没有对他封侯奖赏，反而听信小人的坏话，要杀害有功之臣。您这是延续了那个灭亡了的暴秦的老路，我个人认为您的做法是不可取的。"项王无言以对，只是说："请坐。"于是樊哙就挨着张良坐下来。过了一会儿，沛公站起来去厕所，乘机把樊哙一起叫了出来。

沛公出去后，项王让都尉陈平去叫沛公。沛公说："刚才我们出来，并没有向项王告辞，怎么办呢？"樊哙说："要干大事就不要顾忌那些细枝末节，要行大礼就不要理会那些琐碎指责。如今人家是菜刀砧板，我们是待人宰割的鱼肉，还告什么辞。"于是沛公离开了。他让张良留下来辞谢。张良问道："您来的时候带了什么礼物？"沛公说："我带了一对白璧，想献给项王；一双玉斗，想送给亚父。刚才正赶上他们

跟毛泽东读《史记》

发脾气，没敢献给他们。你替我献给他们吧。"张良说："遵命。"当时，项王的大营在鸿门，沛公的大营在霸上，中间相隔四十里。沛公抛下车马从人，独自骑着一匹马，让樊哙、夏侯婴、靳彊、纪信四人手持剑盾步行跟从，从骊山下，经芷阳抄小路而行。沛公对张良说："从这条小道到我军大营，不过二十里路。你估计我已经到了驻地的时候，再进去。"沛公走后，估计已经到了霸上军营，张良进帐向项王道歉说："刚才沛公不胜酒力喝醉了，不能亲自来向您告辞。谨使臣下张良我奉上白璧一双，敬献给大王您；玉斗一双，敬献给大将军。"项王问："沛公现在哪里？"张良说："他听说您想要责罚他，脱身独自回去了，估计现在已经回到了军营了。"项王接过了玉璧，放在座位上。范增接过玉斗，放在地上，拔出剑来把它砍得粉碎，说："唉！这小子不足以共谋大事。将来夺走项王天下的，一定是沛公，我们这些人全都要成为他的俘虏了。"沛公一回到军营，立刻诛杀了曹无伤。

又过了些天，项王带兵西进屠毁了咸阳城，杀了已经投降的秦王子婴，烧毁了秦朝的宫殿，大火一直烧了三个月都没有熄灭；他又席卷了秦朝的所有财宝和妇女准备东归。当时有人曾劝他说："关中地区四面有高山大河为屏障，土地肥沃富饶，可以在此建都成就霸业。"项王看到秦朝的宫殿都已烧成了废墟，又思念故乡想要东归，就说："富贵了如果不回故乡，那就好像穿着锦绣的衣裳在夜间走路，谁能看得见呀！"那个劝项王的人离开后说："人家都说楚国人就像是猕猴戴了帽子，果真是如此。"项王听说了，把他烹杀了。

项王派人去向楚怀王请示。楚怀王说："按原来的约定办。"项王就把楚怀王尊为了义帝。项王想自己称王，于是就封各路将领们为王。他说："当初刚刚起事时，临时拥立了六国诸侯的后代来讨伐秦朝。但真正身披铠甲、手拿武器、冲锋陷阵，风餐露宿、野战三年，推翻秦朝安定天下的，是你们诸位和我项羽。义帝虽然没有什么具体功劳，还是应当分给他一块土地让他称王。"大家都说："对。"于是项王就分割天下，封立各路将领们为王。项王和范增担心将来沛公会拥有天下，但由

14 做人不可沽名学霸王

于已经讲和了，不好反悔，怕由此引起其他诸侯们的反叛，于是他们私下谋划说："巴、蜀地区山路险远，是过去秦朝流放罪人的地方。"于是说："巴、蜀也是关中管辖的地域。"所以封沛公为汉王，统管巴、蜀、汉中三个地区，都城设在南郑。而把真正的关中地区分为三部分，封秦朝的三个降将为王，让他们在关中堵住汉王的出路。项王于是立章邯为雍王，统管咸阳以西的地区，都城设在废丘。长史欣，原来是栎阳县主管监狱的官员，曾经有恩于项梁；都尉董翳，劝章邯降楚。因此立司马欣为塞王，统管咸阳以东直到黄河的地区，都城设在栎阳；立董翳为翟王，统管上郡地区，都城设在高奴。迁魏王豹为西魏王，统管河东地区，都城设在平阳。瑕丘申阳，是张耳所宠爱的臣子，率先攻下河南地区，在黄河边迎接楚军，所以立申阳为河南王，都城设在洛阳。韩王成沿袭旧有封地，都城在阳翟。赵将司马卬平定了河内地区，多次立功，所以立司马卬为殷王，统管河内地区，都城设在朝歌。迁赵王歇为代王。赵相张耳一向贤能，又跟随楚军入关，所以立张耳为常山王，统管原赵国地区，都城设在襄国。当阳君黥布作为楚将，常常勇冠三军，所以立黥布为九江王，都城设在六县。鄱君吴芮率领百越地区的军队配合义军反秦，又跟随入关，所以立吴芮为衡山王，都城设在邾县。义帝的柱国共敖领兵攻打南郡，功劳大，于是立共敖为临江王，都城设在江陵。迁燕王韩广为辽东王。燕将臧荼跟随楚军救赵，并一路跟随入关，所以立臧荼为燕王，都城设在蓟县。迁齐王田市为胶东王。齐将田都跟随楚军救赵，并一路跟随入关，所以立田都为齐王，都城设在临淄。原先被秦国灭亡的齐王田建的孙子田安，在项羽刚刚渡过黄河救赵时，攻下济北的几座城池，带领部队归降项羽，所以立田安为济北王，都城设在博阳。田荣屡次背叛项梁，又不肯领兵跟随楚军进攻秦朝，所以不予分封。成安君陈馀丢弃将印离去，没有跟随入关，但一向听说他的贤能，对赵国有功，听说他在南皮，所以就把环绕南皮的三个县封给他。番君的将领梅鋗功劳大，所以封为享有十万户赋税的侯爵。项王自立为西楚霸王，统辖九郡，定都彭城。

跟毛泽东读《史记》

　　汉王元年四月，各路诸侯从项王的麾下解散，各自到自己的封地去了。项王离开关中到自己的封地去，先派人迁徙义帝，说："古代的帝王拥有千里国土，一定要居住在江河的上游。"于是派人将义帝迁到长沙郡的郴县去。他们催促义帝启程，义帝的大臣们见此就渐渐地离开了他。项王于是暗中命令衡山王吴芮和临江王共敖在长江上杀死了义帝。韩王成没有军功，项王不让他到封地去，把他带到了彭城，废了他的王位改为侯爵，不久又杀了他。臧荼到了封国，就要把韩广驱逐到辽东去，韩广不听命，臧荼就在无终攻杀了他，兼并了他的封地。

　　田荣听说项羽迁齐王田市为胶东王，而立齐将田都为齐王，于是大怒，不肯送齐王田市去胶东，顺势凭借齐地造反，迎击田都。田都逃回了楚国。齐王田市害怕项王，于是逃往胶东封地去就任。田荣大怒，派人追击，在即墨把他杀死了。田荣于是自立为齐王，向西进攻杀死了济北王田安，兼并了三齐之地。田荣授予彭越将军印信，让他在梁地造反。陈馀暗地里派张同、夏说游说齐王田荣说："项羽分割天下不公平。如今把原来的诸侯王全封在不好的地区，而把好的地方封给了他的群臣将领，驱逐原来的诸侯王，赵王于是北迁到代地，我认为不应该。听说大王您起兵，而且不接受不正确的命令，希望大王资助给陈馀我一些兵马，让我率领着进攻常山，让赵王回去复位，让赵国成为您的屏障。"齐王田荣答应了，于是派兵去赵国。陈馀也全部征发了自己所封三个县的兵丁，与齐共同攻击常山，将其打垮。张耳逃走归服了汉王。陈馀从代地迎回了故主赵王歇，返回了赵国。赵王歇于是立陈馀为代王。

　　这时，汉王回师平定了三秦。项羽听说汉王已经把关中地区全部兼并，正准备东进，齐国、赵国背叛了自己，大为震怒。于是让原来吴县县令郑昌为韩王，以抵挡汉王。命令萧公角等进攻彭越。彭越打败了萧公角等。汉派张良巡得招抚韩地，于是送信给项王说："汉王没有得到应该得的职位，只想得到关中地区，按照原来的约定做了关中王就会停止，不敢东进。"又把齐、赵的反书送给项王说："齐想与赵联合共同

14 做人不可沽名学霸王

灭楚。"项王因此打消了向西进攻汉王的意图,转而向北进攻齐国。项王征调九江王黥布率军前来。黥布称病不去,只派了将军率领了几千人前往。项王从此怨恨黥布。

汉王二年冬季,项羽北进到了城阳,田荣也率军会战。田荣不能取胜,逃到了平原,平原的百姓杀死了他。项羽于是就烧毁了齐国的城郭房屋,把田荣部队投降的士卒全部活埋了,虏走了齐国的老弱妇女。攻占齐国土地直到北海边,所过之处大多成了一片废墟。齐国人民团结起来背叛了项羽。于是田荣的弟弟田横收聚起齐国逃散的士卒,得到了几万人,在城阳造反。项王于是被牵制在齐地,一连几次进攻城阳都没有攻下。

汉王二年春天,汉王统率反对项王的各路军队,一共有五十六万人,东进伐楚。项王听到消息后,就让诸将继续在齐国作战,自己率领精兵三万人向南经由鲁县穿过胡陵回救楚国。这一年的四月,汉军已经攻入了彭城,占有了项王所有的珍宝美女,每天大摆酒宴大会宾客。项王绕到彭城西面的萧县,截断了汉王的归路,第二天一早,向东发起攻击,直逼彭城,到中午时,大败汉军。汉军溃逃,相继掉入穀水、泗水,仅在这里被杀的汉兵就有十多万人。其他的一些败军都向南逃进了山里,楚军又乘胜追杀到了灵璧东面的睢水上。汉军再次溃退,被楚军逼挤,很多人被杀伤,十多万人纷纷跳进了睢水,以至于睢水都被堵塞得流动不了。楚军里外三层紧紧包围了汉王。正在这时,一阵大风忽然从西北刮起,拔起了树木,掀走了屋顶,飞沙走石,刮得天昏地暗,白天如同黑夜,迎面直向楚军吹去。楚军大乱,溃不成形。汉王这才乘机带着几十个随从骑马逃了出去。汉王想经由沛县,带上家眷一起西逃;而项王也派兵追到沛县,去捉拿汉王的家眷;汉王的家眷都逃跑了,没能与汉王见面。汉王在路上遇见了儿子和女儿,也就是日后的孝惠帝和鲁元公主,就用自己的车拉上他们一起走。楚国的骑兵追赶汉王,汉王急了,把儿子和女儿推下了车,滕公夏侯婴赶紧下去把他们抱了上来。就这样接连好几次。滕公说:"虽然情况紧急车子跑不快,又怎么能忍心把孩子扔下呢？"后来大家终于都脱了险。汉王一路上寻找太公和吕后，没有找到。审食其跟着太公和吕后抄小道逃亡，也在寻找汉王，不料反而遇上了楚军。楚军把他们捉了回去，禀报了项王，项王就把他们当作人质拘留在军营里。

这时吕后的哥哥周吕侯吕泽带领着一支汉军正屯驻在下邑，汉王从小路投奔他，慢慢聚集起打散的军队。到了荥阳，各路败军会合在一起，萧何也全部征发了关中没有登记在册的老人和少年送到荥阳，汉军声势重新振作起来。楚军从彭城出发，多次打败汉军，与汉军在荥阳南面的京县、索亭一带交战，汉军打败了楚军，因此楚军不能越过荥阳西进。

在项王回救彭城，追击汉王到荥阳的这段时间，田横也收复了齐地，立田荣之子田广为齐王。汉王在彭城大败，各路诸侯又都归降了楚国背叛了汉王。汉军驻扎在荥阳，修筑了甬道直到黄河边，来运送敖仓的粮食。

汉王三年，项王屡次侵夺汉军甬道，汉王军粮匮乏，恐慌起来，请求和谈，划分荥阳以西的地区给汉王。项王想要答应这个条件。历阳侯范增说："汉军现在很容易对付，现在放了他们不消灭，以后一定会后悔的。"项王于是与范增加紧围攻荥阳。汉王对此十分忧虑，于是用陈平的计策离间项王与范增的关系。项王的使者到来，汉军准备了牛、羊、猪三牲最高规格的筵席，准备端上去。招待人员见到使者，假装惊愕地说："我以为是亚父的使者，没想到是项王的使者。"又把食物端回去了，拿低劣的食物给项王的使者吃。使者回去报告了项王，项王于是怀疑范增私下里与汉勾结，渐渐剥夺了他的权力。范增大怒，说："天下的事大体已定，君王您自己干吧。请让我辞职回乡做个老百姓。"项王答应了。范增还没走到彭城，背上长了毒疮死去了。

汉将纪信对汉王说："事态已经非常紧急了，请允许我假装成大王来诳骗楚人，大王您可以乘机逃出去。"于是汉王夜间将两千名穿着甲胄的妇女赶出荥阳东门，楚兵四面围攻她们。这时纪信乘坐着黄屋车，

14 做人不可沽名学霸王

在左侧马的头上插着一撮牦牛尾,军士大喊:"城中粮食已尽,汉王出降。"楚军都大呼万岁。汉王也在这时带着几十个人骑马从城西门逃出,直奔成皋。项王见了纪信,问道:"汉王在哪里?"纪信说:"汉王已经离开荥阳了。"项王把纪信烧死了。

汉王让御史大夫周苛、枞公、魏王豹守荥阳。周苛、枞公商量说:"背叛之国的君王,难以和他共同守城。"于是他们就把魏王豹杀了。楚军攻下荥阳城,活捉了周苛。项王对周苛说:"你为我领兵作战,我让你做上将军,封给你食邑三万户。"周苛骂道:"你不赶紧降汉,汉王很快就要俘虏你,你不是汉王的对手。"项王大怒,烹杀了周苛,把枞公也一起杀了。

汉王逃出荥阳后,向南逃到了宛城、叶县,九江王黥布前来归降,于是他们边走边聚拢军队,再次进入成皋固守。汉王四年,项王进兵包围了成皋。汉王逃出成皋,单身一人与滕公夏侯婴出了成皋北门,渡过黄河直奔修武,去找张耳、韩信的部队。汉王的众位将领渐渐也逃出了成皋,追随汉王。楚军于是攻下了成皋,打算向西进军。汉派部队在巩县抵御,使得楚军无法西进。

这时,彭越渡过黄河攻击楚国的东阿,杀死了楚将军薛公。项王只得亲自领兵东归攻击彭越。汉王得到淮阴侯韩信的部队,想渡过黄河南下。郑忠劝说汉王,于是在河内驻扎下来。汉王派刘贾领兵协助彭越,烧掉了楚军积聚的物资。项王东归后击退了彭越的队伍。汉王于是领兵渡过黄河,再次攻取了成皋,驻军广武,取用敖仓的粮食。项王平定东海郡后回军向西,与汉军都面对广武涧扎营,对峙了几个月。

在这时候,彭越屡次在梁地袭击骚扰,断绝了楚军粮食,项王为此担忧。楚军搭起一座高台,上设砧板,把太公放在上面,威胁汉王说:"现在不赶紧投降,我就烹杀太公。"汉王说:"我和项羽你一起北面称臣,接受了怀王的命令,说'结为兄弟',我父亲就是你父亲,一定要烹煮你父亲,请分我一杯肉羹喝。"项王大怒,想杀了太公。项伯说:"天下大事还不能确定,况且打天下的人不会顾念家眷,即使我们杀了

跟毛泽东读《史记》

太公也无益处,只会增加祸患罢了。"项王听从了他的意见。

楚汉两军相持了很长时间,双方的青壮年苦于当兵打仗,老弱者也都因运送粮草物资而疲惫不堪。因此项王对汉王说:"百姓们一连几年不得安宁,就是因为你我二人,我愿与汉王挑战决出胜负,别再让天下百姓为我们受苦了。"汉王笑着谢绝道:"我宁愿和你斗智,不和你比匹夫之勇。"项王派出壮士挑战。汉王部下有一个叫楼烦的神箭手,楚军几次派人挑战,都射杀了挑战者。项王大怒,于是亲自披甲持戟出来挑战。楼烦搭箭正要射他,项王怒睁双眼向他大喝一声,楼烦被吓得眼不敢对视,手不敢发箭,逃回营内,再也不敢出来了。汉王派人出去打探,才知道出来挑战的是项王。汉王大吃一惊。于是项王约汉王隔着广武涧对话。汉王当面历数了项王的十大罪状,项王大怒,想和汉王决一死战。汉王不答应,项王预先埋伏的弓箭手射中了汉王。汉王被射伤,退进了成皋。

项王听说淮阴侯已经攻占了河北,又攻破齐国、赵国,就要准备进攻楚国了,就派龙且前去迎击。淮阴侯与龙且军交战,骑将灌婴进攻,大败楚军,杀死了龙且。韩信于是自立为齐王。项王听说龙且军失败,恐慌起来,派盱台人武涉前去游说韩信反汉。韩信不听。这时,彭越又起来反楚,攻下了梁地,断绝了楚军粮食。项王就对海春侯大司马曹咎等说:"小心守住成皋,汉军如果挑战,绝不要与他们交战,只要不让他们东进就行了。我十五天内一定能诛杀彭越,稳定梁地形势,再回来与将军会合。"于是项王东归,沿路攻打被彭越军队占领的陈留、外黄。

外黄坚守攻不下来。几天后,外黄不敌投降,项王非常生气,命令十五岁以上的男子全部到城东去,准备把他们全部活埋。外黄县令一个门客的儿子只有十三岁,前去劝说项王说:"彭越强行威逼外黄,外黄人害怕,所以暂时投降了他,等着大王您。大王您来了,又都把他们活埋,百姓谁还愿意归降您呢?从此以东,梁地十余座城都会因此而恐惧,没有肯归顺您的了。"项王认为他说得对,就赦免了那些要被活埋

14 做人不可沽名学霸王

的外黄人。从此以东直到睢阳，听说这个消息后都争着投降了项王。

汉军果然屡次挑战楚军，楚军不出战。汉军派人羞辱楚军，一连五六天，大司马曹咎大怒，率军渡汜水应战。士卒刚渡过一半，汉军发动了攻击，击溃了楚军，获得了楚国全部物资。大司马曹咎、长史董翳、塞王司马欣都在汜水自刭而死。大司马曹咎原来是蕲县的典狱官，长史司马欣过去曾在栎阳管理过监狱，两人都曾对项梁有恩，所以项王特别信任他们。这时，项王在睢阳，听说海春侯曹咎兵败，就带领部队返回。汉军这时正把钟离昧围困在荥阳东边。项王到了，汉军畏惧楚军，全部跑到险要之处躲了起来。

这时汉军人多粮足，而项王的军队则是兵疲粮尽。汉王派陆贾去游说项王，请他放回太公，项王不答应。汉王又派侯公去游说项王，项王才同意与汉王订立条约，平分天下，约定鸿沟以西的地区归汉，鸿沟以东的地区属楚。项王同意了，送回了汉王的父亲和妻子。汉军欢呼万岁。汉王于是封侯公为平国君。汉王躲着不肯再见平国君。他说："这是全天下最厉害的辩士，所到之处可以使国家倾覆，所以给他封号为平国君。"项王订立条约后，就解除军事对峙，带领军队返回东方领地。

汉王也准备撤军西行，这时张良、陈平说："汉已经占据了大半个天下，诸侯大都已经归附。楚军兵疲粮尽，这是上天要灭亡楚国的时候了，我们不如乘机灭了他。如果现在放过不打，这就是俗话说的'养虎遗患'啊。"汉王采纳了他们的意见。汉王五年，汉王追击项王到了阳夏南，驻扎下来，与淮阴侯韩信、建成侯彭越约定时间合兵进攻楚军。汉王率军按约定到了固陵，而韩信、彭越的军队并没有按期会合。楚军攻击汉军，将汉军打得大败。汉王只好再次退入营垒，深挖壕沟防守。汉王对张子房说："诸侯们不按约定行事，这可怎么办？"张良回答说："楚兵眼看就要被打败了，韩信、彭越还没得到封地，他们不来那是必然的。君王您如能和他们共分天下，马上就可以把他们招来。如果不能，事情就不好预料了。您能把从陈地以东直到海边的地区全都给韩信，把睢阳以北到穀城的地区全都给彭越：让他们为了各自的利益去

跟毛泽东读《史记》

作战，那么楚军就容易打败了。"汉王说："好。"于是派使者告诉韩信、彭越说："咱们合力击楚。打败楚军后，从陈地以东直到海边的地区全都给齐王韩信，睢阳以北到穀城的地区全都给相国彭越。"使者一到，韩信、彭越都回报说："我们马上进兵。"于是韩信从齐国赶来，刘贾所部从寿春同时进兵，屠灭了城父，到达垓下。楚国大司马周殷背叛了楚国，带领舒县的军队屠灭了六县，带领着九江王黥布的部队，跟随刘贾、彭越一起到垓下会师，与项王对峙。

项王军驻扎在垓下，兵力少，粮食也吃光了，汉军和各路诸侯军把他们重重围住。深夜里听到四面的汉军都唱着楚地的歌谣，项王大为吃惊，说："汉军已经占有全部楚国了吗？要不他们的军中怎么有这么多楚人呢？"于是他半夜起身，在帐中饮酒浇愁。他身边有一个名叫虞的美人，深受宠爱，一直跟随在他身边；还有一匹名叫骓的骏马，一直骑乘着。这时候项王感慨万分，自己作歌道："力拔山兮气盖世，时不利兮骓不逝。骓不逝兮可奈何，虞兮虞兮奈若何！"他一连唱了好几遍，虞美人也和着他一起唱。项王泪如雨下，左右将士们也涕泣唏嘘，谁都不忍心抬头仰视。

于是项王上马突围，帐下跟随的骑兵还有八百多人，他们半夜时分冲出重围向南疾驰逃走。到天快亮的时候，汉军才发觉，汉王命令骑将灌婴率领五千骑兵追赶项王。等到项王渡过淮河，跟随他的骑兵就只剩下一百来人了。项王跑到阴陵县时，迷了路，他向一个农民打听，这个农民骗他说"往左拐"。项王向左拐，结果陷在了沼泽里。所以被汉军追上了。项王再领兵向东跑，到了东城，身边只剩下了二十八个人。汉军追兵有好几千人。项王自己估计着无法脱险了，就对随从们说："我自从起兵到现在已经八年了，曾身经七十多场大战，抵挡我的都被我击破，我所攻击的都被降服，没有失败过一次，从而成了天下的霸主。想不到今天竟然被困在这里，这是老天爷要灭亡我，不是我不会打仗。今天要决一生死，为你们诸位再痛痛快快地打一仗，一定要连胜几回，我要为你们突破重围，杀死追将，砍倒敌旗，让你们明白，这是老天爷要

14 做人不可沽名学霸王

灭亡我，不是我不会打仗。"说罢就把他这二十八个人分成了四组，分别朝着四个方向冲杀。这时汉军已经把他们围了好几层。项王对他的骑兵们说："我来给你们杀他一个将领。"他命令四个小组分别朝四个方向冲出，并约定好大家在山的东面分三处集合。然后项王大吼一声拍马冲了出去，汉军吓得纷纷倒退，混乱中汉军被项王杀掉了一个将领。当时，赤泉侯杨喜是汉王的骑将，追赶项王。项王回头瞪起眼睛，大喝一声，杨喜连人带马都吓坏了。向后退了好几里地。项王果然和他的部下们分三个地方集合了。汉军弄不清项王在哪一处，于是只好把追兵分成三股，分别包围。这时项王又冲出来杀死了汉军的一个都尉，杀死了汉军士兵近百人，而后把自己的人集合起来一清点，才发现只少了两个。项王问他的部下说："怎么样？"大家都敬佩地说："果然像大王说的一样。"

这时项王到了乌江浦，准备东渡。乌江亭的亭长驾着一只小船靠在岸边，对项王说："江东虽小，可也还有纵横上千里的土地，还有民众几十万，也足够您称王的。请您赶紧上船过江。这里只我一个人有船，汉军追到这里，他们也无法渡过江去。"项王笑道："既然老天爷要灭亡我，我还渡江干什么！况且当初我渡江西下时曾带着江东子弟八千人，如今他们没有一个活着回去，即使江东父老们可怜我，还拥戴我为王，我自己又有什么脸面去见他们呢？就算人家什么也不说，难道我自己就不问心有愧吗？"接着他又对亭长说："我知道您是好人。我骑这匹马已经五年了，所向无敌，它能一日奔驰千里，我不忍心杀它，就把它送给您吧。"说罢命令所有的人都下马步行，手持短兵器与汉军接战。光是项王一个人就杀死了汉兵几百人，而项王自己身上也有十余处受了伤。项王回头忽然看见了汉军的骑司马吕马童，就招呼他说："那不是我的老朋友吗？"吕马童定睛看看项王，指着他回头对王翳说："这就是项王。"项王对他们说："我听说汉曾悬赏千金买我的人头，还有万户的封地，我就送你们个人情吧。"说罢拔剑自刎而死。王翳割取了项王的人头，其余的骑兵蜂拥而上去抢项王的尸体，互相拥挤践踏，

跟毛泽东读《史记》

死了好几十人。最后，郎中骑杨喜，骑司马吕马童，郎中吕胜、杨武分别抢到项王的一肢。他们五个人把残肢凑在一起，可以确认都是项王的。于是汉王就把当初悬赏的万户封邑一分为五，封吕马童为中水侯，封王翳为杜衍侯，封杨喜为赤泉侯，封杨武为吴防侯，封吕胜为涅阳侯。

项王死后。楚地都投降了汉王，只有鲁城不肯投降。汉王于是带领天下军队准备屠灭鲁城，因为鲁城守礼义，为故主以死守节，于是让人拿着项王的头给鲁城人看，鲁城父兄这才投降。当初，楚怀王一开始封项羽为鲁公，在他死后，鲁城又最后投降，所以就按照鲁公的礼仪将项王安葬在穀城。汉王为他举哀，哭祭后才离去。

项氏各支宗族，汉王都没有诛杀。封项伯为射阳侯。桃侯、平皋侯、玄武侯都是项氏族人，汉王都恩赐他们姓刘。

太史公说：我曾听周生说过"舜的眼睛有两个瞳孔"，又听说项羽也有两个瞳孔。项羽莫非是舜的后代吗？不然怎么会兴起得这么突然呢！秦朝暴虐无道，陈涉首先起兵发难，各地豪杰们都蜂拥而起，你争我夺，不胜枚举。而项羽并没有尺寸的封地为根基，而是以一个平民百姓的身份拔地而起，用了三年时间就率领着东方的诸侯们灭掉了秦朝，接着他切割土地，分封王侯，所有政令都由项羽一人发布，自己号称西楚霸王，他的事业虽然没能善始善终，但像他这样的近古以来也没有过。后来他放弃关中而眷念楚地，驱逐了义帝而以自己为尊，这时候他再埋怨王侯们背叛他，那就很难了。他夸耀自己的战功，只知道一意孤行而不吸取历史经验，他只想成为一代霸主，想着用武力征伐就可以经营天下，结果五年的时间国家被灭，自己死亡，可他到临死的时候还不悔悟，不知道责备自己，这是错误的。他说"这是老天爷要灭亡我，不是我不会打仗"，这真是太荒谬了！

15 汉王是一位高明的政治家

毛泽东读批《史记·高祖本纪》

【读原文】

汉高祖刘邦比西楚霸王项羽强，他得天下一因决策对头，二因用人得当。

——1957年6月13日，毛泽东同吴冷西等人的谈话［见吴冷西：《缅怀毛泽东》（上册），中央文献出版社1993年版，第206页］

刘邦是在封建时代被历史家称为"豁达大度，从谏如流"的英雄人物。刘邦同项羽打了好几年仗，结果刘邦胜了，项羽败了，不是偶然的。

——1962年1月30日，毛泽东在扩大的中央工作会议上的讲话［见《毛泽东著作选读》（下册），人民出版社1993年版，第820—821页］

项王非政治家。汉王则为一位高明的政治家。

——毛泽东读司马迁《史记·高祖本纪》的批语

（见《毛泽东读文史古籍批语集》，中央文献出版社1993年版，第121页）

【品解析】

刘邦以一平民身份，在秦末起义群雄中脱颖而出，战胜强大的敌手项羽，夺得天下，开创几百年的王朝基业，这在中国夏、商、周以来的历史上，算是第一人。司马迁在《史记·高祖本纪》里，也多次强调他"起微细"，还描述了他早年在沛县乡里颇有些无赖的表现。例如"不事家人生产作业"，"好酒及色"等。另一方面，刘邦又"仁而爱人，喜施（舍），意豁如也。幸有大度"。这些，大抵是刘邦出身"微细"而又有不凡的意气志向的"老粗"本色。毛泽东很欣赏刘邦这个人物，对他的生平遭际、奋斗历程、才德风格，十分熟悉，多次评论，引为借鉴，教育干部。

在毛泽东看来，刘邦之所以能胜利，他自身的一些因素起了重要作用。首先，他"比较熟悉社会生活，了解人民心理"，同情人民的疾苦。早先，他与项羽及众诸侯相约，最先夺取关中者为王。其后，他果然先夺取关中，进入关中后，他对父老乡亲们说：你们受秦的苛法很久了，我来是为你们"除害"的，不必害怕。并与父老乡亲约法三章："杀人者死，伤人及盗抵罪。余悉除去秦法。"老百姓用牛羊酒肉慰劳刘邦的军队，刘邦一概不接受，并说，粮食多，不要浪费。这样，"人又益喜，唯恐沛公不为秦王"。而对比之下，项羽虽然勇武善战，军事实力比刘邦强，怎奈却是一个残暴成性的"霸王"，所到之处烧杀抢掠，"秦人大失望，然恐，不敢不服耳"。刘邦即皇帝位后，虽然基本上实行的是秦朝的封建统治制度，但他实行与民休养生息的政策，对内定律令、定军法、定礼仪，提倡节俭，对外与少数民族匈奴单于等实行和亲，以求得边界的平静。这些，都为汉王朝的兴盛奠定了基础，起好了步，开好了局。

刘邦还"豁达大度，从谏如流"。他能听取别人的意见，不固执武断。《史记》中记载了他不少肯于纳谏、善于选择的事例。一是见郦食其，采纳他攻取陈留之计；一是听张良劝说，封举足轻重的韩信为齐王；一是楚汉划界鸿沟后，听张良、陈平之劝，乘胜追击引兵东向的项羽；一是刘邦称帝后，欲建都洛阳，听齐人刘敬建议，入都关中长安。这些正确举措，使得刘邦一步步走向胜利。

关于刘邦听取郦食其意见一事，毛泽东在1962年1月30日扩大的中央工作会议上有过讲述，讲得生动活泼。他说："从前有个项羽，叫做西楚霸王，他就不爱听别人的不同意见。他那里有个范增，给他出过些主意，可是项羽不听范增的话。另外一个人叫刘邦，就是汉高祖，他比较能够采纳各种不同的意见。有个知识分子名叫郦食其，去见刘邦。初一报，说是读书人，孔夫子这一派的。回答说，现在军事时期，不见儒生。这个郦食其就发了火，他向管门房的人说，你给我滚进去报告，老子是高阳酒徒，不是儒生。管门房的人进去照样报告了一遍。好，请。请了进去，刘邦正在洗脚，连忙起来欢迎。郦食其因为刘邦不见儒生的事，心中还有火，批评了刘邦一顿。他说，你究竟要不要取天下，你为什么轻视长者！这时候，郦食其已经六十多岁了，刘邦比他年轻，所以他自称长者。刘邦一听，向他道歉，立即采纳了郦食其夺取陈留县的意见。此事见《史记》郦生陆贾列传。刘邦是在封建时代被历史学家称为'豁达大度，从谏如流'的英雄人物。"毛泽东由此发出慨叹："刘邦同项羽打了好几年仗，结果刘邦胜了，项羽败了，不是偶然的。"

刘邦知人善任，采人所长。建立汉朝后，有一次，刘邦曾与自己的大臣讨论自己胜利、项羽失败的原因，各位大臣都作了分析，他均不赞成，最后拿出自己的见解来："夫运筹策帷帐之中，决胜于千里之外，吾不如子房。镇国家，抚百姓，给馈饷，不绝粮道，吾不如萧何。连百万之军，战必胜，攻必取，吾不如韩信。此三者，皆人杰也，吾能用之，此吾所以取天下也。项羽有一范增而不能用，此其所以为我擒也。"众大臣听罢，心悦诚服。

刘邦即帝位后，昔日的功臣淮阴侯韩信，淮南王英布等异姓王发生叛乱，他亲往征讨后，回归故里沛县时，与故乡父老子弟饮酒时作了一首《大风歌》，诗云："大风起兮云飞扬，威加海内兮归故乡，安得猛士兮守四方！"这首诗唱出了这位开国皇帝的真实心态，既流露出英雄际会风云的豪迈之情，又流露出失去患难与共的良将、无所倚傍的空虚感。毛泽东称赞"这首诗写得很好，很有气魄"。他认为，刘邦没有读过几天书，能写出这样的"好诗"，很不容易。

有感于刘邦等人的经历和业绩，毛泽东曾得出一个结论：老粗出人物。自古以来，能干的皇帝大多是老粗出身。汉朝的刘邦是封建帝王里边最厉害的一个。南北朝，宋、齐、梁、陈，五代，梁、唐、晋、汉、周，很有几个老粗。文的也有几个好的，如李世民。

毛泽东晚年谈史，越来越强调这个观点。1964年3月24日，他在一次谈话中说："可不要看不起老粗。知识分子是比较最没有出息的。历史上当皇帝，有许多是知识分子，是没有出息的。隋炀帝就是一个会做文章、诗词的人。陈后主、李后主，都是能诗能赋的人。宋徽宗既能写诗，又能绘画。一些老粗能办大事情，成吉思汗、刘邦、朱元璋。"在同年5月12日的一次谈话中，毛泽东又说："《明史》我看了最生气。明朝除了明太祖（朱元璋）、明成祖（朱棣）不识字的两个皇帝搞得比较好，明武宗（朱厚照）、明英宗（朱祁镇）还稍好些以外，其余的都不好，尽做坏事。"

毛泽东列举的这些事例，说明统帅之才并非读书人才行。有些读书不多，乃至不读书的"老粗"往往能成大业。但是，绝不可以偏概全，由此得出知识分子无用的结论。历史上的老粗能成大事，很大一个因素是在于他们善于利用读书人的才智，刘邦如此，刘备如此，李世民如此，朱元璋更是如此。而且老粗们在成大业的过程中，都自觉不自觉地多多少少地走向"儒化"。

15 汉王是一位高明的政治家

  毛泽东常拿刘邦、项羽的故事来教育干部。在 1962 年 1 月 30 日的扩大的中央工作会议上，讲民主集中制的问题时，他说："党委的领导，是集体领导，不是第一书记个人独断。"如果不能做到民主，"就是一人称霸。这样的第一书记，应当叫做霸王，不是民主集中制的'班长'"。他尖锐地指出："我们现在有些第一书记，连封建时代的刘邦都不如，倒有点像项羽。这些同志如果不改，最后要垮台的。不是有出戏叫《霸王别姬》吗？这些同志如果总是不改，难免有一天要'别姬'就是了。（笑声）我为什么要讲得这样厉害呢？是想讲得挖苦一点，对一些同志戳得痛一点，让这些同志好好地想一想，最好有两天睡不着觉。他们如果睡得着觉，我就不高兴，因为他们还没有被戳痛。"《霸王别姬》这出戏，取材于项羽兵败垓下，夜起饮酒帐中，慷慨悲歌："力拔山兮气盖世，时不利兮骓不逝。骓不逝兮可奈何，虞兮虞兮奈若何！"项羽有骏马名骓，有美人名虞。"歌数阕，美人和之。项王泣数行下，左右皆泣，莫能仰视。"最后在乌江边以拔剑自刎而告终。

  毛泽东批评项羽不爱听别人意见，导致失败的可悲下场，肯定刘邦"豁达大度，从谏如流"，赞赏刘邦"比较熟悉社会生活，了解人民心理"，"决策对头"，"用人得当"，这些对我们的各级领导干部，具有重要的启迪，可从中获得宝贵的教益。

【读《史记》】

  高祖，沛丰邑中阳里人，姓刘氏，字季。父曰太公，母曰刘媪。其先刘媪尝息大泽之陂，梦与神遇。是时雷电晦冥，太公往视，则见蛟龙于其上。已而有身，遂产高祖。

  高祖为人，隆准而龙颜，美须髯，左股有七十二黑子。仁而爱人，喜施，意豁如也。常有大度，不事家人生产作业。及壮，试为吏，为泗水亭长，廷中吏无所不狎侮。好酒及色。常从王媪、武负贳酒，醉卧，武负、王媪见其上常有龙，怪之。高祖每酤留饮，酒雠数倍。及见怪，

333

跟毛泽东读《史记》

岁竟，此两家常折券弃责。

高祖常繇咸阳，纵观，观秦皇帝，喟然太息曰："嗟乎，大丈夫当如此也！"

单父人吕公善沛令，避仇从之客，因家沛焉。沛中豪桀吏闻令有重客，皆往贺。萧何为主吏，主进，令诸大夫曰："进不满千钱，坐之堂下。"高祖为亭长，素易诸吏，乃绐为谒曰"贺钱万"，实不持一钱。谒入，吕公大惊，起，迎之门。吕公者，好相人，见高祖状貌，因重敬之，引入坐。萧何曰："刘季固多大言，少成事。"高祖因狎侮诸客，遂坐上坐，无所诎。酒阑，吕公因目固留高祖。高祖竟酒，后。吕公曰："臣少好相人，相人多矣，无如季相，愿季自爱。臣有息女，愿为季箕帚妾。"酒罢，吕媪怒吕公曰："公始常欲奇此女，与贵人。沛令善公，求之不与，何自妄许与刘季？"吕公曰："此非儿女子所知也。"卒与刘季。吕公女乃吕后也，生孝惠帝、鲁元公主。

高祖为亭长时，常告归之田。吕后与两子居田中耨，有一老父过请饮，吕后因铺之。老父相吕后曰："夫人天下贵人。"令相两子，见孝惠，曰："夫人所以贵者，乃此男也。"相鲁元，亦皆贵。老父已去，高祖适从旁舍来，吕后具言客有过，相我子母皆大贵。高祖问，曰："未远。"乃追及，问老父。老父曰："乡者夫人婴儿皆似君，君相贵不可言。"高祖乃谢曰："诚如父言，不敢忘德。"及高祖贵，遂不知老父处。

高祖为亭长，乃以竹皮为冠，令求盗之薛治之，时时冠之，及贵常冠，所谓"刘氏冠"乃是也。

高祖以亭长为县送徒郦山，徒多道亡。自度比至皆亡之，到丰西泽中，止饮，夜乃解纵所送徒。曰："公等皆去，吾亦从此逝矣！"徒中壮士愿从者十余人，高祖被酒，夜径泽中，令一人行前。行前者还报曰："前有大蛇当径，愿还。"高祖醉，曰"壮士行，何畏！"乃前，拔剑击斩蛇。蛇遂分为两，径开。行数里，醉，因卧。后人来至蛇所，有一老妪夜哭。人问何哭，妪曰："人杀吾子，故哭之。"人曰"妪子何

15 汉王是一位高明的政治家

为见杀?"妪曰:"吾子,白帝子也,化为蛇,当道,今为赤帝子斩之,故哭。"人乃以妪为不诚,欲苦之,妪因忽不见。后人至,高祖觉。后人告高祖,高祖乃心独喜,自负。诸从者日益畏之。

秦始皇帝常曰"东南有天子气",于是因东游以厌之。高祖即自疑,亡匿,隐于芒、砀山泽岩石之间。吕后与人俱求,常得之。高祖怪问之。吕后曰:"季所居上常有云气,故从往常得季。"高祖心喜。沛中子弟或闻之,多欲附者矣。

秦二世元年秋,陈胜等起蕲,至陈而王,号为"张楚"。诸郡县皆多杀其长吏以应陈涉。沛令恐,欲以沛应涉。掾、主吏萧何、曹参乃曰:"君为秦吏,今欲背之,率沛子弟,恐不听。愿君召诸亡在外者,可得数百人,因劫众,众不敢不听。"乃令樊哙召刘季。刘季之众已数十百人矣。

于是樊哙从刘季来。沛令后悔,恐其有变,乃闭城城守,欲诛萧、曹。萧、曹恐,逾城保刘季。刘季乃书帛射城上,谓沛父老曰:"天下苦秦久矣。今父老虽为沛令守,诸侯并起,今屠沛,沛今共诛令,择子弟可立者立之,以应诸侯,则家室完。不然,父子俱屠,无为也。"父老乃率子弟共杀沛令,开城门迎刘季,欲以为沛令。刘季曰:"天下方扰,诸侯并起,今置将不善,壹败涂地。吾非敢自爱,恐能薄,不能完父兄子弟。此大事,愿更相推择可者。"萧、曹等皆文吏,自爱,恐事不就,后秦种族其家,尽让刘季。诸父老皆曰:"平生所闻刘季诸珍怪,当贵,且卜筮之,莫如刘季最吉。"于是刘季数让。众莫敢为,乃立季为沛公。祠黄帝、祭蚩尤于沛庭,而衅鼓旗,帜皆赤。由所杀蛇白帝子,杀者赤帝子,故上赤。于是少年豪吏如萧、曹、樊哙等皆为收沛子弟二三千人,攻胡陵、方与,还守丰。

秦二世二年,陈涉之将周章军西至戏而还。燕、赵、齐、魏皆自立为王。项氏起吴。秦泗川监平将兵围丰,二日,出与战,破之。命雍齿守丰,引兵之薛。泗川守壮败于薛,走至戚,沛公左司马得泗川守壮,杀之。沛公还军亢父,至方与,周市来攻方与,未战。陈王使魏人周市略地。周市使人谓雍齿曰："丰,故梁徙也。今魏地已定者数十城。齿今下魏,魏以齿为侯守丰。不下,且屠丰。"雍齿雅不欲属沛公,及魏招之,即反为魏守丰。沛公引兵攻丰,不能取。沛公病,还之沛,沛公怨雍齿与丰子弟叛之,闻东阳甯君、秦嘉立景驹为假王,在留,乃往从之,欲请兵以攻丰。是时秦将章邯从陈,别将司马尼将兵北定楚地,屠相,至砀。东阳甯君、沛公引兵西,与战萧西,不利。还收兵聚留,引兵攻砀,三日乃取砀。因收砀兵,得五六千人。攻下邑,拔之。还军丰。闻项梁在薛,从骑百余往见之。项梁益沛公卒五千人,五大夫将十人。沛公还,引兵攻丰。

从项梁月余,项羽已拔襄城还。项梁尽召别将居薛。闻陈王定死,因立楚后怀王孙心为楚王,治盱台。项梁号武信君。居数月,北攻亢父,救东阿,破秦军。齐军归,楚独追北,使沛公、项羽别攻城阳,屠之。军濮阳之东,与秦军战,破之。

秦军复振,守濮阳,环水。楚军去而攻定陶,定陶未下。沛公与项羽西略地至雍丘之下,与秦军战,大破之,斩李由。还攻外黄,外黄未下。

项梁再破秦军,有骄色。宋义谏,不听。秦益章邯兵,夜衔枚击项梁,大破之定陶,项梁死。沛公与项羽方攻陈留,闻项梁死,引兵与吕将军俱东。吕臣军彭城东,项羽军彭城西,沛公军砀。

章邯已破项梁军,则以为楚地兵不足忧,乃渡河,北击赵,大破之。当是之时,赵歇为王,秦将王离围之钜鹿城,此所谓"河北之军"也。

秦二世三年,楚怀王见项梁军破,恐,徙盱台,都彭城,并吕臣、项羽军自将之。以沛公为砀郡长,封为武安侯,将砀郡兵。封项羽为长安侯,号为鲁公。吕臣为司徒,其父吕青为令尹。

赵数请救,怀王乃以宋义为上将军,项羽为次将,范增为末将,北救赵。令沛公西略地入关。与诸将约,先入定关中者王之。

当是时,秦兵强,常乘胜逐北,诸将莫利先入关。独项羽怨秦破项

15 汉王是一位高明的政治家

梁军，奋，愿与沛公西入关。怀王诸老将皆曰："项羽为人僄悍猾贼。项羽尝攻襄城，襄城无遗类，皆坑之，诸所过无不残灭。且楚数进取，前陈王、项梁皆败。不如更遣长者扶义而西，告谕秦父兄。秦父兄苦其主久矣，今诚得长者往，毋侵暴，宜可下。今项羽僄悍，今不可遣。独沛公素宽大长者，可遣。"卒不许项羽，而遣沛公西略地，收陈王、项梁散卒。乃道砀至咸阳，与杠里秦军夹壁。破秦二军。楚军出兵击王离，大破之。

沛公引兵西，遇彭越昌邑，因与俱攻秦军，战不利。还至栗，遇刚武侯，夺其军，可四千余人，并之。与魏将皇欣、魏申徒武蒲之军并攻昌邑，昌邑未拔。西过高阳。郦食其为监门，曰："诸将过此者多，吾视沛公大人长者。"乃求见，说沛公。沛公方踞床，使两女子洗足。郦生不拜，长揖，曰："足下必欲诛无道秦，不宜踞见长者。"于是沛公起，摄衣谢之，延上坐。食其说沛公袭陈留，得秦积粟。乃以郦食其为广野君，郦商为将，将陈留兵，与偕攻开封，开封未拔。西与秦将杨熊战白马，又战曲遇东，大破之。杨熊走之荥阳，二世使使者斩以徇。南攻颍阳，屠之。因张良遂略韩地轘辕。

当是时，赵别将司马卬方欲渡河入关，沛公乃北攻平阴，绝河津。南，战雒阳东，军不利，还至阳城，收军中马骑，与南阳守齮战犨东，破之。略南阳郡，南阳守齮走，保城守宛。沛公引兵过而西。张良谏曰："沛公虽欲急入关，秦兵尚众，距险。今不下宛，宛从后击，强秦在前，此危道也。"于是沛公乃夜引兵从他道还，更旗帜，黎明，围宛城三匝。南阳守欲自刭。其舍人陈恢曰："死未晚也。"乃逾城见沛公，曰："臣闻足下约，先入咸阳者王之。今足下留守宛。宛，大郡之都也，连城数十，人民众，积蓄多，吏人自以为降必死，故皆坚守乘城。今足下尽日止攻，士死伤者必多；引兵去宛，宛必随足下后：足下前则失咸阳之约，后又有强宛之患。为足下计，莫若约降，封其守，因使止守，引其甲卒与之西。诸城未下者，闻声争开门而待，足下通行无所累。"沛公曰："善。"乃以宛守为殷侯，封陈恢千户。引兵西，无不下

337

者。至丹水，高武侯鳃、襄侯王陵降西陵。还攻胡阳，遇番君别将梅鋗，与皆，降析、郦。遣魏人宁昌使秦，使者未来。是时章邯已以军降项羽于赵矣。

初，项羽与宋义北救赵，及项羽杀宋义，代为上将军，诸将黥布皆属，破秦将王离军，降章邯，诸侯皆附。及赵高已杀二世，使人来，欲约分王关中。沛公以为诈，乃用张良计，使郦生、陆贾往说秦将，啖以利，因袭攻武关，破之。又与秦军战于蓝田南，益张疑兵旗帜，诸所过毋得掠卤，秦人熹，秦军解，因大破之。又战其北，大破之。乘胜，遂破之。

汉元年十月，沛公兵遂先诸侯至霸上。秦王子婴素车白马，系颈以组，封皇帝玺、符、节，降轵道旁。诸将或言诛秦王。沛公曰："始怀王遣我，固以能宽容；且人已服降，又杀之，不祥。"乃以秦王属吏，遂西入咸阳。欲止宫休舍，樊哙、张良谏，乃封秦重宝财物府库，还军霸上。召诸县父老豪桀曰："父老苦秦苛法久矣，诽谤者族，偶语者弃市。吾与诸侯约，先入关者王之，吾当王关中。与父老约法三章耳：杀人者死，伤人及盗抵罪。余悉除去秦法。诸吏人皆案堵如故。凡吾所以来，为父老除害，非有所侵暴，无恐！且吾所以还军霸上，待诸侯至而定约束耳。"乃使人与秦吏行县乡邑，告谕之。秦人大喜，争持牛羊酒食献飨军士。沛公又让不受，曰："仓粟多，非乏，不欲费人。"人又益喜，唯恐沛公不为秦王。

或说沛公曰："秦富十倍天下，地形强。今闻章邯降项羽，项羽乃号为雍王，王关中。今则来，沛公恐不得有此。可急使兵守函谷关，无内诸侯军，稍征关中兵以自益，距之。"沛公然其计，从之。十一月中，项羽果率诸侯兵西，欲入关，关门闭。闻沛公已定关中，大怒，使黥布等攻破函谷关。十二月中，遂至戏。沛公左司马曹无伤闻项王怒，欲攻沛公，使人言项羽曰："沛公欲王关中，令子婴为相，珍宝尽有之。"欲以求封。亚父劝项羽击沛公。方飨士，旦日合战。是时项羽兵四十万，号百万。沛公兵十万，号二十万，力不敌。会项伯欲活张良，

15 汉王是一位高明的政治家

夜往见良，因以文谕项羽，项羽乃止。沛公从百余骑，驱之鸿门，见谢项羽。项羽曰："此沛公左司马曹无伤言之。不然，籍何以至此！"沛公以樊哙、张良故，得解归。归，立诛曹无伤。

项羽遂西，屠烧咸阳秦宫室，所过无不残破。秦人大失望，然恐，不敢不服耳。项羽使人还报怀王。怀王曰："如约。"项羽怨怀王不肯令与沛公俱西入关，而北救赵，后天下约。乃曰："怀王者，吾家项梁所立耳，非有功伐，何以得主约！本定天下，诸将及籍也。"乃详尊怀王为义帝，实不用其命。

正月，项羽自立为西楚霸王，王梁、楚地九郡，都彭城。负约，更立沛公为汉王，王巴、蜀、汉中，都南郑。三分关中，立秦三将：章邯为雍王，都废丘；司马欣为塞王，都栎阳；董翳为翟王，都高奴。楚将瑕丘申阳为河南王，都洛阳。赵将司马卬为殷王，都朝歌。赵王歇徙王代。赵相张耳为常山王，都襄国。当阳君黥布为九江王，都六。怀王柱国共敖为临江王，都江陵。番君吴芮为衡山王，都邾。燕将臧荼为燕王，都蓟。故燕王韩广徙王辽东。广不听，臧荼攻杀之无终。封成安君陈馀河间三县，居南皮。封梅鋗十万户。

四月，兵罢戏下，诸侯各就国。汉王之国，项王使卒三万人从，楚与诸侯之慕从者数万人，从杜南入蚀中。去辄烧绝栈道，以备诸侯盗兵袭之，亦示项羽无东意。至南郑，诸将及士卒多道亡归，士卒皆歌思东归。韩信说汉王曰："项羽王诸将之有功者，而王独居南郑，是迁也。军吏士卒皆山东之人也，日夜跂而望归，及其锋而用之，可以有大功。天下已定，人皆自宁，不可复用。不如决策东乡，争权天下。"

项羽出关，使人徙义帝。曰："古之帝者地方千里，必居上游。"乃使使徙义帝长沙郴县，趣义帝行，群臣稍倍叛之，乃阴令衡山王、临江王击之，杀义帝江南。项羽怨田荣，立齐将田都为齐王。田荣怒，因自立为齐王，杀田都而反楚；予彭越将军印，令反梁地。楚令萧公角击彭越，彭越大破之。陈馀怨项羽之弗王己也，令夏说说田荣，请兵击张耳。齐予陈馀兵，击破常山王张耳，张耳亡归汉。迎赵王歇于代，复立

跟毛泽东读《史记》

为赵王。赵王因立陈馀为代王。项羽大怒，北击齐。

八月，汉王用韩信之计，从故道还，袭雍王章邯。邯迎击汉陈仓，雍兵败，还走；止战好畤，又复败，走废丘。汉王遂定雍地。东至咸阳，引兵围雍王废丘，而遣诸将略定陇西、北地、上郡。令将军薛欧、王吸出武关，因王陵兵南阳，以迎太公、吕后于沛。楚闻之，发兵距之阳夏，不得前。令故吴令郑昌为韩王，距汉兵。

二年，汉王东略地，塞王欣、翟王翳、河南王申阳皆降。韩王昌不听，使韩信击破之。于是置陇西、北地、上郡、渭南、河上、中地郡；关外置河南郡。重立韩太尉信为韩王。诸将以万人若以一郡降者，封万户。缮治河上塞。诸故秦苑囿园池，皆令人得田之。正月，虏雍王弟章平。大赦罪人。

汉王之出关至陕，抚关外父老，还，张耳来见，汉王厚遇之。二月，令除秦社稷，更立汉社稷。三月，汉王从临晋渡，魏王豹将兵从。下河内，虏殷王，置河内郡。南渡平阴津，至雒阳。新城三老董公遮说汉王以义帝死故。汉王闻之，袒而大哭。遂为义帝发丧，临三日。发使者告诸侯曰："天下共立义帝，北面事之。今项羽放杀义帝于江南，大逆无道。寡人亲为发丧，诸侯皆缟素。悉发关内兵，收三河士，南浮江汉以下，愿从诸侯王击楚之杀义帝者。"

是时项王北击齐，田荣与战城阳。田荣败，走平原，平原民杀之。齐皆降楚。楚因焚烧其城郭，系虏其子女，齐人叛之。田荣弟横立荣子广为齐王，齐王反楚城阳。项羽虽闻汉东，既已连齐兵，欲遂破之而击汉。汉王以故得劫五诸侯兵，遂入彭城。项羽闻之，乃引兵去齐，从鲁出胡陵，至萧，与汉大战彭城灵璧东睢水上，大破汉军，多杀士卒，睢水为之不流。乃取汉王父母妻子于沛，置之军中以为质。当是时，诸侯见楚强汉败还，皆去汉复为楚。塞王欣亡入楚。

吕后兄周吕侯为汉将兵，居下邑。汉王从之，稍收士卒，军砀。汉王乃西过梁地，至虞。使谒者随何之九江王布所，曰："公能令布举兵叛楚，项羽必留击之。得留数月，吾取天下必矣。"随何往说九江王

15 汉王是一位高明的政治家

布，布果背楚。楚使龙且往击之。

汉王之败彭城而西，行使人求家室，家室亦亡，不相得。败后乃独得孝惠，六月，立为太子，大赦罪人。令太子守栎阳，诸侯子在关中者皆集栎阳为卫。引水灌废丘，废丘降，章邯自杀。更名废丘为槐里。于是令祠官祀天地四方上帝山川，以时祀之。兴关内卒乘塞。

是时九江王布与龙且战，不胜，与随何间行归汉。汉王稍收士卒，与诸将及关中卒益出，是以兵大振荥阳，破楚京、索间。

三年，魏王豹谒归视亲疾，至即绝河津，反为楚。汉王使郦生说豹，豹不听。汉王遣将军韩信击，大破之，虏豹。遂定魏地，置三郡，曰河东、太原、上党。汉王乃令张耳与韩信遂东下井陉击赵，斩陈馀、赵王歇。其明年，立张耳为赵王。

汉王军荥阳南，筑甬道属之河，以取敖仓。与项羽相距岁余。项羽数侵夺汉甬道，汉军乏食，遂围汉王。汉王请和，割荥阳以西者为汉。项王不听。汉王患之，乃用陈平之计，予陈平金四万斤，以间疏楚君臣。于是项羽乃疑亚父。亚父是时劝项羽遂下荥阳，及其见疑，乃怒，辞老，愿赐骸骨归卒伍，未至彭城而死。

汉军绝食，乃夜出女子东门二千余人，被甲，楚因四面击之。将军纪信乃乘王驾，诈为汉王，诳楚，楚皆呼万岁，之城东观，以故汉王得与数十骑出西门遁。令御史大夫周苛、魏豹、枞公守荥阳。诸将卒不能从者，尽在城中。周苛、枞公相谓曰："反国之王，难与守城。"因杀魏豹。

汉王之出荥阳，入关收兵，欲复东。袁生说汉王曰："汉与楚相距荥阳数岁，汉常困。愿君王出武关，项羽必引兵南走，王深壁，令荥阳、成皋间且得休。使韩信等辑河北赵地，连燕、齐，君王乃复走荥阳，未晚也。如此，则楚所备者多，力分，汉得休，复与之战，破楚必矣。"汉王从其计，出军宛、叶间，与黥布行收兵。

项羽闻汉王在宛，果引兵南。汉王坚壁不与战。是时彭越渡睢水，与项声、薛公战下邳，彭越大破楚军。项羽乃引兵东击彭越。汉王亦引

341

兵北军成皋。项羽已破走彭越，闻汉王复军成皋，乃复引兵西，拔荥阳，诛周苛、枞公，而虏韩王信，遂围成皋。

汉王跳，独与滕公共车出成皋玉门，北渡河，驰宿修武。自称使者，晨驰入张耳、韩信壁，而夺之军。乃使张耳北益收兵赵地，使韩信东击齐。汉王得韩信军，则复振。引兵临河，南飨军小修武南，欲复战。郎中郑忠乃说止汉王，使高垒深堑，勿与战。汉王听其计，使卢绾、刘贾将卒二万人，骑数百，渡白马津，入楚地，与彭越复击破楚军燕郭西，遂复下梁地十余城。

淮阴已受命东，未渡平原。汉王使郦生往说齐王田广，广叛楚，与汉和，共击项羽。韩信用蒯通计，遂袭破齐。齐王烹郦生，东走高密。项羽闻韩信已举河北兵破齐、赵，且欲击楚，则使龙且、周兰往击之。韩信与战，骑将灌婴击，大破楚军，杀龙且。齐王广奔彭越。当此时，彭越将兵居梁地，往来苦楚兵，绝其粮食。

四年，项羽乃谓海春侯大司马曹咎曰："谨守成皋。若汉挑战，慎勿与战，无令得东而已。我十五日必定梁地，复从将军。"乃行击陈留、外黄、睢阳，下之。汉果数挑楚军，楚军不出，使人辱之五六日，大司马怒，渡兵汜水。士卒半渡，汉击之，大破楚军，尽得楚国金玉货赂。大司马咎、长史欣皆自刭汜水上。项羽至睢阳，闻海春侯破，乃引兵还。汉军方围锺离眛于荥阳东，项羽至，尽走险阻。

韩信已破齐，使人言曰："齐边楚，权轻，不为假王，恐不能安齐。"汉王欲攻之。留侯曰："不如因而立之，使自为守。"乃遣张良操印绶立韩信为齐王。

项羽闻龙且军破，则恐，使盱台人武涉往说韩信。韩信不听。

楚汉久相持未决，丁壮苦军旅，老弱罢转饷。汉王、项羽相与临广武之间而语。项羽欲与汉王独身挑战。汉王数项羽曰："始与项羽俱受命怀王，曰'先入定关中者王之'，项羽负约，王我于蜀汉，罪一。项羽矫杀卿子冠军而自尊，罪二。项羽已救赵，当还报，而擅劫诸侯兵入关，罪三。怀王约入秦无暴掠，项羽烧秦宫室，掘始皇帝冢，私收其财物，罪四。又强杀秦降王子婴，罪五。诈坑秦子弟新安二十万，王其将，罪六。项羽皆王诸将善地，而徙逐故主，令臣下争叛逆，罪七。项羽出逐义帝彭城，自都之，夺韩王地，并王梁、楚，多自予，罪八。项羽使人阴弑义帝江南，罪九。夫为人臣而弑其主，杀已降，为政不平，主约不信，天下所不容，大逆无道，罪十也。吾以义兵从诸侯诛残贼，使刑余罪人击杀项羽，何苦乃与公挑战！"项羽大怒，伏弩射中汉王。汉王伤匈，乃扪足曰："虏中吾指！"汉王病创卧，张良强请汉王起行劳军，以安士卒，毋令楚乘胜于汉。汉王出行军，病甚，因驰入成皋。

病愈，西入关，至栎阳，存问父老，置酒，枭故塞王欣头栎阳市。留四日，复如军，军广武。关中兵益出。

当此时，彭越将兵居梁地，往来苦楚兵，绝其粮食。田横往从之。项羽数击彭越等，齐王信又进击楚。项羽恐，乃与汉王约，中分天下，割鸿沟而西者为汉，鸿沟而东者为楚。项王归汉王父母妻子，军中皆呼万岁，乃归而别去。

项羽解而东归。汉王欲引而西归，用留侯、陈平计，乃进兵追项羽，至阳夏南止军，与齐王信、建成侯彭越期会而击楚军。至固陵，不会。楚击汉军，大破之。汉王复入壁，深堑而守之。用张良计，于是韩信、彭越皆往。及刘贾入楚地，围寿春，汉王败固陵，乃使使者召大司马周殷举九江兵而迎武王，行屠城父，随刘贾、齐梁诸侯皆大会垓下。立武王布为淮南王。

五年，高祖与诸侯兵共击楚军，与项羽决胜垓下。淮阴侯将三十万自当之，孔将军居左，费将军居右，皇帝在后，绛侯、柴将军在皇帝后。项羽之卒可十万。淮阴先合，不利，却。孔将军、费将军纵，楚兵不利，淮阴侯复乘之，大败垓下。项羽夜闻汉军之楚歌，以为汉尽得楚地，项羽乃败而走，是以兵大败。使骑将灌婴追杀项羽东城，斩首八万，遂略定楚地。鲁为楚坚守不下。汉王引诸侯兵北，示鲁父老项羽头，鲁乃降。遂以鲁公号葬项羽穀城。还至定陶，驰入齐王壁，夺其军。

跟毛泽东读《史记》

　　正月，诸侯及将相相与共请尊汉王为皇帝。汉王曰："吾闻帝贤者有也，空言虚语，非所守也，吾不敢当帝位。"群臣皆曰："大王起微细，诛暴逆，平定四海，有功者辄裂地而封为王侯。大王不尊号，皆疑不信。臣等以死守之。"汉王三让，不得已，曰："诸君必以为便，便国家。"甲午，乃即皇帝位氾水之阳。

　　皇帝曰："义帝无后，齐王韩信习楚风俗，徙为楚王。"都下邳。立建成侯彭越为梁王，都定陶。故韩王信为韩王，都阳翟。徙衡山王吴芮为长沙王，都临湘。番君之将梅鋗有功，从入武关，故德番君。淮南王布、燕王臧荼、赵王敖皆如故。

　　天下大定。高祖都雒阳，诸侯皆臣属。故临江王驩为项羽叛汉，令卢绾、刘贾围之，不下。数月而降，杀之雒阳。

　　五月，兵皆罢归家。诸侯子在关中者复之十二岁，其归者复之六岁，食之一岁。

　　高祖置酒雒阳南宫。高祖曰："列侯诸将无敢隐朕，皆言其情。吾所以有天下者何？项氏之所以失天下者何？"高起、王陵对曰："陛下慢而侮人，项羽仁而爱人。然陛下使人攻城略地，所降下者因以予之，与天下同利也。项羽妒贤嫉能，有功者害之，贤者疑之，战胜而不予人功，得地而不予人利，此所以失天下也。"高祖曰："公知其一，未知其二。夫运筹策帷帐之中，决胜于千里之外，吾不如子房。镇国家，抚百姓，给馈饷，不绝粮道，吾不如萧何。连百万之军，战必胜，攻必取，吾不如韩信。此三者，皆人杰也，吾能用之，此吾所以取天下也。项羽有一范增而不能用，此其所以为我擒也。"

　　高祖欲长都雒阳，齐人刘敬说，及留侯劝上入都关中，高祖是日驾，入都关中。六月，大赦天下。

　　七月，燕王臧荼反，攻下代地。高祖自将击之，得燕王臧荼。即立太尉卢绾为燕王。使丞相哙将兵攻代。

　　其秋，利幾反，高祖自将兵击之，利幾走。利幾者，项氏之将。项氏败，利幾为陈公，不随项羽，亡降高祖，高祖侯之颍川。高祖至雒阳，举通侯籍召之，而利几恐，故反。

六年，高祖五日一朝太公，如家人父子礼。太公家令说太公曰："天无二日，土无二王。今高祖虽子，人主也；太公虽父，人臣也。奈何令人主拜人臣！如此，则威重不行。"后高祖朝，太公拥篲，迎门却行。高祖大惊，下扶太公。太公曰："帝，人主也，奈何以我乱天下法！"于是高祖乃尊太公为太上皇。心善家令言，赐金五百斤。

十二月，人有上变事告楚王信谋反，上问左右，左右争欲击之。用陈平计，乃伪游云梦，会诸侯于陈，楚王信迎，即因执之。是日，大赦天下。田肯贺，因说高祖曰："陛下得韩信，又治秦中。秦，形胜之国，带河山之险，县隔千里，持戟百万，秦得百二焉。地势便利，其以下兵于诸侯，譬犹居高屋之上建瓴水也。夫齐，东有琅邪、即墨之饶，南有泰山之固，西有浊河之限，北有勃海之利。地方二千里，持戟百万，县隔千里之外，齐得十二焉。故此东、西秦也。非亲子弟，莫可使王齐矣。"高祖曰："善。"赐黄金五百斤。

后十余日，封韩信为淮阴侯，分其地为二国。高祖曰："将军刘贾数有功。"以为荆王，王淮东。弟交为楚王，王淮西。子肥为齐王，王七十余城，民能齐言者皆属齐。乃论功，与诸列侯剖符行封。徙韩王信太原。

七年，匈奴攻韩王信马邑，信因与谋反太原。白土曼丘臣、王黄立故赵将赵利为王以反，高祖自往击之。会天寒，士卒堕指者什二三，遂至平城。匈奴围我平城，七日而后罢去。令樊哙止定代地。立兄刘仲为代王。

二月，高祖自平城过赵、雒阳，至长安。长乐宫成，丞相已下徙治长安。

八年，高祖东击韩王信余反寇于东垣。

萧丞相营作未央宫，立东阙、北阙、前殿、武库、太仓。高祖还，见宫阙壮甚，怒，谓萧何曰："天下匈匈苦战数岁，成败未可知，是何治宫室过度也？"萧何曰："天下方未定，故可因遂就宫室。且夫天子

跟毛泽东读《史记》

以四海为家，非壮丽无以重威，且无令后世有以加也。"高祖乃说。

高祖之东垣，过柏人，赵相贯高等谋弑高祖，高祖心动，因不留。代王刘仲弃国亡，自归雒阳，废以为合阳侯。

九年，赵相贯高等事发觉，夷三族。废赵王敖为宣平侯。是岁，徙贵族楚昭、屈、景、怀、齐田氏关中。

未央宫成。高祖大朝诸侯群臣，置酒未央前殿。高祖奉玉卮，起为太上皇寿，曰："始大人常以臣无赖，不能治产业，不如仲力。今某之业所就孰与仲多？"殿上群臣皆呼万岁，大笑为乐。

十年十月，淮南王黥布、梁王彭越、燕王卢绾、荆王刘贾、楚王刘交、齐王刘肥、长沙王吴芮皆来朝长乐宫。春夏无事。

七月，太上皇崩栎阳宫。楚王、梁王皆来送葬。赦栎阳囚。更命郦邑曰新丰。

八月，代相国陈豨反代地。上曰："豨尝为吾使，甚有信。代地吾所急也，故封豨为列侯，以相国守代，今乃与王黄等劫掠代地！代地吏民非有罪也，其赦代吏民。"九月，上自东往击之。至邯郸，上喜曰："豨不南据邯郸而阻漳水，吾知其无能为也。"闻豨将皆故贾人也，上曰："吾知所以与之。"乃多以金啖豨将，豨将多降者。

十一年，高祖在邯郸诛豨等未毕，豨将侯敞将万余人游行，王黄军曲逆，张春渡河击聊城。汉使将军郭蒙与齐将击，大破之。太尉周勃道太原入，定代地。至马邑，马邑不下，即攻残之。豨将赵利守东垣，高祖攻之，不下。月余，卒骂高祖，高祖怒。城降，令出骂者斩之，不骂者原之。于是乃分赵山北，立子恒以为代王，都晋阳。

春，淮阴侯韩信谋反关中，夷三族。夏，梁王彭越谋反，废迁蜀；复欲反，遂夷三族。立子恢为梁王，子友为淮阳王。秋七月，淮南王黥布反，东并荆王刘贾地，北渡淮，楚王交走入薛。高祖自往击之。立子长为淮南王。

十二年十月，高祖已击布军会甀，布走，令别将追之。

高祖还归，过沛，留。置酒沛宫，悉召故人父老子弟纵酒，发沛中

15 汉王是一位高明的政治家

儿得百二十人，教之歌。酒酣，高祖击筑，自为歌诗曰："大风起兮云飞扬，威加海内兮归故乡，安得猛士兮守四方！"令儿皆和习之。高祖乃起舞，慷慨伤怀，泣数行下。谓沛父兄曰："游子悲故乡。吾虽都关中，万岁后吾魂魄犹乐思沛。且朕自沛公以诛暴逆，遂有天下，其以沛为朕汤沐邑，复其民，世世无有所与。"沛父兄诸母故人日乐饮极欢，道旧故为笑乐。十余日，高祖欲去，沛父兄固请留高祖。高祖曰："吾人众多，父兄不能给。"乃去。沛中空县皆之邑西献。高祖复留止，张饮三日。沛父兄皆顿首曰："沛幸得复，丰未复，唯陛下哀怜之。"高祖曰："丰吾所生长，极不忘耳，吾特为其以雍齿故反我为魏。"沛父兄固请，乃并复丰，比沛。于是拜沛侯刘濞为吴王。

汉将别击布军洮水南北，皆大破之，追得斩布鄱阳。樊哙别将兵定代，斩陈豨当城。

十一月，高祖自布军至长安。十二月，高祖曰："秦始皇帝、楚隐王陈涉、魏安釐王、齐缗王、赵悼襄王皆绝无后，予守冢各十家，秦皇帝二十家，魏公子无忌五家。"赦代地吏民，为陈豨、赵利所劫掠者皆赦之。陈豨降将言豨反时，燕王卢绾使人之豨所，与阴谋。上使辟阳侯迎绾，绾称病。辟阳侯归，具言绾反有端矣。二月，使樊哙、周勃将兵击燕王绾。赦燕吏民与反者。立皇子建为燕王。

高祖击布时，为流矢所中，行道病。病甚，吕后迎良医。医入见，高祖问医。医曰："病可治。"于是高祖嫚骂之曰："吾以布衣提三尺剑取天下，此非天命乎？命乃在天，虽扁鹊何益！"遂不使治病，赐金五十斤罢之。已而吕后问："陛下百岁后，萧相国即死，令谁代之？"上曰："曹参可。"问其次，上曰："王陵可。然陵少戆，陈平可以助之。陈平智有余，然难以独任。周勃重厚少文，然安刘氏者必勃也，可令为太尉。"吕后复问其次，上曰："此后亦非而所知也。"

卢绾与数千骑居塞下候伺，幸上病愈自入谢。

四月甲辰，高祖崩长乐宫。四日不发丧。吕后与审食其谋曰："诸将与帝为编户民，今北面为臣，此常怏怏，今乃事少主，非尽族是，天

347

跟毛泽东读《史记》

下不安。"人或闻之,语郦将军。郦将军往见审食其,曰:"吾闻帝已崩,四日不发丧,欲诛诸将。诚如此,天下危矣。陈平、灌婴将十万守荥阳,樊哙、周勃将二十万定燕、代,此闻帝崩,诸将皆诛,必连兵还乡以攻关中。大臣内叛,诸将外反,亡可翘足而待也。"审食其入言之,乃以丁未发丧,大赦天下。

卢绾闻高祖崩,遂亡入匈奴。

丙寅,葬。己巳,立太子,至太上皇庙。群臣皆曰:"高祖起微细,拨乱世反之正,平定天下,为汉太祖,功最高。"上尊号为高皇帝。太子袭号为皇帝,孝惠帝也。令郡国诸侯各立高祖庙,以岁时祠。

及孝惠五年,思高祖之悲乐沛,以沛宫为高祖原庙。高祖所教歌儿百二十人,皆令为吹乐,后有缺,辄补之。

高帝八男:长庶齐悼惠王肥;次孝惠,吕后子;次戚夫人子赵隐王如意;次代王恒,已立为孝文帝,薄太后子;次梁王恢,吕太后时徙为赵共王;次淮阳王友,吕太后时徙为赵幽王;次淮南厉王长;次燕王建。

太史公曰:夏之政忠,忠之敝,小人以野,故殷人承之以敬。敬之敝,小人以鬼,故周人承之以文。文之敝、小人以僿,故救僿莫若以忠。三王之道若循环,终而复始。周、秦之间,可谓文敝矣。秦政不改,反酷刑法,岂不谬乎?故汉兴,承敝易变,使人不倦,得天统矣。朝以十月。车服黄屋左纛。葬长陵。

(选自《史记·高祖本纪》)

【品释文】

汉高祖是沛县丰邑中阳里人,姓刘,字季。他的父亲是刘太公,母亲是刘媪。当年刘媪曾在大泽岸边休憩小睡,梦中与天神交合。其时电闪雷鸣,天昏地暗,刘太公前往探视,就见蛟龙趴在刘媪身上。不久刘媪有了身孕,于是就生了高祖。

15 汉王是一位高明的政治家

　　高祖这人，鼻梁高挺，额头隆起，胡须很美，左腿上长有七十二颗黑痣。他生性仁厚，友爱他人，乐于施舍，心胸豁达。他素怀大志，气度宽宏，不愿像平民百姓那样耕种作业。等到壮年，被选用为吏，做了泗水亭长，衙里的诸吏无不被他轻慢戏弄。高祖好喝酒，爱女色。他常到王媪、武负的酒肆赊酒喝，醉了就睡，每每碰到高祖醉酒，武负、王媪就会看见他的头顶有龙影盘旋，觉得很奇怪。高祖每次留在酒肆喝酒，当天售出的酒总比平常多出数倍。见此等怪事后，到了年终，这两家常常撕毁欠据，放弃索债。

　　高祖曾在咸阳服徭役，遇上秦始皇出巡，百姓们夹道观看，他看到秦始皇那种排场后，喟然长叹说："哎呀，大丈夫就应当像这样啊！"

　　单父县人吕公，跟沛县县令相友善，为了躲避仇家，吕公就投奔沛令寓居，想趁便在沛县安家落户。县中的豪绅、县廷诸吏听说沛县县令有贵客上门，都前去道贺。当时萧何担任主吏掾，管接收礼品，他对来贺的宾客们说："凡是贺礼不满千钱的，请坐在堂下。"高祖身为泗水亭长，向来瞧不上这帮属吏，于是递上名帖，谎称"贺钱一万"，实际上一文钱也没带。高祖的名帖递进去后，吕公大为吃惊，急忙起身，到门口迎接。吕公这人，喜欢给人看相，他一见高祖的相貌，便非常敬重，把他领到了堂上就座。萧何说："刘季原本好说大话，很少能办成事。"高祖则趁机把满座的客人戏弄一番，而后坐了上座，一点儿也不谦让。酒宴快要结束时，吕公向高祖递眼色，执意要他留下。高祖喝完酒，留在后面。吕公说："我从年轻时起，就喜欢给人看相，我相过的人多了，但都比不上你刘季的相貌，希望你刘季好自珍重。我有个女儿，希望能成为你刘季的箕帚之妾，为你操持家务。"酒宴散后，吕媪生气地对吕公说："你起初总说这个女儿与众不同，要把她许配给贵人。沛令跟你关系这么好，请求娶她，你都不答应，今天为什么竟把她胡乱地许给了刘季？"吕公说："这不是你们女人所能理解的。"吕公终究还是把女儿嫁给了高祖。吕公的这个女儿就是后来的吕后，她生了孝惠皇帝和鲁元公主。

跟毛泽东读《史记》

　　高祖做泗水亭长时，有次告假回家，去田里帮忙。当时吕后与两个孩子在田间除草，有个老伯路过，向他们讨水喝，吕后顺带给了老伯一些东西吃。老伯给吕后看了看相说："夫人是天下的贵人。"吕后让他给两个孩子看相，老伯看了孝惠帝说："夫人之所以能够显贵，就是因为有这个男孩。"老伯又看了鲁元公主，说也是贵人之相。老伯离开后，高祖正好从邻家来到田间，吕后便向他详细讲述了有客经过，给他们母子看相，说将来都是大贵人的事。高祖问老伯的去向，吕后说："还没走远。"于是高祖便追上老伯，向他询问。老伯说："刚才相过的夫人和孩子，都跟您相似，您的相貌，贵不可言。"高祖便道谢说："果真如老伯所说，决不会忘记您的恩德。"等到高祖显贵后，却再也找不到老伯的去处了。

　　高祖做亭长时，用竹皮编成头冠，这是他派巡捕到薛县定做的，时常戴着，直到日后显贵，依旧如此，这就是人们常说的"刘氏冠"。

　　高祖因亭长的职责，为县里押送役徒去郦山，而役徒们多在半路上逃走。高祖估计等到郦山时，这些役徒可能就跑光了，因此走到丰邑西边的沼泽时，他便停下来喝酒，入夜后，他解开役徒的绳索放役徒们走。说："各位都走吧，我也要从此远去了！"其中有十多个壮士愿意追随高祖，留了下来。高祖带着醉意，想趁着夜色抄小道穿过沼泽，让一个人到前面探路。那个人回来报告说："前面有一条大蛇挡住了去路，我们想往回走。"高祖醉醺醺地说："壮士行走世间，何所畏惧！"于是前行，拔剑击蛇。蛇于是断成两截，道路遂通。高祖又前行数里，酒性发作，便躺下睡觉。后面走的人来到高祖斩蛇的地方，见到一个老婆婆在那里啼哭。就问她因何而哭，老婆婆说："有人杀了我的儿子，所以啼哭。"又问她："你的儿子为何被人杀了？"老婆婆说："我的儿子是白帝子，化为大蛇，挡在道上，现在被赤帝子杀了，所以我啼哭。"后面走的人以为这个老婆婆不诚实，想给她点儿苦头吃，老婆婆就忽然不见了。当他们来到高祖睡觉的地方时，高祖已经酒醒。他们把刚才发生的事告诉了高祖，高祖听后心中暗喜，自命不凡。那些跟随他

15 汉王是一位高明的政治家

的人，对他也就日益敬畏了。

秦始皇常说"东南方有天子气"，于是便借助东巡来压伏它。高祖就自疑是应兆之人，便逃离家门，隐匿躲藏到芒县与砀县一带的山泽岩石之间。吕后和人一起去寻他，常能找得到。高祖感到奇怪，就问吕后。吕后说："你刘季藏身的地方上面常有云气，向着有云气的地方去找，就能找到你。"高祖心里高兴。沛县的年轻人听说这事后，多数都想投靠他。

秦二世元年秋，陈胜等人在蕲县起义，到达陈县后，自立为王，国号称"张楚"。各郡县的百姓都纷纷起义杀死各自的长官，来响应陈胜。沛令恐惧不安，想在沛县响应陈胜。主吏萧何、狱曹掾曹参说："您是秦朝官吏，今天想背叛秦朝，统领沛县子弟，恐怕他们不会听从。希望您能召集逃亡在外的人，这样可以得到数百人，然后凭借这些人去挟持民众，民众就不敢不听您的了。"县令于是便派樊哙去召唤刘季。这时刘季的队伍已经有将近百人了。

于是樊哙跟着刘季返回沛县。这时沛令后悔了，担心其中有变，就关闭城门，据城而守，并想杀掉萧何、曹参。萧何、曹参害怕，越城而出，往依刘季。刘季用绢帛写了封信射到城上，对沛县的父老们说："天下人为秦所苦已经很久了。如今父老们虽然是替沛令守城，但各地诸侯都已起兵，马上就要屠灭沛县了。假使你们能一起起来杀掉县令，另择子弟中可以主事的立为首领，来响应各路诸侯，这样就能保全你们的家室。不然，父子老少都被杀了，那死得便毫无意义。"父老们就率领子弟共同杀了沛令，打开城门迎接刘季，想推选他做沛县县令。刘季说："方今天下大乱，诸侯并起，如果我们推选的将领不胜任，就会一败涂地。我不是顾惜自己，只怕才劣力薄，不能保全父兄子弟。这是一件大事，希望大家另外推选更合适的人。"萧何、曹参等都是文官，看重身家性命，怕事情不成，秦朝会诛灭他们的全族，所以都推让刘季。诸父老们都说："我们平时听到你刘季许多奇异的事情，看来你刘季是该显贵的，而且又进行了占卜，没有比你刘季更吉利的人了。"这时刘

跟毛泽东读《史记》

季仍再三推让，但大伙没有敢出头的，于是拥立刘季为沛公。并在县衙里祭祀黄帝、蚩尤，接着杀牲取血，涂抹了战鼓和军旗，军旗一律赤色。因为刘季所杀之蛇是白帝子，而杀蛇的刘季是赤帝子，所以崇尚赤色。于是沛县的年轻人和有权势的官吏如萧何、曹参、樊哙等人，共为沛公收揽县中子弟两三千人，沛公带领着他们攻打胡陵、方与二县，而后回军驻守丰邑。

秦二世二年，陈胜的部将周章率军西进，至戏水兵败而回。这时，燕地、赵地、齐地、魏地都已有人自立为王。项梁、项羽叔侄也在吴地起兵。秦朝的泗川郡监率兵围攻丰邑，两日后，沛公出城交战，打败了泗川郡监。沛公让雍齿镇守丰邑，自己率兵往攻薛县。泗川郡守壮在薛县被沛公打败，逃到了戚县，沛公的左司马把他捉住杀了。沛公回军亢父，到达方与，遇到前来攻城的周市，双方没有交战。陈胜派魏人周市前来，是为了扩大地盘。周市派人对雍齿说："丰邑，是过去魏国曾经迁都的地方。现在魏地的城池，平定的已经有数十座。你雍齿若能够降魏，魏王就封你为侯，让你镇守丰邑。你如不降，我们将会屠灭丰邑。"雍齿向来不愿意从属沛公，等到魏王这么一招降，他就立即背叛，为魏王镇守丰邑了。沛公率兵攻打丰邑，没能攻下。这时沛公生病，只好撤回沛县。沛公恼恨雍齿和丰邑子弟背叛自己，当听说东阳县的甯君和秦嘉已经拥立景驹临时为王，驻军留县，于是便去投奔景驹，想借兵攻打丰邑。这时秦朝的大将章邯正在陈地追讨陈胜的义军，他的偏将司马尼率兵北进，攻占楚地，已经屠灭了相城，到达了砀县。东阳甯君和沛公领兵西进，在萧县城西与司马尼交战，结果失利。他们收兵回师，屯聚留县，而后出兵攻打砀县，三天就攻占了砀县。沛公等收编砀县降军，得到五六千人。他们进攻下邑，攻了下来。随即回兵丰邑。沛公听说项梁已经到了薛县，就带着一百多个骑兵去拜见他。项梁给沛公增拨了五千名士兵和十名五大夫级将官。沛公带着他们回来，又领兵攻打丰邑。

沛公投奔项梁一个多月后，项羽已经攻克襄城返回。项梁把各地的

15 汉王是一位高明的政治家

将领都召集到薛县。他们闻悉楚王陈胜确实已死,于是便拥立楚国后代楚怀王的孙子熊心为楚王,建都盱台。项梁自称武信君。停了几个月,他们向北进攻亢父,援救被围东阿的齐军,击败了秦军。齐军东归,楚军独自追击败逃的秦军。项梁派沛公、项羽另外率兵攻打城阳,城阳被屠灭。沛公、项羽驻军濮阳东面,与秦军交战,打败了秦军。

秦军重整旗鼓,坚守濮阳,引水环城,作为屏障。楚军放弃濮阳,转攻定陶,定陶没能攻下。沛公与项羽向西攻城略地,到达雍丘城下,与秦军激战,大破秦军,杀了秦将李由。接着回军进攻外黄,外黄没有攻下。

项梁再次击破秦军,便有了骄矜之意。宋义劝诫项梁,项梁不听。秦朝派兵增援章邯,章邯趁着夜色,率军衔枚袭击项梁,在定陶大败楚军,项梁战死。这时,沛公和项羽正在围攻陈留,听到项梁战死的消息,就带领军队与吕臣将军一道往东撤退。吕臣率军驻扎在彭城东面,项羽驻扎在彭城西面,沛公驻扎在砀县一带。

章邯打败项梁的军队后,就以为楚地的义军不足为虑,于是便渡过黄河,北攻赵地,大破赵王的军队。这个时候,赵歇为赵王,被秦将王离围困在钜鹿城中,这就是所谓的"河北军"。

秦二世三年,楚怀王熊心见项梁的军队被打垮了,心里慌恐,就把都城从盱台迁到了彭城,将吕臣和项羽的军队合并一起,收归自己统领。任命沛公为砀郡长,封他为武安侯,统领砀郡的军队。封项羽为长安侯,号为鲁公,任命吕臣为司徒,吕臣的父亲吕青为令尹。

被围的赵王屡屡向楚军求救,楚怀王于是就任命宋义为上将军,任命项羽为次将,范增为末将,让他们北上救赵。同时命令沛公西进略地,攻入关中。当时,楚怀王与各路将领相约,先占领关中者,封为关中王。

这时,秦军强大,常常乘胜逐北,各路将领没有谁认为先入关中是有利的。唯独项羽痛恨秦军打垮了项梁的军队,所以挺身而出,愿同沛公一道西进入关。楚怀王的老将们都说:"项羽为人,剽悍凶猛,残忍

跟毛泽东读《史记》

狠毒。他曾攻打襄城，没给襄城留下一个活口，全部被他活埋了，凡是他经过的地方，没有不被彻底毁灭的。况且楚军也曾多次进兵攻取而不胜，先前陈胜、项梁都失败了。这次不如改派一个宽厚长者，持仁义而西进，把道理向秦地的父老兄弟讲说清楚。秦地的父老兄弟苦于他们君主的统治已经很久了，如果真有个宽厚长者前去，不加欺凌暴虐，应该能够拿下关中。项羽凶悍残暴，眼下不能派他去。只有沛公素来是个宽大忠厚的长者，可以派他前去。"楚怀王终归没有答应项羽，而是派沛公率兵西进，攻取秦地，收编陈胜、项梁的溃散士兵。沛公取道砀县直达咸阳，与驻扎杠里的秦军对垒。击破了两支秦军。这时北上救赵的楚军也已出击王离，把他的军队打得大败。

  沛公率军西进，在昌邑遇到了彭越，便与他一起进攻秦军，结果战事失利。沛公撤军回到栗县，遇上了刚武侯，就夺取了他的军队，大约四千余人，并入自己的部队。沛公与魏将皇欣、魏申徒武蒲的军队联合攻打昌邑，昌邑没有攻下。沛公转兵西进，途经高阳。郦食其在高阳为闾里监门，他说："路过这里的各路将领很多，我看只有沛公是个有长者风范、能成就大事的人物。"于是前去求见劝说沛公。当时沛公正伸着腿坐在床上，让两个女子给他洗脚。郦生见了，并不下拜，只是作了个长揖，说道："您要是真想诛灭无道的暴秦，就不应伸出两腿坐着，来接见长者。"于是沛公站起身来，整好衣服，向郦生道歉，请他坐到上首。郦食其劝沛公袭击陈留，夺取秦军储积在那里的粮食。沛公就封郦食其为广武君，其弟郦商为将军，率领陈留的军队，与他一道去攻打开封，开封没有打下来。沛公继续西进，在白马县与秦将杨熊打了一仗，接着又在曲遇的东面再次交战，大破秦军。杨熊逃往荥阳，秦二世派来使者，将杨熊斩首示众。沛公南下攻打颍阳，将颍阳屠灭。又凭借张良的引导，占领了韩地的轘辕险道。

  这时，赵王的偏将司马卬正要渡过黄河西入函谷关，沛公便北攻平阴，切断了黄河渡口。接着南下，与秦军会战于洛阳城东，结果大军失利，沛公退兵阳城，集中军中的骑兵，在犨县城东与南阳郡守吕齮交

15 汉王是一位高明的政治家

战,秦军大败。沛公攻占了南阳郡,南阳郡守吕齮败,退到宛城坚守。沛公率军绕过宛城,向西进发。张良劝谏说:"您虽然想急切攻入关中,但目前秦兵人多势众,据守险要。如不拿下宛城,宛城的守军会从后面追击,强大的秦军又在前面阻挡,这是一条险路。"于是沛公便连夜领兵从另一条道上折回,变换旗帜,到黎明时分,把宛城围了三层。南阳太守想要自刎。他的门客陈恢说:"还不到寻死的时候。"于是他翻城而出,求见沛公,说:"我听说怀王与你们有约,先入咸阳者封关中王。现在您停下来围攻宛城。宛城是南阳大郡的首府,相连的城池有几十座,人口众多,积蓄充足,军民们自以为投降必死,所以都决心登城坚守。现在您整天停在这里攻城,将士伤亡必定很多;如果率军西进,宛城守军就会尾随追击:这样一来,您前进就会错失先入咸阳称王的约定,后退则有宛城强大军队袭击的隐患。替您着想,不如约请宛城投降,封赏南阳郡守,让他继续留守,您带着宛城的军队一道西进。那些还没有攻下的城邑,就会闻风而动,争着打开城门等候您,您的西进就会畅通无阻了。"沛公说:"好。"于是沛公便封南阳太守为殷侯,封给陈恢一千户。从此沛公西进,所过城池,无不降服。到达丹水时,高武侯戚鳃、襄侯王陵也在西陵归降了。沛公回军进攻胡阳,遇到了番君派来的部将梅鋗,便和他一道,降服了析县和郦县。沛公派魏人甯昌出使秦地,甯昌还没有回来,这时章邯已在赵地率领秦军投降项羽。

当初,项羽和宋义北上救赵,到项羽杀掉宋义,取代他做了上将军,黥布等各位将领便归属了项羽,等到项羽打败秦将王离的军队,招降章邯之后,各地诸侯都依附于项羽。及至赵高杀掉了秦二世,派人前来联络沛公,想约定瓜分关中称王。沛公怀疑其中有诈,于是采取张良的计策,派郦生、陆贾前去游说秦将,用财利相诱惑,而后趁机袭取武关,击破了驻守的秦军。接着又在蓝田县南与秦军会战,沛公增布疑兵,多插旗帜,命令全军所到之处不准掳掠,这使得秦人欢喜,秦军松懈,于是大破秦军。随后在蓝田县北,再次大破秦军。沛公乘胜追击,于是击垮了秦军。

355

跟毛泽东读《史记》

　　汉王元年十月，沛公的军队先于其他诸侯到达霸上。秦王子婴乘着白马素车，用丝绳系着脖颈，捧着封好的皇帝玉玺、符、节，在轵道旁向沛公投降。诸将中有人提议杀掉秦王子婴。沛公说："当初怀王派我来，就是因为我待人宽厚；再说人家已经降服了，还要杀人家，这不吉利。"就把子婴交给专人看管，向西进入咸阳。沛公想留住在皇宫之中，樊哙、张良出面劝阻，沛公才封存了秦宫里的珍宝、财务和仓库，率军返回，驻扎霸上。沛公把关中各县的父老乡绅召集起来，对他们说："你们苦于秦朝的严刑酷法已经很久了，诽谤朝政者灭族，聚议国事者街市处斩。我与诸侯们相约，谁先入关中，谁就做关中王，我是应该称王关中的。我与父老们约定，今后的大法只有三条：杀人者偿命，伤人及盗窃者按其节定罪。其余的条令一概废除。各级官吏与各地百姓都各就各位，一切照旧。我到这里来，是为父老们除害的，不是来祸害父老们的，请不要害怕。况且我之所以还军霸上，就是为了等待其他诸侯到来而制定法令的。"于是派人和秦地官吏们奔走于各县乡邑，向民众说明情况。秦地的民众非常高兴，争相带着牛羊酒食，来慰劳沛公的军队。沛公又推让不肯接受，说："仓库里的粮食很多，什么都不缺，不能让大家破费了。"秦地的民众更加欣喜，唯恐沛公不做关中王。

　　有人游说沛公，对他说："秦地比天下富足十倍，地势也险要。如今听说章邯投降了项羽，项羽就扬言给他雍王的封号，让他称王关中。项羽若来，关中恐怕就没有您沛公什么事了。先赶紧派兵守住函谷关，别让诸侯军进来，再逐渐征集关中兵马加强实力，抵挡他们。"沛公认同他的计策，就采纳了。十一月中旬，项羽果然率领诸侯军西进，想要进入函谷关，关门却已关闭。闻听沛公已经平定关中，项羽大怒，让黥布等人攻破函谷关。十二月中旬，项羽到达戏水。沛公的左司马曹无伤听说项羽发怒，要攻打沛公，就派人对项羽说："沛公想当关中王，让子婴当宰相，秦宫里的珍宝都归他所有。"想以此求得项羽的封赏。亚父范增也劝项羽进击沛公。项羽于是饱餐士兵，准备次日与沛公开战。这时项羽有兵四十万，号称百万。沛公有兵十万，号称二十万，兵力不

15 汉王是一位高明的政治家

敌项羽。恰好项伯要救张良，夜间前往沛公军营去见张良，项伯回来后，用大义劝谕项羽，项羽才取消了攻打沛公的计划。次日，沛公带着百十个随从，驰至鸿门，拜见项羽，当面谢罪。项羽说："这都是你沛公的左司马曹无伤说的。不然，我项藉何至于此！"因为有樊哙、张良的协助，沛公得以脱身，返回霸上。回来后，沛公立刻诛杀了曹无伤。

项羽于是挥师西进，屠杀咸阳居民，焚烧秦朝宫室，所过之处，无不残缺破败。秦地民众大失所望，但出于恐惧，还不得不装作服从。项羽派人回去，向楚怀王报告关中情况。楚怀王说："按原来的约定办理。"项羽怨恨楚怀王不肯让他和沛公一起西进入关，而是让他北上救赵，致使他在天下诸侯争夺称王关中的约定中，落到了后面。项羽于是说："怀王这个人，是我家叔叔项梁所立，没有什么功劳，凭什么主持盟约呢！真正平定天下的人，是诸位将军和我项羽。"于是假意地推尊楚怀王为义帝，实际上根本不听他的命令。

正月，项羽自封为西楚霸王，拥有梁、楚九郡之地，建都彭城。他背弃旧约，改立沛公为汉王，拥有巴、蜀、汉中之地，建都南郑。将关中一分为三，立三位秦之降将为王：封章邯为雍王，建都废丘；封司马欣为塞王，建都栎阳；封董翳为翟王，建都高奴。封楚将瑕丘申阳为河南王，建都洛阳。封赵王部将司马卬为殷王，建都朝歌。徙封赵王歇为代王。封赵王丞相张耳为常山王，建都襄国。封当阳君黥布为九江王，建都六县。封楚怀王的柱国共敖为临江王，建都江陵。封番君吴芮为衡山王，建都邾县。封燕王部将臧荼为燕王，建都蓟县。徙封原燕王韩广为辽东王。韩广不接受，臧荼攻杀韩广于无终。封成安君陈馀河间三县，居于南皮。封给梅鋗十万户。

四月，诸侯们从戏下撤兵，各自返回封国。汉王就国时，项羽只让他带走三万人，楚王与其他诸侯的部下，因仰慕汉王而自相追随的还有几万人，从杜县城南进入蚀中山路。汉王通过途中的栈道后，便全都烧毁，这是为了防备诸侯或盗兵的袭击，同时也是向项羽表明再没有回师东归之意。到达南郑时，不少部将和士兵已经逃跑回家了，即便那些留

357

跟毛泽东读《史记》

下的士兵，也总唱着思乡欲归的歌曲。韩信劝说汉王道："项羽分封有功的将领，而把您放到南郑来，这简直是一种发配。官兵们都是崤山以东的人，日夜企足盼着回家，如能趁着他们锋锐正盛的时候加以利用，可以成就大功。如等到天下太平，人人自求安宁，就不能再用了。不如现在决策，挥师东向，和项羽争夺天下之权。"

项羽东出函谷关，便派人让楚义帝迁都。他说："古时称帝的人，拥有方圆千里之地，国都必居江河的上游。"于是他让使者把义帝迁徙到长沙郴县，催着义帝上路，随行的群臣渐渐滋生背叛之心，项羽于是暗中命令衡山王吴芮和临江王共敖袭击义帝，把义帝杀死在长江以南。项羽因为怨恨田荣，就立了齐将田都为齐王。田荣大怒，便自封为齐王，杀死了田都而反西楚；田荣赐给彭越将军印，让他在梁地起兵造反。项羽派萧公角率兵讨伐彭越，彭越大败萧公角军。陈馀怨恨项羽不封自己为王，于是派夏说游说田荣，请求兵力援助，以攻击张耳。田荣给予陈馀援兵，打败了常山王张耳，张耳逃脱后去归附了汉王。陈馀又把赵歇从代国迎回来，重新拥立他为赵王。赵王赵歇因此立陈馀为代王。项羽大怒，于是率兵北上，讨伐齐国。

八月，汉王采纳韩信的计策，从陈仓故道回师关中，袭击雍王章邯。章邯迎击汉王于陈仓，章邯兵败，撤退而走；停兵好畤，再战，又败，章邯退回废丘。汉王于是平定了雍地。汉王向东推进，抵达咸阳，率兵包围了废丘，又派遣各部将攻取了陇西、北地和上郡。汉王命将军薛欧、王吸南出武关，借助王陵驻扎在南阳的兵力，到沛县迎接父亲太公和妻子吕后。楚王项羽闻讯后，派兵到阳夏阻挡，薛欧、王陵的军队不能前进。楚王封原吴县县令郑昌为韩王，让他率兵到阳翟抵抗汉王的军队。

汉王二年，汉王率军向东进攻，塞王司马欣、翟王董翳，以及河南王申阳都望风而降。韩王郑昌不肯归附，汉王便派韩信将其击败。于是汉王便在关内设置了陇西、北地、上郡、渭南、河上、中地五郡；在关外设置了河南郡。改立韩太尉韩信为韩王。诸将中，凡是率领万人或是

15 汉王是一位高明的政治家

一郡归降者封万户侯。派人整修河上要塞。并下令凡原来秦朝的猎场园池，都可以让百姓开垦耕种。正月，俘获了雍王章邯的弟弟章平。对有罪之人实行大赦。

汉王东出函谷关，到达陕县，对关外的父老们进行抚慰，回到关内后，张耳前来投奔，汉王给予他优厚的待遇。二月，下令拆除秦社稷，改立汉社稷。三月，汉王从临晋关渡过黄河，魏王豹率兵相随。汉王攻下河内，俘获殷王司马卬，设置河内郡。接着从平阴津往南渡过黄河，到达洛阳。新城县的三老董公拦住汉王，告诉他楚义帝已被杀害的原委。汉王闻听，立刻袒露左臂大哭。于是为义帝发丧，亲自祭吊了三天。而后派遣使者，通告各国诸侯说："义帝是天下人共同拥立的，我们对他北面称臣。如今项羽把义帝放逐、杀害于江南，实在大逆不道。我已亲自为义帝发丧设祭，诸侯们都要穿上白色丧服。现在我要调发关内的全部兵力，再征集河南、河东、河内的士兵，沿着汉水、长江南下，愿意跟随各诸侯王，去讨伐楚国那个杀害义帝的罪人。"

这时西楚霸王项羽正北进攻打齐国，齐王田荣与他战于城阳。田荣战败，逃到了平原，为平原百姓所杀。齐国全境都投降了楚军。但楚军却趁机焚烧齐人的城郭，掳掠他们的子女，逼得齐人又反叛了楚国。田荣的弟弟田横立田荣的儿子田广为齐王，在城阳举起了反楚的大旗。项羽虽然闻知汉兵东进，但既然已与齐国交战，就想先打垮齐军，再去迎击汉军。汉王刘邦因此得以劫持常山王张耳，河南王申阳、韩王郑昌、魏王魏豹、殷王司马卬五国诸侯的兵力，一举攻入彭城。项羽听闻彭城失守，就率兵离开齐国，由鲁地穿过胡陵，抵达萧县，与汉王大战于彭城灵璧之东的睢水上，汉军大败，死伤无数，睢水被尸体堵塞，不能畅流。项羽于是从沛县掳取了汉王的父母妻儿，放在军中做人质。这时候，诸侯们看到楚军强盛，汉军败退，于是又都离开汉王，复归于楚。塞王司马欣也逃跑投奔了项羽。

吕后的兄长周吕侯吕泽带领着一支汉军，在下邑驻扎。汉王前去投奔他，逐渐聚拢离散的士兵，驻军砀县。接着汉王经由梁地西行，到了虞县。他派遣谒者随何到九江王英布那里去，说："你要能说动英布举兵反楚，项羽必然会留下来攻打英布。只要能拖住他几个月，我就一定能夺得天下。"于是随何前去六县游说英布，英布果然背叛了项羽。项羽派龙且前往征讨。

汉王兵败彭城向西撤退的时候，曾派人去寻找家眷，但家眷也已逃亡，没有找到。败退途中，只找到了儿子孝惠刘盈，六月，立刘盈为太子，大赦罪犯。汉王命太子刘盈镇守栎阳，各诸侯之子凡在关中者都集中到栎阳来守卫。汉王引水灌淹废丘，废丘降汉，章邯自杀。将废丘改名为槐里。于是汉王命令掌管祭祀的祠官祭祀天地、四方、上帝、山川，要按时祭祀。征调关内士兵，守卫关中要塞。

这时，九江王英布与龙且会战，失败，只好与随何一道潜行而来，归附汉王。汉王渐渐收拢士兵，跟各地将领及关中军队逐步出动，向荥阳靠拢，因此声威大振，在京、索之间大败楚军。

汉王三年，魏王豹拜见汉王，请求回到魏国，探视生病的父母，结果一到河东，就毁掉黄河渡口蒲津关，背叛汉王，归降于楚。汉王派郦食其前去劝说魏豹，魏豹不听。汉王派韩信率军征讨，大破魏兵，活捉魏豹，于是平定了魏地，设置了三郡，即河东、太原和上党。汉王随即命令张耳与韩信向东进军，攻下井陉，进击赵国，斩杀了赵将陈馀与赵王歇。第二年，封张耳为赵王。

汉王驻军荥阳城南，修筑了甬道，来连通黄河，以便取用敖仓里的粮食。汉王与项羽两军对峙，相持了一年多。项羽多次侵扰汉军甬道，汉军粮草缺乏，项羽乘势包围了汉王。汉王请求讲和，要求荥阳以西划归于汉。项羽不答应。汉王忧虑不安，就采用了陈平的计策，给陈平黄金四万斤，用来离间项羽君臣。项羽于是对亚父范增起了疑心。这时亚父范增正劝项羽赶紧拿下荥阳，等到他发现已被项羽怀疑，极为愤怒，辞以年老，希望准许乞身告退，回乡为民，结果范增还没有走到彭城，就发病而死了。

这时，汉军粮草已经断绝，于是夜间从东门放出两千多名女子，身

15 汉王是一位高明的政治家

披铠甲，楚兵一见，立即从四面围攻追杀。将军纪信坐着汉王的车子，假扮汉王出降，诓骗楚军，楚军都高呼万岁，拥到城东门观看，汉王因此才得以带着几十个骑兵出西门逃走。汉王命御史大夫周苛、魏豹和枞公留守荥阳。那些未能跟着汉王出城的将士，也都留在城中。周苛、枞公商量说："魏豹是反叛过的诸侯王，难以和他一起守城！"于是杀了魏豹。

汉王逃出荥阳，进入关中，收拢兵力，意欲再次东征。袁生游说汉王道："汉与楚在荥阳对峙了好几年，汉军常常陷入困境。希望大王兵出武关，项羽必定领兵南下，那时大王深沟高垒，坚守不出，这样可以让荥阳、成皋一带的军队趁机得到休整。再派韩信等人去安抚河北赵地，与燕国、齐国连成一片，那时大王再出兵荥阳，也不算晚。这样一来，楚军就得多方守备，力量分散，而汉军经过休整，再与楚军会战，打败楚军就确定无疑了。"汉王听从了他的计策，出兵于宛县、叶县间，与黥布边行进边招集人马。

项羽听说汉王到了宛城，果然引兵南下。汉王坚守壁垒，不与交战。这时彭越渡过睢水，与项声、薛公战于下邳，彭越大破楚军。项羽于是引兵东归讨伐彭越。汉王也率兵北上驻军成皋。待至项羽打跑了彭越，听说汉王又驻扎在了成皋，便又引兵向西，先攻克了荥阳，诛杀了周苛、枞公，俘虏了韩王信，接着包围了成皋。

汉王逃脱，独自与滕公同车出成皋玉门，向北渡过黄河，驱马奔驰，直到夜间才在修武住了下来。他自称使者，于次日早晨闯进了张耳、韩信的军营，夺取了他们的军队。汉王于是派张耳北上赵地，广招兵马，派韩信率兵东进，讨伐齐国。汉王夺取韩信的军队后，又重新振作起来。他率领军队到了黄河岸边，面向南方，在小修武城南驻扎下来，准备与项羽再度开战。郎中郑忠劝阻汉王，让他高筑壁垒，深挖壕沟，勿与楚军交战。汉王听从了他的计策，派卢绾、刘贾率领步兵两万和骑兵数百，从白马津渡过黄河，进入楚地，与彭越联手，在燕县城西再次大破楚军，接着又夺取了梁地的十余座城池。

361

跟毛泽东读《史记》

　　淮阴侯韩信奉命东进，尚未渡平原津。这时汉王派遣郦食其前去游说齐王田广，田广允诺背叛西楚，与汉和好，共同攻打项羽。韩信采纳蒯通之计，进兵袭击，大破齐军。齐王田广烹杀郦食其，往东逃奔高密。项羽听说韩信带领河北兵已经攻占了齐国和赵国，而且将要进击西楚，于是就派龙且、周兰前去攻打韩信。韩信与之交战，骑将灌婴出击，大破楚兵，杀了龙且。齐王田广投奔彭越。这时候，彭越率兵居于梁地，往来袭扰楚兵，断绝了楚军的粮道供给。

　　汉王四年，项羽对海春侯大司马曹咎说："你要小心守卫成皋。如果汉兵挑战，你千万不要与他们交战，只要不让他们东进就够了。我十五天必定平定梁地，会立刻再回到你这里来。"于是项羽率兵东进，一路上攻击陈留、外黄、睢阳，都攻了下来。汉军果然连连挑战楚军，楚军坚守不出，汉兵一连辱骂了五六天，大司马曹咎怒不可遏，兵渡汜水应战。士兵渡到一半，汉军就杀了过来，大破楚军，把楚军囤积在成皋的财宝洗劫一空。大司马曹咎和长史司马欣在汜水自杀。项羽到了睢阳，听闻海春侯曹咎已兵败身死，于是就引兵西还。这时汉军正在荥阳城东围攻楚将钟离眛，见到项羽回来，就立刻撤兵，跑入险要地带。

　　韩信平定齐国后，派人对汉王说："齐国邻近楚国，如果守将权力太轻，不任命他为临时齐王，恐怕不好稳定齐国的局势。"汉王一听就想出兵去征讨韩信。留侯张良说："不如顺势立韩信为齐王，让他为自己守卫。"于是汉王派张良带着印绶，前去封韩信为齐王。

　　项羽听说龙且的军队被韩信消灭，内心惶恐，便派盱台人武涉前去游说韩信背叛汉王。韩信不答应。

　　楚汉两军长时间相持对立，胜负未决，年轻力壮的兵士厌倦了交战厮杀，年迈体弱的兵士疲惫于运送粮饷。汉王和项羽一起来到广武涧，隔涧而语。项羽要跟汉王单挑决战。汉王数落项羽说："当初我和你项羽一同受怀王之命，说定了'先入关中者在关中为王'，你项羽违背了约定，让我在蜀汉为王，这是你的第一条罪状。你项羽假托怀王之命，杀了卿子冠军宋义，而自任上将军，这是你的第二条罪状。你项羽奉命

15 汉王是一位高明的政治家

援救了赵国，本当回报怀王，而你却擅自劫持诸侯的军队入关，这是你的第三条罪状。怀王当初约定入关后不准烧杀掳掠，你项羽却焚毁秦朝宫室，挖了始皇帝坟墓，私自收取秦地的财物，这是你的第四条罪状。你项羽硬是杀掉已经投降的秦王子婴，这是你的第五条罪状。你项羽采用欺诈手段在新安活埋了二十万秦兵，却封赏他们的降将，这是你的第六条罪状。你项羽把各诸侯的将领都封在好地方，却迁移赶走原来的诸侯王田市、赵歇、韩广等，使得他们的臣下为争王位而反叛，这是你的第七条罪状。你项羽把义帝赶出彭城，自己却在那里建都，又侵夺韩王的地盘，把梁、楚之地并在一起据为己有，这是你的第八条罪状。你项羽派人在江南秘密杀了义帝，这是你的第九条罪状。你项羽为人臣子却谋杀君主，杀害已经投降之人，你为政不公，不守信约，不容于天下，大逆不道，这是你的第十条罪状。如今我率领义兵和诸侯们来讨伐你这个残害人的罪人，只让那些受过刑的罪犯就可以杀掉你项羽，你何苦要跟你老子挑战！"项羽大怒，让预先埋伏的弓弩手开弓，射中了汉王。汉王伤的是胸部，却按着脚说："这个奴才射中了我的脚趾！"汉王因受箭伤而病倒了，张良请他勉强起来，出去慰劳部队，以便稳定军心，免得楚军趁机进攻，战胜汉军。汉王出去巡视军营，病情加重，立即赶回了成皋。

汉王伤好后，西行入关，到了栎阳，慰问当地父老，摆设酒宴，将原塞王司马欣的人头悬挂在栎阳集市上示众。汉王停留了四日，又回到军中，驻扎在广武。这时，来自关中的增援部队已经越来越多了。

这时候，彭越率领军队驻扎在梁地，往来袭击骚扰楚军，断绝楚军的粮食供给。田横前往梁地投靠他。项羽多次袭击攻打彭越等人，齐王韩信又进兵攻打楚军。项羽害怕了，于是就跟汉王约定，平分天下，鸿沟以西的地方划归汉，鸿沟以东的地方划归楚。项羽送回了汉王的父母妻儿，汉军官兵都高呼万岁，于是楚、汉双方分别撤军而去。

项羽于是撤兵东归。汉王想引兵西归，采纳张良、陈平的计策，于是进兵追击项羽，一直追到阳夏县南，才让军队停了下来，汉王和齐王

跟毛泽东读《史记》

韩信、建成侯彭越等约定时间会师，进击楚军。汉王到达固陵，韩信、彭越没来相会。项羽迎击汉军，汉军大败。汉王躲进营垒，深挖壕沟，坚守不出。汉王采用张良计，为韩信、彭越筹划地盘，令其各为己战，于是韩信、彭越都到了。等刘贾攻入楚地，包围寿春，汉王兵败固陵，于是派使者去招降项羽的大司马周殷，让他率领九江兵马去迎接武王英布，中途屠灭了城父县，而后跟着刘贾和齐、梁二地的诸侯会师于垓下。封武王英布为淮南王。

汉王五年，高祖与各路诸侯大军共同进攻楚军，在垓下与项羽一决胜负。淮阴侯韩信率三十万大军亲自独当正面，孔将军孔熙在左，费将军陈贺在右，汉王在韩信的后面，绛侯周勃、柴将军柴武跟在汉王后面。项羽的军队大约有十万。韩信率先对项羽开战，假装不敌，向后撤退。而孔将军、费将军由两翼向前进击，楚军形势不利，韩信又转身从正面压了上来，大破楚军于垓下。到了夜间，项羽听到汉军四面唱起了楚歌，以为汉军完全占领了楚地，于是溃败逃走，因此楚军全线崩溃。汉王派骑将灌婴追杀项羽于东城，斩首八万，楚地遂告平定。鲁城曲阜为项羽坚守不降。汉王率领诸侯大军北上，向鲁城父老出示项羽的人头，鲁人方才投降。因为项羽曾被怀王封为鲁公，所以汉王就以鲁公的名号把项羽葬在了穀城。汉王回师行至定陶，驱马驰入齐王韩信的兵营，夺了他的兵权。

正月，各诸侯与将相们一同尊请汉王为皇帝。汉王说："我听说帝的尊号，只有贤者才能拥有，徒有虚名的人是不能享用的，我担当不起帝的位置。"群臣们都说："大王出身平民，诛伐暴逆，平定四海，有功者就划割土地封为王侯。大王不称皇帝尊号，人心都疑虑不安。臣等愿意以死相请。"汉王辞让再三，实在推辞不过了，才说："既然你们认为我做皇帝对国家有好处，那我也就从有利于国事上来考虑吧。"二月甲午，汉王就在氾水北岸即皇帝位。

高祖说："义帝没有后代，齐王韩信熟悉楚地风俗，改封韩信为楚王。"建都下邳。封建成侯彭越为梁王，建都定陶。封原韩王信为韩

15 汉王是一位高明的政治家

王，建都阳翟。徙封衡山王吴芮为长沙王，建都临湘。番君吴芮的部将梅锅有功，跟从高祖攻进武关，所以施德于番君吴芮。淮南王英布、燕王臧荼、赵王张敖都是王号依旧。

天下已经基本平定。高祖建都洛阳，诸侯们都向他称臣。原临江王共驩仍忠于项羽，反对汉朝，高祖命卢绾、刘贾率兵围攻，未能攻下。数月之后，共驩投降，被杀于洛阳。

五月，高祖让各路兵马解散回家。各路诸侯的儿子凡在关中一直护卫太子的，一律免除赋税十二年，中途离开回到父兄旧部者免除赋税六年，此外朝廷再供应他们一年的吃喝。

高祖在洛阳南宫摆设酒宴。高祖说："各位王侯将领不要隐瞒我，都要说实情。我能取得天下的原因是什么？项羽之所以失去天下的原因又是什么？"高起、王陵回答说："陛下傲慢而侮辱人，项羽仁厚而爱护人。可是陛下派人攻城略地，所降服攻克的就分封给他们，能与天下人同享利益。项羽妒贤嫉能，有功的就嫉恨人家，有才的就怀疑人家，打了胜仗却不给人家授功，夺了土地却不给人家财利，这就是他失去天下的原因。"高祖说："你们只知其一，不知其二。在帷幄之中决策定计，在千里之外决定胜负，我比不上张子房。镇守国家，安抚百姓，运输粮饷，不使粮道断绝，我比不上萧何。统率百万大军，战就一定胜利，攻就一定攻取，我比不上韩信。这三个，都是人中的俊杰，我能够用他们，这是我能够得天下的缘故。而项羽有一位范增不用，这就是他被我擒获的原因。"

高祖打算永久建都洛阳，齐人刘敬劝阻，留侯张良也劝说他入都关中，于是高祖当天起驾，进入关中建都去了。六月，大赦天下。

七月，燕王臧荼谋反，攻占了代地。高祖亲自率兵征讨，俘获了燕王臧荼。随即立太尉卢绾为燕王。派樊哙统兵去进剿代地的叛军。

这年秋天，利幾谋反，高祖亲自率军征讨，利幾望风而逃。利幾原是项羽的部将。项羽失败时，利幾在陈县当县令，他没有跟从项羽，而是逃来投降高祖，高祖封他为颍川侯。高祖回到洛阳后，召集所有在册的列侯，利几心中慌恐，所以谋反。

汉高祖六年，高祖每隔五天去拜见刘太公一次，像平民百姓那样向父亲行礼。太公家令劝太公说："天无二日，地无二王。现今高皇帝他虽然是儿子，但他是君主；太公您虽然是父亲，但您是臣子。怎么能让君主给臣子行礼呢！这样下去，他的威严就无法行于天下。"等到高祖再来拜见时，太公抱着扫帚，迎候于门、接着倒退而行。高祖大吃一惊，赶紧下车扶着太公。太公说："皇上呀，您是君主，怎么能因为我就乱了天下的大法！"于是高祖就尊崇刘太公为太上皇。对家令所言，高祖心里欢喜，就赏赐给他黄金五百斤。

十二月，有人上书报告说楚王韩信想造反，高祖向大臣们询问对策，大臣们争着想出兵征讨。高祖还是采纳了陈平的计策，于是伪装出游云梦泽，要在陈郡会见诸侯，楚王韩信前来迎接，高祖就趁势将他拘捕。同日，大赦天下。田肯上前祝贺，劝高祖说："陛下擒拿了韩信，又在关中建都。秦地，是个形势优越的国度，四周有高山大河的险固，中间纵横千里，持戟之士百万，能够获取百倍效用。它的地势如此便利，如果出兵东下，就会像从高屋之上倾泻瓴水一样，势必难以阻挡。至于齐国，东有琅邪、即墨的富饶，南有泰山的坚固，西有黄河的险阻，北有渤海的渔利。方圆两千里，持戟上百万，地盘比关中还大，有着十倍于他方的效用。所以说，齐地和秦地有着东秦与西秦之称。不是陛下的嫡亲子弟，不可以派去做齐王。"高祖说："好。"于是赏赐田肯黄金五百斤。

十多天后，封韩信为淮阴侯，把他的原封地分为两个侯国。高祖说："将军刘贾，屡有战功。"封他为荆王，领地淮水以东。封弟弟刘交为楚王，领地淮水以西。封儿子刘肥为齐王，领地有七十余城，凡会说齐地方言的百姓都隶归齐国。高祖于是论功行赏，剖符分封诸列侯。将韩王信的封地由阳翟迁至太原。

汉高祖七年，匈奴进攻韩王信的都城马邑，韩王信于是与匈奴勾结，在太原谋反。白土县人曼丘臣和王黄拥立原赵将赵利为王，反叛朝

15 汉王是一位高明的政治家

廷，高祖亲自率军前往讨伐。适值天气严寒，士兵们被冻掉了手指的就有十分之二三，于是到了平城。匈奴人包围了平城，一直围了七天才撤走。高祖命樊哙留在代地平叛。封二哥刘仲为代王。

二月，高祖从平城动身，经过邯郸、洛阳，回到长安。这时长乐宫已经建成，丞相萧何以下的官员都搬到长安办公。

汉高祖八年，高祖率兵东进，到东垣讨伐韩王信的余党。

丞相萧何主持营建未央宫，建东阙、北阙、前殿、武库、太仓。高祖回到长安后，看到宫阙异常壮丽，大为生气，对萧何说："天下纷纷攘攘，我们苦苦征战多年，是成是败未可得知，为什么要把宫殿修建得如此壮丽呢？"萧何说："正因为天下尚未安定，所以才可以趁机把宫殿建成。再说天子以四海为家，宫殿不壮丽就无法加重威严，而且也不想让后世有所超越。"高祖这才高兴起来。

高祖去东垣的途中，经过柏人县，赵国相国贯高等人图谋弑杀高祖，高祖心有所动，所以未作停留。代王刘仲弃国逃跑，独自回到洛阳，被废除王位，降为合阳侯。

汉高祖九年，赵相国贯高等人的阴谋败露，被诛灭三族。废掉赵王张敖的王位，改封为宣平侯。这一年，将楚国贵族昭、屈、景、怀四姓和齐国贵族田氏迁徙到了关中。

未央宫建成。高祖大会诸侯群臣，在未央前殿摆设酒宴。高祖捧着用玉做的酒杯，起身给太上皇敬酒祝寿，说："当初您总认为我没有出息，不能治办产业，不如刘仲能干。现今我治的这份产业和刘仲相比，谁的多呢？"殿上的群臣都高呼万岁，大笑为乐。

汉高祖十年十月，淮南王英布、梁王彭越、燕王卢绾、荆王刘贾、楚王刘交、齐王刘肥、长沙王吴芮都到长乐宫朝觐高祖。春夏都无事可记。

七月，太上皇驾崩于栎阳宫。楚王刘交、梁王彭越皆来送葬。赦免栎阳监狱的囚犯。把郦邑改名为新丰。

八月，代国的相国陈豨在代地造反。高祖说："陈豨曾经为我的使

跟毛泽东读《史记》

者，很讲信义。代国是我看重的地方，所以才封陈豨为夏阳侯，让他以相国的身份监守代国，如今他居然和王黄等人劫掠代地！代地的吏民是没有罪的，要赦免代地的吏民。"九月，高祖亲自率军，东出讨伐陈豨。抵达邯郸后，高祖高兴地说："陈豨不南下占据邯郸，却在漳水上设防，我断定他什么也干不成。"当高祖听说陈豨的将领都是商人出身时，说："我知道该怎么对付他们。"于是便拿出了大量黄金去收买陈豨的将领，陈豨的将领大都投降了。

汉高祖十一年，刘邦在邯郸讨伐陈豨等人还未结束，陈豨的部将侯敞率领一万多人四处游击，王黄驻军曲逆，张春渡过黄河攻打聊城。高祖派将军郭蒙与齐国将领出击张春，张春大败。太尉周勃经由太原攻入代国，平定了代地。周勃进至马邑，马邑坚守不降，周勃遂攻破城池，屠杀守军。陈豨部将赵利固守东垣，高祖率兵围攻，没能攻克。在被围的一个多月里，城里的守兵一直辱骂高祖，高祖大怒。等到东垣守军投降后，高祖下令凡是辱骂过自己的一律斩首，凡没有骂过的一律赦免。于是把赵国恒山以北的地区划归代国，立儿子刘恒为代王，建都晋阳。

春天，淮阴侯韩信在关中谋反，被夷灭三族。夏天，梁王彭越谋反，被废去爵位，发配蜀郡；途中复欲造反，于是被夷灭三族。高祖立儿子刘恢为梁王，刘友为淮阳王。秋七月，淮南王英布造反，他向东吞并了荆王刘贾的领地，向北渡过淮河攻打楚国，楚王刘交逃到了薛县。高祖亲自率军前去征讨。立儿子刘长为淮南王。

汉高祖十二年十月，高祖在会甄击败英布的军队后，英布南逃，高祖派别将领追击。

高祖还师北归，路过沛县，停了下来。他在沛宫摆设酒宴，把亲朋故旧和父老子弟全部召集过来，纵情畅饮，又挑选沛中儿童，得到了一百二十人，教他们唱歌。等大家喝到酣畅淋漓时，高祖一边击筑，一边作歌，唱道："大风起兮云飞扬，威加海内兮归故乡，安得猛士兮守四方！"并让儿童们都应和、练唱。接着高祖起身跳舞，感慨伤怀，泪下数行。他对沛县的父老兄弟们说："游子悲故乡。我虽然建都关中，但

15 汉王是一位高明的政治家

千秋万岁后,我的魂魄还是乐于思念沛县的。况且我是从做沛公起家,讨伐暴逆,最终夺得天下的,我要以沛县作为我的汤沐邑,免除全县百姓赋税,世世代代都不缴纳。"沛县的父老兄弟、长辈妇女、旧朋故友,天天开怀畅饮,极为欢欣,说旧道故,取笑作乐。过了十多天,高祖准备离去,沛县父老兄弟执意挽留。高祖说:"我随从人员众多,父兄们供养不起。"于是起驾上路。沛县百姓倾城出动,都到城西贡献肉酒。高祖见此情景,又停留下来,搭设帷帐,饮宴三日。沛县父兄们都叩头请求说:"沛县有幸得以免除赋税,丰邑还没有豁免,请陛下哀怜丰邑。"高祖说:"丰邑是我生长的地方,绝不会忘记,我之所以未予免除,就是因为当年他们居然跟着雍齿投靠魏人而背叛我。"沛县的父老兄弟们再三请求,高祖这才一并免除了丰邑的赋税,和沛县享受一样的待遇。于是封沛侯刘濞为吴王。

汉军将领兵分两路攻打英布,在洮水南北两岸,都大破英布军,追至鄱阳,抓获并斩杀了英布。樊哙另带一支军队平定了代地,斩杀了陈豨于当城。

十一月,高祖从讨伐英布的前线回到长安。十二月,高祖说:"秦始皇帝嬴政、楚隐王陈胜、魏安釐王魏遫、齐缗王田地、赵悼襄王赵偃都是绝嗣无后,分别给予十户人家看守坟墓,秦始皇帝二十家,魏公子无忌五家。"大赦代地的官吏和百姓,那些被陈豨、赵利所胁迫而参与造反的人,全部得以赦免。来自陈豨军中的降将说陈豨造反时,燕王卢绾曾派人前去陈豨那里,与他暗中密谋之事。高祖便派辟阳侯审食其去接卢绾进京,卢绾称病不来。辟阳侯回京后,详细说明了卢绾反叛已有的迹象。二月,高祖派樊哙、周勃率兵出击燕王卢绾。赦免参与卢绾谋反的燕国吏民。立儿子刘建为燕王。

高祖讨伐淮南王英布时,被流矢射中,回师途中得了病。此时病情加重,吕后请来名医为他治疗。医生入见高祖,高祖询问医生自己的病情。医生说:"病可以治好。"于是高祖谩骂医生说:"我以一介布衣的身份,手提三尺剑取得了天下,这不是天命吗?我命由天定,即使扁鹊

跟毛泽东读《史记》

出手，又有什么用！"于是不让医生治疗，赏赐黄金五十斤，叫他离去。事后，吕后问高祖："陛下百年以后，萧相国如果死了，让谁接替他？"高祖说："曹参可以。"吕后又问其次，高祖说："王陵可以。但王陵稍嫌憨直，陈平可以辅助他。陈平智谋有余，但难以独当大任。周勃虽缺少文才，但持重敦厚，安定刘氏天下的一定是周勃，可以让他做太尉。"吕后还要再问以后的事情，高祖说："再往后的事，就不是你能知道的了。"

卢绾与数千骑兵居于塞下，打探京城消息，希望皇上病愈，自己好进京请罪。

四月甲辰，高祖驾崩于长乐宫。过了四日，仍不发丧。吕后和审食其密谋说："诸将领和皇上一样，当初都是编户平民，后来北面称臣，已经郁郁不乐，现在再让他们侍奉少主，恐怕更不乐意，不把他们全部族灭，天下就不会安宁。"有人听到了这些话，就告诉了将军郦商。郦将军去见审食其，说："我听说皇上已经驾崩了，四天你们仍不发丧，说是要诛杀诸将领。如果真是这样，天下就危险了。陈平、灌婴统领十万人马驻守荥阳，樊哙、周勃带领二十万将士平定燕、代，如果让他们听到皇上已经驾崩，在朝诸将全都被杀，必定联合起来，杀向关中。那时，大臣叛乱于内，诸侯造反于外，天下覆灭可以翘足而待了。"审食其进宫，把这些话告诉了吕后，于是吕后便在丁未发丧，大赦天下。

卢绾听说高祖驾崩，就逃入了匈奴。

丙寅，高祖安葬。己巳，立太子刘盈为帝，至太上皇庙祭告。大臣们都说："先帝出身平民，拨乱反正，平定天下，是汉朝的太祖，功劳最高。"于是上尊号为"高皇帝"。太子刘盈袭号为皇帝，这就是孝惠帝。孝惠帝下令各郡郡守与各国诸侯，各立高祖庙，按岁时节气进行祭祀。

到了孝惠帝五年，皇上想到高祖生前对沛县的眷恋和喜欢，就把沛宫立为高祖的原庙。高祖所教唱歌的儿童一百二十人，都让他们成为原

15 汉王是一位高明的政治家

庙里的音乐吹奏人员，并规定日后一有缺额，就立即补上。

高祖有八子：长子为庶出齐悼惠王刘肥；次子为孝惠皇帝刘盈，吕后所生；三子是戚夫人所生的赵隐王刘如意；四子是代王刘恒，已经立为孝文皇帝，薄太后所生；五子是梁王刘恢，吕太后当政时徙封为赵共王；六子是淮阳王刘友，吕太后当政时徙封为赵幽王；七子是淮南厉王刘长；八子是燕王刘建。

太史公说：夏朝的政治忠厚，忠厚的弊端在于使黎民百姓粗野少礼，所以殷朝人代之以恭敬。恭敬的弊端在于使黎民百姓相信鬼神，所以周朝人代之以礼仪。礼仪的弊端在于使黎民百姓不诚恳，所以要救治不诚恳的弊端，就没有什么比得上忠厚。由此看来，夏禹、商汤、周文王的治国之道有如围着圆环转，终而复始。周、秦之际，讲究礼仪的弊端可谓充分显露。秦朝的政治不但没有革除这种弊端，反而使刑法更加严酷，这难道不是太荒谬了吗？所以汉朝的兴起，虽然承继了前朝的弊端却有所改变，使黎民百姓不至于倦怠，这是符合循环终始的天道了。规定每年十月，诸侯进京朝觐。皇帝车舆，以黄缯为顶，以左纛为幢。高祖葬在长陵。

16 曾受"胯下之辱"的韩信当了大元帅

毛泽东读批《史记·淮阴侯列传》

【读原文】

青年人打倒老年人，学问少的人打倒学问多的人，这种例子多得很。……韩信也是一个被人看不起的人，他在年轻的时候，曾经受过"胯下之辱"。人家让他钻"胯裆"，他一看没办法，只好钻。

——王子今：《毛泽东与中国史学》，中共中央党校出版社1993年版，第197—198页

【品解析】

1958年5月8日，毛泽东在中共八大二次会议上的第一次讲话中，重点讲了"破除迷信"的问题，他特别强调：从古以来，发明家在开始都是年轻的，学问比较少的，被人看不起的，被压迫的。为什么这些人

16 曾受"胯下之辱"的韩信当了大元帅

能变成发明家？这是因为他们的方向对。学问再多，方向不对，等于无用。毛泽东在列举古今中外的二十几个例子之后，说：举这么多例子，目的就是说明青年人是要胜过老年人，学问少的人可以打倒学问多的人，不要为大学问家所吓倒。他所举的例子中就包括韩信。

韩信青年时代因家贫而行为放荡，为了求食度日，受人讥讽，面对恶势时甚至甘受凌辱。他的能怒、能忍、能知恩报德的性格对他的一生产生重大影响，后来成为叱咤风云的人物。毛泽东举韩信为例，在于以历史人物说明青年人尽管经历坎坷，也是可以有所作为的，并表示寄希望于青年一代。

【读《史记》】

淮阴侯韩信者，淮阴人也。始为布衣时，贫无行，不得推择为吏，又不能治生商贾，常从人寄食饮，人多厌之者。常数从其下乡南昌亭长寄食，数月，亭长妻患之，乃晨炊蓐食。食时信往，不为具食。信亦知其意，怒，竟绝去。

信钓于城下，诸母漂，有一母见信饥，饭信，竟漂数十日。信喜，谓漂母曰："吾必有以重报母。"母怒曰："大丈夫不能自食，吾哀王孙而进食，岂望报乎！"

淮阴屠中少年有侮信者，曰："若虽长大，好带刀剑，中情怯耳。"众辱之曰："信能死，刺我；不能死，出我袴下。"于是信孰视之，俯出袴下，蒲伏。一市人皆笑信，以为怯。

及项梁渡淮，信杖剑从之，居戏下，无所知名。项梁败，又属项羽，羽以为郎中。数以策干项羽，羽不用。汉王之入蜀，信亡楚归汉，未得知名，为连敖。坐法当斩，其辈十三人皆已斩，次至信，信乃仰视，适见滕公，曰："上不欲就天下乎？何为斩壮士！"滕公奇其言，壮其貌，释而不斩。与语，大说之。言于上，上拜以为治粟都尉，上未之奇也。

跟毛泽东读《史记》

信数与萧何语，何奇之。至南郑，诸将行道亡者数十人，信度何等已数言上，上不我用，即亡。何闻信亡，不及以闻，自追之。人有言上曰："丞相何亡。"上大怒，如失左右手。居一二日，何来谒上，上且怒且喜，骂何曰："若亡，何也？"何曰："臣不敢亡也，臣追亡者。"上曰："若所追者谁？"何曰："韩信也。"上复骂曰："诸将亡者以十数，公无所追；追信，诈也。"何曰："诸将易得耳。至如信者，国士无双。王必欲长王汉中，无所事信；必欲争天下，非信无所与计事者。顾王策安所决耳。"王曰："吾亦欲东耳，安能郁郁久居此乎？"何曰："王计必欲东，能用信，信即留；不能用，信终亡耳。"王曰："吾为公以为将。"何曰："虽为将，信必不留。"王曰："以为大将。"何曰："幸甚。"于是王欲召信拜之。何曰："王素慢无礼，今拜大将如呼小儿耳，此乃信所以去也。王必欲拜之，择良日，斋戒，设坛场，具礼，乃可耳。"王许之。诸将皆喜，人人各自以为得大将。至拜大将，乃韩信也，一军皆惊。

信拜礼毕，上坐。王曰："丞相数言将军，将军何以教寡人计策？"信谢，因问王曰："今东乡争权天下，岂非项王邪？"汉王曰："然。"曰："大王自料勇悍仁强孰与项王？"汉王默然良久，曰："不如也。"信再拜贺曰："惟信亦为大王不如也。然臣尝事之，请言项王之为人也。项王喑噁叱咤，千人皆废，然不能任属贤将，此特匹夫之勇耳。项王见人恭敬慈爱，言语呕呕，人有疾病，涕泣分食饮，至使人有功当封爵者，印刓敝，忍不能予，此所谓妇人之仁也。项王虽霸天下而臣诸侯，不居关中而都彭城。有背义帝之约，而以亲爱王，诸侯不平。诸侯之见项王迁逐义帝置江南，亦皆归逐其主而自王善地。项王所过无不残灭者，天下多怨，百姓不亲附，特劫于威强耳。名虽为霸，实失天下心。故曰其强易弱。今大王诚能反其道：任天下武勇，何所不诛！以天下城邑封功臣，何所不服！以义兵从思东归之士，何所不散！且三秦王为秦将，将秦子弟数岁矣，所杀亡不可胜计，又欺其众降诸侯，至新安，项王诈坑秦降卒二十余万，唯独邯、欣、翳得脱，秦父兄怨此三

16 曾受"胯下之辱"的韩信当了大元帅

人,痛入骨髓。今楚强以威王此三人,秦民莫爱也。大王之入武关,秋豪无所害,除秦苛法,与秦民约,法三章耳,秦民无不欲得大王王秦者。于诸侯之约,大王当王关中,关中民咸知之。大王失职入汉中,秦民无不恨者。今大王举而东,三秦可传檄而定也。"于是汉王大喜,自以为得信晚。遂听信计,部署诸将所击。

八月,汉王举兵东出陈仓,定三秦。汉二年,出关,收魏、河南,韩、殷王皆降。合齐、赵共击楚。四月,至彭城,汉兵败散而还。信复收兵与汉王会荥阳,复击破楚京、索之间,以故楚兵卒不能西。

汉之败却彭城,塞王欣、翟王翳亡汉降楚,齐、赵亦反汉与楚和。六月,魏王豹谒归视亲疾,至国,即绝河关反汉,与楚约和。汉王使郦生说豹,不下。其八月,以信为左丞相,击魏。魏王盛兵蒲坂,塞临晋,信乃益为疑兵,陈船欲度临晋,而伏兵从夏阳以木罂缻渡军,袭安邑。魏王豹惊,引兵迎信,信遂虏豹,定魏为河东郡。汉王遣张耳与信俱,引兵东北击赵、代。后九月,破代兵,禽夏说阏与。信之下魏破代,汉辄使人收其精兵,诣荥阳以距楚。

信与张耳以兵数万,欲东下井陉击赵。赵王、成安君陈馀闻汉且袭之也,聚兵井陉口,号称二十万。广武君李左车说成安君曰:"闻汉将韩信涉西河,虏魏王,禽夏说,新喋血阏与,今乃辅以张耳,议欲下赵,此乘胜而去国远斗,其锋不可当。臣闻千里馈粮,士有饥色,樵苏后爨,师不宿饱。今井陉之道,车不得方轨,骑不得成列,行数百里,其势粮食必在其后。愿足下假臣奇兵三万人,从间道绝其辎重;足下深沟高垒,坚营勿与战。彼前不得斗,退不得还,吾奇兵绝其后,使野无所掠,不至十日,而两将之头可致于戏下。愿君留意臣之计。否,必为二子所禽矣。"成安君,儒者也,常称义兵不用诈谋奇计,曰:"吾闻兵法十则围之,倍则战。今韩信兵号数万,其实不过数千。能千里而袭我,亦已罢极。今如此避而不击,后有大者,何以加之!则诸侯谓吾怯,而轻来伐我。"不听广武君策,广武君策不用。

韩信使人间视,知其不用,还报,则大喜,乃敢引兵遂下。未至井陉口三十里，止舍。夜半传发，选轻骑二千人，人持一赤帜，从间道萆山而望赵军，诫曰："赵见我走，必空壁逐我，若疾入赵壁，拔赵帜，立汉赤帜。"令其裨将传飧，曰："今日破赵会食！"诸将皆莫信，详应曰："诺。"谓军吏曰："赵已先据便地为壁，且彼未见吾大将旗鼓，未肯击前行，恐吾至阻险而还。"信乃使万人先行，出，背水陈。赵军望见而大笑。平旦，信建大将之旗鼓，鼓行出井陉口，赵开壁击之，大战良久。于是信、张耳详弃鼓旗，走水上军。水上军开入之，复疾战。赵果空壁争汉鼓旗，逐韩信、张耳。韩信、张耳已入水上军，军皆殊死战，不可败。信所出奇兵二千骑，共候赵空壁逐利，则驰入赵壁，皆拔赵旗，立汉赤帜二千。赵军已不胜，不能得信等，欲还归壁，壁皆汉赤帜，而大惊，以为汉皆已得赵王将矣，兵遂乱，遁走，赵将虽斩之，不能禁也。于是汉兵夹击，大破虏赵军，斩成安君泜水上，禽赵王歇。

信乃令军中毋杀广武君，有能生得者购千金。于是有缚广武君而致戏下者，信乃解其缚，东乡坐，西乡对，师事之。

诸将效首虏，毕贺，因问信曰："兵法右倍山陵，前左水泽，今者将军令臣等反背水陈，曰破赵会食，臣等不服。然竟以胜，此何术也？"信曰："此在兵法，顾诸君不察耳。兵法不曰'陷之死地而后生，置之亡地而后存'？且信非得素拊循士大夫也，此所谓'驱市人而战之'，其势非置之死地，使人人自为战；今予之生地，皆走，宁尚可得而用之乎！"诸将皆服曰："善。非臣所及也。"

于是信问广武君曰："仆欲北攻燕，东伐齐，何若而有功？"广武君辞谢曰："臣闻败军之将，不可以言勇；亡国之大夫，不可以图存。今臣败亡之虏，何足以权大事乎！"信曰："仆闻之，百里奚居虞而虞亡，在秦而秦霸，非愚于虞而智于秦也，用与不用，听与不听也。诚令成安君听足下计，若信者亦已为禽矣。以不用足下，故信得侍耳。"因固问曰："仆委心归计，愿足下勿辞。"广武君曰："臣闻智者千虑，必有一失；愚者千虑，必有一得。故曰：'狂夫之言，圣人择焉。'顾恐臣计未必足用，愿效愚忠。夫成安君有百战百胜之计，一旦而失之，军

16 曾受"胯下之辱"的韩信当了大元帅

败部下,身死泜上。今将军涉西河,虏魏王,擒夏说阏与,一举而下井陉,不终朝破赵二十万众,诛成安君。名闻海内,威震天下,农夫莫不辍耕释耒,褕衣甘食,倾耳以待命者。若此,将军之所长也。然而众劳卒罢,其实难用。今将军欲举倦弊之兵,顿之燕坚城之下,欲战恐久力不能拔,情见势屈,旷日粮竭,而弱燕不服,齐必距境以自强也。燕齐相持而不下,则刘项之权未有所分也。若此者,将军所短也。臣愚,窃以为亦过矣。故善用兵者不以短击长,而以长击短。"韩信曰:"然则何由?"广武君对曰:"方今为将军计,莫如案甲休兵,镇赵抚其孤,百里之内,牛酒日至,以飨士大夫醳兵。北首燕路,而后遣辩士奉咫尺之书,暴其所长于燕,燕必不敢不听从。燕已从,使喧言者东告齐,齐必从风而服,虽有智者,亦不知为齐计矣。如是,则天下事皆可图也。兵固有先声而后实者,此之谓也。"韩信曰:"善。"从其策,发使使燕,燕从风而靡。乃遣使报汉,因请立张耳为赵王,以镇抚其国。汉王许之,乃立张耳为赵王。

楚数使奇兵渡河击赵,赵王耳、韩信往来救赵,因行定赵城邑,发兵诣汉。楚方急围汉王于荥阳,汉王南出,之宛、叶间,得黥布,走入成皋,楚又复急围之。六月,汉王出成皋,东渡河,独与滕公俱,从张耳军修武。至,宿传舍。晨自称汉使,驰入赵壁。张耳、韩信未起,即其卧内上夺其印符,以麾召诸将,易置之。信、耳起,乃知汉王来,大惊。汉王夺两人军,即令张耳备守赵地,拜韩信为相国,收赵兵未发者击齐。

信引兵东,未渡平原,闻汉王使郦食其已说下齐,韩信欲止。范阳辩士蒯通说信曰:"将军受诏击齐,而汉独发间使下齐,宁有诏止将军乎?何以得毋行也!且郦生一士,伏轼掉三寸之舌,下齐七十余城,将军将数万众,岁余乃下赵五十余城,为将数岁,反不如一竖儒之功乎?"于是信然之,从其计,遂渡河。齐已听郦生,即留纵酒,罢备汉守御。信因袭齐历下军,遂至临菑。齐王田广以郦生卖己,乃亨之,而走高密,使使之楚请救。韩信已定临菑,遂东追广至高密西。楚亦使龙

377

跟毛泽东读《史记》

且将，号称二十万，救齐。

齐王广、龙且并军与信战，未合。人或说龙且曰："汉兵远斗穷战，其锋不可当。齐、楚自居其地战，兵易败散。不如深壁，令齐王使其信臣招所亡城，亡城闻其王在，楚来救，必反汉。汉兵二千里客居，齐城皆反之，其势无所得食，可无战而降也。"龙且曰："吾平生知韩信为人，易与耳。且夫救齐不战而降之，吾何功？今战而胜之，齐之半可得，何为止！"遂战，与信夹潍水陈。韩信乃夜令人为万余囊，满盛沙，壅水上流，引军半渡，击龙且，详不胜，还走。龙且果喜曰："固知信怯也。"遂追信渡水。信使人决壅囊，水大至。龙且军大半不得渡，即急击，杀龙且。龙且水东军散走，齐王广亡去。信遂追北至城阳，皆虏楚卒。

汉四年，遂皆降平齐。使人言汉王曰："齐伪诈多变，反覆之国也，南边楚，不为假王以镇之，其势不定。愿为假王便。"当是时，楚方急围汉王于荥阳，韩信使者至，发书，汉王大怒，骂曰："吾困于此，旦暮望若来佐我，乃欲自立为王！"张良、陈平蹑汉王足，因附耳语曰："汉方不利，宁能禁信之王乎？不如因而立，善遇之，使自为守。不然，变生。"汉王亦悟，因复骂曰："大丈夫定诸侯，即为真王耳，何以假为！"乃遣张良往立信为齐王，征其兵击楚。

楚已亡龙且，项王恐，使盱眙人武涉往说齐王信曰："天下共苦秦久矣，相与勠力击秦。秦已破，计功割地，分土而王之，以休士卒。今汉王复兴兵而东，侵人之分，夺人之地，已破三秦，引兵出关，收诸侯之兵以东击楚，其意非尽吞天下者不休，其不知厌足如是甚也。且汉王不可必，身居项王掌握中数矣，项王怜而活之，然得脱，辄倍约，复击项王，其不可亲信如此。今足下虽自以与汉王为厚交，为之尽力用兵，终为之所禽矣。足下所以得须臾至今者，以项王尚存也。当今二王之事，权在足下。足下右投则汉王胜，左投则项王胜。项王今日亡，则次取足下。足下与项王有故，何不反汉与楚连和，参分天下王之？今释此时，而自必于汉以击楚，且为智者固若此乎！"韩信谢曰："臣事项王，

16 曾受"胯下之辱"的韩信当了大元帅

官不过郎中，位不过执戟，言不听，画不用，故倍楚而归汉。汉王授我上将军印，予我数万众，解衣衣我，推食食我，言听计用，故吾得以至于此。夫人深亲信我，我倍之不祥，虽死不易。幸为信谢项王！"

武涉已去，齐人蒯通知天下权在韩信，欲为奇策而感动之，以相人说韩信曰："仆尝受相人之术。"韩信曰："先生相人何如？"对曰："贵贱在于骨法，忧喜在于容色，成败在于决断。以此参之，万不失一。"韩信曰："善。先生相寡人何如？"对曰："愿少间。"信曰："左右去矣。"通曰："相君之面，不过封侯，又危不安。相君之背，贵乃不可言。"韩信曰："何谓也？"蒯通曰："天下初发难也，俊雄豪桀建号壹呼，天下之士云合雾集，鱼鳞杂遝，熛至风起。当此之时，忧在亡秦而已。今楚汉分争，使天下无罪之人肝胆涂地，父子暴骸骨于中野，不可胜数。楚人起彭城，转斗逐北，至于荥阳，乘利席卷，威震天下。然兵困于京、索之间，迫西山而不能进者，三年于此矣。汉王将数十万之众，距巩、雒，阻山河之险，一日数战，无尺寸之功，折北不救，败荥阳，伤成皋，遂走宛、叶之间，此所谓智勇俱困者也。夫锐气挫于险塞，而粮食竭于内府，百姓罢极怨望，容容无所倚。以臣料之，其势非天下之贤圣固不能息天下之祸。当今两主之命县于足下。足下为汉则汉胜，与楚则楚胜。臣愿披腹心，输肝胆，效愚计，恐足下不能用也。诚能听臣之计，莫若两利而俱存之，参分天下，鼎足而居，其势莫敢先动。夫以足下之贤圣，有甲兵之众，据强齐，从燕、赵，出空虚之地而制其后，因民之欲，西乡为百姓请命，则天下风走而响应矣，孰敢不听！割大弱强，以立诸侯，诸侯已立，天下服听而归德于齐。案齐之故，有胶、泗之地，怀诸侯以德，深拱揖让，则天下之君王相率而朝于齐矣。盖闻天与弗取，反受其咎；时至不行，反受其殃。愿足下孰虑之。"

韩信曰："汉王遇我甚厚，载我以其车，衣我以其衣，食我以其食。吾闻之，乘人之车者载人之患，衣人之衣者怀人之忧，食人之食者死人之事，吾岂可以乡利倍义乎！"蒯生曰："足下自以为善汉王，欲

跟毛泽东读《史记》

建万世之业，臣窃以为误矣。始常山王、成安君为布衣时，相与为刎颈之交，后争张黡、陈泽之事，二人相怨。常山王背项王，奉项婴头而窜逃，归于汉王。汉王借兵而东下，杀成安君泜水之南，头足异处，卒为天下笑。此二人相与，天下至欢也。然而卒相禽者，何也？患生于多欲而人心难测也。今足下欲行忠信以交于汉王，必不能固于二君之相与也，而事多大于张黡、陈泽。故臣以为足下必汉王之不危己，亦误矣。大夫种、范蠡存亡越，霸句践，立功成名而身死亡。野兽已尽而猎狗亨。夫以交友言之，则不如张耳之与成安君者也；以忠信言之，则不过大夫种、范蠡之于句践也。此二人者，足以观矣。愿足下深虑之。且臣闻勇略震主者身危，而功盖天下者不赏。臣请言大王功略：足下涉西河，虏魏王，禽夏说，引兵下井陉，诛成安君，徇赵，胁燕，定齐，南摧楚人之兵二十万，东杀龙且，西乡以报。此所谓功无二于天下，而略不世出者也。今足下戴震主之威，挟不赏之功，归楚，楚人不信；归汉，汉人震恐。足下欲持是安归乎？夫势在人臣之位而有震主之威，名高天下，窃为足下危之。"韩信谢曰："先生且休矣，吾将念之。"

后数日，蒯通复说曰："夫听者事之候也，计者事之机也，听过计失而能久安者，鲜矣。听不失一二者，不可乱以言；计不失本末者，不可纷以辞。夫随厮养之役者，失万乘之权；守儋石之禄者，阙卿相之位。故知者决之断也，疑者事之害也。审豪氂之小计，遗天下之大数。智诚知之，决弗敢行者，百事之祸也。故曰：'猛虎之犹豫，不若蜂虿之致螫；骐骥之局躅，不如驽马之安步；孟贲之狐疑，不如庸夫之必至也；虽有舜禹之智，吟而不言，不如喑聋之指麾也。'此言贵能行之。夫功者难成而易败，时者难得而易失也。时乎时，不再来。愿足下详察之。"韩信犹豫不忍倍汉，又自以为功多，汉终不夺我齐，遂谢蒯通。蒯通说不听，已详狂为巫。

汉王之困固陵，用张良计，召齐王信，遂将兵会垓下。项羽已破，高祖袭夺齐王军。汉五年正月，徙齐王信为楚王，都下邳。

信至国，召所从食漂母，赐千金。及下乡南昌亭长，赐百钱，曰：

16 曾受"胯下之辱"的韩信当了大元帅

"公，小人也，为德不卒。"召辱己之少年令出胯下者以为楚中尉。告诸将相曰："此壮士也。方辱我时，我宁不能杀之邪？杀之无名，故忍而就于此。"

项王亡将钟离眜家在伊庐，素与信善。项王死后，亡归信，汉王怨眜，闻其在楚，诏楚捕眜。信初之国，行县邑，陈兵出入。汉六年，人有上书告楚王信反。高帝以陈平计，天子巡狩会诸侯，南方有云梦，发使告诸侯会陈："吾将游云梦。"实欲袭信，信弗知。高祖且至楚，信欲发兵反，自度无罪，欲谒上，恐见禽。人或说信曰："斩眜谒上，上必喜，无患。"信见眜计事。眜曰："汉所以不击取楚，以眜在公所。若欲捕我以自媚于汉，吾今日死，公亦随手亡矣。"乃骂信曰："公非长者！"卒自刭。信持其首，谒高祖于陈。上令武士缚信，载后车。信曰："果若人言，'狡兔死，良狗亨；高鸟尽，良弓藏；敌国破，谋臣亡'。天下已定，我固当亨！"上曰："人告公反。"遂械系信。至雒阳，赦信罪，以为淮阴侯。

信知汉王畏恶其能，常称病不朝从。信由此日夜怨望，居常鞅鞅，羞与绛、灌等列。信尝过樊将军哙，哙跪拜送迎，言称臣，曰："大王乃肯临臣！"信出门，笑曰："生乃与哙等为伍！"上常从容与信言诸将能不，各有差。上问曰："如我能将几何？"信曰："陛下不过能将十万。"上曰："于君何如？"曰："臣多多而益善耳。"上笑曰："多多益善，何为为我禽？"信曰："陛下不能将兵，而善将将，此乃信之所以为陛下禽也。且陛下所谓天授，非人力也。"

陈豨拜为钜鹿守，辞于淮阴侯。淮阴侯挈其手，辟左右与之步于庭，仰天叹曰："子可与言乎？欲与子有言也。"豨曰："唯将军令之。"淮阴侯曰："公之所居，天下精兵处也；而公，陛下之信幸臣也。人言公之畔，陛下必不信；再至，陛下乃疑矣！三至，必怒而自将。吾为公从中起，天下可图也。"陈豨素知其能也，信之，曰："谨奉教！"汉十年，陈豨果反。上自将而往，信病不从。阴使人至豨所，曰："弟举兵，吾从此助公。"信乃谋与家臣夜诈诏赦诸官徒奴，欲发以袭吕后、太子。部署已定，待豨报。其舍人得罪于信，信囚，欲杀之。舍人弟上变，告信欲反状于吕后。吕后欲召，恐其党不就，乃与萧相国谋，诈令人从上所来，言豨已得死，列侯群臣皆贺。相国绐信曰："虽疾，强入贺。"信入，吕后使武士缚信，斩之长乐钟室。信方斩，曰："吾悔不用蒯通之计，乃为儿女子所诈，岂非天哉！"遂夷信三族。

高祖已从豨军来，至，见信死，且喜且怜之，问："信死亦何言？"吕后曰："信言恨不用蒯通计。"高祖曰："是齐辩士也。"乃诏齐捕蒯通。蒯通至，上曰："若教淮阴侯反乎？"对曰："然，臣固教之。竖子不用臣之策，故令自夷于此。如彼竖子用臣之计，陛下安得而夷之乎！"上怒曰："亨之！"通曰："嗟乎，冤哉亨也！"上曰："若教韩信反，何冤？"对问："秦之纲绝而维弛，山东大扰，异姓并起，英俊乌集。秦失其鹿，天下共逐之，于是高材疾足者先得焉，跖之狗吠尧，尧非不仁，狗固吠非其主。当是时，臣唯独知韩信，非知陛下也。且天下锐精持锋欲为陛下所为者甚众，顾力不能耳。又可尽亨之邪？"高帝曰："置之。"乃释通之罪。

太史公曰：吾如淮阴，淮阴人为余言，韩信虽为布衣时，其志与众异。其母死，贫无以葬，然乃行营高敞地，令其旁可置万家。余视其母冢，良然。假令韩信学道谦让，不伐己功，不矜其能，则庶几哉于汉家勋可以比周、召、太公之徒，后世血食矣。不务出此，而天下已集，乃谋畔逆，夷灭宗族，不亦宜乎！

（选自《史记·淮阴侯列传》）

【品释文】

淮阴侯韩信是淮阴人。起先当老百姓的时候，生活贫穷，名声不好，既不能被推选当官吏，又不能靠做买卖维持生活，经常到别人家去蹭吃蹭喝，很多人都厌烦他。他曾多次到下乡的南昌亭亭长家里蹭饭吃，一连蹭了几个月，亭长的妻子很讨厌他，于是她每天早晨早早做

16 曾受"胯下之辱"的韩信当了大元帅

饭,人们还没起床,她家里已经吃完饭了。等到正常的吃饭时间韩信到了,她就不再给他做饭吃。韩信也明白是怎么回事,非常生气,再也不去了。

韩信在城外钓鱼,河边上有一些老太太在洗绵絮,有一位老太太看出韩信很饿,就把自己的饭分给韩信吃,直到洗完绵絮的几十天都是这样。韩信很高兴,对那位老太太说:"我日后一定要重重地报答老妈妈。"老太太生气地说:"男子汉大丈夫自己养活不了自己,我是可怜你才给你饭吃,难道是指望你报答吗!"

淮阴有个卖肉的年轻人侮辱韩信说:"你虽然看上去又高又壮,喜欢带刀佩剑的,其实你骨子里就是个胆小鬼。"于是当众侮辱韩信说:"你要是不怕死,就刺我一剑;你要是怕死,就从我裤裆下钻过去。"韩信盯着他看了半天,还是趴在地上,从他胯下爬了过去。整个市场的人都笑话韩信,认为他怯懦。

等到项梁率兵来到淮北时,韩信仗剑从军,做了项梁的部下。但默默无闻。项梁兵败身死后,韩信又归项羽统辖,项羽让他做了郎中。他多次给项羽献计,项羽都没采用。汉王刘邦率部入蜀时,韩信就离开项羽投奔了刘邦,但仍不受赏识,只是个连敖。后来韩信因犯法当斩,同案的十三人都已被斩,轮到韩信了,韩信抬头一看,正好看见滕公夏侯婴,便说:"主上不想一统天下吗?为什么要杀壮士!"夏侯婴觉得他言语不凡,相貌堂堂,就把他释放了没杀。等和韩信交谈之后,夏侯婴非常高兴。于是夏侯婴把韩信向汉王作了介绍,汉王任命韩信为治粟都尉,但并没觉得他有什么出众的才能。

韩信与萧何谈了几次话,萧何很赏识他。在汉王他们去往南郑的路上,有几十个将领逃亡了,韩信估计萧何等人已经向汉王多次推荐自己,而汉王总是不肯重用自己,于是也逃跑了。萧何听说韩信逃亡,来不及向汉王报告,立刻亲自去追他。这时有人禀报汉王说:"丞相萧何跑了。"汉王勃然大怒,痛心得如同失去了左右手一般。过了一两天,萧何回来拜见汉王,汉王又生气又高兴,骂萧何说:"你为什么也跑

跟毛泽东读《史记》

了?"萧何说:"我不敢逃跑,我是去追逃跑的人。"汉王说:"你追的是谁?"萧何说:"是韩信。"汉王又骂道:"逃跑的将军有几十个了,你都没追;现在说去追韩信,一定是骗人!"萧何说:"别的那些将军都容易得到。至于韩信,他是独一无二的优秀人才。您要是打算永远做个汉王,那就用不着韩信;您要是想出去争夺天下,除了韩信没人能跟您共谋大事。关键就看您到底是怎么打算的了。"汉王说:"我当然也想向东争天下,怎么能一辈子憋屈地待在这儿呢?"萧何说:"您既然决心一定要东出争天下,那么,您要是能重用韩信,韩信就会留下来为您效力;您要是不能重用他,他终究还是要逃跑的。"汉王说:"我看在你的面子上,就让他做个将军。"萧何说:"即便做将军,韩信也肯定不会留下来。"汉王说:"那我让他做大将。"萧何说:"那太好了。"于是汉王立即就想让人去把韩信叫来任命他为大将。萧何说:"您一向待人傲慢无礼,现在任命大将就像招呼个小孩子似的,这正是韩信要离开您的原因。您要是真想任命他,就该选个好日子,沐浴斋戒,在广场上筑起坛台,举行隆重的仪式,那才行呢。"汉王同意照办。将领们都暗自高兴,人人心想这回被任命的大将一定是自己。等到正式任命的时候一看,原来是韩信,全军都大吃一惊。

封拜大将的仪式结束后,韩信被请入上座。汉王说:"萧丞相多次提起将军您的大才,将军您有什么良策可以指教我呢?"韩信先是逊谢,然后问汉王:"大王如今东向争夺天下,您的对手不是项羽吗?"汉王说:"是的。"韩信又说:"大王您自己估计您的勇猛、仁德,以及您军队的强盛,能比得过项羽吗?"汉王沉默了半天,说:"比不上他。"韩信起身向汉王拜了两拜祝贺他说:"我也觉得您比不上他。我曾经在他手下做事,请让我来说说项羽的为人。项羽大吼一声,可以把上千人吓得瘫在地上,但他不能任用有才干的人,这样他就不过只有匹夫之勇。项羽待人恭敬有礼,仁爱慈祥,说起话来和和气气,有人生了病,他能含着眼泪把自己的饮食分给他,可是等到人家立了功,该封官颁赏了,他却能把印拿在手里摩挲得棱角都磨圆了还舍不得发出去,这

16 曾受"胯下之辱"的韩信当了大元帅

样,他那所谓的'仁爱'不过是妇人之仁。项羽虽然做了霸主,所有诸侯都对他俯首称臣,可是他不建都在关中,而建都在彭城。他又违背了当初义帝宣布的谁先入关谁做关中王的规定,还把他的亲信都封了王,因此各路诸侯都心怀不满。诸侯们看到项羽把义帝赶到了江南,也都学着样赶走了自己过去的国君而占据好地方称王。项羽军队所到之处,杀人放火,没有留下一个完整的地方,天下人都怨声载道,老百姓谁也不亲附他,现在只不过是被他暂时的强大所控制罢了。项羽现在虽然名义上是霸主,实际上他已经丧尽了人心。所以说他的强盛是很容易变弱的。现在您如果真能反其道而行之:只要是勇敢善战的人,您就大胆信任使用,那还有什么敌人不能被打败?只要打下了城邑,您就把它封给您的有功之臣,那还有什么人不对您忠心归附?您再以那些来自沛县一带的老兵为中坚、前锋,让您现有的全部人马跟在后面一起东进,那还有什么样的敌人不能被打垮?现在关中的三个诸侯王当初都是秦朝的将领,他们统率关中的子弟好几年,为他们而战死逃亡的不计其数,后来他们又欺骗士兵们投降了项羽,结果走到新安时,项羽设计将这二十多万降兵全都活埋了,只留下了章邯、司马欣、董翳这三个人,现在秦地父老们对这三人恨之入骨。如今项羽仗着他的武力硬是把这三人封为王,秦地百姓根本没人喜欢他们。大王您当初进入武关以后,秋毫无犯,废除了秦朝的严刑酷法,给秦地百姓们定的法律只有三条,秦地的百姓没有不乐意让您在秦地称王的。按照诸侯们的事先约定,大王您也应该在关中称王,关中百姓们也都知道。后来您被项羽剥夺权力,排挤到汉中,秦地百姓无不对此感到遗憾。现在如果您举兵东下,三秦地区只要发上一个通告,不用打仗就可以回到您手中。"汉王听了大喜,感到自己今天才真正认识韩信实在是太晚了。于是就按照韩信的谋划,部署各位将领的进攻目标。

汉元年八月,汉王率军东出陈仓旧道,很快地平定了三秦。汉二年,汉军东出函谷关,收复了魏国和河南国,韩王郑昌、殷王司马卬都投降了。于是汉王与齐、赵两国联合攻击项羽。四月,汉军打到了项羽的都城彭城，结果被项羽打得溃败而归。这时韩信收合了一部分军队在荥阳与汉王会师，接着又在京县和索乡之间打败了楚军，从此楚军再也没能西进。

汉王在彭城败退之时，关中的塞王司马欣和翟王董翳背叛了汉王投降了项羽，齐、赵两国也背叛汉王与项羽联合了。六月，魏王豹请假回去探视生病的亲人，到了魏国，立即封锁了黄河渡口反汉，与项羽相约联合。汉王派郦食其去游说魏豹，魏豹不听。这年八月，汉王派韩信以左丞相的虚衔讨伐魏豹。魏豹在蒲坂集结重兵，堵住了临晋关，韩信就在临晋一带多多布置疑兵，摆开船只，做出想要从临晋强渡的样子，而暗中出兵北上夏阳，船只不够，就让士兵们抱着木盆木桶，利用一切条件渡过了黄河，再南下袭击安邑。魏豹大惊，率军北上迎战韩信，结果战败被韩信俘获，随后韩信很快就平定了魏国，改魏为河东郡。接着汉王又派来张耳与韩信一起率军向东北攻打赵国和代国。闰九月，韩信军击溃了代国的军队，在阏与生擒了代国的丞相夏说。但是在韩信攻下魏国、打败代国的时候，汉王总是马上派人把韩信的精兵收编到自己部下调到荥阳去抵抗项羽。

韩信与张耳率领着几万人，准备东出井陉口进攻赵国。赵王赵歇和成安君陈馀听说汉军将来进攻，就在井陉口集结军队，号称二十万，准备迎击。广武君李左车对陈馀说："听说汉将韩信此前已渡过西河，俘虏了魏王豹，又生擒了代相夏说，在阏与血战大捷，现又有张耳辅助，准备攻下我们赵国，这是远离本土乘胜进攻的势头，其锋芒锐不可当。但我听说，靠远道送粮食，士兵就会挨饿，现做饭现打柴，军队常常吃不饱。如今这井陉小道，窄得两辆车不能并行，人马都排不成行列，韩信的部队到这里要走几百里，他的粮食一定在后面。请您拨给我三万人，抄小路截断他们的粮道；您在正面只管加固防御工事，坚守营盘不与他们开战。叫他们向前求战不得，向后又退不回去，我的人马断了他们粮饷挡在后面，他们在旷野上又弄不到任何东西可吃可用，不出十天，韩信和张耳的人头就可以送到您面前了。希望您能认真考虑我的建

16 曾受"胯下之辱"的韩信当了大元帅

议。不然，我们就要被他们两个擒获了。"陈馀是个儒生，总说仁义之师绝不用阴谋诡计，这时就说："我听说兵法上讲如果兵力是敌人的十倍，就可以去包围他们；如果是敌人的一倍，就可以与他们决战。现在韩信的军队号称几万，其实不过几千人。他们又经过了千里跋涉前来攻打我们，已经是疲惫至极了。如今这样的敌人我们还避开不打，以后再遇到更强的敌人，我们还怎么打！再说其他诸侯也都会说我们怯懦无能，就会随便来欺负我们了。"于是他不考虑李左车的作战方案，李左车的方案没被采纳。

韩信先已派人刺探，探子了解到李左车的计策没被采用，回来向韩信报告，韩信非常高兴，才敢率军长驱而下。当他们走到距离井陉口还有三十里的地方，就停下来休息。到了半夜，韩信命令全军出发准备战斗，挑选了两千名轻骑兵，让他们每人手持一面红旗，从小道上山，隐蔽在山上监视赵军，并叮嘱说："赵军见到我军败退，一定会倾巢而出来追击我们，你们这时要迅速冲入赵营，拔掉赵军的旗帜，插上汉军的红旗。"随后韩信又让他的副将传令全军随便吃点东西，说："等今天打败了赵军以后再正式用餐！"将领们都不相信，敷衍着说："好的。"韩信对身边的军吏说："赵军已抢先占据有利的地势修筑了营垒，况且他们不见到我大将的仪仗旗号，是不会攻击我们的先头部队的，因为他们怕我们的主力部队看见艰险会撤回去。"于是韩信派出一万人的先头部队，出井陉口，过河后在河东列了个背水阵。赵军远远望见后都哈哈大笑。等到了清晨，韩信竖起将旗，架起战鼓，一路敲着鼓出了井陉口，赵军于是打开营门迎击，两军大战了很久。后来韩信、张耳假装失败扔下大将旗鼓，逃向水边的军营。水边军营开营与大军合并后，继续与赵军激战。赵军一见汉军败退，果然倾巢而出争抢战利品，想要提拿韩信、张耳。韩信、张耳的军队退入水边军营之后，全军都与赵军展开殊死搏斗，赵军无法打败他们。这时韩信先派出的两千轻骑兵，等赵军倾巢而出抢夺战利品后，立即冲入赵军营垒，拔掉赵军的旗帜，插上了汉军的两千面红旗。赵军不能取胜，抓不到韩信等，想要回营时，只见

跟毛泽东读《史记》

自己营垒上都是汉军的红旗，大惊失色，以为汉军已经抓到赵王和他的将领了，军心顿时大乱，士兵们四散奔逃，即使有赵将想通过杀死逃兵来拦阻，也无济于事了。于是汉军内外夹击，大破赵军，将陈馀杀死在泜水上，擒获了赵王歇。

韩信命令军中不得杀害广武君李左车，能活捉到李左车的可得千金重赏。于是有人活捉了李左车，将他捆起来送到了韩信营中。韩信亲自解开了李左车身上的绑绳，请他东向坐在上座，自己西向相陪，像对待老师那样奉事他。

将领们向韩信呈献了首级俘虏，祝贺胜利完毕，问韩信说："兵法上讲，布阵之法是右面和背后靠着山，前面傍着水，可是今天您却让我们背靠河水布阵，还说让我们打败了赵军再吃饭，我们当时都不信服。可是最后竟然打胜了，这是什么战术呢？"韩信说："这种战术就在兵法上，只是各位没注意罢了。兵法上不是说'要把士兵置于死地让他们死里求生，要把士兵置于绝境让他们绝处求存'么？而且我原来并没有对部下施予任何恩情，这就叫作'驱赶集市上的人去作战'，势必要将他们置于绝境，让他们人人为自己而战；如果把他们放在一个还有退路的地方，他们一定都会逃跑，那我还能指望他们为我作战吗？"将领们都折服说："对。这不是我们能考虑到的。"

韩信问李左车说："我想北上攻燕，东进伐齐，怎样才能成功呢？"李左车推辞说："我听说败军之将，没资格再说勇武；亡国之臣，没资格谋划存亡大计。如今我兵败被俘，哪有资格谋划大事呢？"韩信说："我听说，百里奚在虞国为臣而虞国灭亡，在秦国为臣而秦国称霸，这并不是百里奚在虞国时愚笨而在秦国时聪明，关键在于国君是不是用他，是不是采纳他的计策。假如成安君采纳了您的计策，恐怕像我韩信这样的人早就被你们活捉了。就是因为他们不任用您，所以我今天才能陪待请教您啊。"随后韩信又非常诚恳地说："我是诚心诚意向您求教，希望您不要推辞。"李左车说："我听说聪明的人考虑周详，也有偶然失误的时候；愚蠢的人思来想去，也有偶然想对的时候。所以说：'即

16 曾受"胯下之辱"的韩信当了大元帅

使是无知妄为之人的胡言乱语，圣人们也可以从中挑选出有用的东西。'只怕我的想法未必值得采用，我愿意说说我的浅薄之见。成安君本来具有百战百胜的谋略，只是因为一次失误，就败逃到鄗县，自己在泜水被杀。如今将军兵渡黄河，俘虏了魏豹，在阏与活捉了夏说，一鼓作气攻下井陉关，不到一早晨就击溃了赵国的二十万军队，杀死了成安君。您如今是名扬海内，威震天下，农民们都放下农具不再耕种，穿好的吃好的，竖起耳朵听您的动静等着大限来临。这样的兵威，是您的优势所在。但是军队疲惫不堪，实际上难以用来继续作战。现在您如果想率领疲惫不堪的士兵去攻打燕国，把他们放在燕国顽强固守的城池之下，想打又怕相持太久打不下来，那时我们的弱点暴露出来，就会陷于被动，时间一长，粮食供应不上，弱小的燕国都不服从我们，那么齐国必定要顽强自守了。一旦我们和燕国、齐国相持不下，那么中原战场上汉王与项羽的胜负也就难见分晓了。这样的情形，是您的劣势所在。我这人很笨，但是我心里觉得您不应该那么做。善于用兵的人，不应该用自己的短处去打敌人的长处，而是应该用自己的长处去打敌人的短处。"韩信说："那么我该怎么办？"李左车说："如今为将军您打算，不如暂时停战休兵，稳定赵国，安抚赵国战后幸存的黎民百姓，您得到赵国百姓的拥戴，每天人们都会送酒送肉来慰劳您的将士。然后您再让军队摆出北上进攻燕国的架势，然后派说客带着您的一封短信，向燕国人讲清我们的优势，燕国一定不敢不服。等到燕国归顺了我们，然后再派说客东行警告齐国，齐国也定会望风而降，到那时，即便是再聪明的人，也不知道该怎么给齐国出主意对抗我们了。这么一来，汉王夺取天下的事就能够见到眉目了。用兵本来就有先虚后实，说的就是这种情形。"韩信说，"好。"于是就按照李左车的计策，派使者去燕国游说，燕国望风而降。接着韩信派人向汉王报捷，并请求立张耳为赵王，让他留下来镇守安抚赵国。汉王同意了韩信的安排，于是立张耳为赵王。

在这期间，项羽多次派小部队渡过黄河袭击赵国，张耳、韩信一边往来救援那些被攻击的地方，顺便巩固了赵国此前尚不稳定的地方，同时调拨军队去援助汉王。楚军当时正把汉王紧紧包围在荥阳，汉王向南突围，逃到了宛城、叶县一带，派人说服黥布归汉，然后又占领了成皋，项羽军立刻又把成皋团团围住。这年六月，汉王又逃出了成皋，向东渡过黄河，独自一人带着滕公夏侯婴，直奔韩信、张耳驻军的修武。到达后，他们悄悄住进了旅舍。第二天一大早，他们自称汉王的使者，奔入了韩信、张耳的军营。韩信、张耳当时还没起床，汉王就直接从他们的卧室收缴了将印、兵符，召集众将，重新进行了部署。韩信、张耳起床后，才知道汉王来了，都大吃一惊。汉王夺取了他们的军权后，当即命令张耳镇守赵地，然后委任韩信以相国的虚衔，让他在赵国组织没被征发的部队东进攻打齐国。

韩信领兵东进，还没从平原县的黄河渡口渡河，听说汉王已经派郦食其劝降了齐国，韩信想停止进兵。范阳县的一个辩士蒯通对韩信说："将军您奉汉王的命令来攻打齐国，汉王是后来派说客劝降了齐国，但他有命令让您停止进兵吗？怎么能够就不前进了呢！况且郦食其就是一个说客，坐着车子摇动三寸不烂之舌，就拿下了齐国七十多个城池，而将军您率领着几万人马，苦战一年多才拿下赵国五十几个城池，难道做大将好几年，功劳反倒不如一个臭书生吗？"韩信认为他说得对，就听从他的建议，率军渡过黄河。当时齐国已接受郦食其的劝降，就留下郦食其摆酒痛饮，解除了对汉军的防卫。韩信袭击了齐国历下的守军，一直打到齐国国都临淄，齐王田广认为郦食其欺骗自己，于是煮了郦食其，而逃往高密，同时派出使者向项羽求救。韩信占领了临淄后，随即继续向东追击田广，一直追到了高密西边。这时项羽也派出龙且率领军队，号称二十万人，前来救齐。

齐王田广和楚将龙且合兵一处准备与韩信决战，尚未开战。有人对龙且说："汉军远离本土，没有退路，锋芒锐不可当。我们齐、楚两国的军队，是在本土作战，士兵们容易败逃溃散。我们不如深沟高垒，坚壁不战，让齐王派出他有威望的大臣去招纳沦陷的城池，那些被汉兵占领的城池听说齐王还活着，楚军又来援救，一定会反汉。汉军远离本土

16 曾受"胯下之辱"的韩信当了大元帅

两千里,齐国的各地又都反叛他们,他们势必连吃的东西都找不到,这样可以不用打仗就战胜他们了。"龙且说:"我早就知道韩信为人怯懦,容易对付。而且我来救齐国,一仗没打就让敌人投降了,我有什么功劳呢?现在我要是在战场上战胜韩信,我就可以得到半个齐国作为封地,怎么能不打呢!"于是准备开战,与韩信分别在潍水两岸扎营。韩信连夜令人做了一万多条大口袋,装满沙土,在上游堵住潍水,然后率军渡过潍水,军队刚过去一半,前军就开始进攻龙且,对战不久,汉军假装打不过,纷纷后退。龙且一见,高兴地说:"我就知道韩信怯懦。"于是追击韩信挥师渡河。这时韩信派人扒开上游堵水的沙袋,河水汹涌而下。龙且军队大部分已经渡过了潍水无法返回,韩信立刻回击,过了河的楚军被全歼,龙且也被杀死。潍水东岸未渡河的楚军四散奔逃,齐王田广也逃跑了。韩信追击败军一直追到城阳,把剩余的楚军全部俘获。

汉四年,齐国所有的地方都已经投降平定了。韩信派人向汉王请示说:"齐国人诡诈多变,是反复无常的国家,而且南面又紧挨着楚国,如果不立一个临时的齐王来镇守它,它的局势就难以稳定。希望能让我暂时代理齐王便宜从事。"这个时候,项羽正把汉王紧紧围困在荥阳,韩信的使者来到后,汉王打开韩信的来信一看,立即勃然大怒,骂道:"我被围困在这里,日夜盼着你来帮助我,你倒要自己称王!"张良、陈平赶紧暗中踩了一下汉王的脚,又凑到他耳边说:"我们现在正处于不利的境地,难道能禁止韩信称王吗?不如顺势立他为王,好好对待他,让他为自己守好齐国。不然,就要出大事了。"汉王也已醒悟过来,就又接着话茬儿骂道:"大丈夫打下一个国家,就要做真王,为什么还要临时代理!"便派张良前往齐国立韩信为齐王,同时征调韩信的全部人马来进攻楚国。

由于龙且的阵亡,项羽害怕了,于是派盱眙人武涉前去劝说齐王韩信道:"天下人受秦朝的苦太久了,所以大家联合起来推翻了它。秦朝灭亡后,项王计功论赏,分割土地,封立各路诸侯为王,使得大家可以解兵休息。可是如今汉王又兴兵东进,侵占他人的分地,掠夺别国的疆

跟毛泽东读《史记》

土，灭掉关中三国后，又率兵出关，集合了各国的军队向东来攻打楚国，他的内心不吞并整个天下是不会罢休的，他就是这样贪得无厌的啊。而且汉王这个人极不可信，他好几次落在项王手中，项王每次都可怜他给他一条活路，但他一旦脱身，就立即背弃盟约，掉转头来打项王，他就是这样的不可亲近信任。现在您虽然自以为与汉王交情深厚，为他用尽全力打仗，但您终究会被他收拾的。您之所以能被留到今天，就是因为项王还在。如今项王、汉王两人的胜负，掌握在您的手心里。您向右靠，汉王就能胜，您向左靠，项王就能胜。项王如果今天被消灭，那么下一个就是您了。您和项王有老交情，为什么不背叛汉王与项王联合，三分天下，独立称王呢？如今放弃这个良机，坚持为汉攻打项王，聪明人难道能像这个样子吗？"韩信委婉拒绝说："当初我事奉项王，官职不过是个侍卫，我的话不被听用，我的计谋不被采纳，所以我离开项王投奔了汉王。汉王授给我上将军的大印，给了我几万人马，他脱下自己的衣服给我穿，分出自己的饭给我吃，对我言听计从，所以我今天才能有这样的地位。人家对我信任有加，我背叛他是不吉利的，我对汉王的忠心到死也不会改变。请您把我的意思转告项王。"

武涉走后，齐国人蒯通知道天下形势的关键在于韩信，因此想用惊人的计策来打动他，他以相面先生的口气对韩信说："我曾经学过相面之术。"韩信说："您怎样给人相面呢？"蒯通说："人的贵贱决定于骨骼长势，忧喜决定于气色，成败决定于当机立断。用这几条来斟酌判断，可以万无一失。"韩信说："好。先生您看看我的相貌，我怎么样呢？"蒯通说："希望您让左右的人先回避一下。"韩信对左右的人说："你们出去吧。"蒯通说："看您的面相，不过能封侯，而且还危机四伏，不太安稳，不过相您的背，那尊贵就没法说了。"韩信说："这怎么讲？"蒯通说："当初各地刚起来反秦时，英雄豪杰们建立国号振臂一呼，天下的百姓像云雾聚合，像鱼群密集，像火焰飞腾，像暴风骤起，一起响应起义。在那个时候，大家所考虑的在于怎样推翻秦朝。如今则是楚王和汉王两人争夺天下，使天下无辜的百姓惨遭杀戮，肝胆涂

16 曾受"胯下之辱"的韩信当了大元帅

地,父子从军,横尸荒野的,数不胜数。项羽从彭城出发,辗转战斗,追击败退的汉王,直到荥阳,势如破竹,威震天下。然而他的部队被阻挡在京、索之间,离西山近在咫尺却不能前进一步,这种局面已经持续三年了。汉王率领几十万人马,拒守在巩县、洛阳,凭借大山黄河的天险,每天都要与楚军打上好几仗,但是没能取得什么胜利,反倒大败失利不能自救,先是大败于荥阳,后又受伤于成皋,还曾一度南逃到宛城与叶县一带,这可以说是智慧勇气都已用尽却毫无办法了。现在两军的锐气都已经被险要之地的拉锯战挫折殆尽,仓库里的粮食也已经快用光了,百姓们疲惫不堪,怨声载道,六神无主地不知道应该归向谁。依我看来,这种局面下如果没有一个最杰出的大圣贤出来,就不可能平息这个天下的大祸乱。现在汉王、楚王两个人的命运都掌握在您的手心里。您帮助汉王,汉王就会胜利;您帮助楚王,楚王就会胜利。我愿意推心置腹、披肝沥胆地向您进献计策,但是就怕您不能采纳运用。您如果真能采纳我的计策,那就不如对楚、汉双方都不得罪,让他们都能继续存在,您与他们三分天下,鼎足而立,这种局势下,汉王、楚王谁也不敢首先挑起事端。凭着您的才能智慧,拥有这么多的军队,又有强齐作为自己的根基,还控制着燕国、赵国,假如您出兵乘虚而入,控制了刘项双方的后方,然后依照百姓们的愿望,向他们提出停战的要求,那么全天下的军民都将望风响应,谁敢不听呢!然后您再割取强大诸侯的土地,削弱他们,用割出的土地来另立一些诸侯,等诸侯都已封立完毕,天下人就都将服从您,感戴您的恩德了。到那时,您再安定好齐国已有的地盘,把胶河、泗水一带都划入治下,以仁德来感召诸侯,对他们从容礼让,那么普天下的国君就将一起来臣服朝拜您。俗话说,老天爷赐予的如果不要,那就要遭殃,时机到了如果不赶紧采取行动,那就要遭难。希望您仔细考虑这件事。"

韩信说:"汉王待我非常优厚,把他的车子给我坐,把他的衣服给我穿,把他的饭食给我吃。我听说,坐人家的车子就得给人家分担灾祸,穿人家的衣服就得关心人家的忧愁,吃人家的饭食就得为人家效

跟毛泽东读《史记》

死,我怎么能够见利忘义呢!"蒯通说:"您自以为与汉王关系好,想凭借功劳建立一份世代相传的家业,我认为您错了。当初张耳、陈馀还是百姓的时候,是生死与共的朋友,后来因为张黶、陈泽的事,两人结了仇。张耳背叛了项羽,带着项羽使者项婴的人头投奔了汉王。后来汉王让他带兵东进,把陈馀杀死在泜水南岸,身首异处,被天下人耻笑。这两个人的交情,可以说是最为亲密的了。然而最后竟到了互相仇杀的地步,这是为什么呢?问题就出在欲望太大而人心难测啊。现在您想对汉王尽忠守信,以此与他论交情,你们之间的交情绝对比不过张耳、陈馀,而你们之间的矛盾也远比张黶、陈泽那点事情严重多了。所以我认为您要是确信汉王不会加害您,那您就错了。文种和范蠡辅佐句践重建越国,称霸诸侯,大功告成之后,他们却一个被杀,一个被迫逃亡。野兽已经打完了,猎狗就要被宰杀。从朋友的交情上说,您和汉王的交情没有张耳与陈馀那么深;从君臣的相互信任上说,您和汉王也比不上文种、范蠡与句践。这样两组关系,足可以让您看清利害关系了。希望您慎重考虑此事。而且我听说,勇猛、谋略让主子震惊的人,他的处境就很危险;功劳到了天下第一的人,他就不可能再得到赏赐。请让我列举一下您的功劳:您渡过西河,俘虏了魏豹,生擒了夏说;您引兵东出井陉关,杀了成安君;您平定了赵地,收服了燕国,打下了齐国,您南下打垮了二十万楚军,杀掉了龙且,而后回来向汉王报捷。这就是所谓军功天下无二,谋略举世无双啊。如今您带着这种使主子害怕的威名,带着这种让人无法赏赐的功劳,想靠拢楚王,楚王不信;想靠拢汉王,汉王害怕。您还想去靠拢谁呢?身为人臣而有着让主子害怕的威名,名望高出一切人之上,我真为您感到危险。"韩信说:"您别再讲了,我得好好想想。"

过了几天,蒯通又对韩信说:"能听取好意见,是事情成功的征兆;能反复计虑,就能把握成败的关键:听了错误意见,算计得不对还能长久安定,那是很少的。听取意见时听错不超过一两成的人,花言巧语就迷惑不了他;能周密算计而又能分清主次的人,天花乱坠的言辞就

16 曾受"胯下之辱"的韩信当了大元帅

不能扰乱他。安于奴仆地位的人，就会失掉称帝称王的机会；紧守着微薄俸禄的人，就会失去做卿相的可能。所以说当机立断是聪明人的作为，犹豫不决是办事者的大害。只计较细微的小事，就要失掉天下的大利。理智上虽然清楚，但仍不敢行动，则是失败的祸根。所以俗话说：'猛虎的犹豫，还不如马蜂、蝎子的蜇刺；千里马的徘徊，还不如一匹劣马缓步前行；孟贲的主意不决，还不如一个懦夫说干就干；即使有舜、禹那样的智慧，默然不语，那还不如一个聋哑人指手画脚。'这些话的意思都是说行动的可贵。事功难以成就却容易败坏，时机最难得到却容易失去。时机一过去，就永远不会再回来了。希望您仔细想想啊。"韩信犹豫不决不忍心背叛汉王，又自认为自己功劳大，汉王不至于把他的齐国夺走，于是就拒绝了蒯通的劝告。蒯通见韩信不采纳自己的意见，为了避祸，只好假装疯癫为巫师隐迹而去。

后来汉王又在固陵被项羽打败，采用张良的计策，召韩信进兵，韩信于是带领部队与汉王会师于垓下。项羽被消灭后，汉王立即袭夺了韩信的兵权。汉五年正月，将韩信由齐王改封为楚王，建都于下邳。

韩信到楚国后，找来了当年曾给他饭吃的洗衣老妇，赏赐给她千金。也找来了下乡的南昌亭长，赏了他一百钱，说："你，就是个小人，做好事不能做到底。"又把当年曾经侮辱他让他钻裤裆的那个年轻人找来，让他做了维持国都治安的中尉。韩信对左右的将领们说："这人是个好汉。当初他侮辱我的时候，我难道不能杀了他吗？但杀了他毫无意义，我之所以隐忍着，就是为了成就今天的事业。"

项羽逃亡的部将钟离昧老家在伊庐，很早就与韩信有交情。项羽死后，钟离昧逃亡依附了韩信。汉王怨恨钟离昧，听说他在韩信这里，就命令韩信逮捕他。韩信刚到楚国时，到下属县邑巡察时，出入总要带着一些警卫。汉六年，有人上书告发韩信要造反。高祖采用了陈平的计策，派使者告诉诸侯，天子巡狩会合诸侯，南方有云梦泽，各国的诸侯都要到陈郡会合，说是："我要去云梦视察。"实际上是要寻机袭捕韩信，而韩信毫不知情。高祖快到楚国的边界了，韩信起了疑心，想发兵

跟毛泽东读《史记》

抵抗，但考虑自己没有任何罪过，想去见高祖，又怕被高祖逮捕。有人劝韩信说："斩了钟离昧去见皇上，皇上必然高兴，您也就没事儿了。"韩信找钟离昧讨论此事。钟离昧说："高祖之所以不敢打楚国，就是因为我在你这里。你想抓了我去讨好高祖，我今天一死，你也就紧跟着我死了。"于是他骂韩信说："你真不是个厚道人！"于是自刎而死。韩信带着钟离昧的首级，到陈郡觐见高祖。高祖立即命令武士把韩信绑了起来，放在自己后面的车上。韩信说："果真像人们所说，'兔子死了，好猎狗也就该被煮了；飞鸟打完，好弓箭也就该收起来了；敌国被消灭了，谋臣也就该被杀了'。现在天下已经太平，我当然应该被煮了！"高祖说："有人告发你要造反。"于是给韩信戴上刑具。等回到洛阳后高祖又赦免了韩信，让他做淮阴侯。

韩信知道高祖对自己的才能既怕又恨，因此常常借口生病不去朝见，也不随同高祖出行。他因此心中充满怨恨，一天到晚闷闷不乐，羞于与周勃、灌婴等同在一个级别。韩信曾经去过樊哙家，樊哙接送时都对他行跪拜礼，说话时称自己为臣，说："大王您竟然肯光临臣家！"韩信从他家出来后，笑道："没想到此生竟落得和樊哙等人为伍！"有一次高祖与韩信闲聊说到了开国将领们的能力，各自能统率多少人马。高祖问："像我能统率多少人马呢？"韩信说："陛下最多不过能统率十万。"高祖问："那么你怎么样？"韩信说："我是越多越好。"高祖一笑，说："越多越好，为什么你还是被我擒获了呢？"韩信说："陛下您虽不善于带兵，却善于驾驭将领，这就是我被您擒获的原因啊。而且陛下您就是那种上天安排的胜利者，不是人力可以改变的。"

陈豨被任命为钜鹿太守（应为代相），来向韩信辞行。韩信拉着他的手，打发走左右的随从，在庭院里散步，仰天长叹道："可以和你说说机密话吗？我有些话想和你谈谈。"陈豨说："我绝对听从将军的吩咐。"韩信说："你去的地方，是驻扎着最精锐部队的要地；而你，又是陛下信任喜欢的大臣。要是有人说你造反，第一次陛下是一定不会相信的；第二次，陛下才会起疑心；第三次，陛下肯定会发怒，然后亲自

16 曾受"胯下之辱"的韩信当了大元帅

率兵去讨伐你。那时，我做你的内应在京城起兵，那么天下就是我们的了。"陈豨一向了解韩信的才能，对他深信不疑，于是说："一定按您的指教做！"汉十年，陈豨果真造反了。高祖亲自率兵前往讨伐，韩信借口有病没随同前去。他暗中派人到陈豨那说："只管发兵造反，我从京城助你一臂之力。"韩信于是与家臣们谋划要在夜里假传圣旨，释放在各官署里服苦役的奴隶、罪犯，打算把他们武装起来袭击吕后和皇太子。一切都部署好了，只等陈豨的消息。韩信的一个门客冒犯了他，韩信把他囚禁起来，要杀了他。这个门客的弟弟就上书向吕后告发了韩信要造反的种种情况。吕后想召韩信进宫，又怕他万一不肯来就难办了，于是就和相国萧何商量好，派人假装从高祖那儿来，说陈豨已被俘获处死了，让列侯百官都入宫祝贺。萧何骗韩信说："你即便有病，也还是硬撑着进宫去祝贺吧。"韩信一进宫，吕后立刻命令武士把韩信捆绑起来，在长乐宫钟室把他杀了。韩信临死前说："我真后悔当初没听蒯通的劝告，今天竟被个老娘们所骗，这难道不是天意吗？"吕后于是灭了韩信的三族。

高祖从讨伐陈豨的前线上回来后，到了京城，得知韩信已经死了，又高兴又可惜，问吕后说："韩信临死说什么了？"吕后说："他说只恨当初没采纳蒯通的计策。"高祖说："蒯通是齐国的辩士。"于是下诏令齐国逮捕蒯通。蒯通被押解到京城，高祖说："是你教韩信造反的吗？"蒯通说："是的，我是教过他。可是那小子不用我的计策，所以才弄得自取灭亡。如果那小子早采用了我的计策，陛下哪里能够把他灭族呢！"高祖勃然大怒说："烹了他！"蒯通说："哎呀，我被烹真是冤枉啊！"高祖说："你指使韩信造反，有什么冤枉？"蒯通说："秦朝法度紊乱，政权解体，整个中原地区大乱，不管姓甚名谁，英雄豪杰们一哄而起。天下皇位如同一只鹿，秦朝丢了这头鹿，所有人一齐追，有本事腿快的可以率先得到它。盗跖的狗冲着尧叫，这并不是因为尧不好，而是因为狗本来就会对不是它的主人的人吠叫。在那个时候，我只知道有韩信，不知道有陛下您。况且天下磨砺刀枪手持兵器想像您一样当皇帝

397

的人多着呢，只不过力量达不到罢了。难道您能把他们都烹了吗？"高祖说："放了他吧。"于是赦免了蒯通。

  太史公说：我曾经到过淮阴，淮阴当地人对我说，当韩信还是普通百姓时，他的志向就和一般人不一样。他的母亲去世，家里穷得没钱办丧事，可是韩信还是寻找了一个又高又开阔的地方做母亲的墓地，让这个坟墓的周围日后能住下万户人家。我去看了他母亲的坟墓，确实如此。假如韩信当初能学习道家的谦让不争，不夸耀自己的功劳，不夸耀自己的才能，那么他在汉朝的勋业差不多可以和周朝的周公、召公、姜太公这些人媲美，并能传国于子孙，永远享受祭祀了。可是他不这么做，却要在天下局面已经安定的时候图谋造反，最后使整个宗族被灭，这不是罪有应得么！

17 "独领风骚两千年，胸罗文章兵百万"的贾谊

毛泽东读批《史记·屈原贾生列传》

【读原文】

七绝·贾谊

贾生才调世无伦，哭泣情怀吊屈文。
梁王坠马寻常事，何用哀伤付一生。

七律·咏贾谊

少年倜傥廊庙才，壮志未酬事堪哀。
胸罗文章兵百万，胆照华国树千台。
雄英无计倾圣主，高节终竟受疑猜。
千古同惜长沙傅，空白汨罗步尘埃。

——《毛泽东诗词集》，中央文献出版社1996年版

【品解析】

《七律·咏贾谊》全诗56字，是毛泽东在新中国成立后读《史记》作的。

首联是说贾谊少年才气，豪爽洒脱，是国家的栋梁之材，只可惜才能还没得以施展即被排挤出政治舞台。

颔联上承首联首句，称贾谊文采飞扬，有政治远见。贾谊的确是西汉前期少有的杰出的政治家和文学家，他所著的政论文如《过秦论》《治安策》《论积贮疏》等，提出了一系列治国策略和改革制度的主张。他所提出的"众建诸侯而少其力"、外御强敌匈奴、重农抑商、施行仁政等政治主张，对巩固社稷乃至延续后世国祚都起到了重要作用。

颈联上承首联次句，具体叙述贾谊"壮志未酬"的悲哀。

尾联"千古同惜"指长时期以来，人们对贾谊命运的一致评价，表达了毛泽东对谗言佞臣的痛恨之情。在最后"空白汨罗步尘埃"一句中，毛泽东表达了对贾谊之死的慨叹和惋惜，认为贾谊虽然在《吊屈原赋》中对屈原选择投江殉国的归宿表示不以为然，然而贾谊最终也没有超越屈原的愚忠，因梁怀王坠马之事而忧伤不止，终于忧郁过度而死，同于屈原的投江，还是步了屈原后尘。毛泽东在这里哀其超凡的才华徒然空耗殆尽。

《七绝·贾谊》是毛泽东写的一首七言绝句，最早发表于中央文献出版社1996年9月版《毛泽东诗词集》，与《七律·咏贾谊》是姊妹篇。此诗是毛泽东于中华人民共和国成立后所作，毛泽东很赞赏贾谊非凡的才能和政治理想，表达自己对贾谊壮志未酬的不幸遭遇的同情，和对贾谊因自责而哀伤至死的惋惜之情，毛泽东爱才、惜才的心理展露无遗。

首句开门见山，高度赞扬了贾谊杰出的才华，并下了一个"世无伦"的定位。在这里作者化用了李商隐《贾生》中的"贾生才调更无伦"成句,只改动一字,易"更"为"世",就使境界拓宽了许多,"更"为比较说法,"世"为历史品评,议论入诗,一言九鼎,更加实在地肯定了贾谊无与伦比的才华。

次句猛转为贾谊遭贬,概写贾谊被贬至长沙任长沙王太傅时,曾以十分悲痛的心情写过《吊屈原赋》,借凭吊屈原抒发了愤世伤时之情和怀才不遇之感。一句诗,追怀两个历史人物。贾谊被贬,与屈原被逐,势不同而运同。贾谊吊屈原,这叫同病相怜。故《汉书·贾谊传》亦说:"追伤之,因以自谕。"毛泽东注意到这一点,将二人并写并论,是体认到历史的不公正性和正人君子的命运多舛。

第三句作者平静讲述梁王坠马而死不是稀奇的事情。汉文帝把贾谊召回长安,很看重他的才学及品德,任命他为梁怀王刘胜的太傅。后来梁王坠马而死,这是一次意外事故,贾谊有责,仅为护理不周。文帝不责,贾谊自责,或性格中"认真"的成分太重,或律己的"压力"太大,一遇变故,万念成灰。这是贾谊深受儒家"忠恕仁义"思想影响,实践其舍生取忠取义的愚忠信条。本来梁王坠马而死不是什么特别不得了的事情,竟然令贾谊哀伤致死。

尾句笔锋一转,又回到贾谊身上,惜贾谊宏才不用,惜贾谊因"寻常事"而死,归结为惜人才。"付一生"与"寻常事"对照鲜明而强烈,从而表现了诗人对才华绝世的贾谊因"梁王坠马"而哀伤早逝的深深惋惜之情。"才调世无伦"的贾生竟然因此哀伤而死,实在令人难以接受。结尾一句有诗意未尽之效,留给了读者许多想象的余地。

整首诗反映了作者对贾谊"世无伦"的才华十分赞赏,对其怀才不遇、仕途受挫、未获重用、早亡,非常惋惜;同时对贾谊那种自伤、脆弱、愚忠、迂腐的性格作了委婉的批评。语言明白流畅,化用前人诗句,洒脱自如,韵味深长。

贾谊透过当时政治局势的表面稳定,看到了其中潜伏着严重的危机,对此深为关切和忧虑。他接连多次向文帝上疏,敲响警钟。其中最著名的，是在汉文帝七年（前173年）他从长沙回长安后所上的《治安策》（也叫《陈政事疏》）。

毛泽东非常欣赏贾谊的见识和文才，在谈话、诗文中屡屡提到贾谊这位青年才俊，他甚至在自己的诗词中称赞贾谊为"廊庙才"。

毛泽东在这两首诗中，高度评价贾谊才华超群，是国家的栋梁之材。赞扬贾谊胸怀锦绣文章，有着卓越的政治远见和才能，喻其治国方略可当"百万雄兵"；指出贾谊的加强中央集权、削弱诸侯王势力的胆识和对策，使得当时西汉帝国的近千个诸侯封地受到震撼。

在这两首诗中，毛泽东十分同情贾谊一生的遭遇。指出贾谊这样出类拔萃的杰出人物，未能得到汉文帝这样的"圣主"的重用，却最终受到大臣乃至文帝的疑猜。毛泽东在诗中还认为贾谊不该因为文帝小儿子梁怀王坠马身亡，而把责任全揽到自己身上，并因此忧伤而死，真是太可惜了，也太不值得了。

贾谊写下《论积贮疏》，建议厉行节约，发展生产，指出必须重视农业，不能重务工、经商而抛弃农业这个根本。他认为，如果抛弃农业而重工商，这是"天下之大贼"。汉文帝采纳了贾谊的建议，亲自带头耕种土地，为全国百姓努力耕种做出表率。此后不到一年，文帝便提升贾谊为太中大夫。贾谊针对当时诸侯各据一方、政令不一的严峻状况，提出要尊崇皇权。汉文帝认为他立论精辟，见识非凡，想让他列为公卿，参与朝政。此时的贾谊可谓少年得志，意气风发。

贾谊的政治思想实际上是融合了先秦儒家、法家、道等诸家思想的精华，并将这些学说演化成具体的治国方略。贾谊创立的阳儒阴法，或称外儒内法的思维模式，后来为董仲舒继承和发展成了整个中国历代统治者所奉行的基本统治思想模式，其影响绝不可低估。最难得的是，贾谊以自己的高瞻远瞩，预见到了西汉帝国繁荣稳定的表象下，潜伏着的深重危机。《治安策》是这种预见的集中体现，他的政治思想的核心是"削藩"，他主张从政治、思想、经济诸方面加强中央集权制。

《治安策》中，贾谊为之流涕的两件事是：其一，匈奴侵扰，虽封爵、和亲、馈赠金帛财物都不能缓和矛盾，边界长期处于战备状态，而皇帝未予重视解决；其二，皇帝软弱，对边界问题不敢碰硬，本来"德可远施，威可远加"，却搞得数百里外，匈奴肆虐，"威令不信"。因此，他建议加强对少数民族的控制，严惩里通少数民族的官员。

贾谊在《治安策》中为之长叹息者本为六项，班固的《汉书》仅择其要保存了三项，其余内容已渺不可查。

《治安策》的内容极其丰富，毛泽东最赞许哪些呢？这从《七律·咏贾谊》的"胸罗文章兵百万，胆照华国树千台"两句中可以看出。

"胸罗文章兵百万"用典与范仲淹有关，范抵抗西夏守边数年。西夏人畏惧他，说他"胸中自有雄兵百万"。贾谊并没有像范仲淹那样带兵戍边，但他在《治安策》中反对自西汉开国以来对北方匈奴实行的怀柔政策。贾谊主张采取强硬的制服政策。这些主张或许与当时正在反对来自北方的大国沙文主义的毛泽东的想法正好相合。

"胆照华国树千台"，一般认为"树千台"指的是贾谊"众建诸侯而少其力"的主张。贾谊死后，晁错虽然执行了贾谊方略，但手段强硬了点，才造成了"七国之乱"。汉武帝掌权后，主父偃彻底领略了贾谊的战略意图，向武帝建议施行"推恩令"。"推恩令"的本质是：规定诸侯王除由嫡长子继承王位外，其他诸子都可以在封国内分到封地，作为侯国。这一纸"推恩令"实行后，则"王子无不封侯则诸侯益弱矣"。贾谊"众建诸侯而少其力"的方略，对大汉帝国的长治久安及大一统局面的形成作出了杰出贡献。正因为如此，才会出现汉武帝时，朝廷向长沙贾谊故居颁赐"大汉敕刻纪功碑"之举。

毛泽东极为欣赏贾谊在"削藩"主张的远见卓识，多次予以高度赞扬。

1958年4月27日，毛泽东写信给他的秘书田家英，建议他："如有时间，可一阅班固的《贾谊传》。可略去《吊屈》、《鵩鸟》二赋不阅。贾谊文章大半亡失，只存见于《史记》的二赋二文，班书略去其《过秦论》，存二赋一文。《治安策》一文是西汉一代最好的政论，贾谊于南放归来著此,除论太子一节近于迂腐以外,全文切中当时事理,有一种颇好的气氛,值得一看。"

十多天后,即5月8日,在中共八大二次会议上,毛泽东说:"汉朝有个贾谊,十几岁就被汉文帝找去了,一天升了三次官。后来贬到长沙,写了两篇赋。后来又到朝廷,写了一本书,叫《治安策》。他是秦汉历史专家。他写了四十篇作品,留下来的是两篇文学作品,两篇政论作品——《治安策》和《过秦论》。"

《治安策》从历史到现实举出种种事例进行了分析,说理层层深入,有理有据,有很强的说服力,而且文笔犀利,感情真挚。因此,毛泽东称赞"《治安策》一文是西汉一代最好的政论","全文切中当时事理"。

然而,"木秀于林,风必摧之"。正当汉文帝准备再提拔贾谊时,当时位高权重的周勃、灌婴等三朝老臣,联合起来攻击贾谊,说他专欲擅权,设法使贾谊在汉文帝面前失去信任。汉文帝只好打消原来的主意,将贾谊调出朝廷,拜他为长沙王太傅。这不过是一个闲职。

贾谊壮志难酬,赶赴长沙,当他渡湘江时写了《吊屈原赋》,也是哀伤自己的遭遇。贾谊贬谪长沙达三年之久,很难适应那里的气候和环境,写下《鵩鸟赋》以纾愤。后来由于汉文帝在处理周勃被谗言诬陷事件时,想起贾谊也是无因被谗,因而把贾谊从长沙征召回长安,并且在未央宫宣室(正室)隆重地召见了他,畅谈直至深夜。但是此时汉文帝却是与他谈论天地鬼神之事,"不问苍生问鬼神"。贾谊以大自然变化万端,指出灾异现象的不足怪。这些观点使文帝对于贾谊的博学十分佩服,并且拜贾谊为梁怀王的太傅(老师)。

梁怀王是汉文帝所疼爱的小儿子,让贾谊当梁怀王的老师,是文帝对他的器重。贾谊当太傅仅三年,梁怀王却因跑马跌死,贾谊认为自己是"为傅无状",没有尽到自己当老师的责任,因此深重自责,日夜哭泣,一年后,贾谊终因积忧成疾而亡,死时仅33岁。

当临近生命尽头时,毛泽东也常常想起贾谊。晚年毛泽东对护士孟

17 "独领风骚两千年，胸罗文章兵百万"的贾谊

锦云讲："汉朝有个贾谊，写过一篇《鵩鸟赋》，我读过十几遍，还想读。文章不长，可意境不俗。不少人就是想不开这个道理，人无百年寿，长存千年忧，一天到晚想那些办不到的事情，连办得到的事情也耽误啰！"

《鵩鸟赋》是贾谊传世的文学作品。在这篇赋里，贾谊阐发了"千变万化兮，未始有极"的朴素辩证法观点。他认为生命是物质存在的形式，一个生命结束了，只不过转化为另一种形式；从宏观的眼光来看，任何存在形式都是可以的，"其生兮若浮，其死兮若休"。这种生死达观的洒脱襟怀也是毛泽东所欣赏的。

【读《史记》】

自屈原沉汨罗后百有余年，汉有贾生，为长沙王太傅，过湘水，投书以吊屈原。

贾生名谊，雒阳人也。年十八，以能诵诗属书闻于郡中。吴廷尉为河南守，闻其秀才，召置门下，甚幸爱。孝文皇帝初立，闻河南守吴公治平为天下第一，故与李斯同邑而常学事焉，乃征为廷尉。廷尉乃言贾生年少，颇通诸子百家之书。文帝召以为博士。

是时贾生年二十余，最为少。每诏令议下，诸老先生不能言，贾生尽为之对，人人各如其意所欲出。诸生于是乃以为能不及也。孝文帝说之，超迁，一岁中至太中大夫。

贾生以为汉兴至孝文二十余年，天下和洽，而固当改正朔，易服色，法制度，定官名，兴礼乐，乃悉草具其事仪法，色尚黄，数用五，为官名，悉更秦之法。孝文帝初即位，谦让未遑也。诸律令所更定，及列侯悉就国，其说皆自贾生发之。于是天子议以为贾生任公卿之位。绛、灌、东阳侯、冯敬之属尽害之，乃短贾生曰："雒阳之人，年少初学，专欲擅权，纷乱诸事。"于是天子后亦疏之，不用其议，乃以贾生为长沙王太傅。

跟毛泽东读《史记》

　　贾生既辞往行，闻长沙卑湿，自以寿不得长，又以適去，意不自得。及渡湘水，为赋以吊屈原，其辞曰：

　　共承嘉惠兮，俟罪长沙。侧闻屈原兮，自沉汨罗。造托湘流兮，敬吊先生。遭世罔极兮，乃陨厥身。呜呼哀哉，逢时不祥！鸾凤伏窜兮，鸱枭翱翔。阘茸尊显兮，谗谀得志；贤圣逆曳兮，方正倒植。世谓伯夷贪兮，谓盗跖廉；莫邪为顿兮，铅刀为铦。于嗟嚜嚜兮，生之无故！斡弃周鼎兮宝康瓠，腾驾罢牛兮骖蹇驴，骥垂两耳兮服盐车。章甫荐屦兮，渐不可久；嗟苦先生兮，独离此咎！

　　讯曰：已矣，国其莫我知，独堙郁兮其谁语？凤漂漂其高遰兮，夫固自缩而远去。袭九渊之神龙兮，沕深潜以自珍。弥融爚以隐处兮，夫岂从蚁与蛭螾？所贵圣人之神德兮，远浊世而自藏。使骐骥可得系羁兮，岂云异夫犬羊！般纷纷其离此尤兮，亦夫子之辜也！瞵九州而相君兮，何必怀此都也？凤皇翔于千仞之上兮，览德辉而下之；见细德之险征兮，摇增翮逝而去之。彼寻常之污渎兮，岂能容吞舟之鱼！横江湖之鳣鲟兮，固将制于蚁蝼。

　　贾生为长沙王太傅三年，有鸮飞入贾生舍，止于坐隅。楚人命鸮曰"服"。贾生既以適居长沙，长沙卑湿，自以为寿不得长，伤悼之，乃为赋以自广。其辞曰：

　　单阏之岁兮，四月孟夏，庚子日施兮，服集予舍，止于坐隅，貌甚闲暇。异物来集兮，私怪其故，发书占之兮，策言其度。曰"野鸟入处兮，主人将去"。请问于服兮："予去何之？吉乎告我，凶言其灾。淹数之度兮，语予其期。"服乃叹息，举首奋翼，口不能言，请对以意。

　　万物变化兮，固无休息。斡流而迁兮，或推而还。形气转续兮，变化而嬗。沕穆无穷兮，胡可胜言！祸兮福所倚，福兮祸所伏；忧喜聚门兮，吉凶同域。彼吴强大兮，夫差以败；越栖会稽兮，句践霸世。斯游遂成兮，卒被五刑；傅说胥靡兮，乃相武丁。夫祸之与福兮，何异纠缪。命不可说兮，孰知其极？水激则旱兮，矢激则远。万物回薄兮,振荡相转。云蒸雨降兮,错缪相纷。大专槃物兮,坱轧无垠。天不可与虑兮,道不可与谋。迟数有命兮,恶识其时?

且夫天地为炉兮,造化为工;阴阳为炭兮,万物为铜。合散消息兮,安有常则;千变万化兮,未始有极。忽然为人兮,何足控抟;化为异物兮,又何足患!小知自私兮,贱彼贵我;通人大观兮,物无不可。贪夫徇财兮,烈士徇名;夸者死权兮,品庶冯生。怵迫之徒兮,或趋西东;大人不曲兮,亿变齐同。拘士系俗兮,攌如囚拘;至人遗物兮,独与道俱。众人或或兮,好恶积意;真人淡漠兮,独与道息。释知遗形兮,超然自丧;寥廓忽荒兮,与道翱翔。乘流则逝兮,得坻则止;纵躯委命兮,不私与己。其生若浮兮,其死若休;澹乎若深渊之静,泛乎若不系之舟。不以生故自宝兮,养空而浮;德人无累兮,知命不忧。细故蒂葪兮,何足以疑!

后岁余,贾生征见。孝文帝方受釐,坐宣室。上因感鬼神事,而问鬼神之本。贾生因具道所以然之状。至夜半,文帝前席。既罢,曰:"吾久不见贾生,自以为过之,今不及也。"居顷之,拜贾生为梁怀王太傅。梁怀王,文帝之少子,爱,而好书,故令贾生傅之。

文帝复封淮南厉王子四人皆为列侯。贾生谏,以为患之兴自此起矣。贾生数上疏,言诸侯或连数郡,非古之制,可稍削之。文帝不听。

居数年,怀王骑,堕马而死,无后。贾生自伤为傅无状,哭泣岁余,亦死。贾生之死时年三十三矣。及孝文崩,孝武皇帝立,举贾生之孙二人至郡守,而贾嘉最好学,世其家,与余通书。至孝昭时,列为九卿。

太史公曰:余读《离骚》《天问》《招魂》《哀郢》,悲其志。适长沙,观屈原所自沉渊,未尝不垂涕,想见其为人。及见贾生吊之,又怪屈原以彼其材,游诸侯,何国不容?而自令若是。读《鵩鸟赋》,同死生,轻去就,又爽然自失矣。

(节选自《史记·屈原贾生列传》)

跟毛泽东读《史记》

【品释文】

从屈原投汨罗江死后一百多年,汉朝有个贾谊,任长沙王太傅,他在去赴任路经湘水时,写过一篇文章凭吊屈原。

贾生名谊,是洛阳人。他十八岁时,就因能诵诗会写文章闻名郡中。吴廷尉做河南太守,听说贾谊才能出众,就把他招致门下,非常欣赏喜爱他。孝文帝刚即位时,听说河南太守吴公治理政绩是全国第一,他过去和李斯是同乡并且常常向他学习,就征召吴公进朝做了廷尉。吴廷尉就向文帝推荐说贾谊年轻,又通晓诸子百家的学问。文帝征召贾谊做了博士。

这时贾谊只有二十多岁,在所有博士中年纪最小。每当下诏令让大家讨论,各位老先生不能应对,贾谊能应对得非常完满,人人都感到正是自己想要说的。大家于是认为自己的能力不如贾谊。孝文帝很高兴,破格提拔他,一年之内贾谊就做到了太中大夫。

贾谊认为汉朝开国至文帝二十多年,天下安定融洽,就应当改变正朔历法,变更车马服饰所崇尚的颜色,更正确立新的法律制度,确定官职名称,大兴礼乐,于是详细草拟了各种礼仪法式,颜色崇尚黄色,数目用五,确定官名,全部改变了秦朝的法度。孝文帝刚继位,谦恭谨慎还顾不上实行。各种法律条令的更改定立,以及让列侯全部去封地,这些建议都是贾谊提出的。于是天子提议任命贾谊为公卿。绛侯周勃、颍阴侯灌婴、东阳侯张相如、御史大夫冯敬等都嫉妒贾谊,就诋毁贾生说:"洛阳那个人,年纪轻没经验,一心想独揽大权,所有的事都被扰乱了。"于是文帝后来也就疏远了他,不用他的提议,让贾谊去做长沙王太傅。

贾谊离开朝廷前往长沙,听说长沙地势低洼潮湿,自认为寿命不会长,又因为遭贬谪离开朝廷,心情抑郁。在渡过湘水的时候,他作了一篇赋凭吊屈原。文章是这样的:

17 "独领风骚两千年，胸罗文章兵百万"的贾谊

恭敬地承受恩惠啊，去长沙任职。听说屈原啊，自沉于汨罗江。我到达了湘江啊，托江水带去我对先生的敬意与哀悼。遭遇不公正的世道啊，丧失了性命。可悲可叹啊，你遭遇了不好的时机！凤凰隐伏啊，猫头鹰翱翔在天上。卑贱者尊显啊，谗谀者得志；贤圣颠倒啊，方正倒置。世人说伯夷贪婪啊，说盗跖廉洁；说莫邪剑钝啊，铅刀锋利。默默失意啊，先生无故！抛弃了贵重的周鼎啊，却把破瓦罐当宝器，疲惫的牛驾辕啊，瘸腿驴骖驾，千里马却低垂两耳拉盐车。礼帽垫鞋底啊，势不可久；先生命苦啊，单单碰上这样的灾祸！

尾声：算了吧，全国没人理解我，我独自郁闷啊向谁诉说？凤鸟飘飘高飞啊，本来就是自行引退远去。学习九渊中的神龙啊，深潜水底自我珍惜。远离明光而隐处啊，怎能随从蚂蚁与蚯蚓？我看重的是圣人的神德啊，远离这浊世而自我隐藏。假如千里马能被系羁啊，与犬羊又有什么不同！乱纷纷地遭此祸患啊，也是夫子的过错呀！环视天下选择君主啊，何必怀恋这里？凤凰翱翔于千仞高空啊，看到道德之光辉就飞下；见道德上的细微危险征兆，就扇动翅膀远远飞离。那狭窄的小河沟啊，怎么能容得下吞舟的大鱼！横绝江湖的巨鲸啊，必将受制于蝼蚁。

贾谊做长沙王太傅三年，有猫头鹰飞进贾谊的房间，落在座位旁。楚人称猫头鹰为"服"。贾谊本来已经因为贬谪住在长沙，长沙低洼潮湿，自认为寿命不会长久，总是伤心，就作赋开导自己。文章是这样的：

岁在丁卯啊，四月孟夏，庚子日的傍晚啊，鹏飞来我的房间，停在座位旁，看上去很是闲暇。奇怪的鸟儿飞来啊，我私下里觉得奇怪，翻书占卜啊，卜辞讲明定数。说是"野鸟进门啊，主人将会离去"。我请教鹏说："我会去哪里？吉利呢请告诉我，如果凶险请告诉我灾祸。寿命是长是短啊，请告诉我日期。"鹏于是叹息，抬起头振动着翅膀，它口中不能说话，我就猜测它的意思。

跟毛泽东读《史记》

　　万物变化啊，本无休止。运转流变啊，时去时还。形气转化相传啊，不断变更。无限精微深远啊，怎么能说得完！灾祸啊是福运的依托，福运啊有灾祸潜伏；忧与喜聚集一家啊，吉与凶同在一处。那吴国强大啊，夫差却因此败亡；越王被困会稽啊，句践却称霸于世。李斯西游于秦国而成就功业啊，最终遭五刑而死；傅说被捆绑着做奴隶啊，最终成为武丁的宰相。那灾祸与福运啊，和缠绕而成的绳子有何区别？命是无法说清的啊，谁知道它的终极？水受外力冲击奔流迅捷啊，箭受外力推动就会飞得很远。万物回旋啊，互相震荡转换。云蒸雨降啊，现象错杂纷纭。造化推动万物啊，弥漫无垠。天不可思虑啊，道无法设想。生命的长短是命运决定的，又怎能知道你离去的日期？

　　况且天地做炉灶啊，造化做工匠；阴阳做炭啊，万物做铜，聚散生灭啊，哪里有常规；千变万化啊，从来没有终极。偶然成为人啊，有什么值得珍惜；化为其他东西啊，又有什么值得忧虑！浅见者自私啊，看低他人抬高自己；通达者达观啊，万物都没什么不同。贪婪者为财而死啊，烈士为名而亡；追求权势者为权势而死啊，普通人贪生。为利益驱使者啊，东奔西走；通达之人不为物欲而约束啊，各种变化都视为相同。愚人系于世俗啊，像囚徒一样窘迫；至人放下一切，只与大道同在。众人迷惑啊，好恶存在胸中；真人淡漠啊，只与大道同存。放弃智慧与形体啊，超然忘我；精神虚无恍惚啊，与大道翱翔。顺水时就漂流啊，遇到障碍就停止；把身体交给命运啊，别把它看作一己的私有。活着就像漂浮而不安定啊，死亡就像休止；淡泊无为就像静止的深潭，逍遥飘逸就像没有绳系的小舟。不因为生而自我珍爱啊，涵养空虚之性而忘我浮游；德人没有拖累啊，知命就没有忧患。琐屑小事啊，有什么值得疑虑！

　　此后一年多，贾谊被征召入京见驾。孝文帝刚刚接受祭祀余肉受福，坐在宣室。因为有感于鬼神之事，就向贾谊询问鬼神的根本。贾谊

17 "独领风骚两千年，胸罗文章兵百万"的贾谊

于是详细讲述了鬼神之所以是这样的道理。到了半夜，文帝不知不觉地在座席上向前移向贾谊。贾谊讲完后，文帝说："我很久没见到贾生了，自以为超过了他，现在看来还是不如他啊。"不久，就拜贾生为梁怀王太傅。梁怀王是文帝的小儿子，文帝喜爱他，而他又好读书，因此让贾生做他的老师。

文帝又封淮南厉王的四个儿子都为列侯。贾谊劝谏，认为祸患的兴起将从此开始。贾谊几次上疏，指出有的诸侯拥有好几个郡，不符合古时的制度，可以逐步削夺。文帝不听。

过了几年，怀王骑马，从马上摔下来死了，没有留下后代。贾谊自己惭愧做老师没做好，哭了一年多，也死了。贾谊死时年仅三十三岁。等孝文帝去世，孝武帝继位，提拔贾谊的两个孙子做官，他们都做到了郡守，其中贾嘉最好学，继承了贾谊的家风，与我有书信往来。到孝昭帝时，他位列九卿。

太史公说：我读《离骚》《天问》《招魂》《哀郢》等赋时，对屈原的遭遇感到悲痛。我到长沙，亲眼看到屈原投江的地方，未尝不流泪，思念屈原的为人。当我读了贾谊的《吊屈原赋》，又怪屈原以他那样的才华，如果到其他国家去，哪个国家不容纳他呢，却让自己落得这样的结局。当我又读了《鵩鸟赋》，读到其中的把生与死同等看待，把在朝与下野看得同样淡薄时，我的苦恼就全都消失了。